KB240630

한국형
입소문
마케팅

한국형 입소문마케팅 1

초판 1쇄 인쇄 | 2006. 4. 15
초판 2쇄 발행 | 2009. 2. 20

지은이 | 정재윤
펴낸이 | 박옥희
펴낸곳 | 도서출판 인디북

등록일자 | 2000. 6. 22
등록번호 | 제 10-1993호
주   소 | 서울시 마포구 용강동 469번지 하나빌딩 2층
전   화 | 02)3273-6895 팩   스 | 02)3273-6897
홈페이지 | www.indebook.com

ISBN 89-5856-082-7   89-5856-081-9(세트)   04320

* 잘못 만들어진 책은 구입처나 본사에서 교환해 드립니다.

한국형 입소문 마케팅 1

정재윤 지음

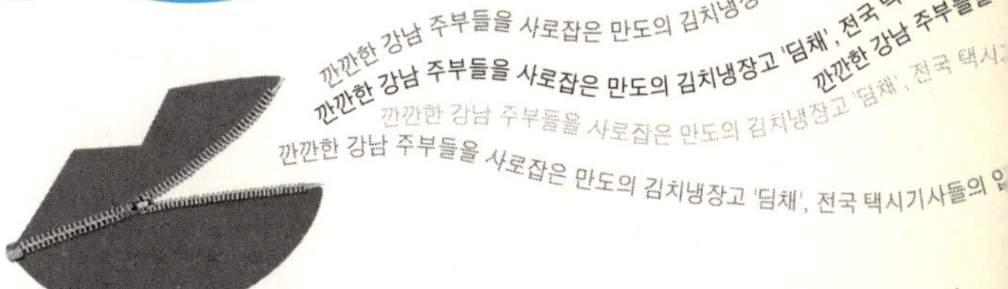

인디북

한참 된 습관이지만, 필자는 일을 할 때 혼자서 자주 커피숍을 찾는 편이다. 확 트인 공간, 푹신한 의자, 은은하게 깔린 발라드풍 음악, 게다가 요즘엔 무선인터넷이 되는 곳들이 많이 생겨 불편한 게 거의 없다. 또한 커피숍에서 재잘거리는(?) 청춘남녀들의 대화도 그다지 잘 들리지는 않지만 안락함을 느끼게 해준다.

그런데 때로는 옆자리의 이러한 재잘거림이 귀에 쏙쏙 들어오곤 한다. 별의별 이야기들이 오가는 것을 불가피하게(!) 듣게 되면서 인간세상의 다양함을 느끼게 될 때도 많다. 이러한 이야기들, 내가 겪어보지 못한 새로운 간접경험은 실로 '현실적'이다. 필자는 이러한 우연찮은 도청을 오랫동안 하게 되면서 한 가지 재미있는 사실을 발견했다. 대부분의 대화가 소비 혹은 상품과 연결되어 있다는 것이다. 그들은 만나자마자 자신의 옷이나 헤어스타일로 대화를 시작하고, 탁자 위에 놓은 휴대폰이나 담배로 이어지더니, TV에서 연예인이 광고하고 있는 상품이 어떤지에 대한 품평회를 하다가는 "안녕~" 하고 헤어지는 경우가 숱하게 많다. 심지어 심각하거나 진지한 대화가 이어질 때도 종국에는 그것을 해소할 때 어떤 소비대상을 모색하거나 조언해주고 있었다. 그들은 대개 직접 혹은 간접 소비경험을 증거로 들이대다가 대개 둘 중의 하나, 즉 '짱' 아니면 '개판'으로 브랜드에 대한 결론을 내린다. 이때부터 필자는 입소문마케팅의 힘과 영향력에 관심을 갖기 시작했다.

　잠시 이야기를 거슬러 올라가보자. 대학시절이었던 1980년대 후반, 필자는 광고(Advertising)가 가진 힘을 굳건하게 믿었다. 당시 카피 한 줄이 던지는 감흥이, CF의 한 장면이 던지는 감성이 온몸을 전율로 감싸게 만들었다. (광고가 내 인생의 전부였다.) 조금 시간이 지나면서 보다 큰 세상을 알게 되었다. 마케팅(Marketing)이라는 놈이 뒷전에 우두커니 앉아 광고란 놈을 조정하고 있다는 사실을 어렴풋이 발견했다. 그리고 기업뿐만 아니라 대학, 관공서, 개인 등도 모두 마케팅ㆍ브랜드의 블랙홀로 빠져들고 있음을 간파하게 되었다. (보이는 것보다 더 큰 세상이 있을 수 있음을 알았다.) 조금 지났을까 인터넷(Internet)이라는 녀석이 슬슬 고개를 들기 시작하더니 광고와 마케팅을 마구 집어삼키기 시작했다. 마케팅의 무대는 세계로 변했고, 시간의 장벽은 급격히 무너져갔다. (이 털 없는 원숭이의 호기심은 다시 인터넷마케팅의 세계로 빠져들기 시작했다.) 조금 시간이 흐르자 세상이 네트워크(Network)가 가진 보이지 않는 힘에 의해 돌아가고 있다는 사실을 감지했다. 커뮤니티, 블로그ㆍ미니홈피 등이 위력을 떨치면서 디지털에 의한 네트워크는 세상을 보다 좁게 만들어가고 있다. 서로 일면식도 없는 상황에서 인터넷쇼핑몰이나 오픈마켓 하단에 부착된 구매평 한 마디로 구매 여부를 결정하는 트윈슈머들이 많다는 것은 이제 상식에 속한다. 필자가 입소문마케팅의 영향력에 대해 관심 차원을 넘어 확신을 가지게 된 것은, 이처럼 오프라인보다 오히려 온라인 네트워크의 위력을 경험하기 시작하면서부터였다.

자, 다시 현 시점으로 돌아와서 이 책에서 필자가 이야기하고 싶은 첫 번째 요지는 이러한 궤적, 즉 광고와 입소문과 인터넷이 서로 별개가 아니라 믹스(Mix)되어 전개해야 한다는 점이다. 아니, 정확하게 말하자면 '메싱(Meshing)'이라고 표현해야 맞다. 믹스는 다분히 물리적 결합을 의미하지만, 메싱은 화학적 결합이라 표현할 수 있다. 그 의미는 비빔밥에 비유해볼 수 있는데, 쇠고기·시금치·당근·계란·콩나물 등 각 비빔밥 재료를 따로 먹을 때와 비빔밥이라는 하나의 음식으로 먹는 맛은 다르다. 마찬가지로 광고, 입소문, 인터넷은 독립적으로 커뮤니케이션을 하는 방식이 아니라 '통합적이면서도 유기적으로 연결'되어 있어야 한다.

두 번째 요지는 '한국형 입소문마케팅'을 모색하는 관점의 전환을 주장하고 싶었다. 한국식과 한국형은 좀 다르다는 것이 필자의 관점이다. 전자가 약간 국수적인 느낌을 가지고 있다면, 후자는 세계시장에서의 보편성을 염두에 두고 있다. 이 책에서 소개되는 많은 해외 사례들은 국내에서도 통할 수 있는 보편적 감성을 지니고 있으며, 국내 사례들 또한 해외시장에서의 접목가능성이 풍부하다. 시장이 세계화되고 있는 마당에 한국 기업들의 마케팅도 이제 소극적이기보다는 적극적·공격적 자세로 임해야 한다. '한국형'이라는 말의 진정한 의미는 한국시장의 특수성을 뛰어넘어 세계시장의 보편성을 염두에 두고 접근해야 하는 것이 아닐까?

세 번째 요지는 '선택과 집중'에 대한 중요성이다. 이 책에서 강조하는 입소문마케팅의 핵심방안은 간단히 "어떻게 핵심고객을 발견할 것인가"와 "어떻게 그 핵심고객을 활용할 것인가"로 요약된다. 이 책 제1권의 주제는 '한 놈만 찍어라!'이다. 즉 핵심고객이 중요하다는 것은 알겠는데, 도대체 그들이 어디에 있으며 어떻게 발견할 것인가에 대해 알아보고자 한다. 이 책 제2권의 주제는 '한 놈만 조져라!'이다. 즉 핵심고객을 발견했다면 그들을 어떻게 활용하고 관리할 것인가에 대해 살펴보고자 한다.

필자에게 가끔 "책을 쓰는 이유가 뭐냐."고 묻는 분이 있다. 아마도 어떤 개인철학을 알고자 하는 질문이겠지만, 솔직히 필자는 그런 깊이와 통찰력이 아직 많이 부족하다. 그래서 간단히 "머리를 비우기 위해서 씁니다."라고 대답하곤 한다. 내 머릿속 어딘가에 고여 있을 지식들을 마스터베이션을 통해 뱉어냄으로써 또 다른 새로운 지식을 충전하고 싶어서이다. 세상에는 다양한 사람과 지식들이 존재한다. 그 다양성하에 내가 한 시대의 새로운 마케팅 기법을 다른 이들과 공유했었다는 하나의 흔적으로 이 책의 의미를 되새기고 싶다.

이 책이 나오기까지는 사연이 좀 길다. 무려 3년의 기간이 걸렸다. 명작에 대한 욕심 때문은 아니고, 그럴 만한 능력도 없다. 웬만큼 저술이 끝났다 싶으면 새로운 사례들이 등장하고, 또 이러한 사례들을 계속 추가하다 보니 욕심이 팽창했던 탓이다. 약속한 집필 기간이 한없이 늘어지고, 급기야 원고 분량이 책 세 권은 족히 나올 정도로 방대해져 버렸다. 절치부심하여 또다시 줄이기 작업을 몇 달 거듭한 후에 겨우 두 권으로 편집을 하게 되었다.

그간 마음고생을 많이 하셨을 인디북의 손상목 사장님 및 안승철 실장님께 늦은 출간으로 폐를 끼쳤음에 대한 죄송함과, 그럼에도 불구하고 묵묵히 참고 기다려주신 데 대해 고마움을 거듭 표하고 싶다. 또한 이 책이 나오기까지 코디네이션을 하느라 고생하셨던 와일드콘텐츠의 김도연 대표님께도 감사하다는 말씀을 드린다.

아버님과 어머님의 한없는 사랑과 관심이 못난 자식이 졸저를 내는 데 밑거름이 되었다. 두 분 다 노령임에도 여전히 건강하심에 대해 무한한 복이라고 생각한다. 또한 필자가 운영하는 커뮤니티 마케팅공화국 국민 여러분들과 필자의 애제자들인 마케팅사관학교 생도 여러분들께도 고마움을 표하고 싶다. 그외에도 많은 분들이 이 책의 출간에 관심을 가지고 조언해주셨다. 한 분 한 분 언급하려니 혹시나 잊어먹었을 분이 섭섭해할까봐 죄송하지만 생략하고자 한다. 도와주신 모든 분들, 정말 감사합니다!

차 례

제3장 내 브랜드에는 부정적 입소문이 숨어 산다?

제4장 조연배우 입소문 씨의 이유 있는 반항

1장
광고와 입소문마케팅의 달콤한 동침

우리는 마케팅이 이 세상의 모든 사람을 초대한 주인이고, 광고가 그 진행을 맡은 다중매체 시대에 살고 있다.

— 다비트 보스하르트(David Bosshart)

성공적인 PR의 관건은 일반인들에게 널리 알리는 데에만 있지 않다. 오히려 일반인들로 하여금 자사 상품에 대한 긍정적인 입소문을 내도록 유도해야 한다.

— 알 리스(Al Ries)

광고는 지고 PR이 뜬다?

『The Fall of Advertising and the Rise of PR』[*] 이라는 책을 통해 전통적인 매스마케팅의 세계에 '광고가 쇠락하고 PR이 부상할 것'이라는 도발적인 화두를 던져 업계의 관심을 끈 사람이 있다. 저자의 이름은 '알 리스(Al Ries)'. 만약 그의 이름이 좀 생소하다면 지난 수십 년간 마케팅분야의 3대 바이블로 꾸준히 읽히고 있는 『마케팅불변의 법칙』, 『포지셔닝』, 『마케팅 전쟁』 등의 명저를 모두 저술한 장본인이라고 하면 누군지 퍼뜩 감이 잡힐 것이다.(그는 이름 하나만으로도 감히 함부로 근접할 수 없는 카리스마를 느끼게 하는 마케팅교의 교주다!)

그의 주장에서 인상 깊은 내용 중 하나는 "광고가 마치 미술품처럼 점차 예술작품으로 변질되어 크리에이티브만 중시하게 되고, 그로 인해 브랜드에 대한 잠재고객의 인지도를 높이거나 상품의 특성을 알리려는 광고 본연의 기능이 점차 도외시되고 있다."는 분석이다. 수많은 기업들이 빅뱅 광고(폭발력이 강한 광고)를 시도해보지만 엄청난 광고비에 비해 매출 증대는 미비하며, 그럼에도 불구하고 이런 실상을 무시한 채 광고업자들은 여전히 광고의 예술적 창의성을 운운하고 있으며, 광고업자들의 관심사는 제품보다는 이제 광고 그 자체에 있으며 매출가치보다는 화제가치를 창출하려 든다는 것이다.

분명 틀린 말이 아니다. 실제로 요즘의 광고는 이미지와 크리에이티브에만 집착한 나머지 소비자들이 구매와 관련된 정보를 제대로 얻지 못하고 있다. 예를 하나 들어보자. 2003년, 인터넷상에는 2분짜리 CF동영상 한

---

[*] 국내에서는 『마케팅 반란』(알 리스 · 로라 리스 공저, 심현식 역, 청림출판, 2003)이라는 제목으로 번역되어 출간되었다. 영어제목만큼이나 도발적인 한글제목이 나올 수 있었던 것도 아마 '알 리스'라는 개인 브랜드의 후광효과일 것이다.

606번의 N.G. 끝에 성공했다는 것이 더욱 화제가 된 '혼다(Honda) 어코드'의 2분짜리 광고.

편이 사람들 사이에 화제가 된 적이 있다. 이 CF에 사람은 전혀 출연하지 않으며, 등장하는 것들은 죄다 자동차의 부품들뿐이다. 이것들이 마치 도미노 쓰러지듯 연결되어 가는 모습을 보고 있노라면 '가히 예술의 경지'라는 감탄을 자아내지 않을 수 없다. 거의 불가능해 보이는 이러한 장면 연출의 의도는 혼다(Honda)의 기술력과 장인정신을 보여주려는 것이었다. 이 CF는 세계적인 명성을 자랑하는 '칸느 광고페스티벌'에서 금사자상을 수상한 '작품'[*]이다.

이 CF는 네티즌들에게 가장 인기 있는 동영상 중 하나였으며, 확실히 크리에이티브 면에서는 탁월한 광고였기는 하다. 문제는, 사람들이 하도 이 CF에 심취한 나머지 광고주가 일본 기업인 줄은 알겠는데 도대체 '혼다'인지 '토요타'인지 '닛산'인지를 헷갈려 하는 사람도 많았다는 점이다. 필자가 약식으로 조사해본 결과 이 광고를 본 사람 중 약 20~30%만이 이 광고의 클라이언트가 '혼다'였다는 사실을 알고 있을 뿐이었다. 알 리스의 주장처럼, 과연 광고는 이제 예술품으로 전락하고 있는 것일까?

---

[*] 일체의 눈속임이나 컴퓨터그래픽 없이, 그리고 필름을 자르거나 붙이지 않고 전개되는 이 광경을 촬영하는 데는 무려 606번의 시도가 있었다. 무려 6백만 달러를 들여 영국에서 제작되었는데, 이 광고를 제작할 당시 전세계에는 어코드가 6대만 존재하고 있었다. (우연의 일치겠지만 '6'이라는 숫자가 계속 등장하고 있다.)

마케팅에 대한 탁월한 통찰력과 부정할 수 없는 여러 실사례를 통한 알 리스의 도발적 주장에서 "확실히 이건 틀린 견해다!"라는 반박거리를 찾아내기란 쉽지 않다. 그의 책에 몰두하다 보면 마치 광고는 응급실에서 사경을 헤매고 있는 중환자라는 착각을 불러일으키게 한다. 분명히 더 많은 사람들이 "현실에서 광고의 위상은 그렇지 않은 것 같은데……"라고 직관적으로 느끼고 있음에도 불구하고 말이다.

그런데 알 리스의 주장의 의도는 책 제목처럼 '광고를 죽이고 그 대안으로 PR을 띄우려 했던' 것은 아니다. 어떻게 보면 광고가 지금까지 구가해왔던 절대적인 영향력에 경각심을 불러일으키고 광고와 PR의 상생(相生), 즉 통합된 마케팅커뮤니케이션(IMC)의 중요성을 설파하려는 것이었다.

가령 레스토랑의 스테이크 요리의 비유를 한번 들어보자. 대개 '수프→ 샐러드 → 스테이크 → 커피(후식)' 의 순으로 나온다. 한꺼번에 다 내놓아도 먹는 데 지장은 없겠지만 아무래도 이런 식으로 하나씩 나오는 레스토랑이 좀 품격 있게 보이는 것은 사실이다. 그런데 만약 커피가 먼저 나오고 스테이크가 나중에 제공된다면 어떨까? 그건 맛있는 스테이크를 두 번 죽이는 짓이다.

이와 마찬가지로, 알 리스가 그의 저서에서 사실은 강력하게 주장하고 있었던 광고와 PR의 상생방안은 바로 "새로운 브랜드를 구축할 때는 PR이 선행하고, 기존의 브랜드를 유지할 때는 광고를 활용하라."는 것으로 요약된다. 즉 기업들의 기존 마케팅 방식과 반대의 수순을 밟아야 한다는 것이다.

캐즘(Chasm) 뛰어넘기

얼리어답터와 보수적 구매자 간의 단절을 극복하기 위한 방법

이러한 알 리스의 주장을 입소문마케팅에 접목하기 위해 우리는 '캐즘 (Chasm) 이론'을 이해할 필요가 있다. 원래는 협곡이나 단절을 의미하는 지질학 용어였던 캐즘은 제프리 무어(Geoffrey A. Moore)라는 탁월한 선지자에 의해 이제 마케팅의 개념으로도 활용되기 시작했는데, 그의 저서 『캐즘 마케팅』*은 지난 10여 년간 하이테크 · IT 분야 마케터들에게 또 하나의 바이블로 읽혀지고 있다.

캐즘 이론은 어떤 첨단기술 제품들이 탁월한 기술과 대대적인 마케팅에도 불구하고 소비재 상품들과는 달리 왜 실패하게 되는지에 대한 원인과 그 대안을 명쾌하게 설명해준다.

우수한 기술력으로 신제품을 개발하고 초기 시장에 나름대로 성공적으로 진입했음에도 불구하고, 이 제품은 어느 시점부터 갑자기 주문과 매출이 격감하기 시작한다. 특히 선각자와 실용주의자 집단 사이에는 다른 곳보다 훨씬 큰 단절(캐즘)이 발견된다. 성공적이라 여겨졌던 시장진입 단계로부터 급하게 고성장으로 이행하려 하는데 갑자기 캐즘에 빠져들게 되고, 이것을 적극적인 영업 등으로 해결하려 하지만 그 원인 파악이 잘못된 탓에 사멸의 길을 걷는 경우가 많아지게 되는 것이다. 기업들은 이러한 원인을 모르니 미치고 팔짝 뛸 일이다.

무어는 이것을 당연한 과정이라고 하는데, 기술수용주기 선상에서 각 소비자 집단들은 연결이 되어 있는 것이 아니라 단절되어 있으며, 하이테

---

* 원제목은 『Crossing the Chasm: Marketing and Selling High-Tech Products to Mainstream Customers』(Harper Business). 우리나라에서는 『캐즘마케팅』(유승삼 · 김기원 공역, 세종서적, 2002)이라는 제목으로 출간되었다.

크 제품의 특성상 멋진 신기술을 누구보다 먼저 사려는 혁신수용자(Innovators)들과 남들과는 차별화된 자기만의 것을 먼저 추구하려는 얼리어답터(Early Adaptors)들이 제품을 구매하고 나면, 남은 80%의 소비자들 대부분은 가격에 민감하고 실용주의적 성향을 띠는 보수적 구매자들이기 때문이다. 결국 이들 보수적 구매자들에 대한 마케팅이 성공하지 않는 한, 초기 시장이 마무리되는 시점에서 캐즘에 빠질 수밖에 없다는 것이다.

그렇다면 캐즘을 어떻게 극복할 수 있을까? 무어의 탁월한 비유는 여기서 빛을 발한다. 바로 '틈새시장에의 집중'을 최적대안으로 제시한다. 볼링을 할 때 한두 개의 핵심 핀이 먼저 넘어져야 다른 핀까지 연쇄적으로 넘어지듯, 또 2차 세계대전 당시 연합군이 유럽 탈환을 위해 먼저 노르망디 해안에 모든 전력을 집중했듯 '작은 연못의 큰 물고기가 되는 것'이 캐즘을 극복하는 유일한 방법이다. 따라서 캐즘을 뛰어넘기 위한 공격 포인트의 선택, 특공대 결성 등이 필요하게 된다. 그리고 캐즘을 넘어 시장이 급격히 확산되면 제품을 표준화하고 광고 등을 통해 매스 마케팅을 구사해야 한다고 주장한다. 그리하여 시장의 리더가 되면 이제 다시 시장을 세분하여 성숙 시장을 요리하는 것이다.

여기서 무어가 제시했던 캐즘돌파 전략을 '노르망디 상륙작전'의 예를 통해 잠깐 살펴보자.

1. 세분시장을 선택(노르망디 해안)

2. 완전완비제품으로 무장(연합군의 무기체계)

3. 집중적으로 공략(노르망디 해안)

4. 돌파를 위한 교두보 확보(노르망디 점령)

5. 입소문 효과를 유발(프랑스 해방이라는 대의명분과 유럽대륙으로의 진출)

약간 막연해 보이는 캐즘돌파 전략에서도 '입소문'이라는 말이 나왔다. 아무튼 반갑기 그지없다! 손자(孫子)의 말씀에 의하면, 실제 전쟁에서 가장 좋은 전략은 바로 아군의 피해를 최소화하기 위해 '싸우지 않고 이기는 것'이다. 만약 적의 주요 거점을 장악하고 그럴싸한 대의명분을 내세우면 백성들은 동요하게 되고 민심은 아군으로 넘어오게 된다. 그러면 게임은 끝난 것이다. 기업의 마케팅 전략도 마찬가지 아닌가? 만약 광고비용을 최소화하고 특정 시장에 성공적으로 진입하기 위한 교두보를 확보할 수 있다면 효율성을 극대화할 수 있게 된다. 과연 입소문마케팅은 기업에게 이런 효과를 안겨줄 수 있을 것인가?

티핑포인트(Tipping Point)
싸이월드가 뜨게 된 세 가지 특별한 이유

그런데 기술제품이 아니라 소비재 상품에서도 이러한 캐즘 이론이 접목될 수 있을까? 세상을 움직이는 원리는 통하고 또 통한다. 말콤 글래드웰(Malcom Gladwell)은 자신의 저서 『티핑포인트』[*]에서 소위 뜨는(Tipping) 것들에 대해 사회학적 메스를 들이대어 독창적인 해석을 가하였는데, 우리는 이 티핑포인트의 개념을 디지털 시대의 마케팅 전쟁에서 승리하기 위한 비장의 무기로 삼아야 한다!

그는 폭발적인 사회유행이나 상품[**]에는 질병과 같은 강력한 전염 현상이 있다고 말한다. 즉 마치 바이러스에 의해 병이 전파되듯 사회사건이나

---

[*] Tipping Point란 단어는 평범한 대기불안정 상태가 무시무시한 회오리바람(Tornado)으로 변화하는 폭발 지점을 일컫는 말이다. 아주 작은 눈덩이가 처음 움직이기 시작할 때는 미미하지만 결정적인 어느 순간이 되면 눈사태가 일어나는 것처럼 말이다.

상품에서도 유사한 전파·확산 양상이 발견된다는 것이다. 글래드웰은 이 러한 폭발적인 전염성의 세 가지 공통적 특성으로 '소수의 힘(the Law of the Few)', '고착성 요소(the Law of Stickiness)', '상황의 힘(the Law of Context)'을 들고 있다. 예를 들어, 2002년 대선 당시 노무현 후보의 당선을 이러한 세 가지 특성에 접목시켜 보면 아래와 같이 설명될 수 있을 것이다.

〈참고 : 2002년 대선 당시 노무현 후보의 당선과 티핑포인트 3요소의 접목〉

소수의 힘	'노사모'를 필두로 한 열성적인 노무현 지지층들. 이들은 주로 20~30대와 민주화운동을 해왔던 참여의식이 강한 사람들이었음.
고착성 요소	노무현은 청문회 스타로서 검정고시 출신의 입지적 인물로 알려져 왔음. 개혁적·진보적 성향을 지니고 있으며 기존 정치인들에 비해 소신 있고 깨끗하다는 이미지. '기타 치는 노무현' 등 감성이 풍부하고 서민적이라는 메시지를 CF로 고지.
상황의 힘	미선이·효순이 사건으로 인한 반미정서의 확산. 월드컵 스타 정몽준 후보와의 연합 및 결별. 행정수도 이전 논의로 충청권 표의 결집. 인터넷·모바일 이용 보편화.

자, 이번에는 현재 천만 명 이상의 회원을 보유하고 있고 '삼성경제연구소(SERI)'가 선정한 2004년 최고의 히트상품인 '싸이월드'의 급성장 요인을 티핑포인트와 결부시켜 보자. 1999년에 오픈한 싸이월드는 당시 중소규모의 커뮤니티 서비스업체였고, 커뮤니티 분야 중에서도 프리챌 등에 비해서는 밀리는 입장이었다. 이러던 것이 2003년경부터 갑자기 주목을 받기 시작했고 급기야 '하루라도 싸이를 하지 않으면 입 안에 가시가 돋히는' 마니아들을 대거 확보한 국내 최대의 커뮤니티 서비스로 급부상했다. 도대체 싸이월드에서는 이러한 티핑포인트의 3요소들이 어떻게 작동했던

** 그는 미국에서의 어린이 방송 프로그램 〈세서미스트리트〉의 인기, 십대 청소년 흡연의 증가, 뉴욕의 범죄율 감소 등을 사회 현상의 예로 제시하고 있다. 또한 '허시파피'의 갑작스런 인기와 '윈스턴' 담배의 판매급증 등은 상품 차원에서 이러한 현상이 발생했던 예로 든다. 한국에서도 노래방·피시방의 급작스런 유행, 무선호출기·휴대폰의 급속한 확산, 싸이월드가 2003년부터 갑작스레 네티즌들에게 확산된 경우 등이 유사한 예가 될 것이다.

것일까?

첫째, '상황의 힘'으로 가장 영향을 끼쳤던 요인은 다름 아닌 디지털카메라 보급의 확산이었다. 2002년 월드컵 당시 그 추억을 담아두고자 많은 사람들이 디지털카메라를 구입했지만, 이것을 인터넷상에서 저장해둘 마땅한 곳이 별로 없었다. 당시 '디씨인사이드'가 화제가 되고 있긴 했지만, 이는 개인적으로 소장할 수 있는 공간이 아니라 다른 사람들에게 알리기 위한 성격이 짙었다. 이때 싸이월드는 미니홈피 내에 사진첩을 제공함으로써 개개인들의 이러한 니즈(Needs)를 충족시켜주는 서비스를 선점하였던 것이다. 그외에도 네티즌들의 강력한 반발에도 불구하고 프리챌이 무리하게 유료화를 단행하여 싸이월드로 대거 이사를 했던 점, SK커뮤니케이션즈가 싸이월드를 인수함으로써 안정적 서비스 기반을 확보했던 점, 전세계적으로 블로그가 유행조짐을 보이면서 한국에서는 브로드밴드 환경 하에서 이와 유사한 멀티미디어 서비스들이 등장할 수 있었던 점도 상황의 힘으로 간주할 수 있을 것이다.

둘째, '소수의 힘'은 싸이월드가 자사의 홈페이지 첫 화면에서 행하고 있는 '투멤(Today's Members)' 등의 영웅 만들기에서 그 요인을 짚어볼 수 있다. 사실 싸이월드는 2003년경 뜨기 전에도 약 200만 명의 회원을 확보하고 있었지만 '다음'이나 '네이버'와 같은 주류 사이트라고는 할 수 없었다. 그래서였던지, 당시에도 싸이월드의 마니아가 일부 있기는 했지만 이들이 적극적으로 브랜드 전도사가 될 만한 동기는 적은 편이었다. 그러나 상황의 힘이 받쳐주고 회원이 점차 늘어나면서 투멤의 효과는 폭발적으로 증폭되어 갔다. 예를 들어 싸이월드 회원이 천만 명이고 이중 10% 정도가 매일 싸이에 접속한다면 그 방문자수는 백만 명이다. 이중 약 10%가 싸이의 첫 화면에서 멋있는 남자, 예쁜 여자의 사진을 보고 그의 미니홈피에 접속하였다면 방문자수는 10만 명이 될 것이다. 이 정도 숫자라면 웬만한 잡

'싸이월드'의 개인 미니홈피.

지는 저리 가라 할 정도다. 따라서 그는 세간의 주목을 받게 되고 더욱더 싸이월드의 매력에 빠지게 된다. 이렇게 해서 콘텐츠의 업데이트가 잦아지고 퀄리티도 높아지면 그는 또다시 자랑을 하고 싶어질 테고, "야, 싸이월드 내 미니홈피에 방문해서 방명록에 글 남겨줘."라는 식으로 알게 모르게 싸이월드의 브랜드 전도사 역할을 자임하게 되는 것이다. 싸이월드의 첫 화면에 등장하는 사람들의 수는 회원 전체의 비율로 보면 극소수이지만 그들이 얼짱·몸짱으로 언론의 주목을 받게 되면 다른 회원들도 이에 자극받게 될 것은 당연한 일이다.

셋째, '고착요소'로 파악될 수 있는 것은 방명록, 미니룸, 일촌맺기, 도토리 등 여러 가지가 존재한다. 방명록의 경우는 문자메시지에 익숙한 젊은 세대들의 짧고 간결한 커뮤니케이션 방식이 웹에서도 반영된 것이라 볼 수 있다. 미니룸은 이전에 유행했던 아바타보다 좀 더 업그레이드된 자기표현 방식이다. 자신이 가고 싶은 곳, 살고 싶은 집, 갖고 싶은 상품 등을 시각적·감성적으로 보여줄 수 있는 공간은 당시 유일무이하게 싸이밖에 없었던 것이다. 일촌맺기는 사이버 공간에서 자신이 혼자가 아니라는 것을 일깨워주는 관계맺기의 일환이며, 이러한 촌수관계 비유는 한국적 친근함을 부여하였다. 도토리의 비유 또한 선물가게에서 아이템을 구매할 때 상업적 냄새를 완화하는 역할을 하였으며, 구매시 OK캐시백의 적립금도 사용 가능토록 하여 돈을 지출하는 것이 아니라 적립금을 소진한다는 느낌을 통해 심리적 부담을 해소하였다.

이러한 세 가지 특성 중에 우리가 앞으로 특히 주목해야 할 요소는 '소수의 힘'과 '고착요소'이다. 이중 '상황의 힘'은 사실 기업이 직접 통제하기는 힘든 변수이기 때문이다. 따라서 만약 우리가 '소수의 힘'이나 '고착요소'에 대해 좀 더 이해를 한다면 입소문마케팅을 통해 광고비용을 줄이면서도 시장에 성공적으로 진입할 수 있는 기회를 얻을 수도 있을 것이다. 우연이 아니라 노력에 의해서 가능하다는 말이다.

그렇다면 이러한 티핑포인트는 광고 등 매스미디어와는 완전히 독자적인 길을 걷고 있음을 의미하는 것일까? 또한 우리가 티핑포인트를 파악하는 것을 입소문마케팅에서는 어떤 의미로 더 확장시켜 해석해야 하는 것일까?

티핑포인트에서 티핑프로세스(Tipping Process)로!

이 시점에서 우리는 글래드웰이 제시했던 티핑포인트의 의미에 대해 좀 더 확장된 해석을 가할 필요가 있다. 그 이유는 기업의 브랜드는 일시적으로 뜨고 난 후 방치되어 무방한 것이 아니라 체계적인 관리를 통해 점진적 진화를 구가해야 하는 일종의 생물과도 같은 존재이기 때문이다.

우리는 앞 절에서 티핑포인트라는 특정한 시점을 기준으로 해서, 그 결과를 토대로 원인(세 가지 특성)을 분석하는 데 주력했다. 그리고 싸이월드의 예시를 들어 이를 파악해보았다. '상황의 힘'은 어쩔 수 없다 치더라도 어쨌든 '소수의 힘'이나 '고착요소'를 자극하면 자사의 브랜드를 티핑시킬 수 있는 잠재적 가능성도 살펴보았다. 그러나 이러한 티핑포인트의 한 시점에만 집착함으로써 나무만 보고 숲을 보지 못하는 오류를 범할 우려

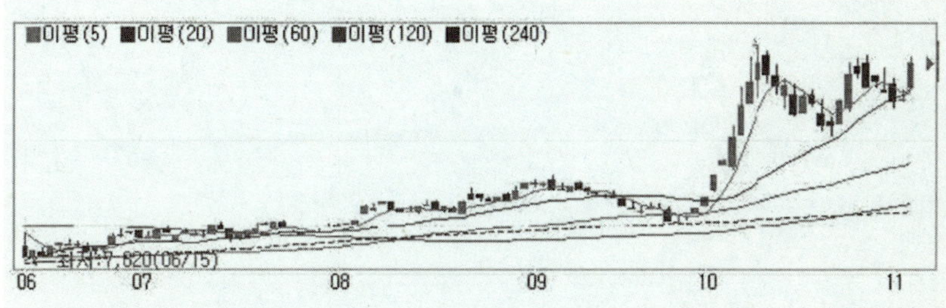

2004년 6월 초 ~10월 말까지 '현대상선'의 주가그래프의 변동추이. 6월부터 9월 말까지는 큰 변화가 없다가, 9월 말경에 갑작스레 티핑이 되는 현상을 보이는 것이 눈에 띈다.

도 있음에 유의해야 한다.

이제, 티핑포인트 그 이후에는 어떤 문제가 발생할 수 있는지 위의 '현대상선'이라는 회사의 2004년 하반기 주가그래프를 보면서 이해해보도록 하자. 보다시피 6월 초~9월 말까지 큰 변화가 없던 주가가 어느 날부터 갑자기 치솟기 시작하여 10월 10일 정도에 이르러 피크를 쳤다. 필자도 상세한 내막은 잘 모르지만, 주가 급상승의 중요한 변수 중 하나는 외국인의 매수(소수의 힘)가 급증하기 시작했던 것이었다. 필시 이때 뭔가 외국인들의 매수를 자극케 했던 매력적인 정보(고착요소)가 입수되었음은 분명하다. 그리고 조선업계의 향후 실적전망이 좋을 것이라는 거시적 전망이 발표되었을 가능성(상황의 힘)도 있다.

그런데 우리가 앞 절에서 이해했던 티핑포인트는 사실 다음 페이지의 ①번 그림과 같이 10월 10일까지의 단면만을 잘라서 이해한 것이 아닐까? 즉, 10월 10일 이후에 발생하고 있는 여러 가지 현상들에 대해서는 무시하고 티핑포인트가 발생한 특정 시점부터 그 긍정적 효과가 나타나고 있는 기간만 좁혀서 보았던 것이다.

②번 그림을 잠시 살펴보자. 10월 10일까지 잘 나가던 주가가 갑자기 곤두박질치기 시작하는 모습이 보인다. 이 그래프가 입소문마케팅에 있어 시사하는 바는 무엇일까? 그것은 티핑포인트뿐만 아니라 '역(逆) 티핑포인

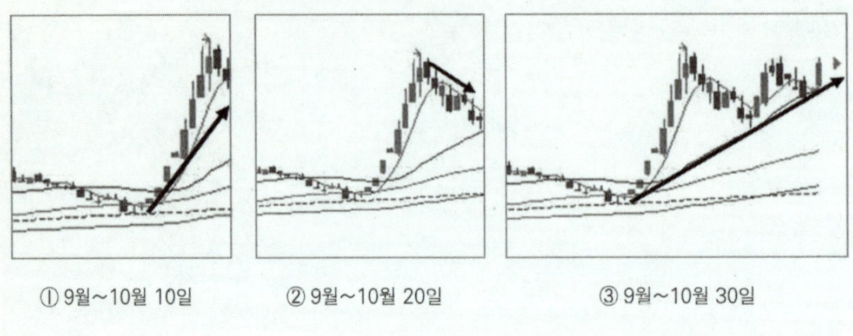

트'가 존재*할 수도 있다는 것이다. 즉 입소문마케팅은 긍정적 입소문뿐만 아니라 부정적 입소문이 발생할 우려가 있으며, 이러한 부정적 입소문 또한 '소수의 힘', '고착요소', '상황의 힘'이 작동되어 급격하게 확산될 수 있다. 이는 입소문마케팅의 관리영역이 긍정적 입소문의 확산뿐만 아니라 부정적 입소문의 억제도 포함해야 함을 시사한다.

이제 ③번 그림을 한번 살펴보자. 티핑이 되었던 그래프가 10월 10일부터 곤두박질을 치기도 했지만, 10월 20일 이후에는 다시 소폭의 상승·하락을 반복하고 있다. 이제 다시 9월 말부터 10월 말까지의 저점들을 직선으로 연결해보면, 주가가 그 직선상을 더 이상 내려가지 않고 있다는 것을 발견하게 된다. 이것을 주식용어에서는 '지지선'이라고 하는데, 주식투자도 일종의 심리게임인 것처럼 투자자들은 이러한 지지선에 맞닥뜨려 보합세를 유지하게 되면 주가가 반등할 가능성이 있다고 믿고 매수에 나서게 된다. 이것이 브랜드·입소문에 있어 시사하는 바는 바로 '중장기적 관리(Management)의 중요성'이다. 유명 조사기관에서 브랜드 자산가치를 금액으로 환산하여 발표하는 경우가 있다. 매년 그 가치액도 달라지고 순위도 바뀌곤 한다. 마찬가지로 브랜드 혹은 입소문의 경우도 매년 일정한 상태

---

* 실제 브랜드가 티핑을 했다가 역티핑을 하여 곤두박질친 가장 좋은 예는 3장(116페이지)에서 소개할 '성난 소' 캠페인을 들 수 있다.

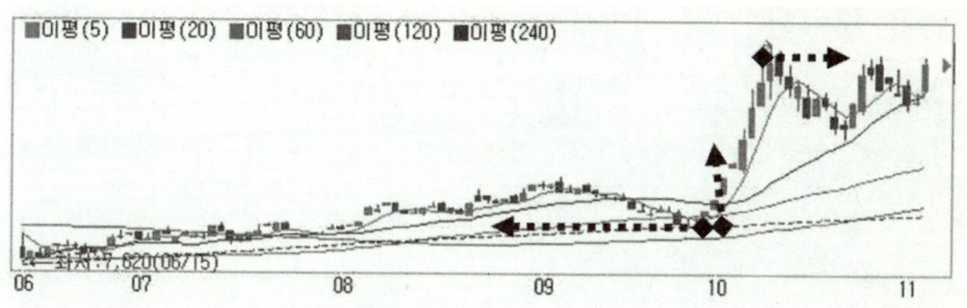

로 존재하는 것이 아니라 다양한 요인에 따라 변화를 거듭하기 마련이다.
우리는 앞 절에서 단기간 혹은 일정 시점을 기준으로 티핑포인트를 이해
했지만, 이제 포인트(Point)가 아니라 프로세스(Process)의 관점에서 접근할
필요가 있다. 이를 통해 만약 브랜드 가치가 지속적으로 소폭의 상승·하
락을 거듭하다가 지지선 이하로 떨어지게 되면 조기경보 시스템을 가동하
여 위기관리를 행하는 식의 '프로세스적 접근'이 필요하게 되는 것이다.
다시 한 번 강조하지만 입소문은 한 방에 띄우려는 것 이상으로 중장기적
관점에서 체계적인 유지관리를 할 수 있도록 설계되어야 한다.

IMC : 매스미디어와 입소문마케팅의 달콤한 동침 장면 엿보기

자, 위의 그림에 표기된 세 개의 화살표를 한번 보자. 티핑포인트가 발
생하는 요인 세 가지를 알았다면, 이제 우리는 티핑의 시점을 좀 더 당길
수는 없는지(좌향 화살표), 티핑이 될 때 좀 더 가파르고 경사지게 급피치를
올릴 수 없는지(상향 화살표), 티핑의 정점에서 좀 더 오래도록 그 효과가 유
지될 수 없는지(우향 화살표) 등에 대해 고민해보아야 한다.
우발적 입소문과 입소문마케팅은 분명 다르다. 입소문마케팅은 기본적
으로 '기획 ― 실행 ― 관리의 프로세스'를 지니고 있어야 한다. 따라서 운

좋게 티핑이 되는 것을 방치해두는 것이 아니라 티핑이 좀 더 빨리 되도록, 가파르도록, 지속되도록 조작을 가할 필요가 있다. 이를 위해서는 무엇보다도 광고를 포함한 매스마케팅과 입소문마케팅 등이 연동된 연합군 체제, 즉 통합된 마케팅커뮤니케이션(IMC : Integrated Marketing Communication)을 통한 접근이 요구된다.

예를 들어 매스마케팅과 연동하여 티핑이 '더 빨리되도록' 자극하는 방법은 어떤 것이 있을까? '소수의 힘' 중에서도 가장 영향력 있는 사람들 중 하나는 아마 연예인들일 것이다. 이들이 등장하는 드라마에 교묘히 등장하는 상품(PPL : 간접광고)은 대중들에게 유행을 확산시키기에 가장 좋은 방법이다. 혹은 방송·신문에 자사 브랜드와 유관한 커뮤니티가 소개될 수 있도록 유도한다면 티핑의 속도는 빨라질 수 있다. 즉, 입소문은 입으로만 하는 것이 아니라 다른 수단과 효과적으로 연계됨으로써 시너지 효과(Synergy Effect)를 증폭시킬 수 있게 된다.

매스미디어와 연동되어 티핑이 '더 가파르게 상승하도록' 했던 좋은 사례는 언론홍보를 잘 활용했던 '바이옥션(www.biauction.com)' 이라는 경매 전문 사이트를 들 수 있다. 현재 이 회사를 아는 사람은 적은 편이지만, '명동 한복판에서 천 명에게 만 원씩을 공짜로 나누어 준다.' 는 아이디어(고착성 요소)로 엄청난 PR효과를 거두었다. 이 이벤트는 사전에 언론사에 보도자료를 돌렸던 탓인지 당시 공중파 방송 3사 및 국내 주요 일간지 등에 골고루 소개되었는데, 천여 명이 명동 한복판에 줄을 서 있는 모습을 생각해 보면 '분명 그림' 이 된다는 것을 쉽게 알 수 있다. 언론홍보뿐만 아니라 만 원을 공짜로 받은 사람, 길거리를 지나던 사람들이 입소문을 냈으리라는 것도 충분히 상상이 간다.

하지만 한때 업계 2위까지 올랐던 이 회사는 그후로 지속적인 프로모션 및 관리가 부족하여 지금은 순위에서 밀려나고 말았다. 더욱 중요한 문제는 도대체 그런 이벤트가 회사의 브랜딩하고 어떤 상관관계가 있는지를 알수가 없었기에, 몇 년 후가 지난 지금까지도 그 이벤트는 기억하고 있지만회사의 상호를 기억하는 사람은 거의 없다. 이 사례는 PR(Public Relations)효과는 타깃고객이 아니라 단어 그대로 '대중'에게 건네졌을 뿐이며, 실질적인 브랜딩의 효과로 이어지지 못했을 때의 참담한 결과를 보여주는 사례로 남게 되었다.

매스미디어와 연동되어 티핑이 '더 지속되도록' 했던 좋은 사례는 'SK텔레콤'을 들 수 있다. 널찍한 화랑, 한 여자가 중년남자에게 다가가서 묻는다. "이 작품 어떠세요, 마음에 드세요? 전화번호 좀 말씀해 주시겠습니까?" 그리고 TV 화면에 200-3715라는 번호가 찍힌다. 여자가 다시 돌아서면서 "저⋯⋯011이시죠?"라고 묻자 중년신사는 고개를 끄덕인다. 뒤이어 한석규 씨의 코멘트. "말하지 않아도 통하는 번호가 있습니다. 번호의자부심이 다릅니다. SPEED 011."

이 광고의 의도는 분명하다. 화랑에서 그림 감상을 할 수 있을 정도라면품위 있고 재력도 있는 사람일 것이고, 이런 사람들이 011을 쓰고 있으니자부심을 느끼라는 메시지다. 그런데 이 광고의 묘미는 일방적인 메시지전달이 아니라 시청자들의 행동을 유발하는 방법에 있다. 전례 없이 화면에 선명하게 뜬 전화번호를 보고 호기심을 느낀 시청자들은 뭔가 있을 것같은 느낌 때문에 이 번호를 눌러보도록 유도하는 것이다. 일부러 노출시

SK텔레콤의 '011 미술관' 편 광고. 광고화면에 특정 전화번호를 명시하여 시청자들의 호기심과 입소문을 유발하고 직접 전화를 걸어보는 체험까지 유도했다.

킨 011-200-3715라는 휴대폰 번호를 눌러보면 한석규 씨의 목소리가 들린다. 물론 대화를 하는 것이 아니라 ARS를 통해 일방적으로 들려주는 멘트이며, 그냥 전화를 걸어줘서 감사하다는 말을 할 뿐이다. 그러나 스타의 목소리를 전화로 듣는다는 것이 호기심을 유발하는 작용을 했던 것은 물론이다. 당연히 "그 CF에서 나온 전화번호를 눌러봤더니 어땠더라."고 하는 입소문거리가 생성된다. 광고가 입소문마케팅을 유도하고 그 효과를 지속·증폭시킨 것이다.

내부적으로 무슨 사유가 있었는지 알 수 없지만, SK텔레콤이 이 광고를 좀 더 적극적·지속적으로 활용하지 않았던 것에 대해서는 아쉬움이 남는다. 단순히 목소리를 듣고 끊는 것이 아니라, 이것을 입소문마케팅과 연동할 수 있는 좀 더 재미있고 색다른 이벤트도 많았을 텐데 말이다. (지금 걸어보니 "지금 거신 전화는 없는 번호입니다."라고 나온다.)

한편, 먼저 입소문을 통해 티핑하고 매스미디어 광고가 그 효과를 '더 지속되도록' 했던 좋은 사례로서는 '마이클럽닷컴'의 '선영아 사랑해' 캠페인을 들지 않을 수 없다. 2000년 총선(4월 13일)을 앞두고 신촌·종로·대학로·강남역·삼성역 사거리 등 서울 시내의 사람과 차량이 붐비는 곳마다 도배하다시피 흰 바탕에 검은 글씨의 '선영아 사랑해'란 벽보와 현수막이 나붙었다. 출근길에 이것을 본 사람들은 "선영이가 도대체 누구야? 사랑고백 참 기발하게 하네.", "도대체 무슨 포스터지? 광고라면 기업명이라도 달렸을 텐데 그것도 아니고……", "선거철에 누가 수 쓰는 거 아냐?" 등 각양각색의 반응을 보이게 하면서 수많은 입소문거리를 창출하기 시작했다. 그 이후 마이클럽닷컴은 입소문의 효과를 매스미디어 광고를 통해 지속·증폭시키는 데 주력하였던 것은 잘 아는 사실이다.

여담이지만, 이 광고는 '대홍기획'이 당시 인사동 사옥에 있을 때 이봉재 크리에이티브 팀장이 공평동의 한 뒷골목에 A3 용지 정도의 흰 종이에

'선영아 사랑해' 벽보에 대한 입소문이 퍼질 즈음 '마이클럽닷컴'이 내보내기 시작한 TV-CF의 한 장면. 낡은 한옥 주택가의 골목 담벼락에 붙어 있는 '선영아 사랑해'라는 포스터를 보며 교복을 입은 여학생 둘이 지나간다. 이어 얼굴 없는 모델이 벽보를 뜯어내면서 이어지는 독백 멘트. "누굴까? 나를 아는 사람. 너를 만나고 싶다. 마이클럽닷컴."

"○○○ 사랑해."라고 붙어 있던 벽보에서 힌트를 얻은 것이라 한다. 이 벽보를 누가 붙였는지는 알 수 없지만 절실한 구애의 감정이 확 느껴졌고, 이 이야기를 들은 직장 동료들도 비슷한 감동을 느꼈다. 그래서 언젠가 광고에 써먹을 수도 있을 거라 생각하고 메모를 해두었다.

그후, 이 아이디어를 마이클럽닷컴의 경쟁 프레젠테이션에서 주력안이 관심을 끌지 못할 경우 내놓을 대안 중 하나로 제시했다. 제안내용도 신문의 전면광고를 사서 빈 백지에 달랑 '선영아 사랑해'만을 써넣어 호기심을 불러일으킨 후 며칠이 지나 다시 전면광고를 내 인터넷 도메인을 밑에 써주자는 것이었다. 선영이란 이름도 특별한 개인적 인연이 있었던 것은 아니고, 그냥 착하고 순수한 이미지가 드는 이름들을 몇 개 올려놓고 그중에서 택했을 뿐이다. 그런데 제일기획에서 카피라이터로 이름을 날리기도 했던 이진민 당시 마이클럽닷컴 부사장이 이 대안을 눈여겨봤고, 이를 과감하게 뜯어고쳐 주요 거리에 벽보·현수막 등을 활용하기로 정하고 아르바이트생 500명을 동원한 대규모 티저(Teaser) 광고를 집행하게 되었던 것이다.

'선영아 사랑해' 캠페인은 당시 워낙 화제를 유발했던 프로모션이라 뒷얘기도 무성하다. 당시 선거를 앞둔 상황에서 공교롭게도 선영이라는 이름이 모 정당의 후보자 이름과 같아 사전 불법선거가 아니냐고 조사를 하는 소동이 일어났고, 그 후보도 처음에는 자신을 음해하기 위한 상대후보의 선거전략이라 판단해 선관위에 제소하는 바람에 이것이 신문의 가십거리로까지 소개되었다. 그런데 이 티저광고가 하도 유명세를 타자 그 후보는 선거 막판에 오히려 '선영아 사랑해' 라는 문구를 선거차량에 붙이고 유세를 하기까지 했다.

또, 이 카피를 패러디하는 현상들도 속출했다. 한 인터넷 업체는 '선영아, 사랑을 팔지 마라. 다시는 너를 만나지 않겠다.' 라는 내용물을 같은 장소에다 붙여서 주목을 끌려는 시도를 했으며, 또 다른 한 채팅사이트는 '선영아 사랑해' 에 답변을 하는 형식으로 '나두 오빠를 사랑해' 란 현수막을 대학가에 내걸기도 했다. 미용실 이름 중에는 '선영아 머리해' 라는 것도 있었고, 이대 앞의 한 구두가게에는 '선영아 네게 맞는 구두를 골라 가게' 라는 재미있는 간판도 등장했다. 인사동의 한 카페는 '선영아 빙수 먹자' 란 벽보를 붙였고, 대학가에서는 '선영아, 학교 앞 ○○ 주점에서 만나자'

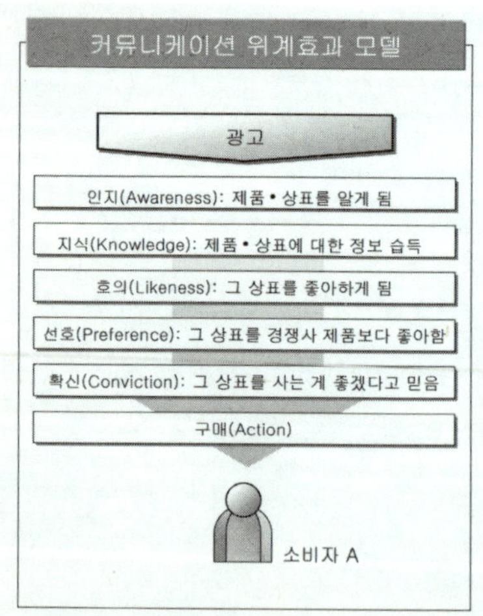

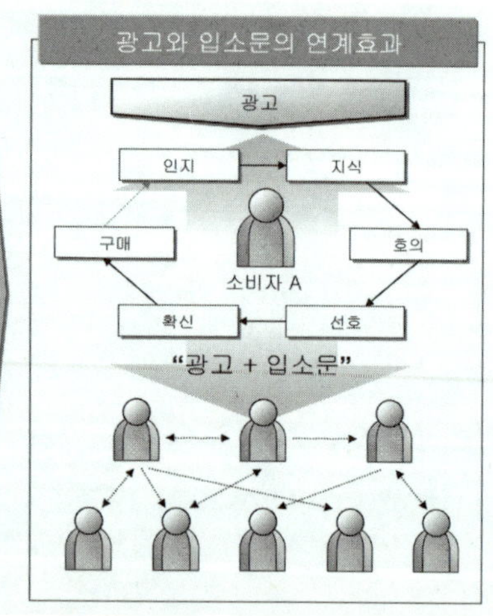

광고와 입소문은 별개가 아니다. 광고가 입소문으로 확산되고, 입소문이 광고의 효과를 증폭시키면서 서로 물고 물리게 된다. 기업은 광고 따로 입소문 따로가 아니라 '통합된 마케팅커뮤니케이션(IMC)' 의 관점에서 입소문마케팅에 관심을 가질 필요가 있다. 요즘의 광고 크리에이티브들은 유행어·액션·배경음악 등이 입소문 효과로 전이되어 효과를 증폭시키는 경우를 많이 볼 수 있는데, 2002년 초 김정은을 모델로 내세웠던 'BC카드' 의 "부~자 되세요." 라고 하는 유행어가 확산되었던 경우가 그 예다.

라는 동문회 공고가 나붙었던 적도 있었다. 또한 사오정 시리즈처럼 선영이를 내세운 유머 시리즈가 등장하기도 했었다.

마이클럽닷컴이 약 20억 원을 들여 집행했다는 이 캠페인은 유명세 덕택에 본전(?)을 뽑기도 했다. 혹시 '컴팩코리아'가 집행했던 '선영아 사랑해 컴팩홈'이라는 광고를 기억하는지? 컴팩코리아는 당시 마이클럽이 사용하던 썬(Sun)사의 장비들을 컴팩으로 바꾸면서 20억 원에 상당하는 서버 일체를 무상으로 제공했다. 이는 당시 국내 서버시장에서 압도적인 우위를 차지하고 있던 썬을 공략하기 위한 '썬번 프로젝트(Sun-Burn Project)'의 일환이었다. 마이클럽닷컴은 당시 컴팩과 공동마케팅을 펼치기로 합의하고, 이 광고를 내세워 다시 한 번 '선영아 사랑해'의 붐이 재현되기를 기대했었던 것이다.

최근 입소문마케팅 성공사례들이 속속 소개되고 있다. 하지만 분명 알아두어야 할 당연한 사실은 그것이 결코 기존 마케팅의 전적인 대안은 아

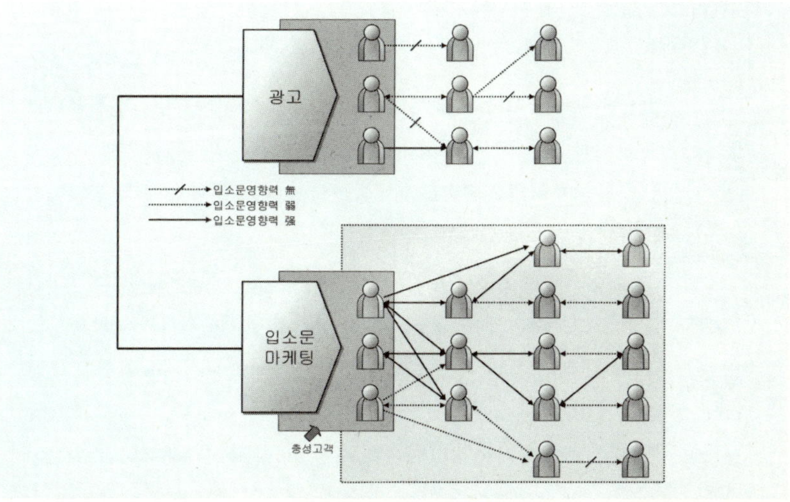

광고와 입소문마케팅의 차이점. 광고는 타인에게 반드시 영향을 끼쳐야 할 의무는 없는 데 비해(윗그림), 상대적으로 입소문마케팅은 애당초 2차적으로 타인에게 영향을 끼치도록 설계되어야 그 소임을 다하게 된다(아래그림). 그리고 광고는 일방향적 성격이 강하지만, 입소문마케팅은 상호작용적이어서 브랜드에 대한 경험·관계를 향상시키는 데 용이하다.

니며, 오히려 아직도 가장 큰 영향력을 발휘하는 광고 등 매스마케팅의 보완매체에 가깝다는 점이다. 그래서 필자가 자꾸 연합군 발상의 '통합된 마케팅커뮤니케이션(IMC)'을 강조하는 것이다. 입소문마케팅의 효과가 저하될 시기가 되면 광고나 이벤트를 통해서 지속적인 커뮤니케이션 노력을 행할 수 있어야 한다. 또한 광고나 이벤트도 그 자체의 효과에만 머무를 것이 아니라 입소문과 효율적으로 연동될 수 있도록 설계되어야 한다.

브랜드는 생물과 같이 성장, 진화, 쇠퇴, 소멸을 거듭한다. 한 번 반짝하고 말 것도 아니며, 중장기적이고 체계적으로 관리되어야만 장수 브랜드로 사랑받을 수 있다. 결론적으로 말하자면, 광고냐 입소문이냐보다 더 중요한 상위개념인 마케팅·브랜딩의 시각*에서 통합된 마케팅커뮤니케이션을 수행할 수 있어야 한다.

〔참고사례〕 택시기사에서 일반인까지, 입소문마케팅에서 TV광고까지
"추천합니다 SM5"

SM5는 1998년 1월 출시된 후, 삼성의 자동차 사업 포기로 빅딜이 진행되던 1999년에는 한달에 고작 200대 정도의 차량만 판매되고 있었다. 그 당시 자동차 생산이 단종될 것을 우려해 사람들은 이구동성으로 SM5를 사는 것을 만류하는 분위기였기 때문이다.

2000년, 르노삼성으로 바뀌면서 SM5의 입소문마케팅이 본격적으로 전개되기 시작했다. 르노삼성은 일반 소비자들이 차량을 사기 전에 택시기사들에게 많이 물어본다는 점에 착안하여, SM5의 프로모션 전략의 하나로 택시기사를 통한 구전마케팅을 선택한 것이다.

당시 르노삼성은 'SM5 택시는 팔아도 손해'라는 이야기들이 나돌 정도로 택시에

---

* 정작 우리가 염두에 두어야 할 점은 매스미디어나 입소문이냐의 이분법적 방법(툴)의 문제가 아니다. 어떻게 '질 좋고 만족할 만한 제품'을 내놓는가가 선행되는 문제이며, 그 다음으로 거기에 어떤 메시지를 담는가 하는 마케팅·프로모션의 문제가 후행한다는 것을 간과해서는 안 된다.

게 잘해주었다. 르노삼성은 SM5를 모는 택시기사들을 위해 공항 무상점검 서비스, 퀵서비스 코너, 자가정비 코너 등을 운영하면서 입소문을 펼쳐갔다. 전담 순회 기사들이 알아서 소모품을 교환해주고 때때로 와서 와이퍼 등의 각종 판촉물을 제공해주기도 했다. 택시기사들은 차량 성능뿐만 아니라 서비스에도 만족을 표하기 시작했으며, 영업용 택시기사들은 다른 차량에 비해 200만 원이 더 비싸고 사납금을 더 물면서도 SM5를 타려 했다. 이처럼 택시기사들로부터 인기와 신뢰를 얻음으로써 입소문이 일반 소비자들에게도 퍼져 SM5를 사기 시작한 것이다.

본사에서는 이때부터 입소문을 강화하기 위해 체험마케팅(Experience Marketing)을 전개했다. 10만km 이상 주행한 차량을 구입해서 영업소에 배치하고 소비자들에게 직접 시승해보라고 권한 것이다. 효과는 매출로 이어졌다. 시승 후에 현장에서 구매한 소비자가 70%에 이르렀다고 한다.

잠시, '카클(Carcle)'이라고 하는 사이트에 올라온 송곳니라는 별명의 한 SM5 구매자가 자신의 친구와 MSN을 통해 채팅을 한 경우[*]를 살펴보자.

친구: 나 제주도 갔다 왔다.

송곳니: 잘났다. 재밌었냐?

친구: 응, 테디베어 박물관두 가구…….

송곳니: 변태냐? 인형 보러 제주까지 가게?

친구: (그냥 씹은 후) 근데 거기서 렌터카 빌렸는데 차 좋더라.

송곳니: 뭔데?

친구: 에셈5 빌렸는데 특히 브레이크가 좋더라, 원하는 데서 서구…….

송곳니: 에셈? 망한 거 아닌가?

친구: 거기 렌터카 태반이 에셈이다. 헐…… 내 베르나보다는 좋데?

송곳니: 그래? 흠…… 그럼 그거나 사볼까나?

친구: ^^;;; 아반테 중고도 못 샀다면서…….

송곳니: 크윽…… 이번에는 물러서지 않으리.

---

[*] http://www.carcle.com/view.php?pid=95에 올라온 'SM5 보육일기 - 1편 면허에서 구입까지' 글 중에서 요약 발췌.

이때부터 송곳니 씨는 자신의 아버지에게 중고차가 아닌 SM5를 사고 싶다는 의견을 제시했으며, 강력하게 아버지를 설득하기 시작했다. 때마침 당시 SM5의 10만km 주행차량 시승캠페인이 TV에 등장하기 시작했고, 택시기사들의 입소문 덕택에 아버지도 송곳니 씨의 의견에 동의해주었다. 결국 차량 구입비는 아버지가 일시불로 내주기로 하고, 송곳니 씨는 상여금이 50% 넘는 달에는 무조건 상여금 전액을 아버지께 갚기로 하는 조건으로 구입했다고 한다.

SM5의 이러한 입소문마케팅은 오프라인상에서만 전개된 것이 아니라, TV·신문 등 매스미디어 광고를 연계함으로써 시너지 효과를 높였다.

2001년, SM5는 10만km 이상 달린 차와 새 차를 비교하는 실증형 직접체험식의 광고를 내보내기 시작했다. "믿으시겠습니까, 10만km 이상 달린 SM5의 엔진소리와 새 차의 엔진소리가 거의 같다면. 지금 가까운 르노삼성자동차에서 직접 경험하십시오. 10만km를 달려도 엔진소리에 변함없는 SM5"라는 카피의 이 광고는 소비자를 모델로 직접 시승시켜 신뢰성을 더했다.

원래 제작후기가 더 재미있다! "믿으시겠습니까"편 CM에 등장했던 10만km 중고 SM5는 촬영을 위해 실제 서울에 사는 한 소비자의 차를 대여한 것인데, 이 차를 촬영장으로 옮겼던 광고제작자 역시 엔진소리가 너무 조용하고 차체의 떨림이 거의 없어서 새 차와 헷갈리는 해프닝이 발생했다. 또한 차의 엔진소리를 녹음할 때도 거의 소리가 나지 않아서 일부러 소리를 키워야만 했다. 시승에 참여했던 소비자 모델 오지호 씨도 직접 차를 타본 뒤 새 차와 분간이 안 가는 10만km SM5에 흥분을 감추지 못했다고 하는 후문이다.

2004년, 르노삼성은 SM5를 구매하는 소비자들이 차를 직접 타보고 주위 사람들의 권유에 의해 구매하게 되었다는 소비자 조사를 토대로 "추천합니다. SM5" 캠페인을 전개하기 시작했다. "생각만 해도 가슴 따뜻한 정이 흐르는 사람, 꼭 챙겨주고 싶은 사람, 내가 사랑하는 사람, 이제 그들에게 SM5를 추천하고자 합니다."라는 카피의 이 광고는 설경구·문소리, 이현우·김광민 등을 모델로 내세워 입소문마케팅의 가장 전형적인 방식인 '추천'을 자연스럽게 권유하는 것이다. 또한 인터넷의 회원들을 대상으로 '추천합니다 명예지점장 가입이벤트'를 통해 르노삼성을 추천한 사람들에게 소정의 경품을 주는 이벤트를 실시하였다.

광고는 살아 있다!

　100여 년 정도 전까지만 거슬러 올라가 보면(대중매체가 등장하기 이전), 당시 많은 사람들에게 가장 빨리 메시지를 전달할 수 있는 방법은 파발마나 봉화를 통해 건네진 후 방(榜)을 붙이거나 알음알음으로 인해 전달되는 구전(口傳)이었다. 이중 방의 경우는 글을 읽을 수 있는 사람들에게는 전달될 수 있었지만, 당시 상당수 여성·평민·노비 계층은 글을 해독할 수 있는 능력이 없었다는 점을 감안하자면 국민 전체의 생활양상에서 구전의 영향력은 상당히 컸을 것이라 추측할 수 있다. '발 없는 말이 천리 간다.'라는 우리 속담은 당시 이러한 구전에의 의존성과 영향력을 가늠해볼 수 있는 하나의 사례라 볼 수 있을 것이다.

　그러나 이러한 구전효과의 위력은 대중매체(Mass Media)의 등장으로 인해 소외된 인식을 받아왔던 것이 사실[*]이다. 매스미디어의 성장은 분명 사람들의 생활과 사고를 일변시켰다. 정치인들은 TV토론이나 청문회를 자신의 이름을 알리는 데 활용하려 기를 쓰고 있고, TV앵커나 연예인 출신의 정계진출은 그렇지 않은 사람들에 비해 훨씬 더 유리한 조건에 있기 때문에 선거 전에 이를 제한하는 법률까지 등장할 정도다. 과거 딴따라로 천시 받던 연예인들은 정치인 이상의 영향력을 지니고 있으며 그들이 걸친 옷이나 액세서리나 헤어스타일 하나도 금세 사회적 유행으로 확산되어버린다. 또한 기업들은 광고를 통해 신상품의 수요를 자극하고 브랜드를 알리기 위해 숱한 유행어를 만들어낸다. 소비자들의 마음속에는 매스미디어에 자주 등장하는 상품은 곧 신뢰할 수 있는 브랜드라는 등식이 새겨지게 되었다.

---

[*] 이것은 결코 구전효과의 힘이 줄었다는 이야기가 아니라, 매스미디어의 파워가 워낙 거셌기 때문에 상대적으로 비교하여 관심이 적어졌다는 의미로 해석해야 한다.

금단증상(禁斷症狀), 아마도 이 말이 현재 매스미디어의 영향력을 대변하는 가장 좋은 표현 중의 하나가 아닐까? 이제 사람들은 전철 안에서 혹은 출근하자마자 신문을 보지 않으면 뭔가 허전하고 운전 중에는 라디오를 틀어놓아야 하고 집에 돌아오자마자 TV를 켜야 허전함을 느끼지 않는다. 기술의 발달로 이제 휴대폰·자동차 등을 통해 실시간으로 스포츠 경기를 관람할 수 있게 된 것도 눈여겨볼 만한 일이다.

그런데 여기서 신중하게 한번 생각해볼 것이 있다. 최근 입소문과 관련된 서적·기사·자료 등을 보면 "광고는 죽었다. 그 대신 입소문마케팅이 뜬다."는 식의 좀 자극적인 표현이 등장하기도 한다. 쇠락 정도가 아니라 이처럼 극단적인 용어를 동원해 사망을 선언[*] 해버리는, 입소문을 띄우기 위해 자행되는 '광고 죽이기'에 필자는 강력하게 반기를 들고 싶다. 이유는 간단하다. 아직 비현실적이기 때문이다!

한번 물어보자. 여유자금이 있는데도 불구하고 광고를 절대로 안 할 자신이 있는가?

문제를 침소봉대할 필요까지는 없다. 정작 문제는 "광고가 효과가 없다(無)."는 것이 아니라 "효과가 저하된다(減)."[**] 는 것이다. 그런데 자꾸만 광고가 죽고 있다고 말하니 사람들이 자꾸 '대체안'으로써 입소문마케팅을 생각한다. 대체(代替)라는 말은 하나를 포기하고 그 대신 다른 하나를 선택한다는 의미이다. 광고와 입소문은 병행될 수 없는 것이라고 누가 감히 말

---

[*] 『퍼미션 마케팅』, 『아이디어 바이러스』, 『보랏빛 소가 온다』 등의 베스트셀러를 집필한 세스 고딘(Seth Godin)이 대표적이다. 그가 자신의 주장을 역설하기 위해 『퍼미션 마케팅』에서 좀 과격한(?) 표현을 하는 것인지는 몰라도, 최소 향후 10~20년간은 매스미디어 광고가 여전히 주력 마케팅 수단일 것이라는 것에 대해서는 필자와 내기를 해도 좋다. 그래서 현실주의자들이 많은 한국에서는 좀 설득력이 떨어진다.

[**] 광고효과가 저하되기 때문에 입소문의 관심이 높아지고 있으며, 그래서 저자도 이 책을 쓴 것이 아니냐고 반문할 수도 있다. 반은 그렇지만, 반은 아니다. 광고와 입소문의 상생을 통한 통합마케팅커뮤니케이션을 시도하고자 하는 것이 목적이다. 두 놈 다 같은 자식이다. 광고는 장남이고 입소문은 막내딸쯤으로 생각한다. 굳이 한쪽을 편애하고 싶지는 않다.

할 수 있는가? 어떻게 보면 미미한 뉘앙스의 차이라고 하겠지만, 필자가 이 책을 쓰면서 이제 입소문마케팅이 정말 중요하다고 주장할지언정, 그 것이 차세대의 주력이라고는 추호도 믿지 않는다. 현실적 관점에서 보자면, 입소문마케팅을 살리기 위해 광고를 살해하려는 음모는 아직 상상조차 할 수 없는 일이다.

유사한 경우로, 어떤 이들은 "매스미디어가 죽고, 그 대신에 인터넷이 뜬다."고들 말해왔었다. 그러한 주장은 국내 인터넷 1세대이자 인터넷 신봉자라고 자처하는 필자조차도 결코 동의할 수 없다. 디지털 혁명은 컴퓨터에서뿐만 아니라, TV·신문 등의 매스미디어에서도 진행되고 있다. 또한 아직도 신뢰할 수 있고 객관성을 지닌 콘텐츠는 매스미디어로부터 나온다. 블로그 등이 1인미디어 혁명을 부르짖고 있지만 신뢰성이 부족하고, 주관적이라는 매력이 있기는 하지만 그것이 객관적인 매스미디어를 누르고 주력이 되리라고는 볼 수 없다.

확실히 미디어는 Mass에서 One to One으로 진화해가고 있지만, 이것이 'Mass(1:다) 스타일의 커뮤니케이션이 사라진다.'는 것을 의미하지는 않는다. 사람들은 여전히, 그리고 앞으로도 자신의 와이프, 아들, 친구 등과 함께 TV 앞에서 영화·드라마·광고를 보면서 연예인·상품에 대한 '이야기'를 할 것*이다. 침대에 눕거나 소파에 기댄 아주 편한 자세로 말이다. 이때는 제발 '인터랙티브(Interactive)니 원투원(One to One)' 마케팅을 한답시고 괜히 끼어들어서 나를 방해하지는 말지어다!

Advertising is still alive! (광고는 여전히 살아 있다!)

---

* 인터넷이 능동성을 강조하는 것에 비해, TV는 기본적으로 수동성이 강한 매체이다. 인터넷처럼 적극적인 인터랙티브는 오히려 TV시청자들에게는 짜증나는 일일는지도 모른다.

2장
복제 본능과 바이러스마케팅

태양 아래 새로운 것은 아무것도 없다.(There's nothing new under the Sun.)

— 구약성서

밈(Meme)은 은유적으로서가 아니라 기술적으로 살아 있는 구조로 간주되어야 할 것이다. 여러분이 내 마음에 풍부한 밈을 실었다면 문자 그대로 여러분은 내 머리에 기생한 것이다. 바이러스가 숙주 세포에 유전적 메커니즘으로 기생한 것과 같은 방식으로 밈이 전파되는데, 이때 뇌는 중간 매개물이 되는 셈이다.

— 리쳐드 도킨스(Richard Dawkins)

밈(Meme)이 지배하는 세상

인간의 문화도 유전자나 바이러스처럼 복제된다

1975년 하버드 대학의 에드워드 윌슨(Edward Wilson) 교수가 출간한 『사회생물학 : 새로운 종합』이라는 책으로부터 비롯된 '사회생물학 논쟁'* 이라는 것이 있다. 윌슨은 자신의 저서에서 인간을 포함한 모든 생명체의 사회적 행동은 유전자와 환경 사이의 오랜 상호작용의 결과로 나타나게 되었다고 주장했다. 그때까지 사회적 행동은 보통 문화적인 학습과 전승의 산물이라고 여겨져 왔으나, 그는 이것 역시 유전적 요인의 산물** 이라고 보았다. 윌슨은 심지어 사회학이나 인류학이 소멸될 가능성도 있다는 의견까지 내놓았으며, 사회학이나 인류학이 다뤄온 인간의 사회적 행동이 분자생물학에 바탕을 둔 유전학을 통해 설명될 수 있을 것이라고 보았던 것이다.

이듬해인 1976년, 현재 옥스퍼드 대학의 교수이며 현존하는 가장 저명한 생물학자 중의 한 사람으로 인정받고 있는 리처드 도킨스(Richard Dawkins)는 자신의 저서 『이기적 유전자(The Selfish Gene)』를 통해 "우리는 생존기계이며, 그것은 유전자로 알려진 이기적인 분자들을 보존하기 위해 맹목적으로 계획되어 있다."라는 도발적인 주장(유전자 결정론)으로 다시 전 세계적인 충격을 던졌다. 다시 말하자면 유전자가 모든 생명현상에 우선하며, 이러한 생명현상은 이기적 유전자의 자기복제(Self-Similar)를 위해 봉사하는 것이며 이타적인 협력마저도 사실은 자신의 유전자를 보존하고 후

---

* 궁리닷컴 명저산책 코너의 『이기적 유전자』에서 인용. http://www.kungree.com/classic/dawkins.htm

** 물론 윌슨의 이러한 주장에 반대하는 학자들도 적지 않았다. 그들은 사회문화적 존재인 인간은 단순히 유전자의 꼭두각시가 아니며, 유전적 요인보다는 환경적·문화적 요인의 영향을 받는 존재라고 본다. 그들은 윌슨의 주장이 유전적으로 열등한 사람과 우월한 사람 사이의 차별이 부각될 위험이 있으며, 생물학을 인종적 우월주의에 이용했던 나치의 망령이 부활했다고까지 우려하는 사람도 있었다.

세에 전달하기 위한 전략적 행동이라는 것이다.

따라서 생물의 생식행위도 유전자를 계속해서 남기기 위한 행동이며, 결국 생명체라는 것은 유전자를 보존시키기 위한 수단일 뿐, 유전자는 자신의 보존 이외에는 관심이 없는 이기적인 존재라고 할 수 있다. 우리는 다른 사람들보다는 친척과 가족을 먼저 생각하고 각별하게 배려하는 것이 보통이다. 그러나 가족에 대한 사랑도 결국은 비슷한 유전자를 조금이라도 많이 지닌 생명체를 도움으로써 유전자를 후세에 남기려는 행동, 즉 '이기적인 유전자'에서 비롯된 행동에 불과하다. 도킨스는 심지어 사람을 포함한 생명체가 다른 생명체를 돕는 이타적인 행동도 실제로는 주어진 환경 속에서 유전자가 생존하기 위해 취하는 행동에 불과하다고 보았다.[*]

그의 주장 가운데 또 하나 주목할 만한 것은 유전의 영역을 인간 문화로까지 확장한 이른바 '밈(Meme) 이론'이다. Meme[**]은 리처드 도킨스가 창안한 개념으로서 일종의 모방(模倣)을 의미한다. 생물적 진화의 단위가 Gene이라면, 문화적 진화의 단위는 Meme이 되는 것이다. 즉 Gene은 하나의 생명체에서 다른 생명체로 복제되지만 밈은 모방을 통해 한 사람의 뇌에서 다른 사람의 뇌로 복제되는데, 생명체가 유전자의 자기복제를 통해 자신의 형질을 후세에 전달하는 것처럼 밈도 자기복제를 하여 널리 전파하고 진화한다고 주장한다. 그는 광고·노래·사상·패션·건축양식 등을 밈에 의한 결과로 들고 있다. 이런 방식으로 밈은 좁게는 한 사회의 유행이나 문화를 계승하게 하고, 넓게는 인류의 다양한 문화를 만들어 나

---

[*] 현대 생물학자들 대다수는 비록 어느 한쪽 입장을 지지하더라도 그렇게 극단적이지는 않다고 한다. 그들은 기본적으로는 유전자의 중요성을 인정하면서도, 문화적·환경적 요인의 중요성을 무시하지 않는다.

[**] 『옥스퍼드 영어사전』에서는 이러한 밈을 '유전적 방법이 아닌, 특히 모방을 통해 전해지는 것으로 여겨지는 문화의 요소'라고 요약하고 있다. meme(mi: m), n, Biol. (shortened from mimeme ... that which is imitated, after Gene n.). An element of a culture that may be considered to be passed on by non-generic means, esp. imitation

가는 원동력이 된다[*]고 한다.

한편, 마이크로소프트에서 MS-Word의 최초 버전을 개발하고 부와 명성을 쌓은 뒤 삶에 무료함을 느끼고 홀연히 퇴사한 리처드 브로디(Richard Brodie)는 밈학(Meme學)에 몰두하다 사회의 여러 가지 현상들에 대해 나름대로의 해석을 가한 『마인드 바이러스(Mind Virus)』라는 책을 저술하였다. 그는 "마인드 바이러스의 침투력은 정보화 사회가 진전됨에 따라 더욱 강고해질 것"이라고 예견하면서, "국경은 물론 언어의 경계마저 무너뜨리는 인터넷으로 인해 수많은 밈이 신속하고 광범위하게 전파될 것"이라 주장한다. 그리고 "인간의 삶을 황폐화시키는 마인드 바이러스에 감염되지 않으려면 건전하고 가치 있는 밈을 지속적으로 획득하는 노력을 기울여야 한다."고 강조하였다.

개념 하나가 여러 사람 어렵게 한다는 생각도 들고 교양을 넓히기 위한 일환으로 밈 관련서를 선택했다가는 우리 같은 범인(凡人)들에게는 우이독경이 되어버릴 것 같지만, 아무튼 필자가 이 책을 읽으면서 제일 관심이 갔던 부분은 아래와 같은 비교였다. 그는 세상에 세 가지의 바이러스가 있는데 하나는 우리가 알고 있는 '생물학적 바이러스'이고, 또 하나는 우리 인간들이 만들어낸 '컴퓨터 바이러스'이며, 나머지 하나는 인간의 문화와 관련된 '마인드 바이러스'라고 구분하여 설명한다. (이중 생물학적 바이러스를 제외한 나머지 두 개는 인간에 의해 만들어진 것이며, 생명공학의 발전으로 생물학적 바이러스도 인간이 제어할 수 있는 영역으로 편입되고 있다.)

---

[*] 물론 Gene과 Meme은 다른 점이 있다. Gene은 반드시 부모가 자식에게만 물려주게 된다. 때문에 물려주는 데 시간이 오래 걸리는 것은 물론 유전자를 전해받는 후손의 개체수도 제한된다. 그러나 Meme의 복제는 모방을 통해 이루어지기 때문에, 비록 복제의 정확성은 유전자에 비해 떨어지지만 빠른 시간에 거의 무제한에 가까운 다른 개체들에게 전파·확산시킬 수 있다.

리처드 브로디가 요약한 바이러스가 사는 세 가지 세계[*]

생 물 학	컴 퓨 터	마 인 드
유전자(Gene)	기계명령	밈(Meme)
세포	컴퓨터	정신
DNA	기계언어	지식의 두뇌내적 표상
바이러스	컴퓨터 바이러스	마인드 바이러스
유전자 풀	모든 소프트웨어	밈 풀
난자 · 정자	전자게시판 기입	방송 출판
종	운영체제	문화 제도
속 및 상위분류	기계 구조	문화
생물	프로그램	행동 · 인공물
유전자 감염 가능성	보안상 허점 or 보안 결함	심리적 감염가능성 or 버튼
유전자 진화	인공 생명	문화 진화

　　필자가 가장 끌렸던 점은 유행 · 문화의 제현상들을 바이러스(Virus)에 비유한 착상이었다. 최근 관심이 고조되고 있는 입소문마케팅을 이런 체계를 가지고 접근하면 생각의 폭이 넓어질 수 있겠구나라는 희망봉을 발견한 기분[**]이었다. 만약 인간의 문화가 유전자나 바이러스처럼 '복제, 모방, 감염' 되는 것으로 비유가 가능하다면, 컴퓨터 바이러스를 창조해낸 것과 마찬가지로 매스컴 · 인터넷 등을 통해 인위적으로 마인드 바이러스를 '생성(기획) — 복제(실행) — 관리(측정)' 할 입소문마케팅적 가능성도 충분히 있지 않을까?

---

[*] 『마인드 바이러스』, 리처드 브로디 저, 백한울 역, 69p, 동연출판사, 2002.

[**] 면역학을 기반으로 유행 현상을 설명하려는 학자들이 여러 논문들을 내놓았다. 또한 인터넷 세상에서는 유전자 · 바이러스적인 개연성을 보여주는 성공 사례들이 다수 존재하고 있다. 비록 이러한 착상이 종국에는 완벽하게 맞아떨어지지는 않는다 하더라도, 입소문마케팅의 실천을 위한 많은 아이디어들을 충분히 제공해줄 것으로 기대된다.

복제본능과 커뮤니케이션의 진화

"아이디어란 낡은 것의 새로운 조합이다."(제임스 웹 영)

이 말은 모든 창의적인 것들도 사실은 이전의 무엇인가에 의해 영향을 받은 산물이며 갑자기 하늘에서 뚝 떨어지는 식의 새로운 것은 존재하지 않는다는 의미를 내포하고 있다. 비록 창작이나 창의성에 대한 범위가 어디까지인지에 대한 논란을 야기할 수 있기는 하지만, 앞에서 얘기했던 밈의 복제성 측면에서 보자면 일리가 있지 않나 생각된다.

사실, 복제는 본능이다! 단, 사회문화라는 측면에서의 이러한 복제는 답습이 아니라 변이과정을 통해 진화되어야 한다. 호기심 가득한 털 없는 원숭이들이 자신의 의지에 의해 바깥세상으로 뛰쳐나와 장구한 시간에 걸쳐 지금과 같은 각각의 문명을 창조해왔던 것처럼 말이다. 이러한 문명·문화의 밈적 진화에 가장 기여를 한 것 중 하나는 바로 '인쇄술'이었다. 비록 인쇄술의 공적에 대한 딴지[*]가 있기는 하지만 인쇄술은 대량복제라는 목적을 달성하기 위해 지난 수백 년간 발전을 거듭해왔다. 이것은 기술적 복제만을 의미하는 것이 아니라 저자들이 문헌 인용을 통해 타인의 의견을 반박하고 자신의 주장을 펼칠 수 있게 되는 문화적 복제도 포함한다.

그러나 회고해보건대 인쇄술(혹은 매스미디어를 포함하여)은 일방향적이라는 한계를 지니고 있었으며, 독자들은 여전히 수동적인 존재로 남을 수밖에 없다. 따라서 커뮤니케이션의 본질인 쌍방향성·상호작용성을 가지기에는 미흡했던 것이 사실이다. 이러한 한계가 이제 컴퓨터를 매개체로 한 인터넷을 통해 해소되기 시작했다. 주지하다시피 사람들은 비로소 능동적

---

[*] 캐나다의 미디어 학자인 마샬 맥루한(Marshall McLuhan)이 대표적인 경우다. 그는 인쇄매체가 사람의 시각만을 강조하여 사고를 선형적·연속적·규칙적·반복적·논리적으로 만들어 감성으로부터 사고를 분리시켰다고 비판한다. 자세한 내용은 그의 저서 『미디어의 이해』, 『미디어는 맛사지다』 등을 참조하라.

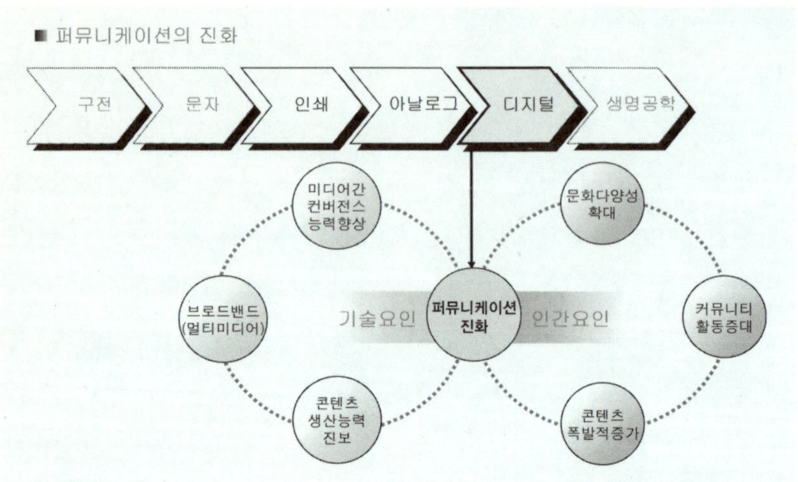

인류가 발명해온 미디어의 진화과정은 곧 복제술의 진화와 그 궤를 같이 한다. 최근 블로그·미니홈피 등을 통한 퍼뮤니케이션(펌 + 커뮤니케이션)이 관심을 받고 있는 것도 디지털·인터넷이라고 하는 미디어의 진보에 따른 필연적인 결과이다.

으로 자신의 생각을 적극적으로 표현할 수 있는 미디어를 가지게 된 것이다. 그들은 블로그를 통해 자신이 읽은 책이나 신문기사에 대해 코멘트를 달기 시작했고, 이러한 행위는 저작자들에게도 어느 정도 긍정적 영향을 미치고 있음은 두말 할 필요가 없다.

그런데 네티즌들이 웹게시판 혹은 블로그·미니홈피를 통해 주어진 '표현의 자유'와 '창작성'이 반드시 비례하고 있는 것일까? 다시 말해서 네티즌들은 이런 공간을 통해 오리지낼리티(Originality)가 있는 자신만의 글을 게재하여야만 하는가? 도의적인 문제를 떠나 현실적으로는 그렇지 않다. 그들은 이른바 퍼뮤니케이션(펌 + 커뮤니케이션의 합성어) 행위를 통해 우스갯소리·전문가 칼럼 등을 자신의 블로그에 스크랩하고 다른 커뮤니티 게시판에 옮기기도 한다. 한편, 이러한 복제가 복제만으로 끝나는 것은 아니다. 예를 들어 필자의 경우도 게시판에다 신문기사 등을 퍼올 때 개인적 사견을 첨가하게 되며, 이 글 아래에는 다른 사람들 또한 자신의 경험이나 의견 코멘트를 간단히 달아준다. 이것은 변이에 비유할 수 있다. 어떤 사람들은 이러한 기사와 의견들에 대해 자신의 반박글을 생산해내고, 이 반박글은 또다시 타인들에 의해 퍼지게 된다. 이것은 돌연변이에 비유할 수 있다. 즉 문화의 복제는 이러한 상호작용을 통한 변이과정에 의해 진화·도태를 거듭하게 된다. 정말로 바이러스적이지 않은가!

〔참고기사〕 사이버 입소문꾼 펌킨族 급부상 - 다양한 글 퍼내 다른 사이트에 올려

인터넷 포털사이트에서 가장 흔히 볼 수 있는 것이 이른바 '펌' 글이다. '펌' 이란 인터넷에 올려져 있는 타인의 콘텐츠를 스크랩해서 다른 사이트에 게시하는 행위로 네티즌들 사이에선 일상적인 용어가 된 지 오래다.

'펌' 의 위력은 대단하다. 얼마 전 국민연금의 문제를 지적한 '국민연금의 비밀' 이란 한 네티즌의 글이 순식간에 인터넷상에 퍼지면서 사회문제로 떠오른 것은 '펌' 의 영향력을 단적으로 보여주는 사례였다. 특히 요즘에는 블로그(web+log의 합성어)가 유행하면서 '펌' 이 더 맹위를 떨치고 있다.

눈만 뜨면 마케팅을 연구하는 사람들이 이같은 좋은 소재를 놓칠 리 없다. 종합광고대행사 휘닉스커뮤니케이션즈는 '펌' 을 즐기는 사람들을 '펌킨' 족이라 명명하고, 디지털 시대의 강력한 구전(口傳) 주체로 이들을 주목해야 한다고 밝혔다. '펌킨' 의 '킨(KIN)' 은 '동료' 혹은 '네트워크' 를 뜻하는 동시에 '즐기라' (KIN을 옆으로 눕히면 '즐' 자가 됨)는 의미를 갖고 있는 인터넷 속어다.

휘닉스컴은 디지털시대의 입소문꾼, '펌킨' 족의 가장 큰 매력은 '자발성' 이라고 지적했다. 누가 시켜서 하는 일이 아니라, 자발적으로 이 글 저 글을 퍼다가 다른 사이트에 올리기 때문에 구전효과가 크다는 것이다. 특히 이들은 기업의 상업적 메시지까지도 자발적으로 이쪽저쪽으로 옮기는 속성을 지녀 마케팅 담당자들의 구미를 돋우고 있다. '펌킨' 족과 '펌' 행위를 잘만 활용하면 마케팅의 혁명을 초래할 수도 있다는 계산이다. (후략)

《문화일보》 2004년 9월 23일자 기사를 인용, 최준영 기자 cjy123@munhwa.com

바이러스마케팅

인터넷상에서 대량복제되는 상업적 메시지

디지털·인터넷 기술의 발달로 인해 무단복제가 사회적 문젯거리로 등장하고 있는 데 반해, 마케팅 분야에 있어서의 이러한 복제는 매우 관대한 편이다. 아니, 복제 그 자체를 목적으로 하는 경우도 있으며, 이 때문에 가급적이면 쉽게 복제될 수 있는 형태로 가공하여 유포하려 노력하기도 한다. 이것을 업계에서는 바이러스마케팅(Virus Marketing)이라고 지칭하는데, 이때 바이러스라는 말은 질병을 야기하거나 컴퓨터를 망가뜨리는 악성 바이러스가 아니라 기업이 특정 메시지를 긍정적으로 전파·확산시키기 위해 작성한 일종의 마인드 바이러스다.

바이러스마케팅 성공사례로 가장 널리 알려진 것은 1996년 7월경 세계 최초로 무료웹메일 서비스를 실시한 '핫메일(Hotmail)'이다. 국내에서는 현재 MSN메신저와의 연동으로 더 잘 알려져 있고, 국내 업체들의 강공에 의해 무료 웹메일 시장에서는 거의 힘을 발휘하지 못하고 있지만 바이러스마케팅의 사례로서는 거의 원조라고 일컬어질 정도로 유명하다. 여기서는 핫메일이 탄생한 배경을 곁들여 어떤 식으로 핫메일이 바이러스마케팅에 성공하게 되었는지를 잠시 살펴보자.

미국에 거주하던 파키스탄 출신의 불법체류자 두 명은 원래 데이터베이스 툴을 개발하는 일을 주사업으로 하고 있었는데, 그들은 이를 확장하기 위한 아이디어 중 하나로 핫메일을 생각해냈다. 당시의 이메일은 별도의 소프트웨어를 장착하는 방식이었는 데 비해 웹상에서 간단히 이메일을 확인할 수 있게 하자는 아이디어를 생각해낸 것이다. (이런 방식이 지금은 너무나 당연한 이야기지만, 그 당시로서는 아무도 이렇게 티핑이 될 줄 예측하지 못하고 있었다.)

그들은 자신의 데이터베이스 개발 툴의 사업자본 조달을 위해 20개의 벤처캐피털 회사를 만났지만 매번 거절을 당하다가, 21번째 회사에 이르러서야 벤처캐피털리스터 스티브 저비슨(Steve Jurvetson)으로부터 겨우 투자를 얻어냈다. 저비슨은 다른 것은 다 버리고 그중 오직 핫메일 사업에만 투자를 했는데, 당시 그는 투자를 하면서 하나의 조건을 내걸었다. 고객이 핫메일 서비스를 사용할 때마다 그 이메일의 하단에 "Get your private, free e-mail at http://www.hotmail.com(당신만의 이메일을 핫메일에서 무료로 가지세요.)"이라고 하는 태그가 자동적으로 첨부되도록 하라는 것이었다.

핫메일의 티핑은 바로 저비슨의 이 아이디어로부터 탄력을 받기 시작했다. 인터넷상의 대부분 서비스들이 유료화를 엄두도 못 냈던 당시, 그는 일단 최대한 단기간에 많은 회원수를 확보함으로써 가치를 높이려 했던 것이다. 그 결과 일년 반이 지난 1997년 말에는 약 1,400만 명 이상의 가입자를 모으는 데 성공하였다. 이를 위해서 특별히 광고나 이벤트를 실시한 것도 없이 말이다. 이후 마이크로소프트는 핫메일을 4억 2,500만 달러에 인수했고 파키스탄 출신 불법체류자 두 명은 1억 달러를 챙겼다. 저비슨 또한 거액을 챙겼음은 두말 할 필요도 없다.

이 시점에서 우리는 도대체 바이러스마케팅[*]이 무엇을 말하는 것인지, 그간 혼용해서 사용했던 바이러스마케팅과 입소문마케팅은 무엇이 다른지에 대해 한번 정리해보도록 하자.

최근, 입소문마케팅이라는 개념은 짧은 역사에도 불구하고 오프라인보다는 오히려 인터넷 쪽에서의 논의나 사례들이 더 활성화되는 조짐이 보인다. 물론 인터넷은 비대인적(Non-personal)인 특성이 있기 때문에 입소문이 실제 입에서 입으로 전파된다고 할 수는 없다. 그러나 전화나 휴대폰이

---

[*] 다른 말로는 바이럴마케팅(Viral Marketing) 혹은 'Cyber Buzz' 라고도 한다. 바이럴(Viral)이라고 하는 말을 사전에서 찾아보면 '바이러스의' 라는 뜻이 있기 때문에 두 용어는 똑같다고 보면 된다. 미국에서는 '바이럴마케팅' 이라는 말이 많이 쓰이지만, 국내에서는 그냥 '바이러스마케팅' 으로 사용되는 경우가 많다. 이 책에서는 이후 바이러스마케팅으로 통칭할 것이다.

그러하듯이 입소문은 반드시 입을 통해 전달되는 것은 아니며 매개체(미디어)가 개입할 수 있다. 즉 이메일, 메신저, 블로그 등도 개개인 간의 커뮤니케이션을 위한 유용한 매개체이므로 이를 통한 메시지 전달도 확장된 의미의 입소문마케팅이라고 해석할 수 있을 것이다.

〈참고〉 바이러스마케팅과 온라인입소문마케팅의 특성 비교

바이러스마케팅	특성구분 기준	온라인입소문마케팅
1:多를 통한 대량복제 중심	확산 형태	1:1 방식에 기반
복제의 용이성(수단)	주안점	허브 · 커넥터의 영향력
명시적	브랜드 노출방식	암묵적
실시간 측정 가능	효과측정 수준	표본조사 수준에서 가능
반드시 장착됨(가시적)	입소문 유발 장치	포함되지 않을 수 있음

보통 인터넷상에서의 입소문마케팅 활동 전체를 바이러스마케팅이라고 칭하는 경우도 있는데, 엄밀하게는 그렇지 않다. 즉 '바이러스마케팅'을 '(온라인상의) 입소문마케팅'과 전적으로 동일시할 수는 없다는 것이다. 바이러스마케팅은 간단히 말해서 인터넷상에서 기업의 상업성이 어느 정도 명시된 상황에서 마케팅 메시지가 주로 1:다(多)의 형태로 전파 · 확산되는 경우를 말한다. 그러나 온라인입소문마케팅의 개념은 기업의 이러한 바이러스마케팅의 노력뿐만 아니라, 기업의 상업적 의도가 크게 드러나지 않으면서 네티즌들 간에 이메일이나 메신저 등을 통해 전달되는 1:1적 개념의 메시지 전달도 포함하고 있기 때문이다. 즉 '온라인입소문마케팅 ≥ 바이러스마케팅'이라는 것을 이해해야 한다. 아래의 〈A.I.〉라는 영화의 사례를 통해 이러한 구분의 의미를 이해해보도록 하자.

스티븐 스필버그의 영화 〈A.I.〉는 개봉 전부터 미국 언론들 사이에 "웹 사상 가장 야심찬 영화 프로모션"이라는 찬사를 들었던 영화였다. 공식 홈페이지를 방문해 봐도 특이한 점은 없지만, 예고편의 엔딩크레디트에 올라오는 제작진 가운데 '감정을 가진 기계의 치료사 – 지닌 셀라'라는 스태프의 이름이 눈길을 끌었고, 호기

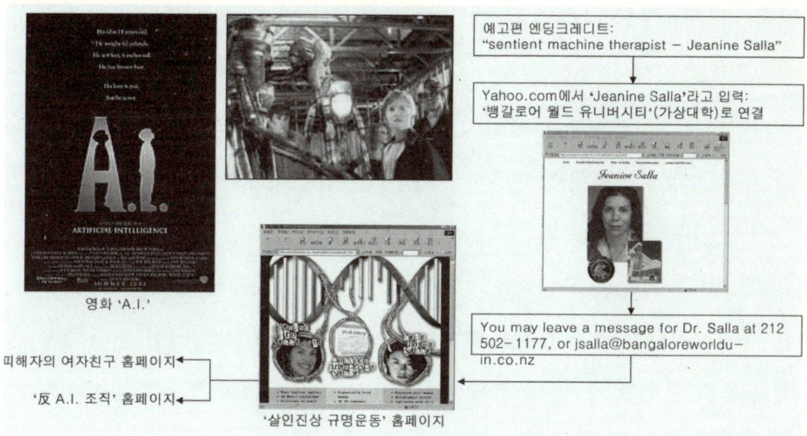

심 많은 네티즌들이 야후 등의 검색엔진에서 'Jeanine Salla'라는 이름을 입력
하면 그녀가 〈A.I.〉 분야의 연구 교수로 있는 뱅갈로어 월드 유니버시티라고 하는
가상대학의 홈페이지로 링크되어 있고 거기에는 그녀의 전화번호도 적혀 있다.
호기심 풍부한 네티즌들이 전화를 걸어 보면 그녀의 친구가 최근 의문의 죽음을
당했다는 이야기를 들려주고, 링크된 피해자의 개인 홈페이지를 방문하면 다시
'살인 진상 규명 운동' 홈페이지로 연결되고, 다시 〈A.I.〉 인권운동에 참여하고 있
는 피해자의 여자친구 홈페이지와 '反〈A.I.〉 조직'이 링크되어 있다. 이런 식의
연결로 방문하게 되는 홈페이지는 약 30여 개에 이른다. 다른 홈페이지로 이동할
때마다 궁금증은 해소되지만, 다음의 링크를 찾기 위해서는 죽은 사람의 ID/패스
워드를 찾아내거나 이메일을 뒤지는 등의 노력을 해야 한다.
사람들은 인터넷의 바다에서 지적 게임을 즐기고 나서 "어쨌든 빨리 영화를 보고
싶다."라고 적극적인 호기심을 표현하였으며, 이 소문은 인터넷, 사람들의 입, 매
스컴을 통해 점차 증폭되어가며 〈A.I.〉는 '스필버그가 만든 또 다른 역작'이라는
이미지를 형성해가는 것이다.

위의 〈A.I.〉 사례는 이런 구분체계로 볼 때 온라인입소문마케팅이기는
하지만 진정한 의미에서의 바이러스마케팅이라고 보기는 힘들다. 익히 알
려진 바이러스마케팅의 사례들은 대부분 누군가 다른 사람에게 전파 · 확

산을 자극하기 위한 특별한 장치(예 : 친구에게 보내기(Tell-a-friend))를 장착하고 있다. 그런데 〈A.I.〉는 분명 온라인을 통한 입소문마케팅을 시도하고는 있지만 이런 장치들을 가지고 있지는 않다. 즉 호기심 충만한 사람들에 의해 온라인상에 입소문이 퍼지기는 했지만, 엄밀하게 이야기해서 바이러스마케팅이라고 하기는 힘들다.

그렇다면 이러한 구분을 해야 하는 의의는 무엇인가? 앞으로 소개될 많은 바이러스마케팅 사례들은 ROI(Return On Investment)에 대한 효과측정 체계를 갖추고 있지만, 이에 비해 온라인입소문마케팅의 경우는 오프라인의 경우와 마찬가지로 효과측정이 그리 쉽지 않다는 점에 유의해야 한다. 누군가가 오프라인에서 상품에 대한 입소문을 듣고 MSN메신저를 통해 친구에게 이러한 소문을 전달하는 경우를 생각해보라. 기업은 그것이 직접적인 마케팅 활동 때문인지 아니면 우발적인 것인지를 알기도 힘들뿐더러, 이러한 모든 상황들을 감시하고 측정할 수는 없는 일이다.

이제 바이러스마케팅에 대한 감이 약간 잡혔을 것이다. 대충 이런 식일 것이다.

"인터넷상(웹이나 이메일)에서 비용을 크게 들이지 않고 재빠르게 사용자를 확대하는 방법. 대신 어떤 보상 등이 필요한 방법. 예를 들면 무료로 서비스를 제공한다거나…… 그리고 이때 '친구에게 보내기' 등의 장치가 필요한……"

거의 맞혔다! 바이러스마케팅의 1차적인 목적은 복제를 통한 전염·확산에 있고, 이러한 현상이 기하급수적으로 확대되면 네트워크 가치가 증가하여 무소불위의 힘을 발휘하게 된다. 국내의 '다음(Daum)'이 전형적인 사례가 될 수 있다. 1996년까지 기업의 웹서버 구축과 웹디자인을 대행하던 중소기업에서 시작하여, 핫메일의 성공사례를 차용하여 1997년에 한메일(Hanmail)이라는 무료웹메일 서비스를 내놓고 회원수를 늘려가면서 대중적 관심을 획득하고, 1998년 국내의 닷컴열풍에 힘입어 성공적으로 코스닥에 입성하면서 회원수는 더더욱 가파른 속도로 늘어났고 드디어 한국의 대표적 닷컴기업으로 부상했으며, 이제 국내 최대의 회원수를 무기로 광고·쇼핑·입점 등의 마켓(Market)으로서뿐만 아니라 수많은 카페를 통해 여론에 영향력을 끼치는 강력한 미디어(Media)로 발돋움했다. (이제 이러한 '다음 바이러스'는 내성이 생겨 쉽게 죽지도 않는다. '다음'은 당분간 망할 수도 없으며, 망하는 것이 흥하는 것보다 더 어려울 것이다.)

이처럼 초기의 바이러스마케팅은 처음부터 매출·수익을 기대하기보다는 회원모집을 확대하여 네트워크 가치를 증대시키려는 데 목적이 있었다. 그러나 인터넷의 거품논쟁이 일면서 매출·수익에 대한 압박이 심해짐에 따라 수익성을 높이기 위한 바이러스마케팅에 고민하기 시작했다. 예를 들어 추천을 통한 바이러스마케팅을 통해 유료 회원으로 가입하면 추천인에게 소정의 수당을 지급하는 보상형 방법들이 늘어나고 있다. 또한, 비록 매출까지는 책임지지 못할지라도 그 대신 브랜딩 효과를 높이려는 시도들도 늘어나고 있다. 예를 들어 플래시 애니메이션을 통해 유머 메시지를 전달하면서 브랜드를 이입시키는 방법들이 인기를 끌고 있다.

자, 지금까지의 설명들을 종합하여 바이러스마케팅의 개념을 정리하면 다음과 같다.

바이러스마케팅은 기업이 회원증대, 브랜딩, 매출향상 등의 목적을 위해 상업적 징표가 명시된 메시지들을 인터넷상에서 유포하여 이것을 개인들이 다른 사람들에게 긍정적으로 전파·확산하도록 하는 방법이며, 여기에는 복제를 자극할 수 있는 장치가 어떤 형태로든 반드시 포함된다. 이때 메시지는 교육적(Educational)이거나 재미있거나(Entertaining) 특정한 보상제공(Rewarding) 등을 통해 자발적 복제를 더욱 자극하게 된다. 기본적으로 이러한 전략은 네트워크 가치를 극대화하여 다른 방법들에 비해 비용대비 효과를 제고하게 되며, 그 효과를 측정가능하도록 설계되어야 한다.

버거킹에는 복종하는 닭이 산다?

2004년 초, '버거킹(Burger King)'은 당시의 미국 소비자 추세에 대해 심각한 고민을 하지 않을 수 없었다. 18~34세 정도의 젊은 남성들이 TV를 보지 않고 광고에 대한 저항감마저 증대하고 있다는 조사결과 때문이었다. 이들은 TV를 보는 시간을 줄이고 상대적으로 인터넷을 활용하는 시간이 많았기 때문에, 버거킹의 입장에서 그들은 '잃어버린 남자들'이었다. 이에 버거킹은 자사의 신상품인 '텐더크리스프(TenderCrisp) 치킨샌드위치'를 소개하기 위한 캠페인의 일환으로 별도의 인터넷사이트를 개설하고 그들에게 상호작용적 체험을 할 수 있도록 하는 방법을 고민했다.

이를 위해 2004년 4월 7일 인터넷에 첫선을 보인 '복종하는 닭(Subservient Chicken)' 웹사이트는 캠페인을 시작할 때 단 20명에게만 이 사이트의 정보를 알렸다. 그런데 불과 일주일 만에 약 4,600만 회, 3주가 지났을 때는 약 1억 4,300만 회에 이르는 경이적인 방문을 기록했다. 이들은 평균 6~7분 정도 이 사이트에서 머물렀는데, 이것을 30초짜리 TV 광고와 비교하자면 약 12~14배 정도 긴 시간이다. 또한 이와 관련된 수많은 블로그가 생겨나고 언론들도 이러한 성공적인 e-브랜딩 결과에 대해 소개하기 시작했다. 도대체 복종하는 닭이 뭐하는 녀석이길래 그토록 인터넷 세상을 떠들썩하게 만들었던 것일까?

버거킹의 캐치프레이즈는 'Have it your way(마음대로 조리하세요.)'다. 복종하는 닭은 이러한 캐치프레이즈에 충실한 체험을 제공한다. 마치 성인

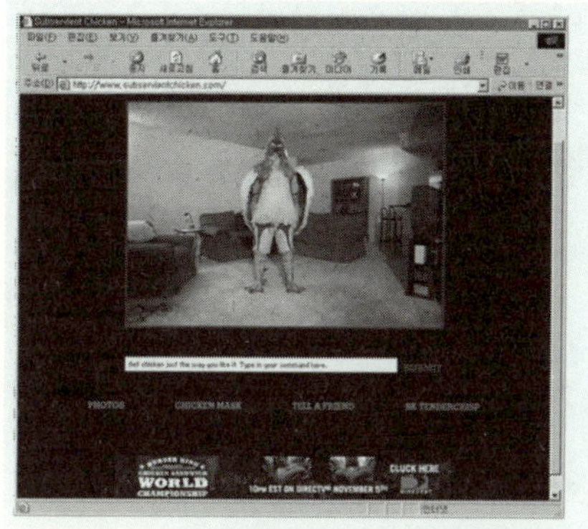

'버거킹'이 개설한 '복종하는 닭' 캠페인 사이트(www.subservientchicken.com). 이 사이트에서 특정 명령어를 입력하면 복종하는 닭은 그 명령에 복종하여 갖가지 행동을 보여준다. 이러한 상호작용적 재미는 네티즌들의 폭발적인 관심과 함께 놀이거리로 등장했다. 이 사이트에서는 '친구에게 보내기(Tell-a-friend)' 장치를 통해 손쉽게 이러한 재미있는 체험을 전파할 수 있도록 도와준다. 오른쪽 그림은 애크로배트(PDF)로 제공되는 '복종하는 닭' 가면인데, 이를 프린트로 출력하여 오프라인에서 쓰고 다닐 수 있도록 유도하고 있다.

사이트에서 채팅을 통해 명령을 내리면 이에 복종하듯이, 복종하는 닭도 누군가 카메라 앞에 서서 실시간으로 이러한 명령에 따르는 것처럼 느껴진다. 그러나 사실은 실시간이 아니라 여러 가지 명령어를 데이터베이스화하고, 이에 따라 닭의 복장을 한 사람이 각 명령어별(run, fly, die, smile, lay the eggs 등등)로 미리 촬영한 재미있는 동영상을 제공하여 상호작용적 체험을 제공하려는 것이다.

이 사이트를 처음 방문하면 검은 배경에 닭 한 마리가 서 있는 거실, 입력창 그리고 몇 개의 메뉴들로 구성되어 있어 매우 심플하게 보인다. 좀 험악하게 생긴 수탉은 허리 아래에는 여성들이 착용하는 가트벨트를 입고 있어 변태적인 느낌도 드는, 아무리 생각해봐도 귀여운 닭이라고 보기는 힘든 녀석이다. 그런데 정말 웃긴다! 문득 생각나는 영어 단어를 입력창에 집어넣고 시험해보면 그에 복종하여 별짓을 다한다. 중학교 수준에서 출발하여 'Run'이라고 치면 환호를 지르며 뛰고, 'Fly'라고 치면 소파에 몸을 걸치고 날기 위해 애를 쓴다. "어, 신기하다!"라는 생각이 들어 이제 사람들은 약간 재미있는 동작을 머릿속에 떠올려본다. 그리고 'God'이라고 치면 무릎을 꿇고 앉아 삼배를 올리는데 마치 무슬림들의 기도 모습을 보는 듯하고, 'Karate'라고 치면 펄쩍펄쩍 뛰며 발을 차는 시늉을 한다. 사람들은 재미와 호기심이 더욱 증가되어 이제 단어가 아니라 간단한 문장을 입력해보기 시작한다. 'Love me'라고 치면 소파에 있던 방석을 안고 포옹하는 시늉을 하고, 'Take off your clothes'라고 치면 카메라 렌즈 앞으로 다가와서 눈을 부라리며 절대 그럴 수 없다는 표정으로 손가락을 휘젓는다.[*]

사람들은 어떤 명령어에 대해 복종하는 닭이 어떤 식으로 반응하는지를 발견하는 재미가 있다. 그래서 자신의 블로그에 이 사이트를 소개하면서 자신이 입력해봤던 명령어 및 그 반응에 대해서 체험담을 소개한다. 이를 본 사람들은 이 사이트의 링크를 클릭하여 그 명령어를 실험해보기도 하고 또한 자신만의(?) 재미있는 명령어를 발견하여 채팅 등을 통해 신나게 소개하면서 복제 · 전파 · 확산되어 가는 것이다. (그런데 이 사이트에서는 미성년자들에게는 좋지 않은 명령어를 입력해도 대응해주는 경우가 있어 사회적으로 문제가 되기도 했다.)

인터넷이 다른 미디어보다 탁월한 상호작용성(Interactive)을 십분 발휘한다는 점을 이용하여 독특한 체험을 제공하고 이것을 브랜딩 효과로 연결시키려는 버거킹의 노력은 방문수나 언론노출면에서만 보자면 대성공을 거둔 것처럼 보인다. 그러나 혹자들은 과연 이 복종하는 닭 캠페인을 통해 정말로 버거킹이 텐더크리스프 치킨샌드위치를 많이 팔았는지, 우호적인 브랜드충성도를 구축했는지에 대해서 의문을 제기하는 사람들도 있다. 그러나 버거킹은 이 별도의 사이트를 통해 상업적인 메시지를 강조하기보다

---

[*] 어떤 사이트들은 이러한 명령어 리스트를 일목요연하게 정리해둔 곳까지 등장하였다. http://dev.magi-cosm.net/cgi-bin/public/corvidaewiki/bin/view/Game/SubservientChickenRequestList를 참조하라.

는 재밋거리를 창출하여 입소문을 확산하려는 목적에 초점을 맞추었다. 우호적인 이미지를 심기 위해 주력할 때 만약 가격표를 붙이기 시작한다면, 설사 단기적인 판매효과를 끌어낼 수 있을지는 몰라도 이것이 그 브랜드에 대해 지속적이고 친근하게 다가서려는 목적을 달성해줄 것인지에 대해서는 오히려 회의적이다. 때문에 버거킹은 웨비소드(Webisode: Web + Episode) 형식의 스토리텔링을 통해 잠재고객들에게 재밋거리와 독특한 체험을 남기려 하는 데 주안점을 두었던 것이다.

한편 복종하는 닭 캠페인은 또 다른 변이를 통해 인기몰이를 시도했다. 버거킹의 '앵거스 다이어트(Angus Diet)' 캠페인은 자사의 앵거스버거를 알리기 위해 복종하는 닭을 약간 변형시킨 것인데, 이 사이트에서는 자기개발 어드바이저인 앵거스 박사가 유익한 조언들을 해준다. 조언의 종류는 약 30개 정도 있는데, 그 내용은 받는 사람의 이름을 포함하여 약 3~4개 항목이 커스터마이즈(Customize)가 가능하다. 또한 방문자들은 새로운 자기개발 메시지를 직접 제안할 수도 있는데, 이러한 제안은 담당자의 이메일로 전달되어 검토된 다음 수주 후에 추가될 수 있도록 배려하고 있다. 이 사이트의 방문자가 자신의 친구에게 맞춤형 메시지를 입력한 다음 이메일로 발송하고, 이 이메일을 받은 사람이 앵거스다이어트 사이트에 들어가면 오드캐스트(Oddcast)사의 텍스트를 읽는 기술[*]을 사용하여 앵거스 박사가 자신을 향해 조언하는 음성을 들을 수 있게 하는 구조다.

복종하는 닭을 정치적으로 패러디한 '복종하는 대통령(Subservient President)'도 인터넷상에 화젯거리로 등장했다. 이 사이트는 2004년 미국의 대선을 앞두고 민주당의 캐리 후보를 지지하는 누군가가 부시의 정책이 미국 석유산업 종사자의 이익을 위해 이에 복종하는 정책을 실시하고

---

[*] 자판으로 친 글자를 음성으로 변환하는 기술을 TTS(Text To Speech)라고 한다. 이것은 ARS뿐만 아니라 시각장애자들을 위한 서비스 등으로도 활용되고 있다.

'복종하는 닭(Subservient Chicken)'에 이어 버거킹이 자사의 앵거스버거를 알리기 위해 만든 '앵거스 다이어트(Angus Diet)' 사이트(左)와 복종하는 닭을 정치에 패러디하여 만든 '복종하는 대통령(Subservient President)' 사이트(右, www.subservientpresident.net).

있다는 것을 빗대어 제작한 것이다. 예를 들어 방문자가 'Kick'이라는 명령어를 입력하면 이라크 관련 동영상이 흘러나온다. 이 역시 복종하는 닭과 마찬가지로 사전에 방문자가 입력할 만한 명령어를 상정하고 그에 맞춰 비디오를 녹화한 다음 웹상에서 명령어가 입력되면 그에 상응하는 행동을 보여주도록 되어 있다.

일이 지루하시면 @work에서 잠시만 휴식을

'맥킨지(Mckinsey)'가 2001년 5월에 발표했던 한 보고서에 따르면 미국 시장에서 소비재 상품구매의 2/3(67%)가 입소문의 영향을 받는다고 한다. 맥킨지의 컨설턴트인 르네 다이(Renee Dye)는 지난 2~3년간 입소문마케팅은 소규모 상점들이 선호하는 2차적인 마케팅 전략에서 《포춘》 5백대 기업의 주요 마케팅 기법으로 부상하고 있으며, 포드·GE·볼보 등 보수적 기업에서부터 나이키·토미힐피거·팜 등 혁신적 기업에 이르기까지 사

미국에서 업종별 입소문의 영향력[*]

강한 영향을 받고 있음 (13%)	장난감, 스포츠용품, 영화, 방송, 테마파크, 패션 등
중간 정도의 영향을 받음 (54%)	금융, 호텔, 전자제품, 출판, 담배, 자동차, 식음료 등
약한 영향을 받고 있음 (33%)	정유, 화학, 철도, 보험 등

실상 대부분의 대형 미국 기업들이 어떤 형태로든 입소문마케팅을 활용하고 있다고 역설하고 있다.

필자의 생각에 위의 표가 시사하는 바는, 소비자거래(B2C)는 입소문의 영향력을 많이 받고 상대적으로 기업간거래(B2B)는 입소문의 영향력을 적게 받는다는 의미는 아니다. 기업간에 행해지는 대량구매의 경우 인맥·회사내부정보·외부전문가 의견 등에 의한 입소문의 영향력을 무시할 수 없다. 그보다는 독과점적 산업의 경우 입소문이 개입될 여지가 적다고 해석하는 것이 옳지 않을까?

아무튼 시중에 나와 있는 서적뿐만 아니라 이 책에서도 B2C에 대한 입소문을 주로 다루고 있고 상대적으로 B2B의 경우는 사례를 발견하기가 그리 쉽지 않다. 그러나 웹과 비디오 기반의 콘퍼런스 서비스를 제공하는 미국의 '유콘퍼런스(uConference)' 라는 회사는 B2B 대상의 바이러스마케팅에 대한 가능성을 보여주는 재미있는 사례[**]를 보유하고 있다. 이 회사는 비교적 알려지지 않은 소규모 회사인데, SOHO(Small Office, Home Office) 규모의 업체에 종사하는 잠재고객들을 대상으로 한 효과적인 프로모션 방법에 대해 고민하고 있었다.

유콘퍼런스는 2003년부터 자사의 콘퍼런스 서비스를 알리기 위해 주로

---

[*] http://hbswk.hbs.edu/item_popup.jhtml?id=1956#what을 참조하라. 이 글에서는 위의 입소문 영향력의 강약 정도와 함께, 우리가 상식적으로 생각하는 입소문의 다섯 가지 오해(The 5 Myths of Buzz)에 대해 간단히 설명하고 있다.

[**] 'ClickZ' 게재된 Heide Anderson의 2004년 5월 27일자 칼럼 "Fun@work: Viral Marketing for the office"를 참조. http://www.clickz.com/experts/article.php/3359071

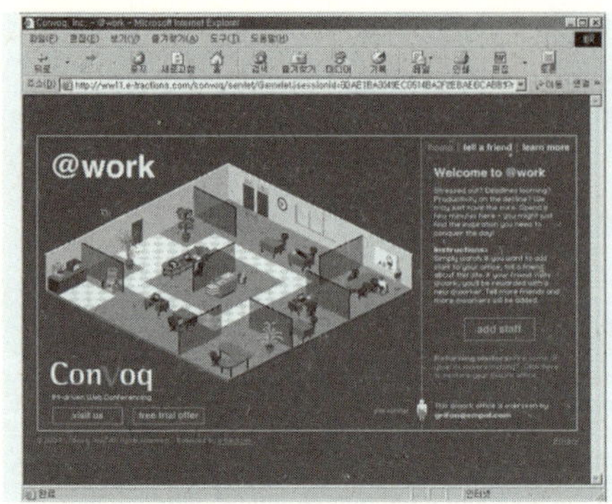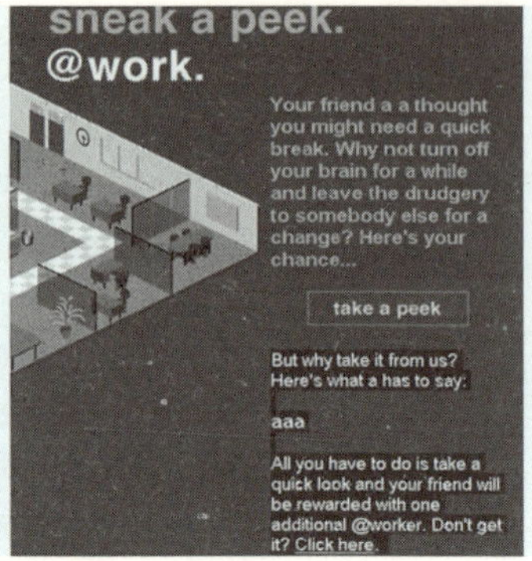

유콘퍼런스가 @work의 바이러스마케팅을 위해 플래시 기반으로 제작된 가상 사무실(左, http://ww11.e-tractions.com/uconference/run/atwork). 여기서 네 명뿐인 직원을 더 충원하기 위해 'add staff' 버튼을 누르면 이메일을 통해 다른 사람을 초대할 수 있는데, 수신자에게는 오른쪽과 같은 내용의 이메일이 전달되며 'take a peak' 버튼을 누르면 최대 여덟 명까지 충원된다. 즉 한 사람당 최대 네 명에게 이메일을 통한 바이러스마케팅이 유포되는 것이다.

검색엔진 광고를 실시하고 있었는데, 매달 수천 달러를 지불했지만 투자대비 효과에 대해서는 만족하지 못하고 있었다. 그러던 어느 날 이 회사의 마케팅팀은 이트랙션즈(e-tractions)라는 온라인마케팅 업체가 플래시를 기반으로 만든 'snow globe'라는 간단한 게임*을 발견했다. 유콘퍼런스는 이러한 재미요소를 활용한 프로모션이 마음에 들었고, 자사의 '@work' 서비스도 유사한 방식을 적용하여 비용대비 효과를 제고할 수 있기를 기대했다.

위의 좌측 그림처럼, 가상의 작은 사무실에는 네 명의 직원들이 책상 앞에 앉아 컴퓨터를 치거나 꽃에 물을 주거나 회전의자에 앉아 브레이크 댄스를 추는 모습들을 볼 수 있다. 만약 네 명이 좀 부족하다 싶으면 직원을 충원할 수 있는데, 이를 위해서는 'add staff'라고 쓰여진 링크를 클릭하

---

* 이 게임은 화면상에 눈사람을 만들거나 스케이트를 타는 미니어처(싸이월드의 미니미와 비슷한)들이 부지런히 움직이는 장면이 등장하고, 이를 마우스로 집어들어 툭 놓으면 눈발이 커지면서 아이들의 즐거운 비명소리가 들려온다. 어린이들이 간단히 즐길 수 있도록 고안되었고 친구에게 보내기 기능을 통하여 바이러스 효과를 얻을 수도 있다. 이 게임은 약 천5백만 명이 넘는 네티즌들이 경험했다. http://ww12.e-tractions.com/snowglobe/globe.htm을 참조하라.

여 이메일에 담길 내용을 작성한 다음 친구들에게 보내고, 친구가 이 이메일의 하단에 부착된 채용(take a peak) 버튼을 눌러주면 직원을 한 명씩 추가할 수 있게 된다. 하나의 가상 사무실에는 최대 여덟 명까지 근무할 수 있도록 설계되어 있기 때문에 바이러스마케팅은 1인당 총 네 명까지 가능하다.

프로그래밍 작업을 마친 후, 첫 번째 이메일 메시지는 대행사인 이트랙션즈가 보유하고 있던 이메일리스트 중 유콘퍼런스의 인구통계학적인 타깃에 부합되리라 판단되는 약 9만 7천 명에게 'Sneak a Peek. @work' 라는 제목으로 보내졌다. 이메일 본문에는 "당신의 친구 XXX 씨는 당신이 과도한 업무에서 벗어나 잠시 휴식을 취했으면 하는 생각을 하고 있습니다. 잠시 고단한 일에서 해방되어 당신의 머리를 식히면 어떨까요? 여기 기회가 있습니다."라는 내용이 포함되도록 하였다. 만약 이 이메일을 수신한 사람이 우측 그림과 같이 본문 내에 부착된 'take a peak' 버튼을 누르면 @work 가상 사무실을 방문하게 된다.

유콘퍼런스의 @work캠페인 수행결과

이메일 발송수	97,293통
@work가상 사무실의 방문자수	23,443명
추천인(Referrers)	7,952명
피추천인(Referrals)	27,865명
피추천인 중 방문자수	14,385명
전체 방문(Total visits)	68,517회
유콘퍼런스 사이트로의 클릭수	6,582회

유콘퍼런스는 이 캠페인을 통하여 위의 표와 같은 실적을 거두었다. 이 숫자들 중 주목해야 할 점은 'add staff(추천)' 옵션을 이용한 사람들은 거의 평균 4회를 사용했다는 것(피추천인/추천인)인데, 이것은 한 사람이 가상 사무실을 꾸미기 위해 보낼 수 있는 최대 숫자다. 그리고 이러한 추천에 의

해 이 사이트를 방문한 사람이 전체의 50%를 넘고 있다. 최초에 보내진 이메일에 의한 방문자수가 약 24%였다는 점과 비교해 보자면 이것은 의미심장한 결과인데, 이는 기업의 신뢰성보다 친구·지인의 권유가 더 효과적이라는 입소문마케팅의 주장과도 흡사해 보인다.

유콘퍼런스는 이 캠페인을 통해 6,582회의 클릭수를 획득했는데, 이것은 전체 @work 가상 사무실을 방문한 숫자의 약 28%에 이르는 수치다. 이 이메일은 유콘퍼런스가 소유한 자사의 기존 고객리스트가 아니라 이트랙션즈가 보유한 옵트인(opt-in, 자발적 참여) 이메일리스트를 통해 발송되었다는 점을 감안하자면 상당히 고무적인 결과임에 틀림없다. 그들이 보낸 이메일은 단순히 친한 친구들에게 전해졌다기보다는 비슷한 업종에 있거나 거래관계에 있는 '잠재적 타깃고객(B2B)'에게 재밋거리로 부담 없이 전달되었다는 점도 일반인들(B2C) 사이에서 전파되는 재밋거리와는 약간 다른 의미·효과를 지니고 있다. 또한 유콘퍼런스가 이전에 검색광고를 통해 집행되었던 PPC(Pay-Per-Click)에 비해 비용의 절반만 사용함으로써 비용대비 효과를 높였다는 점도 의미 있는 결과라 할 수 있다.

다양한 미디어로 진화·연결되고 있는 바이러스마케팅

지금까지 살펴봤던 바이러스마케팅 사례들은 주로 이메일 혹은 웹을 주요 수단으로 하고 있었다. 그러나 최근의 바이러스마케팅 수단들은 보다 다양해지고 있는데, 이것은 인터넷의 역량이 갈수록 진화되고 있기 때문이다. 즉 메신저·블로그·P2P·휴대폰·PDA 등 새로운 수단들이 속속 등장하기 시작했고, 인터넷 속도가 한층 빨라짐에 따라 애니메이션이나 동영상도 무리 없이 작동할 수 있게 되었다.

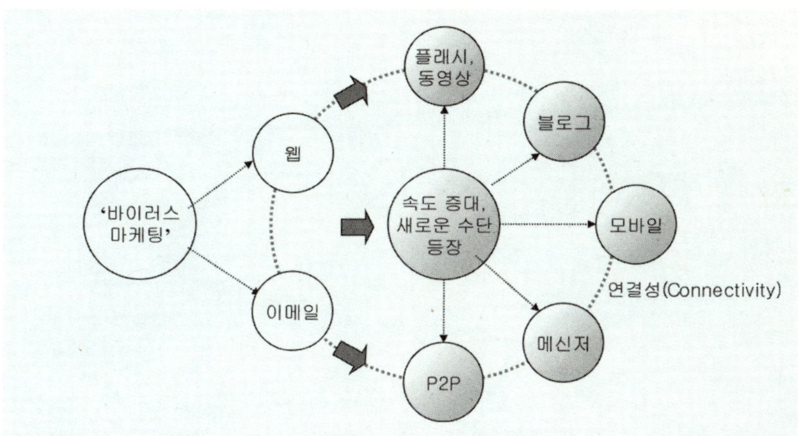

바이러스마케팅 수단의 확장. 기존의 바이러스마케팅이 주로 웹과 이메일을 수단으로 해왔던 것에 비해, 최근 인터넷의 수단이 다양화됨에 따라 블로그 · 메신저 · 휴대폰 · P2P 등도 바이러스마케팅의 수단으로 등장할 가능성이 높아지고 있다.

또한 이러한 수단들은 각각 독립적으로만 존재하는 것이 아니라 서로 연결(Connectivity)되고 있다는 것이 매우 중요하다. 예를 들어 이메일을 통해 받은 재미있는 플래시 애니메이션이 마우스 클릭 한 번으로 나의 블로그에 손쉽게 옮겨질 수 있고, 이것을 본 누군가가 다시 자신이 소속된 커뮤니티에 간단히 스크랩하거나 휴대폰의 MMS(Multimedia Message Service)를 통해 타인에게 전달해줄 수 있다. 이러한 연결 과정을 통해 메시지는 전파 · 확산에 더욱 탄력을 받게 되어 바이러스마케팅 효과는 가일층 제고될 수 있게 된다.

1. 휴대폰(Mobile)을 활용한 바이러스마케팅의 가능성

바이러스마케팅의 수단으로 모바일(휴대폰, PDA, 자동차 등)을 활용할 수 있다는 것은 향후 바이러스마케팅이 '오프라인 공간과의 결합'을 시도할 가능성이 크다는 점을 시사해준다. 국내의 경우, 현재 유선인터넷 인구보

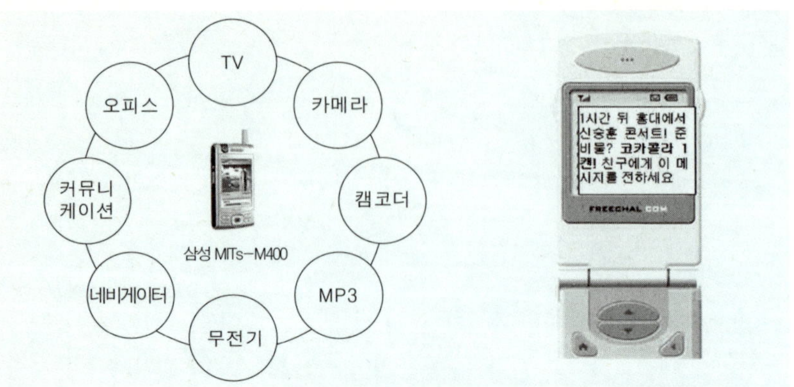

휴대폰은 이제 단순한 커뮤니케이션 도구가 아니라 심지어 무전기 역할까지 할 수 있는 복합적인 기능으로 진화를 하고 있다(左). 따라서 특정 시간·장소를 고려한 상황마케팅(Contextual Marketing)이 활성화된다. 위의 가상 예처럼 기업은 휴대폰을 활용한 플래시몹 형태의 바이러스마케팅도 전개할 수도 있을 것이다(右).

다 휴대폰을 가진 사람들이 더 많다. 물론 휴대폰을 가진 사람들이 무선인터넷까지 능숙하지는 않다는 것이 한계이지만, IMT-2000 및 DMB의 등장으로 멀티미디어 서비스의 질이 높아짐에 따라 무선인터넷의 잠재성은 충분하다. 그리고 휴대폰은 이제 단순한 커뮤니케이션 도구가 아니라 MP3, 카메라, 비디오 등의 기능을 하는 복합단말기로 진화하고 있다. 따라서 앞으로는 시간 및 공간(오프라인)의 제약 없이 인터넷을 사용할 수 있게 되며, 이것은 바이러스마케팅에 있어서도 새로운 기회를 제공해줄 것이다.

모바일의 성장으로 인해 향후 특정 시간·공간을 활용한 상황마케팅(Situation Marketing)에 대한 관심이 제고될 것은 불 보듯 뻔한 사실이다. 가상의 예를 하나 들어보자. 코카콜라가 20대 젊은이들에게 휴대폰을 통한 바이러스마케팅을 시도하기 위해 젊은이들이 가장 많이 모이는 거리인 홍대를 기점으로 약 1km 반경에 있는 011고객들에게 "한 시간 뒤 홍대에서 신승훈 콘서트! 준비물? 코카콜라 1캔! 친구에게 이 메시지를 전하세요." 라는 문자메시지를 보낸다. 이때 홍대 근처를 거닐고 있던 타깃고객은 함께 있던 친구에게 이것을 이야기하고 무선인터넷에 접속하여 전자티켓을 다운로드 받아 입장권으로 사용한다. 그리고 친한 친구들의 위치를 자동 추적하여 게릴라콘서트에 함께 갈 것을 권유하는 문자메시지를 보낸다. 이를 통해 기업은 특정 장소·시간, 그리고 온라인·오프라인을 복합적으로 활용한 바이러스마케팅 효과를 증폭시킬 수 있게 되는 것이다.

2. 블로그(Blog)를 활용한 바이러스마케팅의 가능성

이번에는 블로그가 바이러스마케팅에 적용되는 경우를 한번 살펴보자. 필자는 블로그가 처음 등장했을 때 "도대체 기존 홈페이지나 커뮤니티와 뭐가 다르지? 왜 이렇게 난리들이야?"라고 생각하여 이를 이해하는 데 무척 애를 먹었다. 외형적으로만 보자면 웹이라는 얼굴에다 약간의 기초화장만 해놓은 것 같았다. 즉 웹이라는 미디어를 활용하기는 하는데 기존 홈페이지처럼 화려하지는 않다는 것이다. 역으로 이야기하자면 지나치게 심플한 나머지 "에게? 뭐 이래?"라는 실망스런 느낌을 받을 수도 있다. 그런데 역으로 이야기하면 이러한 심플함이 블로그의 최대강점이기도 하다. 블로거(Blogger)들이 HTML이나 자바스크립트 같은 홈페이지 언어를 몰라도 간단히 텍스트·이미지·동영상 등을 올릴 수 있어 손쉽게 사용할 수 있기 때문이다.

또한 관심분야가 비슷한 다른 블로거들과의 관계형성(이웃맺기)도 용이하기 때문에 개인 기반의 커뮤니티를 형성하기가 쉽다. 만약 누군가 인라인과 관련된 글을 올리면 자신의 글을 구독하는 다른 블로그 사이트에도 실시간으로 글이 복제되거나 업데이트된 사실을 알 수 있다. 따라서 타깃 고객들에게 바이러스마케팅을 유발할 수 있는 강력한 기회를 확보하게 되는 것이다. 여기서 우리는 블로그가 바이러스마케팅에 기여할 수 있는 중

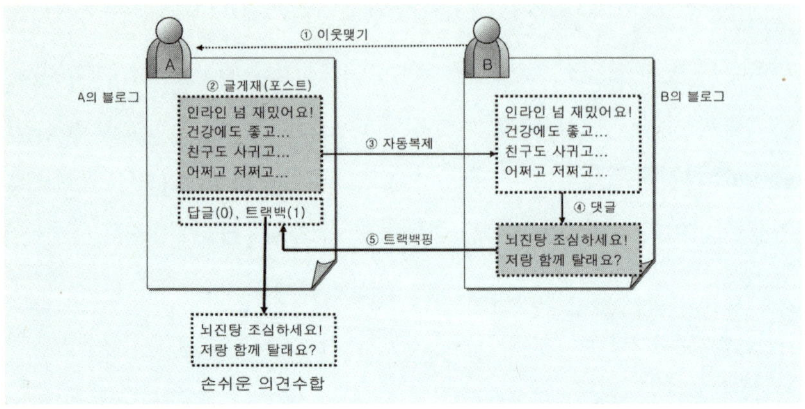

트랙백(먼덧글)에 대한 개념 이해. 트랙백 기능은 타인이 자신의 블로그를 방문하지 않고도 덧글을 달 수 있게 하며, 또한 자신이 타인의 블로그를 방문하지 않고도 이 덧글을 확인할 수 있게 해준다. 따라서 바이러스마케팅 메시지에 대한 사람들의 반응을 실시간적으로 손쉽게 알 수 있다.

요한 개념 두 가지를 이해해둘 필요가 있다. 트랙백(Track-Back)과 RSS(Really Simple Syndication)가 바로 그것이다.

트랙백(Track-Back, 먼덧글) : 누군가 게시판에 글을 쓰게 되면 이에 대한 답변을 남기는 형태는 크게 3가지로 나눠진다. 첫째는 그 글 제목부 하단에 'Re:'라는 태그가 자동으로 따라붙게 되는 답글(Reply)이다. 둘째는 그 글 본문 내용의 하단에 간략하게 쓸 수 있는 덧글(comment 혹은 talkback. 댓글이라고도 함)이 있다.

그런데 블로그에는 먼덧글(Track-back)이라고 하는 독특한 기능이 있다. 덧글은 덧글인데 '먼' 덧글이라…… 자, 위의 그림을 한번 보자. 블로거 A가 다른 블로거 B와 이웃맺기가 되어 있으면 실시간으로 그 글이 B에도 복제될 수 있다. 즉 블로거 B가 굳이 A블로그를 방문하지 않아도 된다는 말이다. 그런데 B가 A의 글에 덧글을 좀 달고 싶다면? 이때 블로거 B는 A블로그를 방문하여 덧글을 다는 것이 아니라, 자신이 운영하는 B블로그에 직접 덧글을 달면 그 사실을 A블로그에 자동으로 전달하게 된다(트랙백핑:

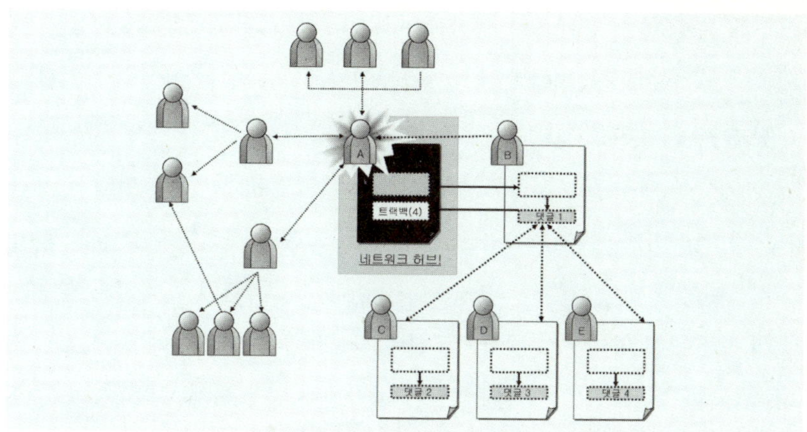

RSS 구독을 통한 입소문네트워크의 확장. 일단 누군가 자신의 RSS구독기(Reader) 프로그램에 블로거 A와 이웃맺기를 한 다음 RSS파일 URL과 갱신주기를 저장해두면, 주기적으로 A블로그의 갱신된 콘텐츠·제목·링크·내용 등이 자신의 블로그에 자동갱신된다. 즉 직접 방문해서 콘텐츠를 스크랩하거나 일일이 기사마다 링크를 거는 수고를 하지 않아도 최신 콘텐츠를 받아볼 수 있다. 이러한 관계맺기의 확장에 따라 블로거 A는 특정 분야의 네트워크 허브 혹은 커넥터 역할을 하게 된다.

Track-Back Ping). 따라서 A블로거는 자신의 블로그에서 새 창으로 혹은 B의 블로그로 이동하여 그 내용을 확인할 수 있게 된다. 즉, 먼덧글 기능은 타인의 반응을 실시간으로 손쉽게 파악할 수 있는 바이러스마케팅의 장치 역할을 하는 것이다.

RSS(Really Simple Syndication 혹은 RDF Site Summary) : 요즘 신문사 사이트들을 보면 'Syndicate this site(XML)' 혹은 XML 과 같은 아이콘이 부착된 것을 본 적이 있을 것이다. 이것은 모두 RSS 파일의 링크를 표시하는 것으로, RSS는 뉴스·블로그 등 콘텐츠가 자주 갱신되는 웹사이트들끼리 파일을 교환하기 위한 XML기반 규격이다. 예를 들어 필자가 《조선일보》의 RSS서비스를 구독하기로 했다면 굳이 《조선일보》 사이트를 방문하지 않아도 이를 통해 손쉽게 최신 뉴스들을 실시간으로 확인할 수 있다.

자, 그렇다면 RSS는 또 어떻게 바이러스마케팅과 결부될 수 있는가? 인라인에 관한 좋은 콘텐츠를 양산해내고 있는 블로거 A에 대해 호감을 갖고 있는 B는 RSS구독기를 이용해 A블로그로부터 관련된 여러 글·기사·사진 등을 손쉽게 받아보기를 원할 것이다. 그리고 C, D, E 등은 RSS 구독기를 이용해 다시 블로거 B로부터 기사를 공급받을 수 있다. 따라서 이런 식으로 인라인에 대한 '넷소문 네트워크'가 꼬리에 꼬리를 무는 구조로 바이러스마케팅이 전개될 수 있게 된다. 앞에서 소개했던 핫메일의 경우는 송신자가 어떤 바이러스 메시지를 전송할 때 매번 수고를 해야 하는 구조다. 하지만 블로그의 경우는 일단 한 번만 RSS 구독신청을 해두면, 그 다음에는 별다른 노력·비용 없이도 특정 메시지를 기하급수적으로 노출·복제·확산시킬 수 있다는 점이 바로 블로그를 활용한 바이러스마케팅의 매력포인트다.

바이러스마케팅으로부터 얻을 수 있는 네 가지 기대효과

바이러스마케팅이 최근 기업의 관심을 끌게 된 이유는 뭘까? 바꾸어 말하자면, 기업이 바이러스마케팅을 전개함으로써 얻을 수 있는 기대효과는 무엇인가? 이것은 크게 1. 광고 등에 비해 비용대비 효과 제고, 2. 자발성·우호성에 기반한 긍정적인 전파·확산, 3. 오프라인에 비해 탁월한 복제 능력, 4. 효과측정의 용이함 등을 들 수 있다. 이번 절에서는 앞에서 설명한 바 있는 핫메일의 예시를 통해 앞의 세 가지 장점에 대해 알아보고, 다음 절에서 바이러스마케팅의 효과측정 용이성에 대해 살펴보도록 하자.

1. 광고 등에 비해 비용대비 효과 제고

바이러스마케팅의 가장 중요한 기대효과는 역시 비용대비 효과 측면에서 찾아보아야 한다. 핫메일은 1996년 7월부터 일년 반 만에 1,400만 명의 회원을 확보하였는데, 당시 광고·이벤트 등의 비용은 거의 지출하지 않았다. 핫메일은 대신 이러한 바이러스마케팅을 통해 경쟁사가 쓴 프로모션 비용의 약 1/40 정도 금액만으로 기하급수적인 회원증대 효과를 거두었다.

기업이 회원모집을 위하여 쓰는 비용은 온라인상에서도 그리 싼 편은 아닌데, 미국의 금융권 사이트의 경우 한 명의 고객을 확보하는 데 평균 약 82달러가 소요된다는 보고를 본 적이 있다. 국내의 경우도 업계마다 다르기는 하지만 최소 1~2천 원 정도에서부터 금융권의 경우는 2~3만 원 내외라는 이야기가 들린다. 이렇게 따지자면 수십만~수백만의 회원 수를 확보하려 했을 때의 총 소요예산은 만만치 않은 실정이다. 바이러스마케팅을 활용하는 것은 이러한 프로모션 비용을 최소화하면서 효과를 극대화하기 위한 매력적인 방안이 될 수 있다.

2. 자발성과 우호성에 기반한 긍정적 전파·확산

두 번째 이유는 바이러스마케팅의 전개방식이 낯선 사람으로부터 보내지는 스팸성으로 인식하는 것이 아니라, 송신자는 필요에 의해 자발적(自發的)으로 이메일을 전송하고 수신자는 자신의 친구·지인이 보낸 메일이기 때문에 우호적(友好的)으로 수용하게 된다. 핫메일의 바이러스 장치는 그 이메일 하단에 자연스럽게 첨부되기 때문에 상업적 거부감을 완화시킬 수 있다.

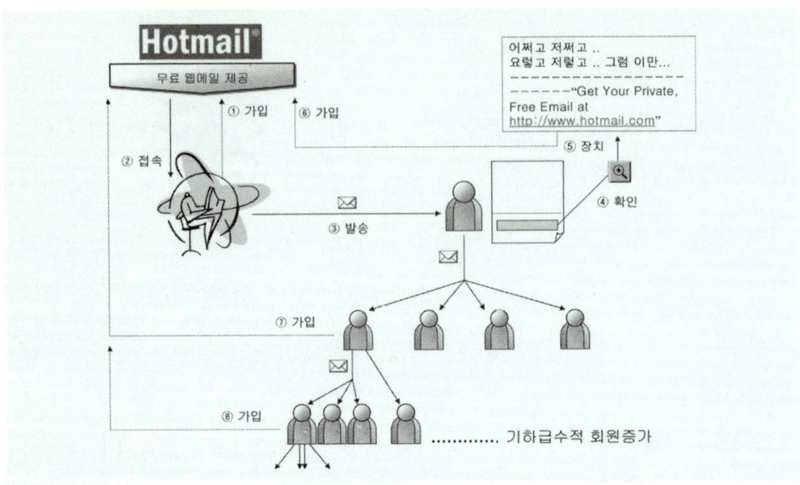

핫메일의 바이러스마케팅 확산 메커니즘. 무료(Free)라고 하는 매력적 요인에 의해 가입한 회원이 핫메일을 통해 다른 지인·친구에게 이메일을 보내면, 이때 하단에 "핫메일닷컴에서 당신의 개인 이메일을 무료로 받으세요."라는 태그가 자동으로 첨부된다. 이것이 바로 바이러스가 자연스럽게 전파·확산되도록 해주는 장치(Equipment)다. 이를 통해 핫메일의 회원은 기하급수적으로 증가하며, 네트워크 간의 왕래가 빈발함으로써 그 가치를 증폭시켜 간다.

또한 송신자들은 수신자와 무관한 엉뚱한 메시지를 보내지는 않을 것이기 때문에 타깃의 적확성도 높은 편이다. 한편, 기업들은 송신자가 이러한 전파를 해주는 대가로 모종의 보상책(예를 들면 무료다운로드, 마일리지, 판매수수료 등)을 제시함으로써 자발성을 가일층 자극하려는 경향도 증가하고 있다.

3. 오프라인에 비해 탁월한 복제 능력

세 번째 이유는 인터넷이 오프라인에 비해 워낙 복제성이 탁월하고 전달이 용이하다는 매체 특성(媒體特性)에 기인한다. 마우스 하나만 까딱하면 수십수백만 명에게 비용을 크게 들이지 않고 이메일을 보낼 수도 있으며, 인터넷의 게시판에서는 세간의 주요 이슈에 대한 찬반 토론들이 끊임없이 이어지고 있다. 설사 수신자가 지구 반대편에 있더라도 아파트 옆집 사람

74

에게보다 더 빨리 소식을 전할 수 있는데, 예를 들어 기러기아빠가 MSN 메신저를 사용하여 비용을 거의 들이지 않고서도 해외에 있는 아내·자녀들과 화상채팅까지 나눌 수 있다.

측정하라, 기회는 온다!

잠깐 '(우발적)입소문' 과 '입소문마케팅' 의 차이를 다시 한 번 생각해보자. 간단히 말해 우발적 입소문이 났다는 것은 그 상품의 품질·서비스가 탁월하여 자연스럽게 인구에 회자된다는 것인데, 이것은 기업의 마케팅에 의한 결과라고 보기는 어려우며 그 효과를 측정하기도 쉽지 않다. 즉 ROI(Return On Investment, 투자대비 효과) 측정이 명확하지 않은 활동에다 '마케팅' 이라는 명칭을 부여하는 것은 무책임한 일일 수도 있다.

여기서 오프라인 기반 입소문마케팅은 '사전에 입소문을 유발할 수 있는 여러 노력들을 기획하고 이를 실행한 다음 그에 대한 평가나 효과측정을 할 수 있는 피드백 시스템' 이라는 원론적 입장은 주춤하지 않을 수 없다. 오프라인 입소문마케팅은 '기획(Plan) — 실행(Do) — 관리(See)' 중 기획과 실행은 가능하겠지만, 이러한 노력 자체에 대한 효과측정은 용이하지도 않을뿐더러 이에 대한 연구, 자료도 아직까지 거의 찾아볼 수 없는 실정이다.

한편, 비록 완벽하지는 못할지라도 최근 온라인상에서 이러한 입소문마케팅 효과측정을 위한 노력들이 점차 보이기는 한다. 인터넷 마케팅을 공부한 사람이라면 '웹로그 분석(Web Log Analysis)' 이라는 용어를 들어본 적이 있을 것이다. 간단히 말하자면 웹로그란 '고객이 어떤 홈페이지로부터 들어와서 어떤 내용을 보고 떠났는지를 기록하는 데이터' 로서, 이를 통해 많은 마케팅 활용자원을 얻을 수 있다. 따라서 웹·이메일·모바일 등을 통해 전파되는 메시지에 대해 약간의 기술적인 조작을 가함으로써 입소문의 경로와 효과를 측정할 수 있는 가능성은 충분하다고 볼 수 있다.

예를 들어, 두산은 '산소주' 의 판촉을 위해서 법적 제약이 있는 기존 대중매체들 대신에 인터넷을 활용하여 바이러스마케팅을 전개하기로 하고 두 가지의 메시지를 제작하였다. 류승완 감독의 인터넷 영화 〈다찌마와 Lee〉를 패러디한 플래시 애니메이션 '산(山) 아이' 편은 20대를 타깃으로 제작되었고, 30대 대상으로는 직장생활에서 있을 수 있는 술자리 에피소드로 구성된 '산(山) 대리' 편을 제작하여 이메일을 발송하였다.

이중 네티즌들이 높은 반응을 보였던 '산 아이' 편은 박일당 패거리와 다찌마와 Lee의 대결 부분과 대사를 패러디한 것을 플래시 애니메이션으로 제작하였다. 영화의 장면 중에 서울에 상경한 화녀가 '동방의 무적자' 를 만나 곤욕스러움을 당할 때 정의의 협객 '다찌마와 Lee' 가 등장하여 처음에는 주먹으로 대적하다 술 대작으로 우위를 겨루게 되는데, 이때 동방의 무적자가 술 대신 몰래 사이다를 마시는 것을 본 다찌마와 Lee가 이에 분노하며 "이제는 사나이답게 살아야 될 것 아니냐!"며 부르짖는 장면이 있다. 산소주의 이메일 메시지에서는 영화 속의 유명한 대사였던 "이제는 사나이답게 살아야 될 것 아니냐."의 사나이를 '산 아이' 로 바꿔 패러디했고, 화녀와 다찌마와 Lee의 마지막 해피엔딩 장면에서는 화면 상단 우측에 빨간 글씨로 표기된 관람등급 숫자가 15에서 16, 17, 18 그리고 19로 가쁘게 넘어가는 화면을 통해 성적 연상을 재미있게 자극했다.

그 결과 이 메시지가 재미있다고 생각한 2만 7천여 명이 주변 사람들에게 1인당 세 통 정도의 이메일을 보냈고, 두산은 결국 추가적인 비용을 한 푼도 들이지 않고 8만여 통의 홍보 메일을 추가로 보내는 바이러스 효과를 보았다. 그리고 웹페이지의 전체 접속건수는 130만 건을 넘는 성과를

'산(山)' 추천메일 결과데이터[*]

- 발송일시: 2001년 2월 15~16일 양일간 - 총 발송통수: 100,000통 - 총이벤트 참가자: 24,956명 (발송통수 대비 25% 수준) - 추천메일 발송통수: 26,866통 (무료 획득 발송통수 총 80,598통)					
	광고 메일발송	추천 메일발송	이벤트응모자		
20대 광고메일	76,968	13,375	12,657	산 쿠폰	7,182
				경품추천	12,657
30대 광고메일	33,711	5,094	4,676	산 쿠폰	2,153
				경품추천	4,676
씨네포엠		372	335	산 쿠폰	199
				경품추천	355
두산제휴사이트		4,328			3,952
두산자체발송		3,697			3,326
합계	110,739	26,866			24,946

올렸다고 한다.

이러한 측정능력을 조금만 확장한다면 인터넷에서의 바이러스마케팅 효과측정은 실시간대로 매우 정확하게 파악될 수 있음을 알 수 있다. 가령 입소문의 시발점이 되는 메시지에 점 하나를 표기해둔다고 하자. 그리고 이것이 어느 사람에 의해 수신이 되었을 때는 점 두 개를 자동 표기하도록 프로그래밍 한다. 그 다음 단계에서는 점 두 개째의 메시지를 마킹하고 이를 통해 수신된 메시지에는 점 세 개를 자동 표기하도록 한다. 그리고 이러한 데이터들을 실시간 모니터링 함으로써 입소문이 전파되는 경로와 효과를 측정할 수 있도록 할 수 있지 않을까?

입소문마케팅 혹은 바이러스마케팅이 아무리 비용대비 효과가 좋다고 외쳐도 그것이 측정되지 않는다면 공허한 메아리로 그칠 뿐이다. 실제로

[*] "2001년 주류시장의 뉴 패러다임 - 산: E-mail Campaign Case Study" (오리콤의 파워포인트 자료)에서 인용. 이 결과는 다찌마와 Lee 및 산대리의 결과와 합산된 수치로 추정됨.

필자는 입소문마케팅을 대행하는 한 업체 대표와 전화통화를 나누다가 이 문제가 가장 큰 고민이라는 토로를 들은 적이 있다. 클라이언트 기업의 마케터도 입소문마케팅을 실시해볼 의향이 있기는 하지만 윗선에서는 사후 집행결과에 관한 데이터를 요구하는 바람에 애를 먹는다는 것이다. 수억 ~수십억 원을 쓰는 광고대행사도 현실적으로 매출에 대한 데이터까지는 보장을 못 하고 있는 상황에서, 그보다 규모가 작은 입소문마케팅 대행사들이라고 별 뾰족한 수가 있겠는가? 미국의 경우도 마찬가지지만, 현재 시점에서는 '매출보다는 브랜딩에 대한 효과를 강조하고, 오프라인보다는 온라인(바이러스마케팅)에 집중' 하는 방향으로 추진하는 것이 적절하다. 대행사 입장에서는 매출에 대한 책임을 떠안기가 힘들 것이고, 오프라인의 경우는 효과측정에 대한 마땅한 모델이 개발되어 있지 않은 상황이기 때문이다.

〔참고〕 바이러스마케팅의 ROI(투자대비수익률) 측정 예시17[*]

캠페인 추적으로 입수한 통계 데이터들은 캠페인이 어떠한 성과를 거두었는지를 알 수 있는 생생한 정보를 제공한다. 그것은 캠페인의 실행 전체 상황을 개략적이나마 파악하게 해준다. 하지만 뼈대에 해당하는 그것에 살점을 덧붙이는 보다 효과적인 방법은 '투자대비수익률(ROI: Return On Invest)'을 계산하는 것이다. ROI을 산출하는 가장 간단한 방식은 투자 금액과 실제 지출 비용을 비교, 분석하는 것이다. 다음 예를 살펴보자.

가령 당신이 플래시로 제작된 재미있는 유머를 퍼뜨려 웹사이트 방문을 늘리려는 바이러스캠페인을 계획, 집행하였다고 치자. 플래시 제작비용은 1,000,000원이 들었고, 그 결과 당신의 웹사이트에는 50,000번의 페이지뷰(PV: Page View)가 있었다. 그러면 페이지뷰당 단가는 20원이다. 즉 1천 PV당 20,000원이 들었다. 다음으로 생각할 것은 다른 포털사이트의 회원들을 대상으로 단독 이메일 광고를 통해 50,000 PV를 달성하려면 몇 통의 이메일을 발송해야 할까? 포털사이트와는 이메일 발송(Delivered) 한 통당 5원씩 지불하기로 계약했다고 가정하자.

	ROI 계산을 위한 과정	산정 수식	결과치	비고
(1)	Total Cost	–	1,000,000원	플래시 제작비용
(2)	Total PV(PageView)	–	50,000PV	웹사이트 방문수
(3)	Cost Per PV	(1)÷(2)	20원/PV	
(4)	CPM	(3)×1,000	20,000원	1천 PV당 비용
(5)	Cost Per Deliver	–	5원/통	이메일 한 통당 단가
(6)	Average Click Rate	–	2%	평균 클릭률
(7)	Total Email Sent for 50,000 PV	(2)÷(6)	2,500,000통	5만 PV를 위한 이메일 발송 수
(8)	Total Cost for 50,000PV	(7)×(5)	12,500,000원	5만 PV를 위한 총비용
(9)	CPM	(8)×1,000÷50,000	250,000원	1천 PV당 비용
(10)	Return On Investment (%)	(9)×100%÷(4)	1250%	ROI (백분율)

여기서 만약 회원들이 그 이메일을 개봉(Opened)하여 내용을 읽고 당신의 웹사이트로 클릭(Click)까지 이르게 된 비율이 2퍼센트였다고 하자. 그러면 이메일 광고는 2,500,000통(2,500,000×0.02 = 50,000)이 발송되어야 한다는 의미이다. 따라서 한 통 발송하는 데 5원씩이므로 총 12,500,000원이 소요될 것이다. 1천 PV당으로 환산하면 250,000원이 든다. (50,000 : 12,500,000 = 1,000 : x)

따라서 투자대비효과는 대략 1 : 12.5(20,000원 : 250,000원)가 되는데, 바꿔 말하면 바이러스마케팅에 지출한 금액이 이메일 광고 매체에 지출한 비용보다 12.5배 더 효과적이라는 말이다. (위 표의 계산과정에서 (1)~(4)와 (5)~(9)를 비교해보라.)

비록 이 ROI 분석이 100퍼센트 신뢰를 가진다고 할 수는 없지만, 캠페인의 전체 효과가 어느 정도 나타날지에 대한 윤곽을 짐작하게 한다. 다시 말해, 마케팅 예산을 어떻게 나눠 책정해야 할지 결정하는 중요한 근거를 제공해준다.

바이러스마케팅이 만능통치약은 아니다!

앞 절에서 우리는 비용절감 · 효과측정 등의 매력이 향후 바이러스마케팅의 성장에 큰 잠재력임을 살펴보았다. 그러나 바이러스마케팅의 관심 및 성장에 있어 입소문마케터들이 긍정적 효과만 맹신하는 것은 무리가 있다는 점을 유의해야 한다. 바이러스의 확산은 성공적이었지만 정작 브랜딩에는 실패할 수도 있고, 의도한 바대로 긍정적 메시지가 전달되지 않고 오히려 부정적 바이러스로 와전하여 낭패를 겪을 수도 있다. 여기서는 바이러스마케팅이 오용될 수 있는 몇 가지 문제점들에 대해 지적해보기로 하자.

첫째, 송신자가 선의의 의도로 발송한 바이러스가 수신자에게는 악성으로 둔갑할 우려가 증대하고 있다는 점에 유의해야 한다. 특히 추천(Refer) 프로그램이나 친구에게 보내기(Tell a friend) 프로모션의 경우 남용의 소지가 다분하다. 바이러스메시지의 발신자는 어떠한 정황에 근거하여 수신자에게 분명히 도움이 될 것이라 기대하고 이메일을 보내지만, 수신자 입장에서는 실제적 도움이 되지 않거나 또는 이미 동일한 메시지를 남들로부터 수차례 중복수신함으로써 짜증을 유발할 수도 있다. 가령 길거리에서 종교적 목적의 선교용 카탈로그를 배포하는 것이 나쁜 행위라고 할 수는 없지만, 이를 받는 사람 입장에서는 자신과는 전혀 관련이 없다고 생각하여 읽어주기는 고사하고 인근 쓰레기통에 바로 던져버리는 것과 마찬가지다.

혹은 전혀 의도한 바가 아니었지만 악성 바이러스 코드가 첨부됨으로써 수신자의 컴퓨터를 망가뜨리기도 한다. 기업은 이러한 부작용을 예방하기 위해서 동일한 메시지가 중복되어 발송되지 않도록 필터 기능을 설정하거나 혹은 발송시에 악성 바이러스 코드가 첨부되지 않도록 체크할 수 있게 배려하는 노력들이 필요할 것이다.

둘째, 바이러스마케팅을 악용하여 '부정적 바이러스'가 덩달아 확산될 가능성도 있다. 근거 없는 루머를 퍼뜨리거나 악의적인 목적으로 바이러스마케팅을 악용하게 됨으로써 기업에 피해를 끼치는 사례가 증가하면 치명적인 결과를 초래할 수도 있다. 누군가 특정 인터넷서비스회사의 시스템에 침투하여 이메일 하단의 태그(Tag)를 마음대로 조작하여 기업의 이미지를 훼손시킬 수도 있으며, 누군가를 암암리에 고용하여 경쟁사에 대한 그간 있었던 부정적인 면만을 지속적으로 부각시키는 글들을 계속 전파함으로써 조금이라도 유사한 경험을 가진 이용자들을 규합하고 안티(反) 캠페인을 조장하게 되면 그 기업의 이미지 저하는 물론 주가 하락에도 영향을 미칠 수 있다. 기업은 이를 방어하기 위해 엄청난 시간과 노력과 비용을 투여해야 할 입장에 처할 수도 있으며 비록 그것이 원만하게 수습되었다 하더라도 그 여파는 상당 기간 지속될 수밖에 없을 것이다.

셋째, 바이러스마케팅이 본 목적을 달성하지 못하고 단순히 고객을 즐겁게 하는 데만 그치게 될 수도 있다는 점을 유의하여야 한다. 여기서 본 목적이란 회원증대·브랜딩·매출기여 등을 말한다. 재미가 있어 확산되기는 했는데 기업이 의도했던 바는 전혀 달성하지 못하게 될 수도 있으며, 혹은 과도하게 상업적 냄새가 드러남으로써 오히려 부정적 입소문을 야기할 수도 있다. 명확한 목적과 적절한 메시지의 조절을 결합시키기란 쉽지 않은 일이다.

넷째, 이제는 바이러스마케팅이 보편화되고 있어 그 효과가 감소해갈 소지도 있다는 점이다. 불과 몇 년밖에 되지 않았지만 어느새 바이러스마케팅은 인터넷마케팅의 주요한 전술 중의 하나로 자리매김하고 있으며, 어떤 클라이언트들은 인터넷마케팅의 집행에 있어 바이러스마케팅에 주안점을 둘 것을 요청하는 경우도 생겨나고 있다. 그러나 대행사의 입장에서 이에 대응하는 것이 쉬운 일은 아니다. 저비용 고효율을 성취할 만한 아이디어를 개발하는 것이 그리 쉽지 않고, 바이러스마케팅이라고 하는 것들의 유형은 웬만한 것들은 이미 나올 만큼 나와서 내성이 생겨버렸기 때문에 클라이언트의 마음에 쏙 들 만한 새로운 기법을 찾아내기란 쉽지 않은 탓이다. 그러다 보니 "일단 한 번 봐주기라도 해줘~" 혹은 "되면 좋고 아니면 말고~" 식의 애매모호한 바이러스마케팅이 전개된다. 여기서 '애매

모호한 바이러스마케팅'이라고 하는 의미는 제 기능(복제)을 다하지 못하고 사멸된다는 뜻이다. 기본적으로 광고와는 다른 목적과 목표를 위해 바이러스마케팅을 실시하려 했는데, 이것이 나중에는 광고처럼 1차적인 전달에만 충실하고 복제·확산되는 메커니즘을 밟지 못했다면 처음의 의도와는 분명 어긋나는 것이다.

실패의 결과는 더욱 비참하다. 클라이언트는 아직까지 광고에 대해서는 관대한 편이다. 어쨌든 권위 있는 매체에 광고가 노출만 되면 주위 사람으로부터 "너희 회사 광고 봤어."라는 전화라도 걸려온다. 하지만 바이러스마케팅을 집행하고 난 후 "너희 회사 유머 봤어."라는 것이 그리 우호적이지도 않을뿐더러, 기업의 높으신 분들이 이런 인터넷 메시지에 쉽사리 노출되기도 어렵고 그 효과를 가늠하기도 힘들기 때문이다.

[참고사례] 영국의 한 온라인 포도주 판매회사의 추천형 바이러스마케팅 실패 사례[*]

"회원이 추천한 친구들이 모두 사이트에 가입해야 무료 여행 시켜준다."

–무리한 요구로 친구 사이 서먹해지고, 결국 캠페인 기업을 싫어하게 돼

2000년 6월 영국에서 포도주를 온라인으로 판매하는 한 닷컴기업은 추천형 바이러스캠페인 전략을 추진했다. 바이러스를 유발하기 위한 미끼는 신규 회원과 그가 추천한 네 명의 친구에게 무료로 여행권을 지급하는 사은행사였다. 신규 회원이 무료 여행 참가단에 선정되었다는 메시지를 네 명의 친구에게 보내고 난 후, 네 명 중 단 한 사람이라도 해당 사이트에 가입하지 않으면 무료 여행 경품을 지급받지 못하는 캠페인이었다.

캠페인 결과는 비참했다. '네 명의 친구가 모두 가입해야 여행 경품을 주는' 이 캠페인은 수많은 친구들을 서먹해지게 만들었다. 친구를 실망시키지 않기 위해 억지로 가입하거나, 자신이 가입을 안 해 공짜 여행을 원하는 친구들로부터 원망을 들었기 때문이다. 결국 사람들은 그 닷컴기업을 싫어하게 되었으며, 심지어 공짜 여

---

[*] 『바이러스마케팅』(리처드 페리·엔드류 휘트커 공저, 정재윤 편역, 청년정신, 2004) 96p에서 인용.

행을 즐겼던 사람들마저도 그 닷컴기업을 적대시한 것으로 나타났다.

바이러스마케팅 성공 10계명[*]

1. 고객 없이는 바이러스마케팅도 없다!

바이러스마케팅의 성공은 그 전략을 구상한 마케터가 아니라 타깃고객에게 전적으로 달렸다. 그러므로 타깃고객이 누구인지 알고 그들을 이해하는 것은 반드시 필요하다. 핫메일의 경우처럼 수많은 사람들에게 널리 퍼질 수만 있다면 그것만큼 좋은 것도 없을 것이다. 그러나 인터넷이 점차 성숙 단계로 진화함에 따라 이런 아이디어들이 나올 가능성은 점차 줄어들고 있는 것이 사실이다. 그보다는 타깃고객을 좀 더 정확하게 조준하고 이들을 사로잡을 수 있는 아이디어나 메시지를 구상하는 것이 좋다.

또 하나 명심할 것은 사용자(User)와 고객(Customer)은 엄연히 다르다는 점이다. 돈 되는 고객에게 투자하라. 그렇지 않으면 당신 역시 인터넷 거품 시대에 사라졌던 많은 닷컴기업들처럼 사기꾼 취급을 받게 될는지도 모른다.

2. 단순한 것이 가장 강력하다!

여기서도 더 이상 너절하게 이야기하지 않겠다.
"단순한 것이 가장 강력하다!"

---

[*] 『바이러스마케팅』(리처드 페리 · 엔드류 휘트커 공저, 정재윤 편역, 청년정신, 2004) 166~175p에서 필자가 편역한 부분을 인용.

3. 장사꾼이 아니라 비즈니스맨이 되라!

바이러스마케팅은 당신이 의도한 메시지를 타깃고객에게 알리려는 것뿐만 아니라, 그들이 자발적으로 다른 사람들에게 전파할 수 있어야 한다. 따라서 지나치게 상업적인 냄새가 배어 있거나 강요하는 인상이 들면 전달자는 몸을 움츠리기 마련이다. 그리고 수신자도 경계심을 늦추지 않을 것이다.

국내에서 다단계 판매가 우호적인 인상을 심어주지 못하고 있는 현실을 생각하면 이해가 쉬울 것이다. 평소에 친하게 지내다가도 그가 다단계 사업을 한다는 이야기를 듣고 나면 일단 만나기가 꺼려진다. 그는 이제 더 이상 친구가 아니라 장사꾼이라는 생각이 들기 때문이다.

4. 기술이 전부는 아니다. 그러나 매우 중요한 일부이다!

캠페인의 실행 방식이 복잡할수록 성공할 가능성은 줄어든다. 고객을 이해하고 그들의 수준에 맞는 캠페인을 만드는 것이 최우선이다. 독창성과 혁신성을 핑계로 대다수의 사람들이 접근할 수 없는 캠페인을 계획해서는 안 된다.

그런데 이것을 다른 각도에서 한번 이야기해보자. 바이러스캠페인을 성공적으로 수행하기 위해서는 그에 걸맞은 기술과 시스템 자원을 확보하고 있어야 한다. 바이러스가 과다하게 증식하여 확산될 경우 숙주가 죽는 것처럼, 바이러스마케팅을 전개할 충분한 기술적·시스템적 지원이 부족하다면 낭패에 빠지기 쉽다.

결론적으로 이야기하자면, 기술적인 혁신과 고객의 접근가능성 사이에서 균형을 유지하도록 하라. 당신의 콘텐츠가 쉽고 간편할수록 고객들이 그 콘텐츠를 전파할 가능성도 커진다. 매끄러워야 한다!

5. 구관이 명관이다. 기존 고객 네트워크를 최대한 활용하라!

어느 조사에 의하면, 상품을 기존고객에게 판매하는 것이 신규고객에게 판매하는 것보다 약 다섯 배 정도 효과적이라고 한다. 즉, 기존고객에게 소요되는 프로모션 비용은 신규고객에 비해 1/5밖에 들지 않았다는 것이다. 기존의 충성고객들은 당신의 상품을 사주는 존재(Buyer)일 뿐만 아니라 입소문을 내줘서 상품을 팔아주는 존재(Seller)이기도 하다. 구관이 명관이다!

이 말은 결코 바이러스마케팅에 있어 신규고객을 끌어들이는 것이 중요하지 않다는 것은 아니다. 하지만 '자발적'으로 유포해주는 사람들(기존 충성고객)에게 더욱 관심을 기울임으로써 바이러스는 복제의 소임을 충실히 달성할 수 있다는 의미이다.

6. 통합적이어야 한다. 바이러스 연합군을 형성하라!

바이러스마케팅은 보다 상위의 개념인 '마케팅'의 목적을 달성하기 위해 존재한다. 따라서 이러한 마케팅의 목적을 달성하기 위한 방법은 바이러스마케팅 말고도 많다. 바이러스마케팅은 통합된 마케팅커뮤니케이션(IMC)의 일환으로 전개되어야 한다.

한 단계만 더 내려가보자. 바이러스캠페인을 추진하고 유지하는 수단은 딱 한 가지만 있는 것이 아니다. 마케팅에 필요하다면 그것이 직접적이든 간접적이든 이를 골고루 활용할 수 있어야 한다. 예컨대 한편으로는 친한 친구나 가족 혹은 고객들에게 이메일을 보내고, 다른 한편으로는 커뮤니티에 침투하여 당신의 웹사이트를 홍보해야 한다.

사람의 습성이라는 것이 한 번 들을 때는 긴가민가 하다가 두 번 듣고 세 번 들으면 정말 그런 것으로 믿게 되기 마련이다. 한목소리(One Voice)로 최대한 많이 접하게 하라. 당신은 대대적인 바이러스 연합군을 형성함으로써 캠페인의 성공가능성을 높일 수 있다.

7. 돈이 안 드는 것이 아니다, 적게 들 뿐이다!

입소문마케팅에서도 그런 오해가 있지만, 많은 사람들이 바이러스마케팅을 '돈이 안 드는' 방법으로 착각하고 있다. 솔직히 이야기하자면 바이러스마케팅도 돈이 많이 든다. 단, 기존의 광고에 비해서는 '상대적으로 적게 든다.'는 표현이 대체로 맞는 말이다. 여기서 '대체로'라는 표현을 쓴 것은 바이러스의 미끼로 던져지는 무료, 경품 등 보상에 소요되는 비용과 시스템에 대한 투여 비용이 광고비를 상회할 가능성을 배제할 수 없기 때문이다.

이 장 서두에 핫메일의 사례를 언급하면서 천4백만 명의 회원을 확보하는 데 타사의 1/40(50만 달러) 정도밖에 쓰지 않았다고 한 적이 있다. 좀 더 꼼꼼이 생각해보자. 과연 이게 사실일까?

물론 처음 핫메일을 개발한 파키스탄인과 저비슨은 사고파는 과정에서 큰 이익을 남겼을지 모른다. 그러나 핫메일 서비스가 그 자체로 큰 이익을 냈다는 이야기는 전혀 들어보지 못했다. 결국 몇몇 소수는 떼돈을 벌었는지 몰라도 다른 사람들은 이 제로섬 게임에서 손해를 볼 수밖에 없었다. 결국 이것은 바로 다음에 이야기할 투자대비수익률(ROI)에 대한 문제로 자연스럽게 연결된다.

아무리 기발한 아이디어라도 그것이 언젠가는 수익이 될 것이라는 보장이 없다면 말 그대로 '아이디어' 에 머물 뿐이다. 마케터는 시장성과 수익성을 꼼꼼하게 따져본 다음 캠페인을 전개하여야 한다. 비록 이것이 예상과는 천차만별의 결과를 보이는 한이 있더라도 ROI에 '집착' 하는 것은 중요하다. 아무리 양보한다손 치더라도 손해는 보지 않아야 할 것 아닌가?

여기서 투자대비수익률의 의미는 두 가지이다. 즉 바이러스마케팅을 통해 이익을 많이 남기거나 혹은 비용을 절감하는 것이다.

9. 부정적 바이러스가 8배는 더 힘이 세다!

입소문에 있어 통설 중의 하나는 긍정적인 입소문보다 부정적인 입소문이 8배는 더 큰 영향을 미친다는 것이다. 혹자는 '3:33의 법칙' 이라고 해서 긍정적인 소문이 3명에게 영향을 끼치는 데 비해 부정적인 소문은 33명에게 영향을 끼친다고 주장한다.

8배인지 11배인지 그건 그리 중요한 것이 아니다. 아무튼 부정적인 바이러스가 힘이 훨씬 세다! 따라서 마케터는 언제 닥칠지 모르는 인터넷에서의 위기를 상시로 감시하는 파수꾼의 역할을 자임해야 한다.

불시에 발생할지도 모르는 부정적 바이러스에 대한 대비책을 지니고 있는 것이 좋다. 비록 그것을 매뉴얼화하고 모의 훈련까지 시행했다고 해서 그 시나리오대로 움직이는 것은 아닐지라도, 유비무환의 자세는 언젠가는 큰 힘을 발휘해줄 것이다.

'경험'에 대한 중요성은 수백 번 수천 번을 강조해도 결코 아깝지 않다. 바이러스마케팅에 입문한 당신은 지금까지 배운 지식만으로는 성이 차지 않을지도 모른다. 그래서 관련된 여러 사이트, 자료, 서적들을 유의 깊게 찾아볼 수도 있을 것이다.

그럴 시간이 있으면 차라리 지금까지 익힌 것들을 실행에 옮겨라! 굳이 회사의 자원을 활용하지 않아도 되고 마케팅 목적이 아니어도 좋다. 우선 누군가에게 어떤 메시지를 던졌을 때 정말로 그 사람이 다른 이에게 전달 해주는지를 확인하라. 그리고 전달을 하였다면 왜 그랬을까를, 전달을 하지 않았다면 그건 또 왜 그랬을까를 스스로에게 끊임없이 질문해보라.

테스트하고 측정하고 분석하라. 그 과정이 끝나면? 또다시 테스트하고 측정하고 분석하라! 또 그 과정이 끝나면? 또다시 테스트하고 측정하고 분석하는 과정을 반복하라!

당신이 읽은 내용들이 자료에 머무르지 않고 지식이나 지혜가 되기 위해서는 경험이 '정말로' 중요하다!

3장
내 브랜드에는 부정적 입소문이 숨어 산다?

소문이란 한 귀로 들어가서 여러 입으로 나온다.(A rumor goes in one ear and out many mouths.)

― 서양 속담

입소문마케팅은 불장난 같은 것이다. 공익을 위해 사용하면 긍정적 힘이 될 수 있다. 하지만 불을 통제하지 못하면 피해가 엄청나듯 입소문이 잘못 퍼지면 낭패 보기 십상이다.

― 조지 실버만

부정적 입소문이 긍정적 입소문보다 훨씬 힘이 세다!

2004년 4월, 경북 포항지역 어린이들 사이에서 '빨간 마스크' 괴담[*]이 급속도로 번지기 시작했다. 하얀색 레인코트를 입고 긴 머리에 빨간 마스크를 쓴 귀신이 밤에 나타나서 "나 예뻐?"라고 물은 다음 이에 대답하는 사람에게 엄청난 해코지를 가한다는 으스스한 내용이다. 그런데 이러한 소문이 좀 더 구체화되어 "빨간 마스크가 ○월 ○일 ○○지역에 ○○시쯤 나타난다 하더라."는 식으로 퍼지기 시작했다. 이 때문에 이 지역 어린이들은 귀신을 물리친다는 부적을 가지고 다니거나, 몸에 근거 없는 표시를 하기도 하는 등 극도로 예민한 반응을 보였다. 또 저학년 어린이들 중에는 등교를 거부하는 경우까지 발생하였으며, 일부 학원에서는 밤길을 다녀야 하는 어린이들을 달래기 위해 특별상담까지 해야 할 지경에 이르렀다고 한다.

'빨간 마스크' 괴담의 진원지는 일본. 지난 1970년대 후반 일본 어린이들 사이에서 이 소문이 퍼져 많은 학교들이 휴교를 할 정도로 파문이 컸다. 우리나라에서는 1995~1996년경 일부 지역에서 소문이 떠돌아 세상을 떠들썩하게 한 적이 있는데, 이번에는 인터넷을 타고 전국화되는 양상을 보여 수주간 '빨간 마스크'가 유명 포털사이트마다 인기 검색어 상위권을 차지하기도 했다.

세상에는 이런 황당무계한 루머가 비일비재하다. 도대체 누가 진원지인지 알 수도 없고, 특별한 의도가 있어 보이지도 않는 사람의 귀란 그만큼 얇은 것이다. 처음엔 이런 이야기를 들으면 "웃기지 마!", "에이, 설마……" 하면서 대수롭지 않은 반응을 보이는 척하지만 내심 불안감이 가

---

[*] 《매일신문》 2004년 5월 4일자 기사 "빨간 마스크 괴담 급속 확산"의 기사를 재구성, 박정출 기자 jcpark @imaeil.com

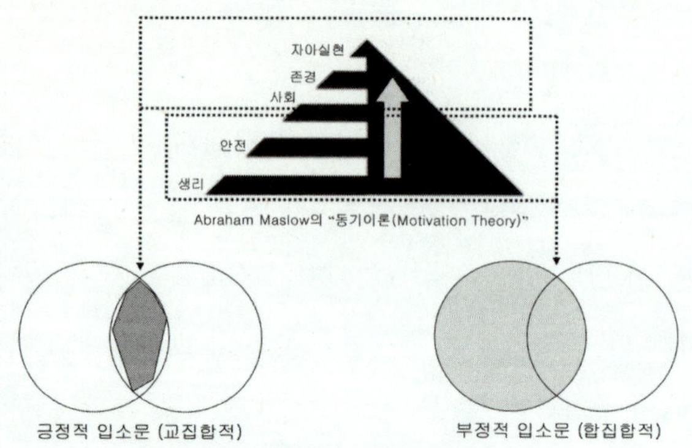

긍정적 입소문은 '교집합적 성격'을 가지고 있는 데 비해, 부정적 입소문은 '합집합적 성격'을 가지고 있다. 또한 부정적 입소문은 대개 '매슬로우의 동기이론(Motivation Theory)'에서의 하위 단계 요소들과 관련성이 많기 때문에, 긍정적 입소문보다 저변이 넓고 확산될 소지가 크다.

중되기 시작한다. 만약 이 이야기를 듣고 나서 저녁길을 걸어가는데 정말 빨간 마스크를 한 긴 머리의 여자와 우연히 마주친다면 아무리 강심장이라도 가슴이 덜컥 내려앉지 않을 수 없을 것이다.

이처럼 부정적 입소문의 침투는 예기치 않게 찾아오는 경우가 많은데, 이것은 기업의 경우도 마찬가지다. 예를 들어 잘 팔리고 있는 당신 회사의 음료수에 누군가 독극물을 주입했다고 언론사에 전화를 걸었다면? 자사에서 근무했던 직원이 파면을 당한 것에 불만을 품고 온갖 인터넷 게시판에 회사에 대한 왜곡된 정보를 도배질하고 있다면? 펀드회사에 근무하는 누군가가 경쟁사가 자신의 펀드보다 높은 수익률을 내는 것을 우려한 나머지 타사 펀드의 수익률에 크게 영향을 끼칠 수 있는 종목인 자사의 종가에 집중적으로 개입하여 주가를 하락시킨다면?

세상에는 긍정적인 입소문보다 부정적인 입소문이 더 많다. 아니, 정확히 말하자면 부정적 입소문이 훨씬 힘이 세다. 긍정적인 것과는 달리, 부정적 경험은 직접적·치명적으로 사람들을 위협할 수도 있기 때문이다. 따라서 사람들은 심리적으로 더욱 강한 자극을 받게 되어 다른 사람에게 입소문을 유발하게 된다. 문제는 여기서 발생한다. 비극적인 현실이기는 하지만, 기업에 있어 부정적 입소문은 매우 강력할 뿐만 아니라 사전에 통제를 한다는 것이 거의 불가능하기 때문이다. 혹시, 당신의 브랜드에도 이런 부정적 입소문이 숨어 살고 있지는 않은가?

〔참고〕 세계최초의 주가조작 범죄 '베렝거 사건' 의 전말[*]

"여러분, 나폴레옹이 죽었습니다. 연합군이 드디어 파리를 점령했어요!"
유럽 본토의 나폴레옹 전쟁이 막바지에 다다랐던 1814년 2월 어느 날. 영국 항구 도시 도버에서 왔다는, 군복을 입은 한 병사가 잉글랜드 남부의 윈체스터 거리를 뛰어다니며 이렇게 외쳐대기 시작했다. 그리고 다른 몇몇 사람도 같은 소문을 전하면서 소문은 사실처럼 온 도시로 퍼져나갔다.
전쟁에 찌든 영국인들에게 이보다 더 좋은 뉴스는 없었다. 투자자들의 심리가 안정되면서 주가는 급등했다. 그러나 얼마 가지 않아 이 소문은 사실이 아니라는 것이 판명됐고 주가는 다시 곤두박질쳤다. 진상 파악에 나선 영국정부는 소문의 진원지가 드 베렝거(de Berenger)와 그 일당이라는 사실을 밝혀냈다. 이들은 계획적으로 거짓 소문을 퍼뜨린 뒤 주가가 오르자 주식을 모두 내다 팔아 막대한 이득을 챙긴 것으로 드러났다.
이것이 역사상 처음으로 주가조작이라는 범죄가 법정에서 단죄받은 '베렝거 사건' 의 전말이다. 이처럼 주가조작 또는 시세조종의 역사는 증권시장의 역사만큼이나 길다. 당시 영국 법원은 "공중은 누군가에 의해서 조작되지 않은 시장에 대한 정보를 가질 권리가 있다."고 선언하고 "이러한 주가조작 행위로 반드시 정부가 손해를 입었거나 조작자들이 이익을 보지 않았더라도 죄를 물을 수 있다."고 판결했다.

---

[*] 《신동아》 1999년 10월호 "주가조작 백태 – 속이고 짜고 치고, '작전'이 난무하는 증권가"에서 인용, 김정수 증권거래소 감리총괄부 차장, http://www.donga.com/docs/magazine/new_donga/9910/nd99100220.html

부정적 입소문을 일으키는 다섯 놈의 문제아들

부정적 입소문이 나는 것은 자동차 사고와 비슷하다. 자동차는 잘만 활용한다면 모두에게 유용한 문명의 이기임에 틀림없다. 그러나 사고가 발생하면 그에 따른 물적·심적 피해는 막대하다. 따라서 운전자가 자동차를 몰면서 사고가 나지 않기를 기대하는 것은 당연한 일이다.

그럼에도 불구하고 끊임없이 자동차 사고가 발생하고 있는 원인은 무엇일까? 이것은 크게 세 가지 요인으로 나누어질 수 있다. '운전자 자신의 부주의에 의한 것', '자동차의 결함에 의한 것', '도로·교통 상황에 의한 우발적인 것' 등이다. 대개는 우발적으로 발생하지만, 어떤 경우에는 보험금을 타거나 살인을 위한 목적 등 의도적으로 사고를 가장한 범죄행위를 저지르기도 한다.

기업의 부정적 입소문 발생요인 및 예시

	소비자 체험	기업간 경쟁	사회적 정황
의도적	끼어들기 마케팅	의도적 마타도어	출처·근거 미상의 루머들, 천재지변 등 통제불능변수
우발적	품질·서비스 불만	경쟁상황에 의한 우연발생	

마찬가지로, 기업에 있어 부정적 입소문이 유포되는 요인들은 위의 표와 같이 '소비자 체험에 의한 것, 기업간 경쟁에 의한 것, 통제불능의 사회적 정황에 의한 것' 등으로 나눠볼 수 있다. 또한 이러한 기준은 기업이 사전에 입소문 의도(그것이 긍정적 목적이든 부정적 목적이든 간에)를 가지고 있었던지의 여부에 따라 다시 '의도적·우발적'으로 구분할 수 있다. 이 장에서는 부정적 입소문이 발생할 수 있는 요인들을 다섯 가지로 나누어 사례 중심으로 살펴보도록 하고, 이에 따른 대응방안에 대해서는 제8장에서 좀 더 자세히 설명하도록 하겠다.

필자는 습관적으로 컴퓨터를 켜면 게임포털사이트인 '넷마블'의 방송 듣기 메뉴로 들어가서 '3040뮤직클럽'이라는 음악방송을 들으면서 일을 하곤 했다. 그런데 어느 날 컴퓨터 바탕화면에 'M – 마이엠'이라고 적힌 생소한 아이콘이 하나 깔려 있는 것을 발견했다. 필자는 분명히 이런 유의 소프트웨어를 인스톨한 기억이 없는데 묘하게도 덩그러니 바탕화면의 한자리를 차지하고 있는 것이었다. 짜증을 내며 그 아이콘을 삭제해버렸다.

그후 어느 날, 웹브라우저를 열고 주소창에 필자가 운영하고 있는 커뮤니티 사이트의 한글도메인인 '마케팅공화국'을 쳐보았다. 이전까지 필자가 운영하는 사이트로 잘 연결되던 화면이 갑자기 원하지도 않은 '마이엠(MyM)'이라는 사이트로 연결되어 버린다. 갑자기 화가 나기 시작했다. 이 한글도메인은 내가 산 것도 아니고 한 회원이 자비를 들여 등록을 하고 기증해준 것이다. 당시 이로 인해 엄청나게 감동을 받았던 소중한 기억을 훔쳐간 마이엠은 도대체 뭐 하는 곳인가! (당시 웹브라우저 타이틀에 '나만의 감성 포털!'이라고 적혀 있었는데, 필자를 화나게 한 것도 감성이라면 감성이었다……)

며칠 뒤, 한 신문에 실린 "마이엠 '무심코 프로그램' 이용에 네티즌 반발"이라는 제목의 기사를 접했다. 내용인즉 이로 인해 많은 사람들이 불만을 제기하고 짜증을 내고 있다는 것이었다. 옳거니, 우군(友軍)을 만난 것이다! 그런데 이 기사의 마지막에 실린 다음 내용[*]들은 필자를 더욱 화나게 했다.

---

[*] 《서울경제》 2004년 3월 29일자, "마이엠 '무심코 프로그램' 이용에 네티즌 반발", 박진형 기자, http://economy.hankooki.com/lpage/it_tech/200403/e2004032909292849670.htm

(전략)

관계자는 "마이엠스타터 등을 설치할 때 이용자들에게 동의 여부를 묻고 있는데 무심코 '예'를 클릭하는 경우가 잦다."며 "애초 설치 관련 정보를 잘 보고 원치 않은 프로그램은 설치하지 않는 것이 좋다."고 말했다.

(⇒ '병 주고 약 주는' 격이다. 그리고 내가 이런 실수를 몇 번이나 반복할 리 없다. 분명 무심코 '예'를 클릭하는 식으로 뭔가 장치가 되어 있지 않았을까 하는 의심을 가지게 된다.)

이 관계자는 "마이엠스타터는 '부동산' 등 일반적인 단어를 검색해도 특정 사이트로 바로 연결되는 기존 넷피아사의 한글 키워드와 달리 마이엠 검색결과를 보여줘 오히려 이용자에게 선택권을 더 주는 방식"이라며 "다만 기존방식에 익숙한 일부 사용자들이 불만을 표시해 프로그램 제거방법 등을 자세히 안내하고 있다."고 덧붙였다.

(⇒ 내가 주소창에 두드리는 한글 키워드는 특정 사이트를 가기 위함이지 부가적인 정보를 검색하기 위한 것이 아니다. 또한 '프로그램 제거방법'을 어디서 안내하고 있는지는 몰라도 나는 아무리 찾아봐도 좀처럼 발견할 수 없었다.)

이것은 전형적인 끼어들기 마케팅 방식이며, 이처럼 고객이 원하지 않는 방식으로 어떤 메시지를 주입시키려 하는 것은 고객불만을 야기하는 지름길이다. 물론 기업은 고객들에게 틀림없이 유용하리라고 맹목적으로 믿고 의도적으로 밀어붙일 수도 있지만, 고객의 입장은 다르다. 그리고 이러한 불만은 혼자 삭이는 것보다는 다른 사람과 이야기해야 기분이 좀 풀린다. 인터넷은 이러한 고객 불만을 토로하고 동조자를 구하는 가장 좋은 수단이 되고 있다. 남 욕 하는데 얼굴이 안 보인들 어떤가? 부정적 입소문이 인터넷을 만난 것은 고기가 물을 만난 격이라 아니할 수 없다.

2. 소비자 체험 - 우발적 요인 : '품질·서비스에 대한 불만'

알다시피, 영화는 광고보다 입소문의 영향력을 받는 대표적인 분야 중

96

의 하나다. 〈블레어 윗치(Blair Witch)〉와 같은 영화는 5만 달러의 제작비를 들여 입소문에 의해 미국에서만 1억 달러 이상을 벌어들이는 대박을 터뜨렸고, 국내 영화치고는 엄청난 92억 원의 제작비를 들여 화제를 모았던 〈성냥팔이소녀의 재림〉은 시사회 이후 관객들의 악평이 퍼지면서 조기 종영을 했다. 국내에서 애니메이션 영화의 극장 상영은 성공하기 어렵다는 통념을 깨고 〈센과 치히로의 행방불명〉이 재미있다는 입소문을 통해 성인 관객까지도 끌어들이는 데 성공을 했다면, 실사에 가까운 화려한 3D 그래픽과 글로벌한 제작으로 화제를 모았던 〈파이널 판타지〉는 예상대로(?) 별로 재미없다는 입소문에 의해 참패를 면치 못했다.

유의할 점은, 영화에서 입소문이 매우 중요하다고 하지만 이러한 사례들이 전적으로 입소문에 의해서만 성공·실패가 좌우된 게 아니라는 것이다. 근본적으로 이야기하자면 품질·서비스에 의한 것이고, 입소문은 그에 따라서 자연스럽게 탄력을 받게 되는 것이라 할 수 있다. 제품의 품질이 별로인데 입소문이 좋게 날 리가 없지 않은가?

한편, 품질로 인한 부정적 입소문의 야기는 절대적인 기준이 아니라 소비자 인식에서의 상대적 평가로부터 발생하기도 한다. 예를 하나 들어보자. 품질 — 입소문 간의 상관관계가 가장 높은 업종은 역시 음식이다. 필자는 아직도 일년에 최소 네댓 번 이상은 대학생들의 엠티를 따라가는 편이다. 이때 서클 후배인 김동수가 모는 승용차에 동승하는 경우가 많은데, 그는 경기도 대성리를 조금 못 간 어느 지점을 통과할 때면 항상 배가 고프다며 투덜투덜대기 시작한다. 그리고 "형, 저기 조금만 더 가다 보면 진짜 죽여주는 동치미국숫집이 하나 있는데 먹고 가는 게 어때요?" 하고 묻는다. 매번 그런다. 마치 조건반사 수준에 가까울 정도로……

가게 이름도 역시 '원조, 죽여주는 동치미국숫집'이다. 그 가게 이외에도 '원조'라는 간판을 단 죽여주는 동치미국숫집들이 몇 개 있지만, 그럼에도 불구하고 유독 이 집에만 손님이 몰려든다. 필자는 미적(味的) 감각이 없어서 솔직히 죽여주는지는 잘 모르겠다. 후배가 하도 "맛있죠? 죽이죠?" 하면서 긍정적인 답변을 강요하니 눈치를 보면서 "응……." 하고 얼버무린다. 아무튼 많은 사람들이 북적대는 것을 보면 '맛(품질)'에 대해서는 분명히 인정을 받고 있는 것 같기는 하다.

그런데 옆집들은 상대적으로 자연스럽게(?) 부정적 입소문의 피해를 입을 수도 있다는 점이 필자가 말하고 싶은 포인트다. 원조집이 하도 손님으로 북적대자 후배에게 "야, 차라리 옆집 가서 먹고 가자."라고 제안을 해 보지만 그에게서 돌아오는 대답은 "에이, 거긴 맛없어요. 여기가 진짜예요!" 하는 단호한 거절. 그런데 이 후배는 사실 이 원조집 외에는 한 번도 가본 적이 없다. 한동네에 모여 있다는 점 때문에 혜택을 입어 옆집들이 망할 리야 없겠지만, 어쨌든 이들은 싸잡아서 '맛없는 집'으로 매도되어 버리는 것이다. 서출의 설움과도 같은…….(입소문마케팅에 있어서도 '시장선점의 법칙'은 여전히 강력하게 작용한다!)

또 하나 유의할 것은, 품질·서비스와 관련한 부정적 입소문은 고객이 감성보다는 이성·논리로 무장할 때 더욱 설득력이 강해질 수 있다는 점이다. 누군가 조립PC를 사용하다 하드를 다 날려버려 화가 난 나머지 게시판에 온갖 욕을 해대더라도 읽는 이의 입장에서는 이것만으로는 동조를 할 수 없다. 이것은 감성적이라기보다는 감정적이기 때문이다. 어떠한 과정을 거쳐 고장이 났고, 이 때문에 어떤 조치를 했음에도 불구하고 해결이 안 되었는지의 경위를 읽는 이들이 수긍했을 때 동조자가 생기게 된다. 또한 이러한 문제를 몇 명의 소비자들이 똑같이 경험한 적이 있었다면 세력이 규합되기 시작하고 그들의 리콜에 대한 요구나 항의가 더욱 거세지게 된다.

특히, 충성고객 혹은 얼리어답터들이 만약 품질·서비스에 불만을 품고 이탈을 하게 되면 부정적 입소문의 영향력은 일파만파가 될 수도 있다는 점을 명심해야 한다. 얼리어답터가 많고 인터넷 인프라가 세계 최고 수준으로 일컬어지는 우리나라의 경우, 온라인을 통해 유포되는 입소문은 막강한 위력을 발휘하며 이것이 언론으로까지 전이되는 경우가 비일비재하다.

MP3 플레이어 '아이리버(iRiver)'로 유명한 레인콤의 경우는 고객들의 불만에 뒤늦게 대응함으로써 충성고객들에 의한 부정적 입소문이 제기되고 브랜드 이미지에 타격을 입기도 했던 사례 중 하나다.* 문제의 발단은 레인콤의 신제품 iFP-700과 iFP-800을 구입한 일부 소비자들이 2004년 5월 중순부터 아이리버의 홈페이지와 인터넷쇼핑몰 게시판 등에 화이트노이즈(전원을 켠 상태에서 스피커 볼륨을 높일 때 생기는 잡음)에 대한 불만의 글과 문제제기가 지속되면서 시작되었다. 교환 행사 이전에 제품 불량을 제기해 미리 교환받았다는 한 네티즌은 교환받은 제품 또한 화이트노이즈가 뚜렷해 일부의 문제가 아닐 것이라는 의견을 제시했으며, 다른 한 네티즌은 자신이 직접 증폭 녹음한 노이즈 파일을 업로드해 화이트노이즈의 존재를 입증하기도 했다. 이러한 소문이 돌자 'ZDNet Korea'는 전자계측기기 전문 업체와 공동으로 전문 장비를 통해 문제의 칩셋을 탑재한 테스트를 실시하였는데, 문제의 필립스 칩셋을 탑재한 아이리버 제품 3종 다섯 개는 모두 가청 수준의 화이트노이즈가 뚜렷이 존재한다는 것을 기사화하기도 했다.

그간 탁월한 A/S와 우수한 디자인으로 국내외에서 높은 점유율을 유지해온 레인콤에게는 그들의 고객제일 서비스에 감동을 받아 자체적으로 결성된 열성적인 서포터스가 국내에 300명, 해외에 500명씩이나 있다. 그들

---

* 'ZDNET Korea'의 2004년 7월 16일자 "한달 만에 들통난 아이리버의 거짓말"의 기사 및 관련기사의 내용을 중심으로 재구성, 천신응 기자, http://zdnet.co.kr/news/digital/0,39024418,39129149,00.htm

은 별도의 수당을 받지 않고 제품의 개선점, 제안, 홍보 등을 해주는 사람들이었다. 하지만 정작 충성고객들이 배신감을 느끼는 부분은 제품 결함보다는 레인콤 측의 대처에 있었다. 100% 완벽한 제품을 만든다는 것은 사실상 불가능이라는 것을 그들도 알고 있다. 그런데 이러한 불만이 지속적으로 제기되어 왔음에도 불구하고 한달 이상 방치한 후 10만 대가량 팔린 다음에야 뒤늦게 원하는 사용자에 한해 한시적으로 제품교환 공고를 하는 등의 조치가 충성고객들의 불만을 계속 증폭시켜왔던 것이다. 그들이 진정으로 원했던 것은 제품교환보다는 문제에 대한 솔직한 인정과 사과였음에도 불구하고 말이다.

결국 그후 레인콤은 자사의 일부 MP3플레이어 제품의 소음에 대한 고객들의 불만을 전격 수용, 대표이사의 공식 사과와 함께 개선된 제품으로 전량 교환에 나선다고 발표했다. 대표이사는 자사 홈페이지 동영상 방송을 통해 "이번 일에 대해 변명할 생각은 없다. 본의 아니게 많은 분들께 마음의 상처를 드리게 돼 사과 드린다."고 말했지만, 사후약방문 격이 되어버렸다. 지금도 여전히 고객서비스를 잘 하고 있는 레인콤이지만, 단 한 번의 실수가 가칫하면 그간의 우호적 이미지를 한순간에 흐뜨려버릴 수도 있음을 시사해주는 반면교사의 사례라 할 수 있을 것이다.

기존 고객의 감동 없이는 새로운 고객 창출이 어렵고, 새로운 고객의 감동 없이는 미래의 고객 창출이 어렵다고 한다. 바꾸어 말하자면 부정적 입소문에 있어서도 20:80의 법칙은 여전히 존재한다. 그리고 역으로 안티고객이었던 사람이 충성고객으로 전환되었을 때 얻게 되는 긍정적인 입소문 효과는 두말 할 필요도 없을 것이다.

〔참고〕 윤은기 칼럼: "고객은 왜 이탈하는가?"[*]

'한번 고객은 영원한 고객', 일단 고객 관계를 맺고 나서 평생고객으로 만들 수만 있다면 사업은 성공의 길로 나갈 수 있다. 신규고객을 만들기 위해서는 많은 비용이 들지만 기존고객을 관리하는 비용은 아주 적게 든다. 신규고객을 끌어들이기 위해서 쓰는 비용의 10분의 1만 쓰면 기존고객을 평생고객으로 만들 수 있다.

세계적인 일류기업들의 공통점은 '평생고객'과 '충성고객'이 많다는 것이다. 그런데 우리나라 기업들은 한번 고객이 되면 별 신경을 쓰지 않고 신규고객만 잡으려고 한다. 이렇게 되면 기존고객은 곧바로 이탈하게 된다. 기존고객은 자꾸 이탈하는데 비싼 비용을 들여서 신규고객을 끌어들여 봐야 어차피 '밑 빠진 독'이나 마찬가지다. 기업이 성공하려면 기존고객이 이탈하지 않아야 한다. 특히 '우수고객', '우량고객'이 이탈하지 않아야 한다.

고객은 왜 이탈하는가?

필자는 서울 부근에 있는 N골프장의 회원이었다. 이 골프장은 오랜 역사를 자랑하고 있고 굵은 나무숲이 인상적이다. 특히 봄철에는 벚꽃이 볼 만하고 가을철 단풍도 유난히 곱다. 하도 풍광이 좋아서 예전에 박정희 전 대통령이 골프를 치다가 벚나무 밑에서 "경치가 너무 좋으니 골프는 그만두고 막걸리나 먹고 가자."면서 술을 마시다 갔다는 이야기도 있다.

이 골프장은 다 좋은데 회원수가 다소 많아서 부킹이 수월하지가 않다. 그래도 한 달에 두 번씩 일요일과 법정 공휴일을 '회원의 날'로 지정해서 불편을 덜어주고 있다. 또 한 가지 단점은 전용 카트가 없어서 캐디들이 직접 카트를 끌고 다니는 것이다. 유난히 언덕이 많은 이 골프 코스에 캐디들이 땀을 흘리며 카트를 끌고 가니 안 밀어줄 수도 없고 카트를 밀다 공을 치다 하려면 정신이 없다.

어쨌든 이 명문 골프장의 회원권을 사서 열심히 치러 다녔다. 그러던 어느 날 친구 부부를 초대해서 공을 치게 되었다. 이 친구는 재벌 계열사 사장이었는데 종종 그 회사에서 운영하는 골프장으로 초대를 받았기 때문에 이번에는 내가 초대를 하게 된 것이다. 그런데 그날따라 아주 고약한(!) 캐디를 만났다. 처음부터 불평불만이 많더니 나중에는 빨리 치라는 잔소리에 면박까지 주는 상황이 벌어졌다. 필자가 적당히 눈치를 주었지만 막무가내였다. 특히 운동이 끝날 때 한 말이 인상적이었다.

＊ 월간 《창업&프랜차이즈》의 기사를 인용, 윤은기 박사, http://www.bizhouse.co.kr/sedaily/content/
content_view.html?no=1374&cont=06&code=content23

"골프백에 공을 이렇게 많이 넣고 다니니까 캐디가 골병들잖아요. 이렇게 넣고 다니면 욕까지 얻어먹어요!"

이쯤 되자 점잖은 친구 부부도 화를 참지 못하게 되었고 이들을 초청한 나는 말할 수 없는 부끄러움을 느꼈다. 그 친구가 종종 부르는 골프장은 최근에 개장한 신흥 명문 골프장으로 코스도 좋지만 캐디들이 너무나 친절하기 때문에 대비가 될 수밖에 없었다. 나는 그날 바로 회원권을 내놓고 그 골프장을 떠났다.

그리고 얼마 후 그 골프장 사장에게서 전화가 왔다.

"결재를 하다 보니까 회원권을 파셨던데, 혹시 무슨 안 좋은 일이라도 있었습니까?"

그래서 그런 일은 없었다고 했더니, "솔직히 말씀해주셔야 저희들도 고치지 않겠습니까?"라고 말하는 것이었다. 내가 전반적으로 캐디 서비스가 나쁘다는 것을 지적하자, 골프장 사장은 똑같은 돈을 받는데 한쪽은 손수레를 끌어야 하고 다른 골프장은 전용 카트를 타고 다니니, 캐디들의 사기가 떨어져 있고 불만이 많은 게 사실이라고 시인하였다. 앞으로 최단 기간 내에 카트를 도입하고 새롭게 변신하겠으니, 틈나면 한번 찾아와서 같이 라운딩 하자는 말까지 하고 전화를 끊었다.

사장은 훌륭한 분이지만 시스템이 망가진 상황이었다. 시장은 냉정하게 반응하게 마련이다. 지금 우리 기업이 잘 되고 있는지 아닌지를 알려면 첫째, 우수고객이 이탈하고 있지는 않은가? 둘째, 우수한 직원이 이직하고 있지는 않는가? 바로 이 점을 잘 파악해야 한다. "이들은 왜 떠나는가?" 이것이 가장 중요한 경영평가의 기준이다. 이것을 찾아냈으면 해결책은 아주 간단하다.

"있을 때 잘해!"

3. 기업경쟁 – 의도적 요인 : '의도적 마타도어(Matador)' [*]

아이보리(Ivory) 비누, 크레스트(Crest) 치약, 타이드(Tide) 세제 등, 미국에서 가장 다양한 소비재 상품을 생산하는 미국 'P&G' 사의 로고 [**]에는 사람 얼굴 모습의 달과 13개의 별이 그려져 있다. 사람 얼굴 모양의 달 모습은 P&G의 로고가 디자인된 1882년 당시 일반적으로 유행하던 그림이며, 13개의 별은 미국 독립 당시의 13개 주를 뜻할 뿐이었다.

그런데 서양에서는 공교롭게도 달이 사탄을 상징하기도 하며 '13' 이란 숫자 또한 악과 연결된 의미를 가지고 있음은 주지의 사실이다. 이 로고가 선을 보인 지 거의 100년이 지난 1980년부터, 갑자기 소비자들 사이에서는 "P&G가 갖가지 소비재 상품으로 미국을 지배하면서 사탄의 나쁜 뜻을 심으려 한다."는 부정적 입소문이 나돌기 시작했다. 이 입소문은 꼬리에 꼬리를 물어, 1982년에 이르자 고객서비스 담당 직원 15명이 주당 4,000건의 항의 전화를 받기에 이르렀다.

경쟁이 심한 소비재를 다루는 P&G는 혹시 이러한 입소문이 경쟁사로부터 시작된 것이 아닌가 의심하게 되었다. 1982년 6월, P&G는 공격적인 대응전략을 택하기로 결심했다. 그 결과 소문의 근원을 찾아 중상죄의 명목으로 네 명을 고소하였는데, 실제로 그중 세 명은 경쟁사와 관련이 있는 사람으로 밝혀졌다.

그러나 이렇게 해서 사탄의 로고가 헛소문임을 밝혔는데도 여전히 P&G 제품의 불매운동을 벌이는 소비자 단체가 있는가 하면, 사탄을 맹목적으로 혐오하는 사람들이 신시내티의 P&G 본사에 몰려가 항의시위를 하기에 이르렀다. 결국, P&G는 100여 년 전통의 로고는 그대로 유지하되 제품의 포장에서는 로고를 제거한다는 뼈아픈 결정을 내려야 했다. 또한 본사 건물 높이 도도하게 걸려 있던 회사의 로고도 철거하였다.

그나마 P&G가 각고의 노력 끝에 2년 만에(?) 부정적 입소문의 원인을 발견하고 대응을 했던 것이 다행이라면 다행이다. 그러나 이미 엎질러진 물을 주워 담기란 어렵다. 기업의 입장에서는 이러한 여러 가지 경우에 대

---

* 근거 없는 사실을 조작해 상대를 중상모략하거나 교란시키기 위해 하는 흑색선전(黑色宣傳). 투우 마지막에 소의 정수리를 찔러 죽이는 투우사를 뜻하는 스페인어 'matador(마타도르)'에서 유래한 말.

** 한양대 홍성태 교수의 "뿌리를 찾아서" 칼럼 중 "햄버거에 정말 지렁이 고기를 섞어요? 아니면 됐어요."에서 인용. http://jbbs.joins.com/content.asp?board_idx=14&page=1&tb_name=e_ecolum04

별 13개 때문에 사탄의 상징이라는 부정적 입소문이 문제가 되었던 'P&G'의 로고. 나중에 부정적 입소문을 유발한 사람들을 색출하고 이것이 헛소문임을 밝혀냈지만 결국 제품 포장에서의 로고는 바뀌고 말았다.

한 대응 시나리오를 사전에 마련해두는 노력들이 필요하다. 예를 들어 엎질러진 물을 재빨리 떨쳐내고 냅킨으로 닦으면 옷을 크게 버리지는 않는다. 그러나 조금만 늦게 대응한다면 옷이 마를 때까지 투덜투덜대며 식당에서 몇 시간을 허비해야 하는 것처럼 말이다.

한편, 관련 기사를 검색하다 또 하나 흥미 있는 내용을 하나 발견했다. "니네 영화 망해야 우리 영화 흥하지! — 영화 홍보 알바생의 육성 증언, 안티 마케팅 천태만상"* 이라는 《필름 2.0》의 글인데, 국내 영화판 뒷골목에서 일어나는 의도적인 부정적 입소문 유발하기의 실상을 적나라하게 밝혀낸 재미있는 내용이다. 이 기사의 일부 내용을 발췌하여 보자.

내가 하면 로맨스, 남이 하면 불륜? 지금 충무로는 이 괴상망측한 논리에 빠져 있다. '남의 영화 뭉개고 내 영화 띄우는', 이른바 '안티 마케팅'이 알게 모르게 판치고 있는 것이다. 안티 마케팅이란 고의로 상대 영화를 비방하고 자기 영화를 자화자찬하며 그것을 관객 동원으로 이어가는 반칙 플레이로, 아르바이트생(이하 '알바생')을 고용해 진행하는 것으로 알려진 수법. 모 영화사 대표가 라이벌 영화사 대표에게 전화를 걸어 "니네 자꾸 알바 풀면 나도 가만 안 있는다!"고 호통 쳤다는 비화도 하루 이틀된 얘기가 아니며, 낯뜨거운 비방 글과 닭살 호평이 끈질기게 영

---

* 《필름 2.0》의 기사 "니네 영화 망해야 우리 영화 흥하지! - 영화 홍보 알바생의 육성 증언, 안티 마케팅 천태만상"에서 일부 내용 발췌, 2003년 3월 25일자, 윤혜정 기자. http://www.film2.co.kr/feature/feature_?mkey=1568

화 홈페이지 게시판을 유람하는 걸 보면 이 공공연한 비밀이 사실무근은 아닌 모양이다.

요즘엔 영화 정보 사이트는 물론이고 남의 영화 홈페이지, 커뮤니티, 상대 배우들의 팬 사이트까지 침투해 폐허로 만든다. 고수들이 많아지다 보니 방법도 첨단화될 수밖에. 무뎌지는 상도덕에 걸맞은 과감하고 치밀한 방법이 난무하는 것이다. 한 영화당 홍보 알바생은 대략 10~15명 내외. 이들은 서울 시내 지도를 펴놓고 포스터를 붙이는 등의 홍보 구역을 정하고 작전을 명령받는다. 그러나 그전에 먼저 받는 것은 수십 개의 가짜 이메일 계정, 가짜 이름, 가짜 아이디, 그리고 영화 정보 사이트의 주소다. 이 소스를 이용해 한꺼번에 가짜로 올린 티가 나지 않게 새벽부터 밤까지 시간대별로 교묘히 글을 올린다. 보통의 경우 개봉 4주 전부터 홍보 아르바이트를 하는데, 처음엔 단순한 글쓰기부터 시작해 개봉일이 다가올수록 공식적인 홍보 활동이 점점 수면 위로 떠오른다. 그러나 그 와중에도 글은 꾸준히, 규칙적으로, 끊임없이 써야 한다.

"글 쓰는 건 기본 아이템이고, 영화가 개봉하면 본격적인 입소문 전략으로 나가죠. 한 극장에서 조조부터 마지막 상영까지 들어갔다 나왔다 하며 영화를 모두 봐요. 그리곤 관객 무리에 섞여 관객인 양 저(상대) 영화는 참 재미없는데 이(우리) 영화는 무지 재미있다는 둥 그냥 떠벌리는 거죠. 아침부터 밤까지 같은 영화만 보고 같은 말만 하다 돌아가요. 극장은 관객들의 선택이 그 즉시 구매력으로 연결되는 곳이라 중요하거든요."

어느 날 한 뭉치의 자료를 영화사 직원으로부터 건네받았다. 바로 성인 광고 자료였다. 어디서 구해왔는지 상대 영화 홈페이지에 음란 성인 광고를 도배하라는 것이다. 잡담이나 비방 글로도 잘 먹히지 않을 경우 성인 광고는 특효약이 될 수 있다. 아무리 호감 가는 영화라도 홈페이지에 떡 하니 성인 광고가 올라 있으면 그 영화가 온전히 보일 리 없다. 포스터 부착 자리 다툼도 치열하다. 상대 영화 포스터를 다 떼어버리고 자신이 홍보하는 영화를 그 자리에 붙여주는 것이 기본적인 '에티켓'이다. 흥행이 예상되거나 영화제 등에서 주목 받은 영화일수록 테러당할 위험은 더 높아진다. 작금의 안티 마케팅은 자신의 것 외에는 그 어떤 영화도 가리지 않는 무자비하고 냉정하며 무차별적인 싸움박질이다.

"이러다 가끔 알바생끼리 영역 싸움이나 육박전이 벌어지기도 해요. 상대 영화사가 아이디 주소를 추적해 직접 범인을 색출하러 나서기도 하고요. 운이 나쁘면 얻어맞는 일도 생겨요. 그런 일은 보통 내부에서도 쉬쉬 하는 편이에요. 소문 나서 좋을 게 없으니까요. 특히 감독들은 이런 식의 마케팅을 혐오하기 때문에 절대 비밀이에요. 안티 마케팅을 추진하다가 감독이 알게 돼 도중에 전략을 바꾼 적도 비일비재해요. 하긴, 이 정도면 양호한 거죠. 상대 영화사 홈페이지를 해킹하라고 시킬 때도 있으니까."

이것이 자국 영화의 시장점유율이 50%를 넘어 세계적으로 주목받고 있다는 한국영화의 또 다른 실상이다. 이에 대한 효과가 있었는지는 확인된 바 없으며 잘 드러나지도 않을 것이다. 그러나 아무튼 격심한 마케팅 전쟁의 쓰레기이자 한국 IT의 발전상(?)을 그대로 보여주는 것임에는 틀림없다. (물론 한국의 모든 영화가 그렇다는 이야기는 아니다. 몰지각한 소수가 이런 짓을 하니까 매도되는 것이다.)

조금만 더 잔머리를 굴리자면 알바생들이 올리는 '심금을 울리는 명작', '올해 봤던 영화 중에서 젤 재미있었어요, 완전 강추!', 'XXX 연기가 이제는 물이 올랐어요', '감독님 고마워요. 이런 영화를 만드시다니…….' 등의 낯간지러운 닭살 코멘트를 다시 신문광고에다 싣기도 할 것이다. 혹은 당나귀·에뮬·고부기 등의 P2P(Peer to Peer) 프로그램에 의도적으로 경쟁 영화 복제판을 유포시키거나, 자사 영화가 P2P를 통해 유포되는 것을 방해하기 위해서 제목과는 달리 실컷 받아서 열어보면 포르노가 나와서 "할 수 없이 이 영화는 극장에 가서 봐야겠군." 하고 포기하도록 만드는 교란 작전도 전개되고 있을지 모른다.

a. 죄수의 딜레마로부터 생각해보는 기업의 '부정적 입소문의 딜레마'

그렇다면 경쟁사에 의해 부정적 입소문이 유포되고 있다는 심증을 굳힌 피해자는 가만있기만 할까? 심증은 있되 물증이 없다면 고소·고발은 힘들다. 따라서 이때는 '이에는 이, 눈에는 눈', 임전무퇴(臨戰無退)의 정신으로 똑같은 방식으로 보복을 꾀하게 된다. 물론 모든 회사가 그렇지는 않겠지만, 그렇다고 마냥 당하고만 있을 수는 없는 일 아닌가? 결국 시장은 더더욱 혼탁해지고 이런 방법이 공공연해지면서 업계의 윤리의식은 점차 무뎌지게 된다. "뭐 어때? 남들도 다 하는데. 하다가 발각되는 놈이 병신이지!" 이쯤 되면 막 가자는 거다. 그리고 모두 공범(共犯)이 되어버린다.

마케팅원론 서적의 판촉(Sales Promotion) 파트에 자주 등장하는 '죄수의 딜레마(Prisoner's Dilemma)' 이론은 한 기업이 부정적 입소문을 내려 하는 경우 다른 기업도 경쟁적으로 같은 유혹에 빠질 수밖에 없는 수긍할 만한 설명을 해주고 있다. '죄수의 딜레마'라는 이름은 감옥에 갇힌 죄수들의 상황을 예로 들어 게임을 설명하는 데서 붙여진 이름이다. 상황을 다음과 같이 가정해보자.

강력부 검사 홍길동은 불법 대선자금과 관련하여 용의자 문병X(男)와 김성X(女) 두 사람을 체포하여 따로따로 심문을 하면서 아래와 같은 조건을 세워두었다. 이때 두 사람은 서로 만날 수가 없기 때문에 상대방이 순순히 자백을 할지에 대해서는 알 수가 없는 상황이라고 가정을 하겠다.

〔대안 1〕 문병X가 범죄를 자백하고 김성X는 부인하는 경우, 문병X는 훈방하고 김성X에게는 10년을 구형한다.
〔대안 2〕 김성X는 범죄를 자백하고 문병X는 부인하는 경우, 김성X는 훈방하고 문병X에게는 10년을 구형한다.
〔대안 3〕 두 사람이 모두 범죄 사실을 자백하는 경우, 두 사람 모두에게 각각 5년

씩을 구형한다.

〔대안 4〕 두 사람이 모두 자백하지 않는 경우, 두 사람 모두에게 각각 2년씩을 구형한다.

위의 상황을 정리해보면 간단하게 다음과 같은 표로 요약할 수가 있다.

	[김] 자백하는 경우	[김] 부인하는 경우
[문] 자백하는 경우	5년, 5년	석방, 10년
[문] 부인하는 경우	10년, 석방	2년, 2년

위의 경우에서 보자면 두 사람이 함께 공범사실을 자백하지 않는 경우가 최상의 선택이 되겠지만, 서로가 만날 수 없는 상황이므로 상대방이 자백을 했는지의 여부를 알 수도 없고 자백하지 말자는 담합을 할 수도 없는 상황이다. 여기서 죄수의 '딜레마'가 생기게 된다. 만약 상대방이 자백한다면 자신만 징역 10년을 살 것을 우려해 결국 양자 모두 자백을 해버리는 것이다. 게다가 이러한 상황에서 자신의 형량을 줄이기 위해서는 이전의 더 많은 공범사실들까지도 불게 되며, 다른 사람에 대한 '부정적인 견해'를 검사에게 주지시킬 필요성을 느끼게 된다. TV나 영화에서도 더러 볼 수 있는 장면이다. 결국 두 사람은 보다 나은 선택을 할 수 있었음에도 불구하고 차선책(양자 모두 징역 5년)을 선택하게 되는 상황을 '내쉬(Nash) 균형'이라고 하는데, 다분히 심리적(心理的)인 게임이다.

위의 경우를 영화사 '가나다(자사)'와 '라마바(경쟁사)' 간의 경쟁사에 대한 '부정적 견해를 유발'하려는 심리에다 한번 적용시켜 보자.

일반적인 경우, 기업이 경쟁사에 대한 부정적 입소문을 내면 경쟁사는 이미지가 저하되어 손해가 커지므로, 상대적으로 자사의 이익은 더 커질 것이라고 생각한다. 또한 경쟁사가 자사에 대한 부정적 입소문을 내게 되면 경쟁사의 이익이 커지게 되고 자사는 상대적으로 큰 손해를 볼 수도 있다고 생각한다. 그러면 두 회사는 죄수의 경우와 유사한 '부정적 입소문의 딜레마'에 봉착하게 되며, 이러한 심리상황은 다시 다음과 같은 표로 정리할 수 있을 것이다.

	[가나다] 내는 경우	[가나다] 내지 않는 경우
[라마바] 내는 경우	적은 손해, 적은 손해 (→ 큰 손해, 큰 손해)	이익 증대, 큰 손해
[라마바] 내지 않는 경우	큰 손해, 이익 증대	평소 상태

위에서 '이익 증대'는 경쟁사에 대한 부정적 입소문이 제대로 먹히면 경쟁사 고객이 자사로 전환 구매를 하여 평소보다 자사의 이익이 늘어나는 것을 상정한 것이다. 한편 '적은 손해'란 부정적 입소문에 의해 평소 상태보다 수요·매출이 줄어들지만 경쟁사도 같은 타격을 입기 때문에 어쨌든 심리적으로는 위안을 받는 경우가 된다. 즉 자사가 이익을 보지는 못하지만 경쟁사도 마찬가지일 것이기 때문에 일단 '손해가 아니다.'라고 치부해버리는 것이다. (그러나 소비자가 볼 때는 양비론이 대두되어 두 업체 모두 오히려 엄청난 손해를 입을 수도 있다. 이에 대해서는 다음 절에서 설명할 것이다.)

다시 말하자면, 여기서 자사의 입장에서는 경쟁사에 대한 부정적 입소문을 '낼 것인지' 혹은 '내지 않을 것인지'의 두 가지 중 하나를 선택할 수가 있다. 자사는 내지 않는데 경쟁사가 내게 되면 큰 손해를 본다는 위기감이 높아진다. 경쟁사가 부정적 입소문을 내면 자사 또한 내는 것이 안 내는 것보다는 손해를 덜 보기 때문에 부정적 입소문을 내려는 쪽을 선택할 것이다. 만약 양사가 모두 내지 않는다면 평소의 상태를 유지하거나 정상적인 기업활동을 통해 평소 정도의 이익을 얻게 될 것이다.

죄수의 딜레마에서는 서로 만날 수 없다는 조건 때문에 의심과 자백을 하지 않을 수 없는 상황에 빠지게 되지만, 위의 '부정적 입소문의 딜레마'에서는 경쟁사가 부정적 입소문을 의도적으로 내고 있는지에 대한 '물증은 없지만 (막연한) 심증이 가기 때문에' 자사가 보복하지 않을 수 없는 상황에 빠지게 되는 것이다. 물론, 양사가 담합을 통해서 과당광고나 상호비방을 자제하고 평소 이익에 만족하는 경우도 있겠지만 전례를 보자면 이것은 그리 오래가지 못하거나 한계가 있더라는 것은 주지의 사실이다. 공격적인 '비교광고'는 이러한 심리의 단면을 보여주는 좋은 예일 것이다.

유의할 점은, 경쟁상황하에서 모든 경우에 이런 식으로 불가피하게 의도적인 부정적 입소문을 유발하게 되는 것은 아니라는 점이다. 길거리를 지나가다 아무나 보고 쌈박질을 걸지는 않는다. 누군가 어깨를 툭 건드리고 간다든가 발을 밟고 사과를 하지 않으면 옥신각신하다 사람이 몰려들고 결국은 주먹질로 바뀐다. 그런데 저쪽에서 악의가 없거나, 내가 싸울 의사가 없거나, 상대가 버겁다 싶으면 의외로 싱겁게 마무리된다. 내 앞에 2m 가까이 되는 거구에 험악한 인상의 유도선수가 떡 버티고 있으면 전투심이 생기겠는가? 하지만 그 유도선수가 싸우려고 주먹을 내밀면 두들겨 맞는 한이 있더라도 나는 허공에 손을 뻗어야 한다. 왜냐하면 사람들이 구경하고 있기 때문이다. 나중에 왕따가 될 수는 없지 않은가? 그리고 이때는 구경꾼들이 유도선수를 욕하기 시작한다. 모두들 약자를 괴롭히는 불한당이라고 수근댈 것이다.

요약하자면 품질에 대한 우열이 확연하거나, 상호간에 명확한 포지셔닝 차별화가 되어 있다면 이러한 경쟁을 회피할 수도 있다. 또한 넘어야 할 선을 넘지 않는다는 상호간의 암묵적 합의가 되어 있다면 어느 정도 경쟁을 자제할 수도 있다. 혹은 경쟁사의 공격이 가해질 때 아주 강력하게 응징해줌으로써 이러한 장난이 백해무익하다는 것을 경험시켜주는 방법을 취할 수도 있을 것이다.

4. 기업경쟁 – 우발적 요인 : '격심한 경쟁상황에 의한 우연발생'

선의의 경쟁이 도를 넘지 않는 수준이라면 소비자들의 혜택이 높아진다. 그리고 동종 제품군들은 함께 시장의 파이를 키워갈 수 있다. 독과점보다는 자유경쟁이 일반적으로 품질·가격·서비스의 질을 향상시킨다는 것은 상식이며, 이에 따라 소비자 만족도가 커지면 수요는 늘어날 것이기 때문이다. 그런데 업체 혹은 브랜드 간의 경쟁이 격심할 때는 이야깃거리가 보다 많아지기 시작하고, 이때 소비자들은 어느 한쪽 편을 들게 되어 다른 한쪽에는 부정적이 되어버리는 편가름 현상이 나타나거나 혹은 이쪽도 저쪽도 아니라는 양비론(兩非論)에 의한 부정적 입소문이 확산되어 가기도 한다. 이때 기업들 간에 사실 경쟁사에 대한 부정적 입소문을 일부러 유발하려는 의도를 가진 것은 아니지만, 경쟁의 산물에 의해 우연발생적으로 소비자들의 의심과 짜증을 유발하게 되는 것이다.

a. 경쟁사 간 힘의 불균형 상황에서 우발적으로 발생한 부정적 입소문

양자 간의 힘(시장점유율이나 품질 등)이 불균형 상태에 있을 때, 후발주자는 눈길을 끌기 위해 직간접적인 비교광고를 시도하는 경우가 있다. 결국 힘이 약한 회사가 "한판 붙자."고 하는데 마다할 리 없고, 충격적이고 새로운 논쟁거리는 이내 소비자들의 이야깃거리로 등장하며, 어느 한편에 서서 제품을 선택해야 하는 고민을 해야 한다. 이중 지는 쪽은 심각한 타격을 입게 되며, 그 싸움에서 이기더라도 얻는 것보다는 잃는 것이 많은 상황이 되어버린다.

'파스퇴르우유'는 국내에서 가장 투박하면서도 도발적인 광고전략을 구사했던 업체로도 유명하다. '저온살균 우유'를 컨셉으로 시장에 후발주자로 등장한 파스퇴르우유는 처음에는 고온살균 우유가 건강을 위해 우유에 있어야 할 필수영양소를 모두 파괴한다는 메시지로 포문을 열었다. 소비자들이 지금까지는 별 영양가 없는 우유를 마셔왔다는 위협인 것이다. 그러다 1998년 고름우유 파동이 일어나자 이를 활용하여 강력한 위협 소구방식을 도입했다. "우리 파스퇴르우유는 고름우유를 절대 팔지 않습니다."라는 직접적인 카피로 소비자들을 놀라게 했던 이 광고는 강도가 지나쳐 사람들로 하여금 불쾌감과 거부감을 일으키기도 했다.[*] 파스퇴르와 유가공협회 사이에서 벌어진 이 '고름우유 논쟁'은 파스퇴르우유의 인지도를 올리는 데는 상당히 기여했던 것은 틀림없다. 그러나 그간 파스퇴르우유에 대해 좋은 이미지를 가졌던 소비자들까지도 "좀 심하다."라는 의견들이 등장하기 시작했고, 열 받은 경쟁사들도 연합하여 광고·유통 측면에서 파스퇴르우유를 협공하기 시작했다. 그 결과 이 광고가 등장한 지 얼마 안 되어 부도가 나고 말았다.

이번에는 역으로 이러한 경쟁에서 승리를 쟁취한 '하이트맥주'의 경우[**]를 살펴보자. 하이트가 출시되기 전 조선맥주라는 이름을 달고 있었던 당시의 맥주시장은 OB맥주가 완전히 장악하고 있는 상태였다. 따라서 이러한 열세를 극복하기 위해서는 조선맥주라는 이름을 과감히 떼고 신규 브랜드인 하이트만의 단일 브랜드로 차별성을 부각시키는 것이 선결 과제였다. 한편 이 무렵 국내에서도 환경에 대한 관심이 고조되고 있었던 점을 감안하여 제품명·색상 등에서 자연의 순수함을 강조한 '그린 이미지'를 내세웠다. 그리고 기존 맥주와의 차별점, 즉 암반천연수를 원료로 한 점을

---

[*] '광고정보센터(ADIC)'의 테마가 있는 광고여행 20 — "채찍을 쥔 者 vs 당근을 쥔 者"에서 인용. http://www.advertising.co.kr/uw-data/dispatcher/lit/fulltext/Serial/SK002528/01.html

[**] '하이트맥주' 홈페이지 내 "성공스토리 – 하이트 성공사례"를 참조하여 재구성. http://www.hite.com/h_story/html2/pr_success00.asp

소구포인트로 내세워 광고를 하기 시작했다.

그런데 당시 하이트가 꽤나 운이 좋았던 탓인지 OB맥주 생산업체인 두산이 페놀 사건으로 수질오염의 주범으로 질타를 받고 있던 시기였다. 사실은 페놀 사건과 OB맥주는 직접적인 관련이 없으며, 페놀 사건의 진짜 주범은 두산전자였다. 하지만 많은 사람들은 모기업의 후광효과(?) 때문이었던지 당연히 OB맥주를 페놀 사건의 주범으로 인식해버렸다. 1993년 4월, 하이트를 알리는 1차 런칭광고가 시작되면서 "지하 150m의 100% 암반천연수로 만든 순수한 맥주 – 하이트"라는 광고카피를 통해 '물이 좋은 맥주'임을 경쟁도구로 삼아 차별을 꾀했다. 그리고 연이어 "맥주를 끓여 드시겠습니까?", "맥주의 90%는 물, 어느 맥주를 드시겠습니까?"라는 광고를 통해 경쟁사인 OB맥주를 계속 자극했다.

1994년 1월, OB맥주 공장이 '환경관리모범업체'로 선정되면서 이와 관련하여 대대적인 신문광고를 게재하면서 반격을 시작했다. 그러나 당시 하이트맥주는 OB맥주에 대해 다각적인 대안을 준비해놓고 있었다. OB맥주에 대응한 첫 광고는 "왜 물은 가려 마시면서 맥주는 가려 마시지 않습니까."라는 헤드라인이었는데, 이 광고가 집행될 당시 낙동강 수질오염 사태가 발생하여 물에 대한 관심이 고조되고 있던 때여서 하이트에겐 더욱 유리한 입장이 되어가고 있었다. 뒤이어 집행된 "말 못 하는 맥주, 말할 수 있는 맥주."라는 헤드라인의 신문광고 또한 경쟁사인 OB맥주의 약점을 자극하는 광고였다.

페놀사건이나 수질오염은 하이트맥주가 의도적으로 부정적 입소문을 내려 했던 것은 분명 아니다. 하지만 하이트맥주는 이런 절호의 기회를 살리기 위해 철저하게 OB맥주의 약점을 공략하는 광고를 전개했다. 이에 따라 OB맥주는 그 진위와는 전혀 무관하게 소비자들 사이에 '상대적으로 물이 나쁜 맥주'라는 부정적 인식·입소문을 유발하게 되어버렸던 것이다.

b. 경쟁사 간 힘의 균형 상황에서 우발적으로 발생한 부정적 입소문

보통 이러한 경우는 양자 간의 힘이 엇비슷한 상황일 때 어느 한 브랜드가 제품을 개선하거나 계열확장 제품을 출시하면서 경쟁이 시작된다. 힘의 균형이 무너질지 모르는 상태라는 위기감 때문에 자칫하다가는 경쟁이 아니라 전쟁의 상황으로 치달을 수도 있다. 결과는 비참하다. 과당경쟁으로 인한 시장의 혼탁, 경쟁적인 광고전쟁으로 인한 비용손실 심화, 가격할인 경쟁과 덤핑 등으로 인한 수익성 악화, 고발이나 맞고소로 인한 이미지 저하……

그런데 실상 소비자들은 그 논쟁의 실체가 무엇인지도 잘 모르는 경우가 많다. 또 그 제품을 사용하지 않는 비고객들의 경우는 '양비론'에 빠질 수도 있다. 마치 교통사고가 나면 경쟁적으로 달려온 견인차량 운전사 아저씨들끼리 맞고함을 치고 싸우는 것을 지켜보며 "서로 제 잘났다고 해봤자 다 똑같은 X들."이라고 욕을 하는 것과 유사하다.

잘 먹고 있던(?) 화학조미료에 대한 유해성 논란이 거세지면서 국내 기업들이 내놓은 광고들을 한번 보자. 한 회사는 "발효조미료입니다."라고 하고, 다른 회사는 "적게 먹어야 제 맛을 냅니다."라고 하고, 또 다른 회사는 "MSG를 넣지 않았습니다."라고 했지만 말과 포장만 바뀌었지 사실은 이전 제품과 큰 차이가 없이 여전히 MSG가 들어 있다는 소비자단체 및 고객들의 비난도 많았다. 사실, 그렇게 위험하다면 리콜을 해주든지 아니면 절대로 먹지 말라고 해야 정상이 아닌가? 이러한 논쟁을 통해서 각 업체들의 시장점유율이 얼마나 확대되었는지도 의문이다. 대신 화학조미료에 대한 거부감·불안감을 갖고 있던 소비자들의 혼란만 가중시켰을 뿐이다.

또 다른 예를 하나 들어보자. 몇 년 전 환경·건강 바람을 타고 한때 가정마다 녹즙기를 들여놓는 것이 붐이었던 적이 있다. 그런데 수십 종의 녹즙기가 쏟아져 나오면서 경쟁이 심화되기 시작했고, 급기야 경쟁사 녹즙기에 쇳가루가 섞였다는 광고까지 등장하였으며, 이러한 쇳가루 논쟁으로 인해 결국 소비자들은 녹즙기를 더 이상 사지 않게 되었다. 결과는? 오래 전부터 녹즙기를 만들기 시작했던 중견 녹즙기 업체들마저도 결국은 후발 업체들과 함께 부도가 나버렸다. 소비자들에게는 죄다 쇳가루 녹즙기같이 보였고, 건강에 대한 위협*은 당연히 초강력 부정적 입소문으로 번져나갔던 탓이다.

5. 사회적 정황 요인 A : '출처 미상의 자연발생적 루머'

2002년 3월경, 가야금 명인 황병기 교수의 작품 〈미궁(迷宮)〉이 음산한 루머 때문에 세간의 화제가 된 적이 있다. 10대들 사이에 이 작품을 세 번 들으면 졸도하거나 죽는다는 소문이 퍼진 것이다. 게시판에는 초 · 중학생들로부터 "그 노래를 듣고 죽은 사람이 있다는 소문이 정말인가요. 왜 그렇게 무서운 곡을 작곡하셨나요." 등의 질문이 쉴 새 없이 쏟아지기 시작했다. 황병기 교수는 홈페이지를 통해 아예 '미궁에 대한 질문과 답변'이라는 별도의 메뉴를 만들어 적극적인 해명에 나섰지만 마찬가지였다. 하버드 대학에서 이미 300명이 죽었다는 등의 황당하고 충동적인 내용으로 뒤덮이기 시작했고 당시 삭제된 게시물만 천 통이 넘었다. 그래도 이런 황당한 질문이 이어지자 한때 홈페이지를 폐쇄하기도 했다.

왜 이런 소문이 돌았던 것일까? 〈미궁〉은 황 교수가 1975년 작곡해 최고의 현대음악이라는 찬사를 받은 작품으로, 인생사의 희로애락을 묘사하

---

* 침대업계에서도 유사한 사례가 있다. 한 침대 메이커가 "세균과 함께 잔다."고 경쟁사들을 공격하자 다른 침대 메이커는 이에 "녹슨 스프링을 쓴다."고 맞받아쳤다. 결과적으로 누가 이겼을까? 당시 '에이스침대'가 "침대는 가구가 아닙니다."라는 광고를 들고 나와 어부지리를 얻었다고 한다. 물론 광고도 탁월했음은 분명하다.

기 위해 첼로 활, 술대(거문고 연주막대) 등으로 가야금을 두드리듯 연주하며 무용가 홍신자 씨 등 네 명의 웃음소리와 울음소리를 표현하는가 하면 울고 웃고 절규하는 인성(人聲)을 삽입한 독창적이고 파격적인 형식의 곡이다.[*] 작품이 워낙 독특하게 사람들의 심금을 파고들었었는지도 모른다. 혹은 당시 MBC 〈생방송 화제집중〉에 의하면 그 계기가 된 것은 〈미궁〉을 테마음악으로 한 게임에 나오는 주인공 캐릭터의 이름이 '황병기'였던 것이 이를 촉발했을 것이라고도 한다.

이것은 누군가가 개인적으로 의도적·악의적으로 퍼뜨린 소문이라고 보기는 힘들다. 우연한 기회로 이상하다는 생각을 하게 되고, 다른 사람에게 물어보니 "진짜 그런 것 같네!" 하는 동조세력들이 생기면서 급속히 파고들게 된다. 그리고 언론에서 떠드니까 더더욱 사회적 관심거리로 증폭되어간다.

이처럼 출처가 불분명하지만 어떤 사회적 정황과 브랜드가 결부되어 부정적 입소문이 퍼지고, 급기야 그 브랜드의 시장점유율이 하락하거나 위기상황으로 치달아 심지어 시장에서 철수하는 사례도 생겨나고 있다.

'라크(Lark)'도 국내에서 이러한 부정적 입소문 때문에 시장점유율의 하락을 경험한 경우다. 종달새라는 뜻의 이 담배는 '라크'라는 발음이 한자의 '떨어질 락(落)'과 비슷해서 대학입시생이나 취업 준비를 하는 사람들에게는 금기 브랜드라는 입소문이 퍼져버린 탓이다. 가만 생각해보니 그림이 그려지기는 한다. 아마도 수능시험 때문에 예민해진 고3이나 재수생들 중의 누군가가 발음의 연상에 의해서 착상을 해내고, 주변에 있는 친구들이 민감한 심리상태에서 입으로는 "얀마, 재수 없는 소리 집어쳐." 하면서도 속으로는 "진짜 그러면 어쩌지?" 하는 불안감을 등에 업고 퍼지기 시

---

[*] 《국민일보》 2002년 4월 4일자 기사 "황병기 교수 작품 '미궁'… 엽기루머 인터넷 퍼져"에서 인용. 손병호 기자, http://www.kukminilbo.co.kr/html/kmview/2002/0404/091852812411131100.html

작했을 가능성이 크다. 어떻게 보면 억울하기 그지없는 일이지만 "부정적인 입소문은 긍정적인 것보다 소비자의 의사결정에 더욱 지대한 영향을 끼친다."는 사실을 재차 확인해준 경우라고 하겠다.

6. 사회적 정황 요인 B : '천재지변 · 우발사건 등의 통제불능 변수'

천재지변에 의해 사회 전반에 부정적 입소문이 유포되는 것은 이제는 친숙(?)해진 편이다. 홍수나 폭설, 전염병, 전쟁, 공해나 황사 등은 통제가 매우 힘들거나 불가능한 변수들이라 할 수 있다. 이때 민심은 흉해지고 사람들은 이를 책임질 희생양을 찾기 시작한다. 하늘에다 대고 원망을 해봤자 돌아오는 것은 없으니, 그 대신 "통치를 잘못 해서 하늘이 벌을 내린 것이다."라는 식으로 공연히 위정자들을 원흉으로 지목하게 되는 경우도 많이 보아왔다.

삼풍백화점이 내려앉고 성수대교가 무너지고 대구지하철에서 가스가 폭발하고 충주호유람선과 비행기에 화재가 나는 등 육 · 해 · 공의 총체적인 사고로 뒤덮인 경우도 천재지변은 아니었지만 당시 정권은 말마따나 묵사발이 되었다. 사실 이런 사고가 난 건물이나 다리 등은 당시 정권에서 지었던 것은 아니니 원천적으로 보면 전적으로 김영삼 대통령(당시)에게만 책임이 있는 것은 아니다. 아무튼 이런 사고들이 계속되자 김 대통령의 통치력 문제와 결부하거나 청와대 터가 나쁘기 때문이라는 유언비어들이 난무했다. 오죽 답답했으면 독실한 기독교 신자였던 손명순 여사가 무속인을 만나고 청와대 뒷산에 옆으로 놓여 있던 부처님 불상을 청와대 정면 쪽으로 향하게 했을까.

한편, 기업에 있어 천재지변에 준하는 우발적인 부정적 입소문은 특정 범죄 사건에 연루되면서 발생하기도 한다. 비행기쯤 되면 이건 직방이다.

비행기 납치사건이 났는데 TV뉴스에서 "모 항공사의 비행기가 괴한들에게 납치되어……"라고 하지는 않는다. 항공사의 이름이 그대로 드러나고 컴퓨터그래픽을 통해 기내의 구조까지 소개된다. 이쯤 되면 해머로 머리를 한 방 두들겨 맞은 느낌이다. "죽일 X들! 하필이면, 하필이면 왜 우리 비행기에다 사고를 치냐구!"

이러한 천재지변의 위기상황들이 매스미디어와 입소문의 합작을 통해 확산되기 시작하면 소비는 급격히 위축되고 업계·업체는 그 대안을 찾지 못해 줄줄이 도산 위기에까지 이르게 되는 경우도 많다. 가장 비근한 예는 '조류독감'이다. 외식업체, 치킨집, 양계농가 등의 관련 산업은 당시 70%나 소비가 격감했다. 한국계육협회에 따르면 조류독감 발생 직후부터 약 45일 동안 관련 산업이 입은 피해액은 약 4,200억 원으로 추산된다고 한다.

이때는 논리적인 설득도 필요 없다. 협회 관계자에 따르면 "닭고기 가공공장에는 건강하고 살아 있는 닭들만 들어온다고 한다. 여기서 전문가에 의해 1차 육안검사와 2차 체검사를 거쳐 100% 이상 없는 닭들만 가공에 들어가고, 가공과정에서도 철저한 위생관리를 거친다고 하는데 40분 이상 냉각살균을 거친 뒤 무균 상태에서 가공되고 포장되므로 안심하고 먹을 수 있다."고 강조한다. 또 다른 전문가들이 TV에 나와 국산 닭고기는 안전하다고 누누히 강조해보지만 서슴없이 "그럼 너나 많이 먹어라."는 반응마저 보이기도 한다. 어떤 의도인지는 잘 알겠는데, 그래도 믿지는 못하겠다는 것이다.

사실 이러한 사건을 보도하는 언론(매스미디어)들의 특종 경쟁이 사람들을 더욱 불안하게 만드는 데 한몫 한다. 당시 모 방송사에서 "태국에서 6살 난 소년이 닭고기를 먹고 조류독감에 걸려 사망했습니다.", "전문가들은 조류독감이 에이즈보다도 무서울 수 있으며 특히 어린이들에게는 치명

한 슈퍼에서 조류독감에 대응하기 위해 국산 닭을
먹고 조류독감으로 사망한 사람이 나오면 20억 원
을 배상하겠다는 안내판을 설치해두었다.[*]

적일 수 있다고 지적합니다."라고 방송을 하면 이 내용을 보고 있던 주부
는 친정에 전화를 걸어 '절대로!' 먹지 말라고 신신당부를 한다. 언론이 거
짓 사실을 유포했던 것은 아니다. 그러나 사람들 사이에서 위기감은 더욱
증폭되어가고 "국산 닭고기도 안전할 것은 없다.", "달걀도 먹으면 안 된
다더라.", "닭고기 먹은 사람들에게서 전염도 된다더라."는 식으로 유언비
어들이 꼬리에 꼬리를 물고 확산된다.

　이러한 통제 불가능한 변수들에 의해 부정적 입소문이 유포된 경우는
즉각적인 대안을 찾는다는 것 자체가 힘들다. 물론 신문에 전면광고를 게
재하거나 사장이 어깨에 띠를 두르고 TV에 등장하여 직접 시식하는 모습
을 보여주거나 PR대행사를 활용한 위기관리시스템을 가동할 수도 있다.
혹은 위의 경우처럼 20억 원쯤 걸고 강력한 보상책을 제시할 수도 있다.
하지만 죽으면 20억 원이 무슨 소용인가?

　이번에는 우발사건에 의한 부정적 입소문 확산 사례를 하나 살펴보자.
국내 최대의 광고대행사인 '제일기획'은 2004년 11월 여론조사 전문기관
인 동서리서치에 의뢰하여 일반인 천여 명을 대상으로 연예인 호감도를 조
사한 뒤 스포츠신문 연예담당 기자와 방송국 연예프로그램 리포터 등 전
문가 10명과 인터뷰를 실시했다. 제일기획은 이를 바탕으로 유명 연예인

---

* 《신도시라이프》 2004년 2월 15일자 기사 "조류독감 여파로 지역경제 먹구름"에서 기사 참조 및 사진 인용.
http://www.newcitylife.co.kr/news.asp?tbl=tblMAIN&con_code=83

99명, 신인 연예인 26명 등 125명에 대한 113페이지 분량의 '광고모델 DB 구축을 위한 사외전문가 심층 인터뷰(Depth Interview) 결과보고서'를 만들었는데, 이 보고서에는 연예인의 현재 위치 · 비전 · 매력과 재능 · 자기관리 · 소문 등 다섯 개 분야로 나뉘어 있으며 각 분야별로 특수기호(★, ☆) 1~5개로 점수를 매겨놓았다.

그런데 이 보고서 전문이 동서리서치의 한 직원에 의해 우발적으로 유출되어 2005년 1월 중순부터 일부 인터넷 사이트와 모 일간지 홈페이지를 통해 공개되기 시작했으며, 네티즌들의 메신저나 미니홈피 등을 통해 급격하게 전파 · 확산되어 갔다. 여기서 문제는 검증되지 않은 연예계의 소문이 마치 신빙성 있는 것처럼 적혀 있었다는 점이다. 연예담당 기자나 방송 리포터 등의 인터뷰에서 나온 "호스트바 출입이 잦다.", "나이 많은 여자들과 사귀고 있다.", "게이나 양성연애자다.", "매니저를 자주 때린다." 등 제대로 확인되지 않은 루머들이 유포되면서, 네티즌들은 "아니 땐 굴뚝에 연기 날까?"라는 심정으로 재미를 넘어 이 내용을 사실로 받아들이기까지 했다. (소문은 또 다른 소문을 낳는다. 잠시 잠잠해지던 파장은 연예인 이은주 씨의 자살로 인해 이 파일과 연루되었다는 괴소문이 나돌아 다시 제일기획을 곤혹스럽게 만들었다.)

이에 따라 관련 연예인들의 기자회견과 민 · 형사고발이 줄을 이었고, 연예인 356명은 "사건이 해결될 때까지 제일기획이 만드는 광고에 출연을 거부하겠다."고 밝혀 회사를 곤혹스럽게 했다. 갈수록 상황이 악화되자 제일기획 측은 '연예인 허위문서 관련 비상대책위원회' 측에 대화를 제의하였으며, 이를 위해 임원진들이 참여하는 비상 회의를 거쳐 협상단을 구성했다. 또한 언론을 통한 공개사과, 파일 유출과 관련한 책임자 문책, 사내 보안 강화, 용역업체 관리시스템 점검 등에 나섰다.

당시 워낙 세상을 들끓게 했던 터라, 사람들이 모였다 하면 이 사건이 화젯거리가 되지 않을 수 없었던 것은 잘 알고 있을 것이다. 어느 날 PR업체의 모 대표도 강연 중에 제일기획이 이에 대한 위기관리를 어떻게 할지에 대해 자신이 관련 자문변호사와 얘기했던 내용을 소개한 적이 있다. 과연 그 자문변호사가 생각한 최선의 해결책은 무엇이었을까? '괜히 긁어 부스럼 만들지 말고 가만있는 것이 최상'이라는 것이었다. 아마 농담 반 진담 반이었을 것이다. 하지만 필자가 생각해봐도 어떨 때는 '침묵이 금(金)'일 경우가 분명 있는 것 같다.

마케터들이 입소문마케팅 수행을 두려워하는 또 다른 이유

감기도 자신이 원해서 걸리는 게 아닌 것처럼, 자사 브랜드에 대한 부정적 입소문도 부지불식간에 기업을 엄습하여 괴롭히기 시작한다. 여기에 완벽한 사전 대비, 즉 부정적 바이러스의 침투를 미리 예측하거나 예방한다는 것은 거의 불가능한 것처럼 보인다. 그런데 더욱 중요한 것은 이를 방치해두면 더욱더 심각한 위험으로 빠져들 우려가 있다는 점이다. 마치 감기가 폐렴으로 발전되고 급기야 죽음에 이르기도 하는 것처럼 말이다.

마케터들이 입소문마케팅을 고려할 때 가장 큰 애로 사항 중의 하나는 효과측정이 용이하지 않다는 점이라는 것은 이미 앞 장에서 설명한 바 있다. 효과측정? 물론 중요하다. 하지만 정확하지 않으면 어떤가? 사실 결과적으로 성공만 한다면야 그런 것쯤은 충분히 용서가 될 수 있는 사안이다. 하지만 정작 마케터들이 가장 두려워하는 것은 "이로 인해 오히려 부정적 입소문이 유발되거나, 이때 제대로 통제할 수 없다."는 점이다. 잘못 했다가는 단칼에 직장에서 잘릴 수도 있는 노릇이기 때문이다.

부정적 입소문은 마치 고삐 풀린 망아지와 같다. 지금까지 앞에서 보아

왔듯이, 입소문마케팅을 위한 메시지가 와전되거나 상업성이 노출되어 역효과를 유발하기도 한다. 또한 우발적인 입소문에 의해 전혀 의도하지 않은 부정적 입소문이 발생하기도 하며, 혹은 경쟁사의 사전조작에 의해 부정적 입소문이 유포되는 경우도 있다. 이 경우라면 부정적 입소문의 진원지를 파악하기란 쉽지 않다. 또 이를 해소하기 위해 막대한 비용이 소요되고, 그럼에도 불구하고 신뢰를 원상회복하기란 쉽지 않고, 심지어 상품을 아예 시장에서 퇴출시키게 하기도 한다. 역으로 이야기하자면, 그래서 입소문마케팅은 더 필요하다!

입소문은 '양날의 칼' 이라는 것을 간과해서는 안 된다. 따라서 기업의 마케팅 활동에 있어 부정적인 입소문에 대한 대응·관리는 매우 중요한 영역으로 인식되어야 한다. 왜? 이러한 부정적 입소문은 피하려 한다고 해서 피해지는 것이 아니기 때문이다. 설사 당신이 긍정적 입소문마케팅에 대해서도 전혀 관심을 갖지 않고 있을 수도 있겠지만, 그럼에도 불구하고 부정적 입소문과 언젠가는 조우할 수밖에 없다. 따라서 이제 마케터들은 부정적 입소문 관리에 더더욱 관심을 가져야 하며, 입소문마케팅은 마케터들에게 점차 중요한 비중을 차지하는 영역이 될 것이다!

행여, 부정적 입소문이 두려워서 입소문마케팅을 수행할지의 여부를 고민하지는 말라. 구더기 무서워서 장 못 담그랴!

〔참고기사〕 "천당에서 지옥으로" - 블로거들을 화나게 했던 '성난소' 캠페인[*]

2003년 미국에서 '성난 소' 를 모르는 사람은 간첩이었다. 광우병으로 미친 소 얘기가 아니다. 숙녀에게 몸무게를 물어보는 건 예의가 아니라는 다섯 살 먹은 성난 소(Raging Cow)는 자신의 블로그에 매일 농장에서 일어난 일을 적어 내려갔다.

---

[*] 《필름 2.0》의 2004년 6월 16일자 기사 "아무도 모르게 입소문 내기 대작전 - 블로그 마케팅이 뜬다."에서 일부 내용을 요약 발췌, 나지연 기자

버지니아주에서 온 이 성난 소는 고향을 떠나 위스콘신주에서 밥이라는 농장주 밑에서 일을 하고 있는 냉소적인 성격의 소다. 그녀는 일기에 우유 좀 흘리지 말라고 짜증 내기도 하며, 밥의 수다쟁이 첫째 딸에 대해 또 다른 수다를 늘어놓기도 하며, 대접받고 산다는 인도의 소들을 부러워하기도 하며, 헛간의 인테리어가 센스가 없다며 투덜거리기도 한다. 유머 만점에 만사에 불만이 많은 성난 소에 미국인들은 열광했다.

그런데 이 성난 소는 실은 육류가 아니라 음료였다. 닥터 페퍼 · 세븐업 음료회사에서 새롭게 런칭한 음료 제품이었던 것이다. 다섯 개의 다른 종류의 맛을 선전하기 위해 성난 소는 프로이트에게 다섯 개의 맛 중 어떤 것이 자신인 줄 모르겠다는 등 정체성의 혼란을 울부짖기도 했다.

이처럼, 무엇보다 가장 위험한 도박은 사람들이 이 블로그가 홍보 수단이라는 것을 알게 되는 순간 거부 반응을 보일 수 있다는 점이다. 한때 검색 순위 1위에까지 오르기도 했던 '성난 소'의 경우 새로운 음료 제품이라는 사실이 밝혀진 순간, 블로거들이 '비도덕적이다.', '역겹다.'라며 '성난 소' 제품에 대해 불매 운동을 펼치기도 했다.

4장
조연 배우 입소문 씨의 이유 있는 반항

전체는 총합 그 이상의 것이다.(The whole is greater than the sum of parts.)

― 게슈탈트 심리학파

가장 성공적인 아이디어는 마케터와 소비자의 관계에서가 아니라 소비자와 다른 소비자와의 관계를 통해 퍼져나간다.

― 말콤 글래드웰(Malcom Gladwell)

기업의 통합마케팅커뮤니케이션 연주회

오케스트레이션(Orchestration)

1980년대 초, 바코드 기술에서 컴퓨터와 정보기술의 잠재가능성을 감지하고 돈 슐츠(Don E. Shultz) 교수 등이 제창한 IMC(통합된 마케팅커뮤니케이션)의 개념은 인터넷의 등장으로 더한층 관심이 부각되고 있다. IMC에서 제기한 화두를 간단히 요약하자면, 기업의 마케팅 · 프로모션에 있어 기존의 매스미디어 '광고'가 전적인 대안은 아니라는 것이다. 기업들은 '마케팅 효과(수익과 매출)'를 얻기 위해 가장 효과적인 방법으로 광고를 지목했고, 이 방면의 전문가 집단인 광고대행사를 활용해왔다. 그런데 광고대행사는 광고주에게 인지도 · 회상도 · 비보조상기율 등의 '커뮤니케이션 효과'에 대한 리포트는 제공해줄지언정 마케팅 효과를 책임지는 것은 아니다. 그래도 그때까지 별 문제는 없었다. 매스마케팅 시대에는 수요가 공급보다 컸기 때문에 광고만 하면 제품을 사려는 사람들은 넘쳐났기 때문이다.

그러나 이제 오히려 제품이 넘쳐나기 시작하면서, 소비자들은 제품이 없어서 못 사는 것이 아니라 도대체 무엇을 살까를 고민해야 하는 시대가 도래했다. 그러다 보니 광고는 훌륭한데 제품이 안 팔려 망하는 경우가 생기기 시작했다. 제품이 팔리지 않은 것이 광고만의 책임이냐고 항변[*]할 수도 있겠지만, 역으로 이야기하면 기업이 광고를 하면서 자선사업을 하려는 것은 아니지 않은가? 광고대행사들은 이제 매출에 대한 책임을 완전히 면피할 수 없는 방향으로 상황이 전개되기 시작했다.

---

[*] 러셀 콜리(Russell Colley)는 'DAGMAR(Defining Advertising Goals for Measurec Advertising Results) 이론'을 1969년에 발표하면서 광고대행사의 입장을 옹호했다. 즉 광고는 판매촉진 · 홍보 · 방문판매 등과 함께 매출에 기여하는 일부이지 전부는 아니며, 기업이미지 광고 같은 것은 그 효과가 늦게 나타나기 때문에 그해의 회계실적에 반영될 수 없다고 주장했다.

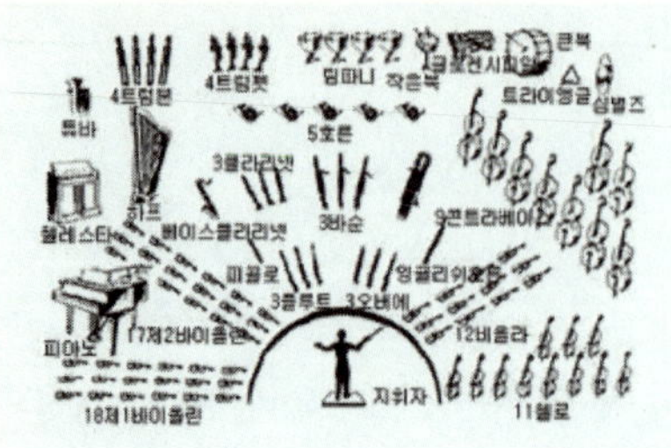

오케스트라의 악기 배치 예. IMC(통합된 마케팅커뮤니케이션)는 광고·PR·판촉 등의 다양한 마케팅 커뮤니케이션 활동들을 한목소리로 통합하려는 노력에서 출발한다. 입소문마케팅도 독자적인 전개보다는 이러한 IMC의 관점에서 접근하여 브랜드 인식의 일관성을 확보하는 데 기여하여야 한다.

이때 노스웨스턴 대학의 돈 슐츠 교수 등은, 인간의 감각·지각에 대한 심리학적 연구를 시도한 독일의 게슈탈트학파(Gestalt School)의 이론에 착안하여 IMC를 체계화시켜 광고주와 광고대행사의 중재자 역할을 자임했다. 여기서 게슈탈트학파가 주장하고 있는 이론의 핵심을 요약하자면 "전체는 각 부분들의 총합 이상의 것이다.(The whole is greater than the sum of the parts.)"라는 것이다.

오케스트라의 예를 한번 들어보자. 오케스트라는 분명히 독주회와는 다르다. 많은 개성 있는 연주자들이 모여 하나의 조화된 소리를 내어 청중을 만족시켜야 하기 때문이다. 심리학적 관점에서 볼 때, 청중들은 오케스트라에 대해 어떻게 반응할까? 게슈탈트 심리학은 이에 대해 흥미로운 접근을 시도하고 있다. 청중들은 오케스트라 연주회를 들을 때 트럼펫·심벌즈·바이올린 등 각각의 악기들이 내는 개성 있는 음색을 별도로 감각(Sensation)하는 것이 아니라, 연주회 전체의 조화된 음악을 음미하면서 '감동적이다.'라고 지각(Perception)하게 된다는 것이다.

소비자들의 기업 혹은 브랜드에 대한 인식도 마찬가지 아닐까? IMC의 입장에서 보자면 광고·PR·판촉 등은 각 부분(Parts — 연주자들)이며 이를 통해 지각되는 브랜드(Whole — 지휘자)를 형성하기 위한 것이다. 따라서 광고에서 이런 소리하고 홍보에서 저런 소리하고 판촉에서 요런 소리하는 것이 아니라, 기업은 이들을 '한목소리(One Voice)로 통합'함으로써 브랜드

에 대한 일관성을 확보하고 연상을 강화할 수 있다는 것이다.[*]

　　입소문마케팅도 마찬가지다. 솔직히 아직, 그리고 앞으로도 계속 입소문마케팅이 기업의 주도적 마케팅 활동으로 등극하기는 힘들 것이다. 그러나 입소문마케팅은 광고 · PR · 판촉 · 대인판매 등과 완전히 별개로 독립되어 전개되는 것이 아니라 상호 연계함으로써 효과를 증폭시킬 수 있다는 인식도 확산되고 있다. 따라서 현재 IMC는 자신의 오케스트라에 입소문마케팅을 정식 단원으로 기용할지에 대해 조심스럽게 고민하고 있는 중이다.

무명배우 입소문 씨의 반항에는 뭔가 이유가 있다?

　　자, 이야기의 전개를 좀 더 쉽게 하기 위해 'IMC 극단'을 가상 예로 들어 설명해보기로 하자. IMC극단의 책임자인 R.O.I(Return On Investment) 씨는 극심한 경쟁체제에 돌입한 연극계에서 생존 · 성장하기 위해 조직의 체질 개선을 고심하고 있는 중이다. 광고는 아직 여전히 주연배우로서 활약하고는 있지만 옛날만큼 관객을 열광하게 하고 입장 수입에 기여하지는 못한다. 극단주는 이러한 상황에 당황하기 시작했고, 이제 판을 어떻게 다시 짜야 할지를 고민하고 있는 중이다.

　　현재 가장 큰 문제는 다른 조연급 배우들 사이에서 광고에 대한 모반의 조짐이 싹트기 시작했다는 것이다. "왜 능력도 없는 놈이 여전히 주연배우를 꿰차고 있는 거야? 시대가 어떤 시대인데……", "이제 극단주도 우리에게 좀 더 기회를 줘야 하는 거 아냐? 지금까지 극단 운영에 기여했던 것

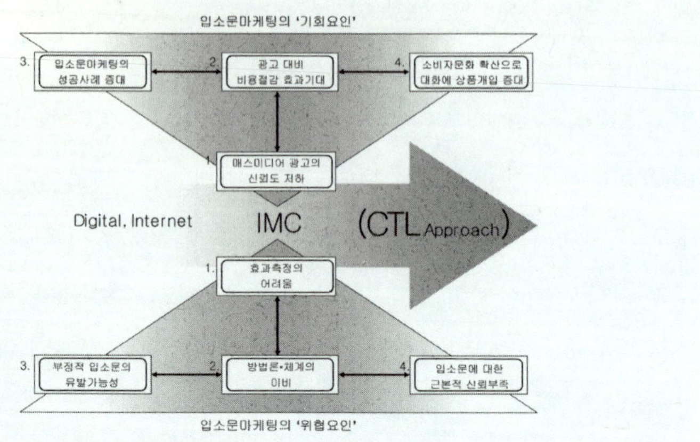

입소문마케팅의 성장배경과 현실적 딜레마. 기업은 '광고의 효과 저하, 프로모션 비용절감에 대한 필요성, 입소문의 강효과 사례 증대, 소비자 문화 확산으로 대화상에 상품개입 증대' 등의 이유로 인해 입소문을 마케팅에 활용하고자 하는 필요성을 증대시키고 있다. 그럼에도 불구하고 지금까지 입소문은 '효과측정의 어려움, 방법론 및 체계의 미비, 부정적 입소문의 두려움, 입소문에 대한 기존의 부정적 인식' 등의 현실적인 문제로 인해 딜레마에 봉착해 있었다. 이러한 와중에 입소문마케팅은 디지털·인터넷의 힘을 빌어 통합마케팅커뮤니케이션(IMC)의 일환으로 편입을 시도하고 있으며, 또한 블로그·미니홈피 등 개인미디어의 성장은 기업-소비자가 아니라 '소비자 — 소비자 간 커뮤니케이션을 활성화시킴으로써 CTL(Cross The Line) 마케팅'을 확대할 것으로 기대된다.

에 비해 너무 무시당하고 있는 것 같아."라는 수군거림과 함께, 광고가 가지고 있던 약점들에 대해서 하나씩 들춰내려 하고 있다.

이때 '지나가는 행인 1' 역할만 주로 하던 입소문 씨도 이에 가세하여 한몫 단단히 잡으려고 극단주를 찾아가 면담을 요청했다. 입소문은 극단주에게 다음과 같이 자신의 장점을 어필하면서 새로운 무대에서는 자신이 주연배우를 맡아야 하는 당위성을 설명하기 시작했다.

1. 광고는 갈수록 효과가 저하되고 있으며 신뢰하기 힘들다

"첫째, 이제 광고가 우리 극단에 실질적으로 기여하는 효과가 계속 떨어지고 있다구요. 극단주 님은 아직도 그 친구를 신뢰하고 있으신지 모르지만 이제 시대가 변했습니다. 이미 많은 관객들이 광고의 연기력이

떨어지고 있다고 수군대는 거 모르세요?"

무엇보다 심각한 문제는 원하지도 않는데 불쑥 끼어들어서(Interrupt) 상품을 사라고 강요하기 때문에 이에 질려버린 소비자들이 광고를 외면하는 재핑(Zapping)[*] 현상이 늘어나고 있다는 것이다. 또한 향후 디지털TV와 VOD(Video On Demand) 기술이 발전해감에 따라 자동적으로 광고를 회피할 수 있는 방법의 등장이 가시화되고 있는 것도 위기상황이라 할 수 있다.

15~20초 정도의 TV광고는 상품의 인지도를 높여준다는 점에서 나름대로의 역할을 하고 있을지 모르지만 이것만으로는 상품에 대한 충분한 정보를 전달하지 못하며, 따라서 실질적인 구매의사결정 단계에서 강력한 영향을 끼치고 있는지는 의문이다. 상대적으로 소비자들이 구매를 고려하는 단계에서 주위의 친구·지인들로부터의 입소문에 대한 의존도가 높아지게 된다. 세상이 아무리 각박해도 적어도 그들의 경험만큼은 신뢰할 수 있기 때문이다.

2. 광고는 비용이 많이 드는 데 비해 효과는 갈수록 저하되고 있다

"둘째, 광고에게 할애하는 엄청난 비용이 술값으로 헛되게 쓰이는 거 모르세요? 그 친구는 연봉만 세게 달라고 요구하지, 실제로 걔가 기여하는 게 얼마나 됩니까? 저는 개런티도 광고에 비해 상대적으로 싼 편이잖아요. 극단주 님께서도 이제 비용대비 효과를 잘 생각해보셔야 할 때 아닙니까!"

---

[*] Zapping: 급속채널 이동. 광고가 나타나면 리모콘으로 채널을 이리저리 돌리거나 음향을 작게 하여 광고를 회피하려는 행위. 한편 Zipping은 비디오테이프 등에서 광고가 나타나면 화면을 빨리 이동(Fwd)시켜 광고를 회피하려는 행위를 말한다.

유력 매체의 광고비, 특히 월드컵·올림픽 등의 성수기에는 광고가 몰리기 때문에 광고비는 상승하기 마련이다. 미국 '슈퍼볼' 게임의 경우, 광고업계에서는 천문학적인 광고비용으로도 유명하다. 《Advertising Age》지에 의하면 2004년 2월 1일 CBS에서 중계하는 슈퍼볼의 30초짜리 평균 광고비용은 2003년의 210만 달러보다 7% 상승한 225만 달러로 집계[*]됐다. 이것을 원화로 환산하면 1초에 약 1억 원씩 드는 셈이다.

만약 자금만 충분하다면 그래도 어쨌건 광고는 할 수 있을 것이다. 그런데 문제는 광고비는 상승하는 데 비해 상대적으로 광고효과는 떨어진다는 점이다. 광고가 한꺼번에 몰리게 되고 동종업계 경쟁자의 광고가 우후죽순으로 판을 치다 보니 광고클러터(Ad. Clutter)[**] 현상이 나타나기 때문이다. 눈만 뜨면 하루에도 수천 개는 접하게 되는 광고들 중에서 정작 소비자가 기억하고 있는 것은 극소수에 불과하며, 따라서 상당수의 기업은 돈을 허공에 날리고 있는 것이 아닐까?

입소문은 광고에 비해 상대적으로 비용을 억제하거나 절감할 수 있다. 말 그대로 사람들의 입을 통해 자발적이고 우호적으로 전파·확산되므로, 매체의 시간·지면을 구매하지 않아도 되고 이벤트에 돈을 쏟아 부을 필요도 없으니 상대적으로 비용이 덜 든다는 것이다.

3. 입소문마케팅을 활용하여 성공한 사례들이 속속 등장하고 있다

"셋째, 제가 아무 근거도 없이 주연배우로 기용해달라는 것은 아닙니다. 이미 핫메일, 딤채, SM5 극단 등에서 저 같은 배우를 고용해서 효

---

[*] 《머니투데이》 2004년 1월 6일자 기사 "슈퍼볼 30초 광고비 230만弗, 사상최고"에서 인용. 장현진 기자 hjchang@moneytoday.co.kr

[**] 광고량의 증가로 나타나는 혼잡. 광고가 너무 많아짐으로 인해 상대적으로 광고효과는 저하된다.

과를 보고 있는 사례들이 많지 않습니까? 저도 이제 임시계약직이 아니라 정식 직원으로 채용해주셔야 하는 거 아닌가요?"

확실히, 최근에는 입소문의 강효과(强效果)를 보여주는 사례들이 많이 등장하기 시작했으며, 특히 이전까지는 우발적 입소문에 의해 효과를 본 사례들이 많았지만 이제는 입소문을 체계적으로 기획 ― 실행 ― 관리되어 온 마케팅적 사례를 발견하기가 어렵지만은 않다는 점에 주목해야 한다. 이것은 기업 내 상위 임원진들의 의사결정에 긍정적인 영향을 줄 수 있다.

국내 기업들은 대개 보수적인 성향이 강하기 때문에 사례·데이터에 대한 애착이 강한 편이다. 그 때문에 실무진에 있는 마케터들이 윗사람들을 설득하는 데 애를 먹는 경우가 많다는 이야기가 아직도 많이 들린다. 따라서 국내외에서 등장하고 있는 다양한 성공사례들은 결국 입소문마케팅의 도입에 대한 필요성을 증가시키는 데 긍정적인 역할을 해줄 것이다. 어떻게? 이것도 입소문을 통해서!

4. 소비자문화가 성숙함에 따라 사람들의 대화에 상품의 개입 빈도가 증가하고 있다

"넷째, 극단주 님 마지막으로 한 말씀 더 드리면요, 이제 시대가 바뀌었다는 것을 잘 아셔야 합니다. 관객들의 대화에 한번 귀기울여 보세요. 다들 저에 대한 이야기만 하고 있잖아요!"

불과 10여 년 전만 하더라도 친구들과 만나서 술 한잔 하며 하던 이야기들은 인생이니 철학이니 문학이니 하는 좀 고차원(?)적인 소재들이 주였다. 그런데 요즘은 어떤가? "너 TTL존 가봤냐?", "맥주는 역시 버드와이

저가 짱이지!", "입고 있는 랄프 로렌 얼마짜리야? 디자인 좋은데?", "이
번에 나온 현대 투싼 정말 잘 빠지지 않았냐?" 등 상품에 대한 소재로 대
화가 진행된다.

'사람들의 대화'는 이제 '소비자들의 대화'로, 사람들이 영위하는 문
화도 '브랜드 문화'라고 극단적으로 표현할 수 있을 정도로 바뀌고 있
다. 이것이야말로 근자에 입소문이 많이 회자되고 있는 가장 중요한 요
인이다.

사람들은 아침에 일어나면서부터 다시 잠자리에 들 때까지 끊임없이 소
비를 하고 있다. 그리고 과거에 비해 소득수준은 증가했으며 저축보다는
소비에 더 관심을 두는 경향이 나타나고 있다. 시장에는 상품이 넘쳐나고
있으며, 사람들은 이제 어떤 브랜드를 선택해야 할지에 대해 갈수록 곤혹
스러워하고 있다. 따라서 주변에 누군가 경험자가 있다면 그의 의견을 듣
는 것이 가장 안전하다. 이때 소비자들간의 대화는 구매에 대한 리스크를
줄이고 최적의 상품을 선택하는 데 중요한 역할을 한다. 입소문의 중요성
이 갈수록 확대되고 있음은 피할 수 없는 흐름이라고 볼 수 있다.

극단주 ROI 씨가 아직 입소문의 기용을 미심쩍어하는 이유

극단주는 입소문의 주장을 듣고 곰곰이 고민하기 시작했다. 입소문의
주장이 분명히 일리는 있지만, 그래도 뭔가 찜찜한 구석이 없지는 않다.
'과연 녀석에게 주연배우를 맡겨놓아도 괜찮을까? 지금까지 지나가는 행
인 1 역할만 맡아오던 무명 신인배우를 기용하기에는 너무 위험한 것이 아
닐까? 어쩌면 상품성이 있을 것 같기도 한데 우리 극단에서는 전례가 없
으니……'

심사숙고 끝에 결국 극단주는 다음과 같은 이유를 조목조목 들면서 입소문을 아직 주연배우로는 기용할 수 없다고 결론을 내렸다. 대신 조연배우로 기용해보고 만약 흥행에 실제로 기여한다는 증거가 있으면 정식 단원으로 영입하겠다고 그를 설득했다.

1. 입소문마케팅을 행하더라도 그에 대한 효과측정이 힘들고 검증된 측정방법이 미비하다

"첫째, 자네가 아무리 광고에 대해 약점을 지적한다고 해도 자네는 더한 약점이 있다는 생각이 드네. 광고는 공연을 마친 후에 어쨌든 효과를 측정할 수 있는 제 나름대로의 방법을 갖고 있어. 하지만 자네를 기용할 경우에는 어떻게 효과측정을 해줄지에 대해 장담할 수 없는 상황 아닌가?"

아무리 마케팅·브랜드가 감성이나 가치를 중시하는 경향으로 흐르고 있다고 해도 수치를 도외시할 수 없음은 당연하다. 광고의 경우도 과연 그것이 실질적인 매출·수익에 얼마나 기여를 하는지에 대한 의문이 제기되고 있지만 어쨌든 인지도·회상도·비보조상기율 등의 효과를 측정할 수 있는 나름대로의 방법은 가지고 있다. 투자대비효과(R.O.I)가 명확하지 않으면 선뜻 돈을 내기 힘든 것은 당연하며, 입소문마케팅은 아직까지 이러한 효과측정 수단을 광고만큼 제대로 갖추지 못하고 있는 것도 사실이다.

그러나 몇 마디 변명은 하고 넘어가야겠다. 불과 몇 년 전부터 입소문에 마케팅을 접목시키기 시작했는데 이것을 수십 년 동안 효과측정에 골몰해왔던 광고와 맞비교하는 것은 현재로썬 무리가 아닐까? 그리고 이미 제2

장에서 언급했던 바가 있지만 인터넷상의 바이러스마케팅처럼 효과측정에 대한 방법론들도 나오고 있음은 희망적인 단초이다. 실무적인 측면에서 효과측정이 입소문마케팅의 활성화를 위해 풀어야 할 최우선 당면과제인 것은 사실이지만, 설사 효과측정이 어렵다고 해서 이것을 마냥 방치해두기는 위험하다는 것도 자명한 현실이다. 어쨌건 고객들은 입소문 때문에 구매를 하는 경우가 증가하고 있기 때문이다.

2. 입소문마케팅의 관심이 높아지고 있기는 하지만, 아직 방법론적 체계가 부족하다

> "둘째, 미안하지만 자네는 아직도 기본기가 부족하다고 생각하네. 솔직히 자네가 유명대학의 졸업장이 있는 것도 아니고 배우로서의 경력도 일천하지 않은가? 자네가 든 핫메일 등의 사례들을 나도 알고는 있네만, 솔직히 기초가 없는 친구를 섣불리 기용할지에 대해서는 긴가민가 하네. 좀 더 기초를 연마해서 주변 사람들에게 확실한 인정을 받아야 하지 않겠는가?"

새로운 것을 시도하려면 모험과 의지를 필요로 한다. 마케팅 의사결정자들은 위험을 회피하기 위해서라도 신중한 판단을 해야 한다. 그래서 책을 읽어보기도 하고 주위의 자문위원으로부터 의견을 구하기도 한다. 그런데 시중에 나와 있는 마케팅 원론을 아무리 뒤져봐도 이에 관련된 내용을 찾기도 힘들뿐더러, 그나마 나와 있는 것은 고객서비스를 다루면서 불평·불만이 입소문으로 확대될 수 있다는 정도로 간단히 코멘트하는 수준이다. 커뮤니케이션학 분야에서 관련된 자료들이 더러 등장을 하고 있기는 하지만 매스미디어의 연구와 비교해보면 턱없이 부족한 것이 현실이다. 아직까지 제대로 검증된 모델도 없고, 주제가 너무나 방대하며, 사례는 있되 구체적인 방법론은 부족하다. 도대체 성공여부에 대한 확신이 서지 않는다는 것이다.

그러나 최근에는 오히려 생물학, 수학, 물리학, 사회학 등의 분야에서 시스템(System)이나 네트워크(Network)를 연구하는 학자들[*]에 의해 괄목할 만한 성과를 보이고 있는 것이 눈에 띄고 있다. 이러한 학문적 연구들을 사회에 적용시키는 과정에서 입소문이 작동하는 메커니즘을 해석하려는 다양한 시도들은, 이제 정보기술의 발달로 인한 측정 능력이 향상됨에 따라 연구의 성과에 있어 상당한 진전을 이루고 있다.

또한 최근 국내에서 해외의 입소문 관련 실용서[**]들이 속속 출간되기 시작한 것도 마케터들에게는 유용한 소스가 되고 있다. 비록 이러한 서적들이 학문적 체계를 가지고 있다고 보기는 힘들고 구체적인 방법론을 제시하는 경우도 드물지만, 그래도 현실 세계에서 일어나는 다양한 현상과 기발한 사례들을 소개하고 있어 입소문에 관련된 관심들을 증폭시키는 데 기여하고 있다.

3. 자칫 잘못했다가는 오히려 부정적 입소문을 야기할 위험성이 크다

"셋째, 자네의 연기를 보다 보면 실수를 할 위험성이 너무 크네. 예전에도 자넨 몇 번 실수를 저질러서 관객들의 비난을 받지 않았는가. 자네

---

[*] 리처드 도킨스의 『이기적 유전자』, 프리초프 카프라의 『히든 커넥션』, 라즐로 바라바시의 『링크』, 던컨 와츠의 『Small World』, 마크 뷰캐넌의 『넥서스』 등의 책이 국내에 번역되어 출간되어 있으니 참조해 보시기 바란다.

[**] 말콤 글래드웰의 『티핑 포인트』, 엠마뉴엘 로젠의 『입소문으로 팔아라』, 세스 고딘의 『아이디어 바이러스』와 『보랏빛 소가 온다』, 조지 실버만의 『입소문을 만드는 100가지 방법』, 리처드 페리의 『바이러스 마케팅』, 히노 가에코의 『입소문 마케팅』, 간다 마사노리의 『화젯거리를 만들어라』, 나카지마 마사유키의 『100억짜리 입소문 마케팅』 등의 책이 국내에 출간되어 있으니 참조해 보시기 바란다.

는 내게 성공 사례를 들려주었지만, 사실 자네 같은 친구들을 기용해서
역효과가 난 경우도 많았지. 물론 자네는 최선을 다했는지 모르지만 우
리로서는 그보다는 실제 결과가 더 중요하네. 만약 잘못되기라도 하는
날엔……."

KBS 1TV에서 매주 토요일 방영되는 〈가족오락관〉이라는 프로그램에
서 남자 팀과 여자 팀으로 나누어 시끄러운 소리가 나는 헤드폰을 쓰고 옆
사람이 외치는 소리를 입모양으로 알아맞추는 '고요 속의 외침'이라는 코
너가 있다. 대개 제대로 맞추는 경우가 드물고 마지막 사람에 가서는 전혀
엉뚱한 답으로 변질된다. 입소문도 이와 마찬가지로 기업의 원래 의도와
는 상관없이 정보가 왜곡되어 확산되거나 부정적 입소문으로 와전될 수 있
는 소지는 매우 크다. 다시 말하자면 선천적으로 입소문은 '통제할 수 없
다는(Uncontrollable)' 치명적인 약점이 있다.

그러나 다시 한 번 말하지만 구더기 무서워서 장 못 담그랴? 광고에도
알려진 숱한 성공 사례의 이면에는 허무하게 쓰러져간 실패 사례들이 존
재한다. 입소문도 마찬가지로 이러한 성공 및 실패 사례들이 공존하는 것
은 당연하다. 그런데 입소문마케팅의 실패에 따른 부정적 입소문 유발 사
례는 입소문을 내려는 상업적 의도가 드러나서 그런 것도 있지만, 반면
에 상업적 의도를 분명히 하면서도 입소문마케팅에 성공한 사례들은 얼
마든지 있다. 그리고 광고든 언론홍보든 이벤트든 간에 기업의 제 마케
팅커뮤니케이션 활동들은 당연히 소비자들의 긍정적인 입소문이 발생하
기를 기대하며 행해진다. 입소문마케팅을 독립적인 활동으로만 간주해
서는 안 된다.

4. 입소문은 그간 부정적으로 인식되어 왔으며, 따라서 섣불리 신뢰할 수가 없다

"넷째, 그간 내가 자네에 대한 주위의 소문을 들어보니 이미지가 그렇게 좋지는 않다는 걸 알았네. 예전에 뭘 했는지 모르지만 우리 단원들조차도 자네를 주연으로 기용하는 데 좀 부정적인 입장인 것이 사실이야. 입소문 씨, 주연배우가 되기란 그리 쉬운 게 아닐세."

전통적인 관점에서 입소문이라고 하는 것에 대한 부정적 이미지는 뿌리가 깊다. 전쟁이나 정쟁에서 적을 음해하기 위해 쓰이는 비열한 수법, 구전 가요·설화처럼 제대로 정립되지 않은 채 하층민들에 의해 전해 내려오는 저급한 문화라는 인식이 주류이다. 근대화 시대에 들어와서도 특히 정치나 증권의 루머 등에 관련된 인상이 투영되어 왔던 우리나라의 경우, 입소문이라는 것은 남을 설득하여 태도를 바꾸려 할 때 다른 사람을 이용하는 야비한 방법이라는 이미지가 잔존해 있다. 남북 대치 양상, 군부 통치, 지역적 갈등심화 등의 암울한 사회 분위기 속에 살아온 세대들은 '말 한마디 잘못 하면 쥐도 새도 모르게 어디론가 잡혀가서 봉변을 당하는' 위기 상황하에서 입조심을 생활화해왔으며, 이런 분위기 속에서 파생되는 입소문의 대부분은 위험하거나 조심스러운 면이 강조될 수밖에 없었을 것이다.

따라서 입소문마케팅을 이야기할 때도, 장사꾼을 폄하해온 사회적 분위기 속에서 더더구나 입소문에 의해서 상품을 판다는 것은 뭔가 부도덕의 극치인 듯한 인상을 주기 쉽다. 광고는 어차피 그렇다손 치더라도, 입소문마케팅에 영향을 받게 된다는 것은 안 사도 될 것을 뭔가 속아서 산다는 느낌을 받기도 한다. 특히 친구나 지인을 대상으로 한 피라미드식 판매의 폐

해에 대해 부정적인 인식을 지닌 사람들이 많은 것도 입소문마케팅의 성장에 저해요인이 되어 왔다.

그러나 최근 경험마케팅(Experiential Marketing)에 대한 필요성 증대는 입소문마케팅의 부정적 이미지를 개선하는 데 기여해왔다. 각박한 세상에 그나마 믿을 수 있는 사람들은 친구·가족·지인 등이고, 좀 더 확장하자면 그 상품을 구매한 다른 소비자들의 솔직한 의견이다. 그러다 보니 기업은 이들의 소비 경험에 대해 더욱더 귀담아들을 필요성이 증대되고 있으며, 또한 소비자들 간에 자사 상품에 대한 경험을 공유할 수 있는 기회를 확대함으로써 신뢰성을 높이려는 노력을 하고 있다. 가장 쉬운 예는 각 기업들이 자사 브랜드의 사용자들을 위한 브랜드커뮤니티(Brand Community)를 운영·지원하는 것이다. 브랜드커뮤니티는 제품에 대한 불만 및 개선 사항에 대한 요구들을 생생한 목소리로 들을 수 있다. 또한 충성고객들이 결집되어 있으므로 잠재고객들의 질문에 소비자 입장에서 긍정적으로 입소문을 내주기도 하고, 자발적으로 안티고객의 부정적 입소문에 대항하는 첨병 역할을 해주기도 한다.

결론적으로 이야기하자면, 입소문마케팅은 아무리 제 잘났다고 해도 주연배우는 될 수 없는 운명을 타고났다. 즉 제품의 품질이 떨어지는 것을 입소문으로만 극복하기란 불가능한 일이며, 입소문은 독자적이기보다는 다른 수단들과 섞이면서 상승작용(Synergy Effect)을 일으키기는 하지만 광고를 완전히 대체할 만한 역량은 가지고 있지 않다는 것이다. 그럼에도 불구하고 입소문마케팅은 남들이 아직 채 일구지 않은 처녀지라는 매력이 있다. 전도유망한 신인배우 하나 키운다는 심정으로 관심을 가지고 한번 시도해볼 만한…….

ATL vs. BTL : 요즘 BTL이 관심을 받고 있는 몇 가지 이유

최근 업계 사람들과 이야기를 나누다 보면 ATL이니 BTL이니 하는 용어들을 많이 접하게 된다. 마케터들이 많이 모이는 커뮤니티에서도 이 용어와 관련된 Q&A들이 더러 등장한다. 그냥 일부 업종에서 쓰이는 용어인가 싶었더니 그건 아닌 것 같다. 국내 1위 광고대행사인 제일기획에서도 이전까지 BTL셀로 운영되던 조직이 2004년 2월 BTL전략팀으로 확대 개편되었다는 이야기를 들었다. 뒤이어 LG애드도 BTL 관련 부서를 만들었다. (그러나 아직 개념적으로도 확실히 정의된 단계는 아닌 것 같기에 '전략'으로까지 승화되기는 좀 시간이 걸릴 것 같지만…….)

대개 ATL과 BTL은 아래와 같이 개념을 구분한다.

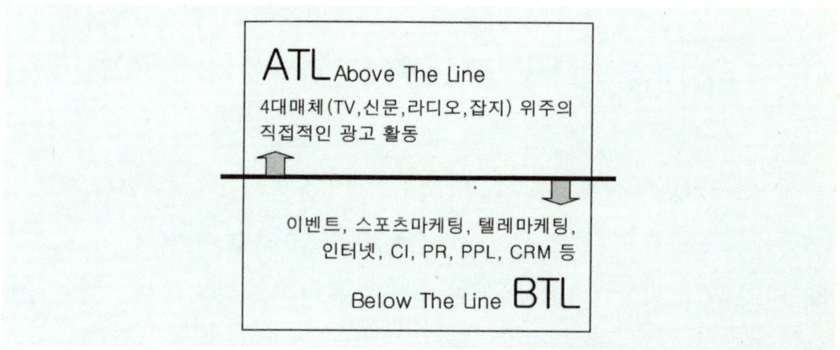

이처럼 ATL과 BTL의 구분을 하게 된 이유는 ATL 활동보다는 BTL 쪽에 좀 더 무게를 두기 위함인 것으로 보인다. 즉 매스미디어가 끼치는 사회적 영향력이 확대됨에 따라 오히려 4대 매체를 활용한 직접적인 광고에 대한 제약이나 견제가 심화되고, 유력매체의 광고비 상승으로 인한 부담은 증대되고 있으나 그 효과는 점차 저하되고 있으며, 상대적으로 소비자의 브랜드 접점들은 갈수록 다양화되고 있는 것 등이 마케터들의 눈을 BTL 쪽으로 돌리게 하는 이유다.

또한 업종·제품에 있어서의 특수성 때문에 BTL을 절실히 필요로 하는 경우도 있다. 주류·담배·의약 등의 업종이나 어린이·청소년·여성 등을 대상으로 하는 상품들의 경우는 정부나 소비자단체들로부터 ATL 활동에 대한 규제가 강화되고 있기 때문에 불가피하게 BTL을 중시할 수밖에 없는 입장이다.

돈 들고 효과 없고 제약 많으니까 ATL을 하지 말라는 이야기는 당연히 아니다. BTL의 의의는 갈수록 '통합된 마케팅커뮤니케이션(IMC) 활동'의 필요성이 증대하고 있다는 것이다. 또 다른 의의로는 BTL 활동의 상당수가 고객과 직접 대면·접촉을 함으로써 소비 현장의 목소리를 적극적·직접적으로 들을 수 있다는 점일 것이다.

친구를 잃는 가장 빠른 방법은 친구에게 장사를 하는 것이다

자, 이제 BTL에서 한 걸음 더 나아가 보자. 입소문마케팅은 BTL 활동일까? 단적으로 ATL과 BTL 둘 중 하나에 집어넣으라고 하면 당연히 BTL쪽에 가깝다. 그러나 기업이 '직접적으로 개입' 하는 활동들이 입소문마케팅에서는 그리 유리하지 않은 환경일 수도 있다는 점을 이해하여야 한다.

예를 들어 기업에서 MPR(Marketing RR) 활동의 일환으로 행하는 신제품 발표회를 한번 생각해보자. 새로운 서비스나 솔루션을 개발한 기업은 이를 적극적으로 알리기 위해 강연을 겸한 무료 세미나를 개최한다. 이때 그냥 제품소개만 하면 올 사람이 별로 없기 때문에 푸짐한 경품도 걸고 그 분야의 외부 전문가를 초빙강사로 모시는 것이 보통이다. 전형적인 BTL 활동이자 BTL식 입소문 활동이다.

옛날에는 기업 담당자가 초빙강사에게 사전에 "강연 도중에 저희 제품을 좀 팍팍 어필해주십시오."라고 압력(?)을 가했다. 그러다 보니 너무 냄새가 풍기니까 청중들이 싫어하게 된다. 돈도 꽤 쓰고 나름대로 열심히 준비한 행사인데 뒤에서 들리는 소리는 "업체랑 강사랑 짝짜꿍해서 거의 생쇼를 하는군. 저게 무슨 강연이야, 제품 선전이지." 하는 부정적 입소문들이다. 그러나 요즘은 부탁하는 형태가 달라졌다. "알아서 잘~ 해주시면 됩니다. 강연 도중에 저희 제품을 너무 어필하시면 오히려 안 좋아하니까, 저희 제품이 앞으로 전망이 밝다는 식으로 긍정적인 말씀 좀 섞어서 부탁드립니다." 입소문마케팅 활동에 기업이 너무 노골적으로 개입하면 오히려 역효과가 날 수도 있다는 점을 감안한 조심스런 접근방식이다.

누군가와의 대화에서 상대방이 노골적으로 상업성을 드러내면서 뭐라고 떠들어대면 심한 거부감이 느껴지는 것은 당연하다. 누가 거기에 쉽게 돈을 내려 하겠는가? 오히려 경계심이 생기고 구매에 신중해진다. 평소에 친하던 사람이 피라미드 판매를 하고 있다는 소문을 들었을 때, 오랜만에 그로부터 전화가 와도 일단 만나기가 부담 가는 것은 한두 번 겪는 경험이 아니다. 입소문마케팅을 펼치려는 모처럼의 노력이 오히려 부정적인 입소문을 야기하는 원인은 아이로니컬하게도 '기업의 적극적인 노력·개입' 때문인 경우도 많다. 가만있었으면 본전이나 할 것을 어물게 끼어듦으로써 역효과를 내게 되는 것이다.

혹시 친구에게 장사를 하고 싶은가?
축하한다! 그렇다면 당신은 친구를 잃는 가장 빠른 방법을 선택한 것이다!

가장 성공적인 입소문은 마케터 — 소비자가 아니라 소비자 간의 관계를 통해 퍼져나간다!

ATL이나 BTL은 기업이 직접적(Direct)으로 개입을 하는 활동의 영역인데 비해, 최근에는 기업의 상업적인 목적이 가급적 드러나지 않으면서도 마케팅커뮤니케이션 활동들을 펼칠 수 있는 간접적(Indirect)인 방법을 찾으려는 노력들이 대두되고 있다.

다시 말하자면 디지털 시대로 접어들면서 정보장벽이 붕괴되어 기업보다 오히려 소비자가 더 빨리 더 많은 정보를 가지게 되는 정보의 역전 현상이 벌어지는 경우도 생겨나고 있다. 따라서 소비자의 파워가 세지고 그들 스스로의 권익을 보호하려는 노력들이 확대되어 가는데, 이때 기업이 지나치게 상업성 · 수익성을 강화하다 보면 부도덕한 기업으로 낙인찍히기 십상이다.

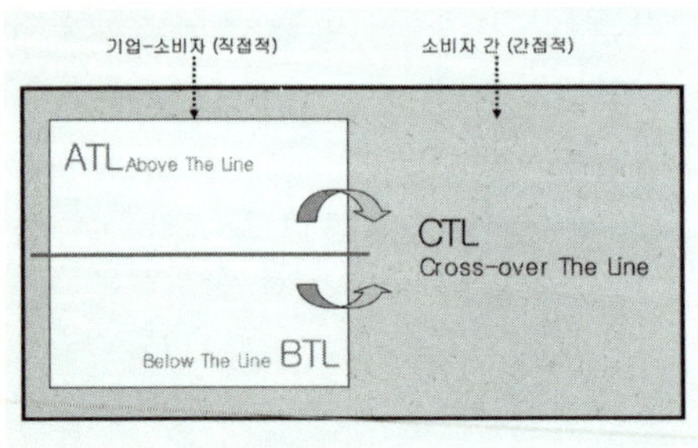

CTL(Cross The Line): 기업-소비자의 관계가 아니라, 기업은 그간 적극적인 통제가 힘들다고 인식되던 소비자들 간에 '간접적'으로 개입하는 대신, 소비자들 스스로 자발적으로 참여 · 주도하는 마케팅커뮤니케이션 활동을 수행하는 영역.

그렇다면 이 시점에서 가랑비에 옷 젖듯이, 가느다란 물방울이 바위를 뚫듯이 전개되는 마케팅커뮤니케이션 활동은 없을까? 기업이나 브랜드가 연계는 되되 상업적 의도는 가급적 최소화할 수 있는, 그러면서도 ROI(Return On Investment)를 충분히 기대할 수 있는…….

그 힌트는 바로 '소비자주도형(Consumer-driven)의 CTL 활동'[*]에서 찾아볼 수 있다. 핵심을 요약하자면, 이것은 기업 — 소비자 간의 관계가 아니

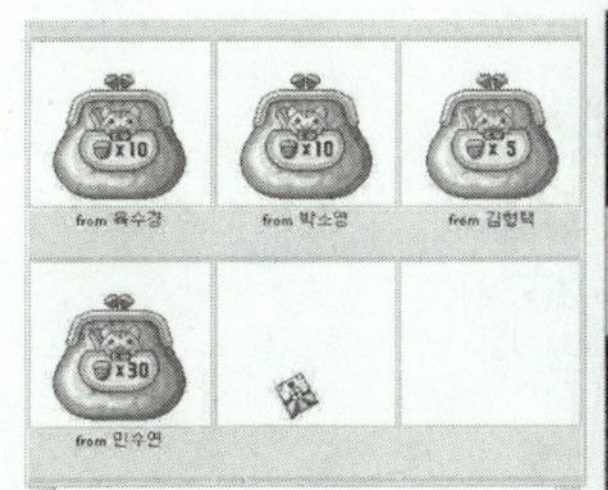

'싸이월드' 내에서 유통되는 사이버화폐 도토리(左). 도토리를 통해서 자신의 미니룸을 꾸밀 수도 있으며, 이를 위해 지인들로부터 받고 싶은 선물을 찜하거나 혹은 자신이 구입한 도토리들로 다른 지인들에게 선물을 할 수도 있다. 이러한 강력한 '소비자-소비자 간 거래'의 기반이 싸이월드에 대한 입소문을 확산시키고 매출에 기여했던 것으로 보인다. 오른쪽은 필자의 미니룸(右).

라 '소비자 — 소비자 간의 관계를 통해 수익을 창출'하고자 하는 것이다. 필자는 이것을 기업의 직접적이고 드러나는 경계를 뛰어넘어 전개되는 CTL(Cross The Line)의 영역으로 구분하고자 한다.

이해를 돕기 위해 제1장에서도 언급했었던 '싸이월드'를 예로 들어보자. 싸이월드는 2004년 10월에 접어들면서 회원 천만 명을 돌파하고 하루 2억 원대(백 원짜리 도토리 2백만 개 판매)에 육박하는 매출을 올렸다. 여기서 관심을 끄는 것은 이러한 매출이 나오는 구조, 즉 소비자 — 소비자 간의 관계에 기반한 거래방식이다.

필자가 SK커뮤니케이션즈에 강의를 갔다 들은 바에 의하면, 놀랍게도 싸이월드의 매출 중 70~80%는 바로 도토리의 개인간 유통을 자극하는 '선물하기', '소망상자' 등에서 발생하고 있다고 한다. 즉 천 원어치의 도토리를 사면 자기 미니룸에 200~300원을 쓰고 다른 사람을 위해 700~800원을 쓴다는 것이다. 자신의 미니홈피를 가꾸려다 보니 도토리가 필요하고, 도토리를 사려니 돈이 좀 아깝고, 그러다 보니 가진 사람들에게 상부상조하자고 부추겨서 도토리 몇 개씩을 선물받거나 소망상자

속에 담아둔다. 사실 대부분 1~2천 원 정도는 과감하게 휴대폰 결제를 하거나 OK캐시백을 통해 구입할 수 있으며, 실제로 다들 그렇게 한다. 게다가 실제 돈을 받는 것도 아니고 기껏해야 1~2천 원 정도의 가치를 지닌 사이버상의 선물이지만, 이것은 상대방(애인 · 친구 등)에 대한 친근성 · 우호감을 표시하는 적극적 행위이다. 받으면 기분 좋고 줄 때도 부담이 없다.

싸이월드는 SK커뮤니케이션즈에 인수되기 전까지 변변하게 광고를 한 적도 없다. 선물가게를 열어놓기는 했지만 여느 쇼핑몰 · 유료콘텐츠 사이트들처럼 구매를 자극하기 위해 회원들에게 강력한 압박을 하지도 않는다. 싸이월드는 조폐공사처럼 도토리만 찍어내고, 그 유통은 소비자들 간에 알아서들 하도록 내버려둘 뿐이다. 어찌 보면 마치 국가를 하나 만들어놓고 아파트나 상가를 분양해준 다음 세금을 거두는 봉이 김선달식 비즈니스를 하고 있다는 느낌이다. 개인주의경제(Egonomics) 시대에는 기업 — 소비자가 아니라 소비자 — 소비자 간의 관계로부터 캐시카우(Cash Cow)를 찾아야 한다!

참고로, 입소문마케팅이 상업성을 드러낼 것인가의 여부는 기업마다 달라질 수 있다. 제2장에서 소개한 바이러스마케팅은 누가 봐도 상업적 의도를 감지할 수 있는 BTL식 입소문 활동이다. 또 어떤 경우는 우발적인 것처럼 보이지만 사실은 기업의 입소문 의도가 포함되어 있는 경우도 있는데, 이것은 CTL식 입소문마케팅 쪽에 가깝다. 여기서 필자 이야기의 요지는 기업이 입소문마케팅에서 직접적인 개입을 하지 말아야 한다는 것은 아니다. 하지만 직접적이 아니라 간접적으로 소비자 — 소비자 간의 관계를 지원 · 자극함으로써 상업적 냄새를 최소화하는 것이 기업 · 브랜드의 입소문에 있어 '더' 효과적일 수도 있다는 것이다.

기억하라!

"가장 성공적인 입소문은 마케터와 소비자의 관계에서가 아니라 소비자와 다른 소비자와의 관계를 통해 퍼져나간다." (말콤 글래드웰)

〔참고〕 C2C에 기반한 브랜드개인화의 가능성[*]

고객을 마케터로 활용하는 C2C(Customer to Customer) 기반의 브랜딩 사례를 하나 소개하고자 한다. 사실 C2C 마케팅이 그리 새로운 현상은 아니지만 어린 세대를 이용한 전략에 많이 이용되고 있는 추세다. 이 마케팅과 관련하여 내게 가장 깊은 인상을 심어준 회사가 있는데 그 회사는 바로 '존스소다(Jones Soda)'이다. 이 회사의 소다 제품 자체는 다른 소다와 큰 차이가 있는 것은 아니다. 하지만 이 회사의 소다 제품에 신선한 매력을 불어넣은 것은 어린아이로 하여금 자신만의 제품으로 느낄 수 있게 만든 개인화 전략이다.

존스소다는 슈퍼마켓이나 드럭스토어 같은 경로를 통해 제품을 판매하지 않고 스케이트 및 서핑 보드를 판매하는 곳에서 주로 소다를 판매하는 전략을 가져갔다. 이런 새로운 전략은 젊은층에 상당한 관심을 끌기에 충분했다.

하지만 존스소다는 여기서 한 발짝 더 나아가 개인화된 레이블을 도입하기 시작했다. 이 회사 웹사이트에 방문한 10대들은 자신만의 병 레이블 디자인을 할 수 있고, 운만 좋으면 실제 병 위에 자신이 만든 레이블이 찍힌 제품을 시장에서 만나볼 수도 있다. 수천 종류의 레이블이 생산되며 이 모든 것은 사용자 그룹에 의해 만들어진다.

그렇다면 여기에 C2C 요소가 어디 들어 있단 말인가? 이 제품의 독특한 특징인 개별화된 레이블은 윈드 서퍼, 스케이터, 사이클리스트 등 열심히 외부에서 활동하는 사람들의 아이디어로부터 온다. 여기서 그치는 것이 아니라 이들이 이런 외부 취미 활동을 하면서 자신들의 아이디어가 녹아든 레이블을 자랑하며 이 회사 브랜드의 최고 옹호자가 되게 만든다.

나는 얼마 전 시드니의 한 해변가에서 스케이트보드를 타는 소년을 만났는데 이 소년은 "난 나만의 스폰서가 있어요. 보세요, 이 소다에 담긴 레이블을." 그런데

---

[*] '코리아인터넷닷컴'에 게재된 마틴 린드스트롬(Martin Lindstrom)의 2003년 6월 12일자 칼럼 "고객을 마케터로, P2P 마케팅"을 이 책의 내용에 맞게 일부 수정. http://korea.internet.com/channel/content.asp?cid=75&nid=24893

이 소년의 나이는 겨우 9살이다.

존스소다와 같은 회사는 그들의 고객을 자신의 마케팅 전략에 참여시켜 그들을 자사 브랜드의 진정한 옹호자로 만드는 데 C2C 전략을 멋지게 적용시켰다. 즉, 자사의 브랜드를 고객들이 자신의 동료에게 직접 홍보하게 만드는 C2C 마케팅 전략을 성공시킨 것이다. 그들의 고객은 이런 참여 속에 최신 트렌드에 맞는 마케팅 플랜을 적용할 수 있도록 그 회사를 도와준 것이다.

최근 회사들은 20대를 끌어들여 채팅 룸 등에서 자사 브랜드를 자연스럽고 적극적으로 홍보하게 만들고 있다. 이런 20대는 어떤 것에 몰입하면 주변 또래 친구들에게 적극적으로 자신이 반한 그 무엇인가를 얘기하고, 친구들을 끌어들이게 만든다.

이런 C2C 마케팅은 자신의 옹호 세력들로 하여금 자사의 캠페인 플랜에 참여시키고, 그들로 하여금 적극적으로 주변에 입소문을 내게 한다. 즉, C2C 마케팅은 다분히 회사의 의도된 기획과 전략을 통해 고객들을 자사의 충성된 마케터 혹은 홍보대사로 활동하게 만드는 것이다. 이런 C2C 전략은 끊임없이 요구하고 즉각적인 희열을 추구하는 젊은 세대들에게 효과적이다. 적절하게만 수행되면 변하기 쉬운 시장 상황 속에서 굳건한 충성심을 확보할 수 있다.

음지에서 일하고 양지를 지향한다

이 절에서는 CTL식 입소문마케팅이라 할 만한 몇 가지 사례들을 살펴볼 것이다. 비유를 하자면 CTL은 기업이 설치해둔 부비트랩(지뢰)과 유사하다. 사람들은 길을 가면서 밑바닥에 지뢰가 묻혀 있다는 것을 잘 모르지만, 이것을 우연히(!) 밟았을 때는 그로 인해 자신뿐만 아니라 다른 사람에게도 영향을 끼치게 된다. 마찬가지로 기업이 소비자들에게 직접 입소문을 강요하거나 통제하기는 힘들지만, 이들에게 소통되는 이야깃거리를 만들어내거나 활성화시키려는 노력은 충분히 가능하다.

CTL의 영역으로 간주할 수 있는 것은 다음의 그림과 같이 커뮤니티서

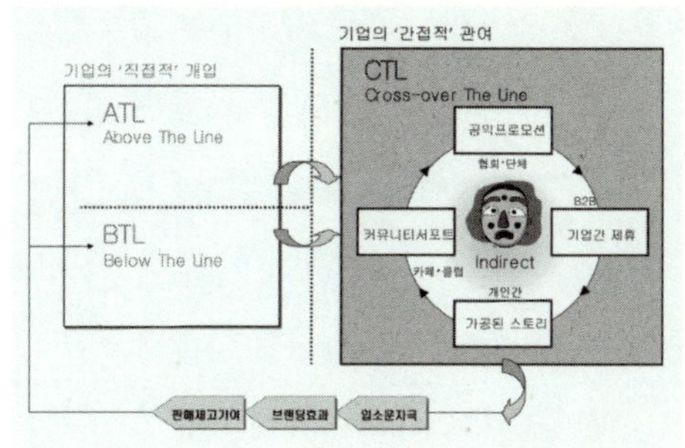

'CTL형 입소문'과 ATL·BTL의 관계. CTL은 소비자나 고객의 보다 확장된 개념인 생활자(生活者) 관점에서 이루어지는 다양한 정보·거래 교환 활동을 중시한다. 기업은 간접적인 개입을 통해 생활자들 사이에 우호적인 관계를 형성하고, 이것이 언론 홍보로 연결되어 직원의식을 고양하고 판매 제고에 기여하는 등의 역할을 하게 된다.

포트, 공익프로모션, 기업간 전략적 제휴, 가공된 스토리텔링 등등이 있다. 이 장에서는 가공된 스토리텔링을 제외한 나머지 세 가지의 사례를 간략히 소개하겠다. 물론 그 구조의 핵심은 방금 이야기했다시피 기업 자신이 아니라 소비자의 힘을 빌어 전파·확산시키는 것이며, 독자들도 이에 주목하여 사례를 이해하기를 부탁드린다. (가공된 스토리텔링 사례에 대해서는 제12장에서 입소문브랜딩과 관련하여 좀 더 자세히 소개할 것이다.)

1. 커뮤니티서포트 : 블로그·미니홈피를 활용한 〈효자동이발사〉

기업이 커뮤니티를 지원하고, 이것이 입소문마케팅과 결부되는 경우는 매우 다양하다. 자사의 브랜드와 유관한 커뮤니티의 회원들과 우호적 관계를 유지하게 되면 큰 비용이나 노력을 들이지 않고도 긍정적 입소문을 유발할 수 있다. 안티커뮤니티의 경우도 마찬가지로 그들과의 오해가 풀리거나 진심 어린 사과를 하면 충성고객화되어 브랜드 전도사 역할을 자임하는 경우도 있다. 요즘은 인터넷의 등장으로 소비자가 스스로 특정 브랜드와 관련된 커뮤니티를 형성하거나, 기업이 보다 주도적인 입장에서 커뮤니티를 마케팅에 활용하기 위해 자사 웹사이트 내에 브랜드커뮤니티를 개설·지원하는 경우가 많이 생겨났음은 주지의 사실이다.

한편, 요즘은 블로그·미니홈피를 기업의 마케팅에 활용하는 경우도 늘어나고 있으며 성공사례들도 속속 등장하고 있다. 블로그·미니홈피가 과연 커뮤니티인가에 대한 반박도 있을 수 있겠지만, 넓은 의미에서 이들을 일단 '개인 중심의 커뮤니티'라고 규정해도 무방할 것이다. 또한 커뮤니티와 블로그·미니홈피 간의 글 이동(스크랩)이 보다 자유로워지고 있는 최근의 추세를 감안하자면 블로그·미니홈피도 커뮤니티의 연장선상에 놓여 있다고 간주할 수 있을 것이다. 여기서는 〈효자동이발사〉의 영화마케팅에 CTL적 방법을 통해 개인이 주도가 된 입소문마케팅을 시도한 사례를 소개하겠다.

블로그는 매우 개인적인 매체이기 때문에, 이를 기업이 상업적 목적으로 이용할 때 심한 반발이 일어날 수도 있음은 앞 장의 '성난 소' 캠페인을 통해 이미 살펴본 바 있다. 또한 기업이 공식적으로 미니홈피를 개설하기 위해서는 수천만 원은 족히 소요된다. 〈효자동이발사〉는 이러한 리스크를 회피하면서 영화마케팅을 하기 위해, 기존에 하루 방문자 수가 2만 명에 육박하는 사람 10명을 홍보요원으로 선발하여 블로그와 미니홈피에 각각 다섯 명씩을 배치하였다.

이들은 개인미디어의 특·장점을 충분히 이해하고 있는 사람들이었기 때문에 자신의 블로그·미니홈피에서 재미를 가미해 적극적으로 영화에 대한 소개를 해갔다. 예를 들어 싸이월드에서 일촌맺기를 할 때 뜨는 '반가운 초대' 창에 자신이 살고 있는 동 이름을 응용해 '가리봉동 이발사' '방배동 이발사' 등으로 자신의 닉네임을 활용했다. 또한 타인의 참여를 자극할 수 있는 독창적인 이벤트도 함께 펼쳐갔다. 예를 들어 디지털카메라와 포토샵을 능숙하게 다루는 블로거들을 대상으로 송강호 씨가 아들을 업고 있는 영화포스터를 패러디하여 아들 대신 자신의 얼굴을 합성하는 '내가 송강호에게 업히기' 이벤트, 덧글 달기를 좋아하는 사람들을 위해 펼쳐진 '효자동 3행시 짓기' 등이 그것이다.

영화평론가들이 언론지상에 쓰는 영화평 혹은 별점들은 어떻게 보면 대중적 관점과는 거리가 멀다. 예술성에 집착하다 보면 흥행요소에 일정 거리를 두려는 심리도 있다. 하지만 대중들은 대부분 예술성보다는 재미와 스트레스 해소를 위해 영화를 본다. 그러다 보니 주변의 친구·지인의 평가에 더욱 귀를 기울이게 되고, 그들이 블로그·미니홈피에 절대 심각하지 않게(?) 쓴 글에 가볍고 친근하게 반응한다. 기업이 사적 미디어인 블로그·미니홈피를 마케팅에 활용할 때는 직접 개입하는 것보다 타인을 통해 메시지를 전달할 수 있는 방법을 택하는 것이 오히려 리스크가 훨씬 적다는 것을 감안해야 한다.

2. 기업간 전략적 제휴: 롯데백화점과 아마존닷컴

이번에는 입소문을 유발하기 위해 다른 업체와의 제휴를 활용하는 사례에 대해 알아보자. 필자가 관련 강의를 하다 보면 특히 전략적 제휴에 의한 입소문마케팅 방법에 관심을 가지는 사람들이 꽤 많다. 자사고객 대상의 입소문마케팅도 유용하지만, 신규고객을 발굴하거나 브랜드를 알리기 위해 타사와 제휴를 할 수 있다면 노력·비용을 줄일 수 있는 이점이 있기 때문이다.

오프라인에서 행해진 사례로는 '롯데백화점' 일산점을 들 수 있다. 롯데 일산점은 '신도택시'의 직원 200명에게 두 달에 한 번씩 자사가 지닌 강점인 표정·화법·인사법 등의 서비스 교육을 무료로 제공하고, 신도택시는 그 대신 택시 안에 롯데 일산점의 판촉물과 특별 할인쿠폰을 비치하여 백화점 판촉활동을 지원하였다. 또한 신도택시 100여 대가 인천·김포공항을 주로 운행하고 있기 때문에 택시기사가 선물을 사려는 승객들에게

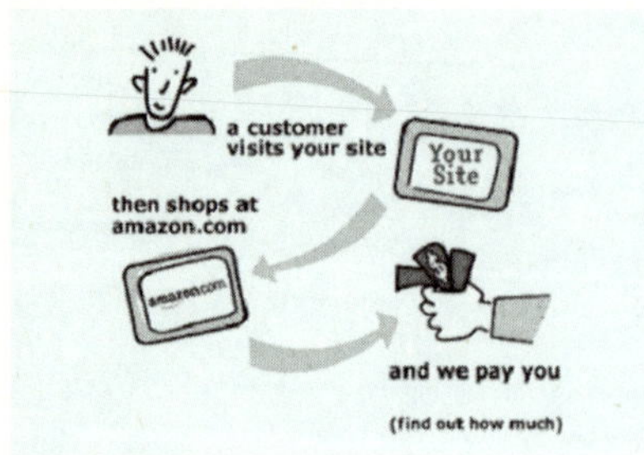

아마존의 '제휴프로그램(Associates Program 혹은 Affiliate Program)'의 개념 도해. 아마존은 이를 통해 다른 업체가 자발적으로 자사의 배너를 무료로 걸게 하여 일종의 입소문 효과를 누리게 된다. 다른 업체들은 자사의 고객이 아마존의 웹사이트를 방문하여 상품을 구매하게 되면 소정의 판매수수료를 얻게 된다.

롯데 일산점을 소개하는 입소문마케팅을 도입하여 가장 많은 고객을 소개한 택시기사에게는 포상금을 지급하였다.

온라인에서 이러한 전략적 제휴를 통해 입소문마케팅을 전개한 경우는 '아마존닷컴'의 제휴프로그램(Affiliate Program)이 대표적인 경우라 할 수 있다. 예를 들어 A라는 업체가 아마존의 제휴프로그램 서비스에 가입하여 제휴를 했다고 치자. 그리고 위의 그림처럼 누군가가 당신의 사이트를 방문하여 거기에 걸려 있는 아마존닷컴의 배너광고를 클릭하고, 그가 만약 아마존닷컴에서 책을 구입하게 되면 아마존은 A업체에게 소정의 판매커미션(2.5~15%)을 지급하게 된다.

아마존닷컴은 전 세계의 약 30만 개 이상의 사이트에 이런 제휴프로그램을 가동하고 있는데, 이들 30만 개 이상의 사이트는 아마존닷컴으로부터 판매수수료를 기대하면서 스스로 자신의 사이트에 아마존닷컴의 배너를 무료로 게재한다. 이들은 프로그램에 의해 간단하게 제휴를 한 다음 자발적으로 배너를 게재함으로써 자사 사이트 방문자들에게 자발적으로 아마존닷컴의 넷소문을 대신 해주고 있다. 아마존의 입장에서는 별다른 광고비용을 지출할 필요 없이 더 많은 방문자·매출을 기대할 수 있다는 점이 매력적이다.

기업이 이윤추구에 몰두한 나머지 사회적 책임을 다하지 못한다면 부도 덕한 기업으로 낙인찍혀 소비자로부터 외면을 당하기도 한다. 그러나 수 익이 없는 기업은 도산할 수밖에 없음도 현실이다. 공익프로모션은 무작 정 퍼주기식의 자선사업을 행하는 것이 아니라, 사회를 향한 대의(大意)를 소비자들에게 던진 다음 매출을 증대시키면서도 이로 인해 발생한 이익의 일부를 사회에 환원하는 식으로 전개된다.

이런 면에서 볼 때 공익프로모션은 BTL 쪽에 가깝다. 그러나 본질적으 로 선행은 나눌수록 의미가 커진다. 기업이 이러한 공익프로모션을 행하 는 것은 수익과 사회적 책임 외에도 소비자들의 감성적 고리들을 연결시 켜 선행을 알리고 싶은 생각이 내재되어 있다. 공익프로모션은 기업이 스 스로 "우리 이런 거 하니까 알아주시면 고맙겠습니다."라고 자랑한다고 해 서 소비자들이 그 취지를 공감하는 것이 아니다. 소비자가 자발적으로 동 참하고, 그 소비자가 또 다른 소비자들과 그 공익프로모션의 의미를 적극 적으로 공유하고자 할 때 더욱 빛을 발한다. 이런 의미에서 공익프로모션 은 분명 CTL적 성격을 지니고 있다. 여기서는 'Avon' 이 행했던 공익프로 모션의 사례를 소비자 — 소비자 간의 입소문 활동에 초점을 맞추어 소개 하고자 한다.

'에이본' 의 '유방암 예방 캠페인'[*]은 여성들의 유방암에 대한 교육지원 과 조기진단 지원을 목적으로 1992년 영국에서 처음 시작된 후 1993년 미 국에서도 본격적으로 시작되었다. 유방암을 모티브로 삼은 이유는 에이본

---

[*] 『공익마케팅 – 영혼이 있는 브랜드 만들기』에 소개된 Avon의 사례를 인용 재구성. 헤미쉬 프링글 · 마조리 톰슨 저, 김민주 역, 2003년, 미래의창.

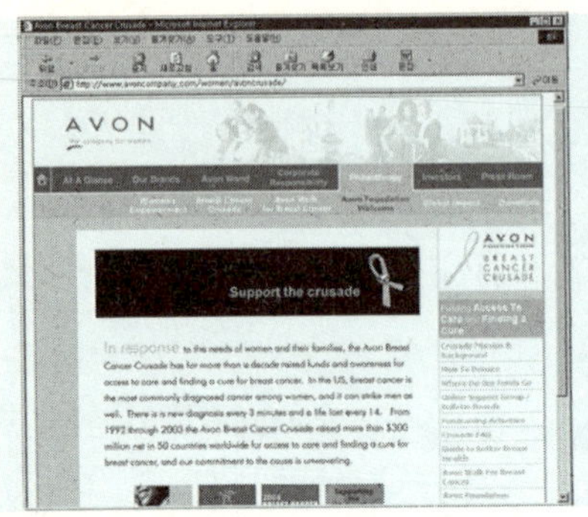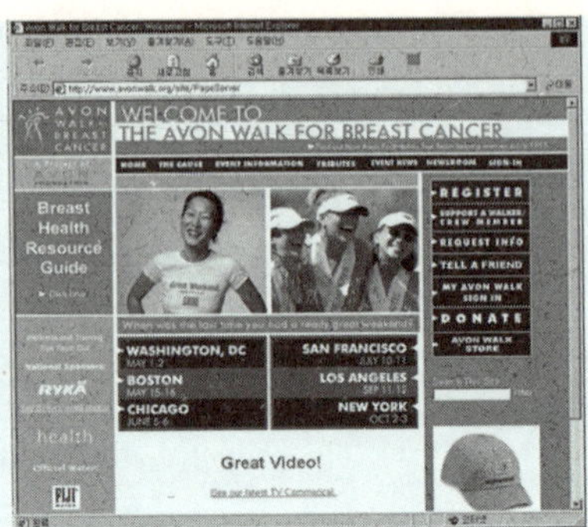

'Avon' 의 유방암 예방 캠페인에 대해 소개하고 있는 'Avon Breast Cancer Crusade' 사이트 (http://www.avoncrusade.com, 左).
오른쪽은 유방암 환자들을 위한 기금마련을 위해 2003년부터 미국 전역의 주요 도시에서 행해지고 있는 'Avon Walk' 에 관한 안내 사이트(http://www.avonwalk.org/site/PageServer, 右).

이 자사 고객들의 주요 관심사가 무엇인지를 연구한 결과, 핵심고객들이 유방암 등 건강문제를 가장 염려한다는 것에 착안했던 것이다. 에이본은 이 캠페인을 진행하면서 '핑크리본' 이라고 하는 연결고리(상징물)를 이용했는데, 이 핑크리본은 원래 국제유방암퇴치기구(International Breast Cancer)가 유방암으로 고통받고 있는 여성들에게 희망을 주자는 의미에서 고안했던 것이다. 에이본은 핑크리본을 캠페인의 대상이 되는 자사의 미용제품 및 화장품에 부착하기 시작했으며, 이러한 상징은 영업사원들의 적극적인 판매의식 고취와 고객들의 실질적인 참여를 유도하는 매개체가 되었다.

결과는 매우 성공적이었다. 이 캠페인이 시작된 1993년 이후 에이본의 45만 명 영업사원들이 미국에서 거두어들인 기금은 3천2백만 달러를 넘어섰으며, 이 캠페인을 추진하면서 에이본이 제휴를 맺었던 미국YWCA, 유방암 관련단체 전국협의회, 국립암센터 등에 기부되었다.

에이본은 이 캠페인을 통해 유방암 조기 진단의 중요성을 깨닫고 이를 집중적으로 계몽하기 위해 '에이본 서약(Avon Pledge)' 이라는 새로운 프로그램을 채택했다. 이 프로그램은 에이본이 여성 소비자들에게 펜을 판매한 후, 이 펜으로 유방암 조기예방 등 유방암 퇴치에 필요한 3단계 조치를 밟겠다는 서약을 하게 하는 내용이었다. 에이본의 여성 영업사원들은 단지 상품을 판매하는 것이 아니라 사회적 가치가 있는 일을 한다는 자부심을 가지고 집집마다 문을 두드리며 유방암 계몽 책자 등을 나누어 주고 동참을 호소했다. 또한 이 서약은 단지 영업사원 — 소비자 간에만 이루어진 것이 아니라, 제휴단체들이 자발적으로 이 프로그램을 지원해주었으며 의식 있는 소비자들이 주위 사람에게 적극적으로 권유를 함으로써 점차 확산되어 갔다.

에이본은 이 캠페인의 확장을 위하여 인터넷으로 눈을 돌렸다. 네티즌들은 에이본의 웹사이트를 방문하여 핑크리본 로고를 온라인으로 다운로드 받고, 에이본이 주도하는 공익 캠페인에 동조한다는 표시로 이 핑크리본을 자신이 운영하는 사이트에 달기 시작했다. 인터넷을 통한 핑크리본 달기 캠페인은 1997년 이후 25개 대기업들, 200여 개의 쇼핑사이트, 그리고 많은 개인들이 자신들의 웹사이트에 에이본의 핑크리본을 달아놓는 성과를 올렸는데, '유방암 예방의 달(Breast Cancer Awareness Month)' 한달 동안에만 이 핑크리본을 다운로드 받은 사람들이 200만 명을 넘어설 정도였다. 이 과정에서 네티즌들 간의 자발적 입소문이 수반되어 다운로드 수가 증폭되었음은 두말 할 필요도 없을 것이다.

이처럼, 공익프로모션은 기업이 강요한다고 해서 소비자가 무작정 따라오는 식으로 진행되지는 않는다. 기업은 소비자와 공감을 가질 수 있는 차별화된 모티브를 선정해야 하며, 상품보다는 기업의 철학·가치에 함께 동조해주는 우군들이 확보되어 있어야 한다. 소비자들은 기업 그 자체를 싫어하는 것이 아니라 일부 부도덕하고 비윤리적인 기업 때문에 전체가 욕을 먹는 것이다. 상대적으로 소비자와 함께 사회적 책임을 다하려는 정성을 보여주는 기업에게는 더욱 관대하며, 추후 기업이 난관에 봉착했을 때도 그들이 자발적·적극적으로 부정적 입소문을 막아주는 역할을 행해준다. 이때 에이본의 핑크리본이나 에이본서약 같은 상징물은 큰 힘을 발휘하게 된다. 소비자가 간직할 수 있는 특별한 경험의 대용물이 존재함으로써 에이본이라는 신뢰할 수 있는 기업이라는 것을 각인시키는 역할을 하며, 또한 입소문마케팅 활동이 일과성에 머무르지 않고 보다 장기적으로 지속시킬 수 있는 힘을 부여한다.

〔참고사례〕 제로보드에서 훔쳐 보는 CTL식 입소문마케팅 필살기들

웹게시판의 인기가 지금은 블로그 열풍 때문에 조금 식었지만, 2002년 정도까지 게시판(BBS) 프로그램의 인기는 대단했던 것으로 기억한다. 그런데 호주머니 사정이 여의치 않은 사람들이 독자적으로 홈페이지를 만든 다음 게시판, 방명록, 자료실 등을 붙이려면 적어도 Perl, CGI 등에 대한 기본 지식이 필요하기 때문에 골치를 앓기 일쑤다.

필자도 몇 개의 독자 도메인을 가진 사이트를 운영하고 있기 때문에 게시판을 만들지는 못하고 약 4만 원대의 유료 소프트웨어를 사서 쓰고 있었다. 그런데 필자 주변의 프로그래머들이 DB자료의 안정성 문제가 있다고 자꾸 이야기하고, 다른 사람들도 "뭐 할라구 돈 주고 그걸 사서 써요? 제로보드 깔면 되는데……."라는 이야기들을 하도 해대는 바람에 결국은 유료 소프트웨어를 버리고 '제로보드 (Zeroboard)'를 선택하게 되었다. 사실 처음에는 PHP 언어에 익숙하지 않아서 '역시 구관이 명관' 이라는 생각에 다시 유료 소프트웨어를 쓸까 하는 생각도 들었지만, 어쨌든 남들이 좋다고 하니 일단 꾹 참고 계속 써보기로 했다. 그리고는 한 달 정도를 제로보드의 공식 웹사이트에 뻔질나게 돌아다니며 스킨을 다운로드 받아 깔고 지우고를 반복하는 동안 묘한 매력을 느끼게 되었다. 기능상의 매력이 아니라 제로보드의 '운영철학' 에 대해서!

제로보드는 고영수 씨가 1999년 군 제대 후 웹프로그램 쪽으로 관심을 가지면서 PHP로 이런저런 프로그램을 만들어보다가 생겨난 무료 게시판 프로그램이다. 당시 그의 홈페이지를 방문한 사람들이 지속적인 관심을 보이면서 버그도 발견하고 조언도 해준 것이 성장의 계기가 되었다. 이후 업그레이드가 계속 되면서 제로보드는 편의성과 독창성을 갖추기 시작했고, 이에 따라 제로보드 사용자들은 기하급수적으로 늘어나기 시작했다. 현재 이곳에는 PHP 언어에 관한 강좌, 스킨자료실, 유용한 팁 공유, 제로보드 사용기, 질문 · 답변 등의 다양한 게시판으로 이루어져 있다. 특히 회원들이 직접 제작하여 자발적으로 올리는 스킨자료실에는 약 만 개 이상의 스킨들이 공개되어 있으며, 이중 가장 인기 있는 스킨들은 약 30만 조회수에 300개의 추천을 받는 것도 있다. (정확한 사용자 수는 알기 힘들지만 약 50만 명 정도의 회원수를 가지고 있다고 한다.)

이 프로그램은 개인뿐만 아니라 기관, 단체, 회사 등에서도 무료로 사용할 수 있으며 향후 개발되는 버전도 영원히(!) 무료로 배포할 것을 공표하고 있다. 단, 이곳은 여느 무료 게시판과는 달리 저작권 표시에 대해 꽤 깐깐한 편이다. 제로보드 사용자들은 게시판 아래에 일정한 저작권 표시를 의무적으로 해야 하며, 만약 기업 등에서 부득이하게 이를 삭제하고자 하면 소정의 비용을 지불하고 정식등록을 해야 한다. 이것은 상업적인 목적 때문이 아니라 이러한 비양심적인 행위가 개발자의 의욕을 꺾어 소프트웨어의 발전을 저해한다는 고영수 씨 자신의 철학 때문인 것으로 보인다. 잠시 홈페이지의 공지사항에 올라와 있는 '제로보드 저작권 표시! 절대 수정 · 삭제하지 마세요.' 라는 글의 일부를 발췌해보자.

"제로보드를 사용하신다면 저작권에 대한 라이센스는 무조건 지키는 것을 원칙으로 하시기 바랍니다. 개발자인 저의 의욕을 꺾지 마세요. 제로보드를 아껴주시는 분들께서는 그런 비양심적인 사이트를 보시면 경고해주세요. 저 혼자만의 힘으로는 저작권 삭제한 사이트를 일일이 찾으면서 경고하기가 어렵습니다. 다만, 예의를 갖추어서 경고해주세요. 욕설이나 비매너적인 행동은 제로보드를 아껴주시는 분들에 대해 좋지 않은 모습으로 보일 수 있습니다."

이러한 고영수 씨의 외침은 공허한 메아리로 끝나지는 않는다. 수십 명의 사용자들이 이 글에 덧글을 달아 스스로 이러한 규정을 준수하고 다른 사람들도 동참할 것을 권유한다. 그들은 자발적으로 제로보드의 전도사임을 자처하고 있는 것이다. '제로보드는 정말 복 받은 소프트웨어' 라는 느낌이 들게 하는 댓글 두 개 정도만 인용해보자.

"제로님, 수정하는 작자들은 정의의 힘으로 제가 다 무찔러버릴게요. 힘내시고

더 좋은 제로보드 만드시길 바랍니다. 제로보드 만세! 제로보드 만세! 제로보드 만세!" (윤순형)

"제로님 덕분에 간단한 설치로 제로보드 서비스를 이용할 수 있는데……. 저작권을 삭제하는 식으로 제로님의 맘을 상하게 하는 사람도 간혹 있으나…… 대부분이 제로님의 뜻을 아니까 너무 화내지 마세여~~ 제로보드 만세 만세 만만세~~ 저두 양심에 부끄러운 짓을 하는 사람들께 경고할게여." (Big Bang)

뿐만 아니다. 많은 회원들은 스킨자료실에서 남들이 제작한 스킨을 다운로드 받으면서 댓글로 고맙다는 인사를 남기거나 추천 버튼을 눌러준다. 이건 어디서나 그럴 수 있는 경우가 아니냐고? 하지만 이곳은 다른 여느 게시판들에 비해 정말로 많은 인사와 추천이 오가는 곳임에는 틀림없다. 따라서 스킨 제작자들은 이용자들의 고맙다는 인사말에 자극받아 더 좋은 스킨을 만들고 뽐내기 위해 노력한다. 결국 제로보드 사이트는 자료들이 갈수록 풍부해지고 이에 따라 더 많은 사람들이 왕래하게 되는 선순환을 거듭하게 되는 것이다.

제로보드가 장점만 가지고 있는 것은 아니다. 고영수 씨가 직장을 다니는 탓에 제로보드에 신경을 쓸 겨를이 없어 업그레이드가 예전보다 원활하지 못하다는 점, 상업용 소프트웨어로 출발한 것이 아니므로 아무래도 시장의 추세를 기민하게 따라가지 못한다는 점 등은 옥의 티가 아닐까? 말콤 글래드웰(Malcom Gladwell)의 티핑포인트 3요소에 견주어보자면 '소수의 힘', '고착성 요소'는 제쳐두고서라도 현재의 블로그·미니홈피로 이행하는 '상황의 힘'에서는 한풀 꺾인 감이 없지 않다. (물론 제로보드는 애초부터 상업적 의도로 출발한 것이 아니기 때문에 이러한 필자의 지적이 적합하지 않을 수도 있겠다.)

그럼에도 불구하고 어쨌든 필자가 이야기하고 싶은 점은, 제로보드의 사례가 상업성을 지닌 기업 입장에서도 벤치마킹을 할 만한 많은 시사점이 있다는 것이다. 특히 입소문마케팅에 있어 우리가 알아야 하고 배워야 할 매력적인 요소들이 가득하다. 여기서 이러한 포인트들에 대해 간략히 살펴보기로 하자.

확고한 운영철학의 공유

앞에서도 이야기한 것처럼, 고영수 씨는 확고한 운영·배포 원칙을 가지고 있다.

회원들은 이에 동조하고 스스로 이러한 원칙을 지켜내려는 분위기가 형성되고 이를 위반하는 행위에 대한 공유 · 감시가 자율적으로 행해지게 된다. 마찬가지로 기업에서 리더(CEO)가 가진 철학 · 행동강령이 감을 얻게 되면 소비자들은 자율적으로 이것을 고수하며 나아가 기업문화로 정착된다.

단순강력한 제품컨셉, 회원들에 의한 콘텐츠 공유

제로보드의 장점 중의 하나는 초보적인 프로그래밍 언어 지식만 알고 있으면 웹상에서 손쉽게 웹사이트를 운영할 수 있다는 점이다. 그리고 누군가가 게시판에 글을 작성하면 자동적으로 메인페이지에 게재되는 '최근 게시물' 기능을 구현하는 것도 아주 간단하다. 다른 회원들이 자작한 만 개가 넘는 스킨들을 활용한다면 홈페이지 디자인에 대한 부담감을 덜어준다. 기업의 입장에서는 자사의 상품컨셉을 명확하게 전달할 필요가 있고, 또한 활용도에 대한 다양한 아이디어들을 소비자들이 함께 공유할 수 있도록 배려하여야 한다.

사제 · 전도사 역할을 자임하는 강력한 우군 확보

활동에 대한 특별한 보상이 없음에도 불구하고, 제로보드에는 열성적인 사제들이 각각 특정 게시판을 책임지고 있다. 그들뿐만 아니라 제로보드의 개선과 독자적인 문화형성에 적극적으로 참여하는 강력한 전도사들도 많다. 그리고 개인뿐만 아니라 기업들도 무상으로 웹호스팅을 제공하거나 제로보드만의 이벤트(예 : 제로보드 스킨 공모전)를 지원하기도 한다. 기업의 입장에서는 '소수의 힘'을 발휘할 강력한 우군 집단을 확보하고, 이들을 대상으로 한 브랜드커뮤니티와 좋은 관계를 유지하려는 노력이 필요하다.

상호존중의 커뮤니티 문화 : 회원들 간의 따뜻한 조언과 격려

필자는 제로보드를 일본어로 설치하려고 검색을 하다가 Ader라는 아이디를 가진 분의 도움을 받은 적이 있다. 그는 일본의 대학원에 유학 중인 학생이었는데 자신이 직접 소스코드의 한글 부분을 일본어로 깔끔하게 번역하여 자신의 홈페이지(ader.nazon.net)를 운영하고 있었다. 그런데 그는 이러한 노작을 자신의 홈페이지에서 배포하지는 않고, 제로보드의 운영원칙에 따라 공식 홈페이지인 'NZEO'를 통해서만 제공한다. 필자는 설치에 애를 먹고 그에게 수차례 질문을 남겼는데, 그는 매번 친절하게 설명을 해주었고 심지어 내가 설치한 소스코드에 오류가 있는지 직접 봐주기까지 했다. 이것이 바로 제로보드의 문화가 아닌가? 제로보드의 참여자들에게는 이러한 배려가 당연한 것으로 여겨지며, 초보자들이 제로보드를 설치하다 애로를 겪게 되면 질문을 올리는 공간인 '제로보드 사용기'에는 지금도 선경험자들의 조언과 격려가 이어진다.

'무료(Free)'와 '링크(Hyper-Link)'를 통한 전염성 증대

필자가 이 장에서 특히 주목하는 요소가 바로 이것이다. 무료로 뭔가를 제공하는 것은 입소문이 날 가능성이 높은데, 제로보드는 제품 자체가 무료이기 때문에 많은 사람들의 인기를 끌 수 있었다. 그리고 회원들이 자작한 스킨 하단에는 'Copyright 1999-2004 Zeroboard/skin by Ader'라는 식으로 제로보드 및 스킨제작자의 홈페이지로 자연스럽게 링크될 수 있다. 스킨제작자의 입장에서는 자신의 스킨이 남들에게 많이 이용되면 될수록 자신의 홈페이지에 대한 방문이 높아지기를 기대할 수 있다. 따라서 스킨제작자가 더 좋은 스킨을 만들어 더 많이 배포할수록 전염·확산을 통한 입소문의 기회가 증대하게 된다. 이러한 스킨제작자의 자발적인 입소문은 덩달아(?) 링크된 제로보드의 입장에서도 손해볼 것이 결코 없다!

기업의 입장에서 보자면, 자신의 이익만을 고집할 것이 아니라 어떻게 '고객과 함께(공동창조관계 : Craftsmanship)' 성장하면서 입소문 효과를 제고할 것인가에 대해 연구해야 한다. 제로보드 스킨제작자에게 부여된 이와 같은 저작권 표시는 이러한 공동창조관계의 가능성을 시사해주는 좋은 예라 하겠다. 또한 기업은 특정 코드를 삽입해 어떤 경로를 통해 입소문이 확산되고 있는지에 대해 파악할 수 있는 효과측정 장치를 달 수도 있을 것이다.

5장
우발적 입소문에 똥침 한 방 놓기

마케팅이라면 누구나 특별한 것을 생각한다. 거대한 광고판을 만들고 텔레비전에 얼굴을 내미는 데 얼마가 들 것인지를 계산한다. 그러나 마케팅은 효과적이어야 하지 거대할 필요는 없다.

— T.J. 라이드

인간사회의 진화라는 것은 다른 여러 가지 진화현상들과 전혀 다른 것이 아니다. 그것은 보편적으로 적용할 수 있는 자연법칙의 한 사례일 뿐이다.

— 허버트 스펜서

<친구>의 입소문 성공사례 다시 보기

우발적 입소문 vs 입소문마케팅

곽경택 감독의 <친구>라는 영화가 뜰 무렵인 2001년 당시 필자가 살았던 곳은 50m만 걸어 내려가면 시티극장이 있고, 그 반대편으로 50m만 걸어 내려가면 주공공이가 있는 서울 강남역 인근이었다. 혼자 커피숍에 앉아서 소일하기를 즐겼던 필자는 이따금씩 옆 자리 청춘남녀들의 이야기를 훔쳐 들을 경우가 자주 있었는데, 어느 날부터인가 주위에서 서울 사람들이 약간 어색한 경상도 사투리로 "친구 아이가!", "내가 니 시다바리가?", "니가 가라, 하와이", "고마해라, 마이 해뭇다 아이가!"라는 말들을 흉내 내는 것이 자주 들리기 시작했다. 나중에서야 그것이 <친구>라는 영화가 유행을 하면서 나타난 현상이었다는 것을 알았지만, 그렇다고 이 영화를 보고 싶은 마음은 거의, 아니 전혀 없었다.

왜냐구? 그때까지는 장동건의 연기력에 대해서 회의감도 있었고, 유오성 외에 나머지 배우들의 이름은 별로 들어본 적이 없었고, 메가폰을 잡은 곽경택 감독의 인지도도 그리 높은 편이 아니었고, 교복을 입고 찍은 복고풍의 포스터는 추억을 자아내기보다는 오히려 진부함으로 느껴졌고, 화려한 컴퓨터그래픽 효과가 삽입되거나 예쁜 여자배우가 가슴을 노출하는 야시시한 장면의 볼거리를 제공하는 것도 아니었고, 국산 영화야 다 소재나 줄거리가 고만고만한 거 아니냐는 등의 선입감도 있었다. 이런 영화는 재빨리 비디오테이프로 출시되고 조금만 더 지나면 공중파 TV의 주말의 명화에서 방영될 것이기 때문에 굳이 돈과 시간을 들여 볼 필요가 있겠느냐는 것이 필자의 지극히 당연한 생각이었다.

하지만 시간이 지나면서 주변의 아는 사람들과 대화를 나눌 때 <친구>가 화제가 되는 경우가 늘어나기 시작했다. 이 영화를 본 사람들은 "재미

있다."는 경험(Experience)을 통해 "볼 만하다."라는 평판(Reputation)을 내리고 "한번 봐라."라고 추천(Recommendation)을 하기 시작했다. 필자도 그제야 세간의 화젯거리이기 때문에 앉아서 시간을 때울 안줏거리로서의 가치는 있을 거라 생각했고, 주변 사람들과의 대화에서 왕따가 되지 않기 위한 방어적 이유 때문에 그 영화를 의무적으로 한 번 봐둔다는 생각 정도는 가지게 되었다.

그러다가 필자가 〈친구〉를 관람하게 된 결정적인 계기는 한 후배와 밥을 먹는 도중이었던 것으로 기억한다. 그 녀석은 〈친구〉를 두 번이나 보았는데, 두 번째로 영화를 보았을 때는 포장마차에 가서 소주를 마시며 자기 친구와 함께 감동의 눈물을 흘렸다는 이야기를 무척이나 자랑스럽게 해댔다. 필자가 한심하다는 투로 "얀마, 할 일도 없다. 남자가 영화를 보면서 우냐?"라고 핀잔을 주었더니, 그 녀석이 대뜸 심각한 표정으로 하는 말. "형, 형은 남자의 세계를 몰라!" 다음날 아침, 필자는 당장 〈친구〉를 보러 갔다. 필자가 800만 분의 1의 미미한 존재라면 또 어떤가? 일단 재미있다는데…….

〔참고〕 우발적 입소문과 입소문마케팅의 특성 비교

우발적 입소문	특성구분 기준	입소문마케팅
자연발생적	확산 원인	계획적 · 의도적
출처미상	진원지	허브 · 커넥터 등 핵심고객
비용이 거의 들지 않음	비용대비 효과	광고보다는 상대적으로 좋음
결과를 통해 원인을 추적	효과분석 관점	목표에 의한 효과관리
유의점 : 부정적 입소문이 발발했을 경우 우발적 입소문은 특히 막대한 비용이 소진될 수 있음.		

자, 이것을 입소문마케팅의 관점에서 한번 생각해보자. 정확하게 이야기하자면 〈친구〉라는 영화는 우발적 입소문에 의해 성공한 것은 틀림없지만, 이것은 입소문마케팅에 의한 결과는 아니었다. 마케팅이란 기업이 그 활동을 '기획(Plan)하고 실행(Do)하고 관리(See)하는 일련의 과정' 이다. 비록 〈친구〉라는 영화가 그러한 입소문 노력이 전혀 없었다고 단정할 수는 없지만, 이것이 일련의 '입소문마케팅 노력' 을 통해서 성공에 이르렀다는 흔적이나 실증적인 데이터를 발견하기는 어렵다.[*] 지금까지 입소문에 의해 성공했다고 알려진 많은 상품들도 이와 마찬가지로, 결과론적으로 보자면 그것이 (우발적)입소문에 의한 것이기는 했지만 입소문마케팅은 아니었다.

딤채가 강남 아줌마들을 편애했던 까닭은?

우발적 입소문도 분명 기업의 마케팅에 도움을 줄 수도 있다. 그러나 감나무 밑에서 감이 떨어지기만 기다려서는 안 될 일이다. 최근의 양상은 많이 달라졌다. 국내에서도 기업의 노력에 의한 입소문마케팅 성공사례들이 속속 등장하기 시작했고, 이미 언론·서적·세미나를 통해 자주 소개되었던 딤채·SM5·아이리버 등의 성공사례들은 국내 기업들에게 인기 있는 벤치마킹 대상이다.

그중에서도 특히 이 절에서 소개하는 '딤채' 의 경우는 한국형 입소문마케팅이란 무엇인가에 대해 많은 점을 시사해주는 사례다. 독자들은 특히 딤채의 사례를 통해 자사의 핵심역량(공조기술)에 기반한 상품개발, PR(입

---

[*] 물론 〈친구〉가 네티즌펀드를 공모하는 등의 활동은 자연스런 입소문 유발효과를 기대한 것이겠지만, 이것은 본격적으로 입소문마케팅 노력을 행했다기보다 단지 기대하는 수준 정도였던 것이 아닐까?

소문+언론홍보)이 광고에 선행하고 있다는 점, 핵심고객(강남 주부층)에 대한 선택과 집중 등 마케팅적 노력에 유념하면서 이 사례*를 읽어주기 바란다.

위니아만도의 전신은 만도기계로서, 상용차 에어컨이나 히터·라디에이터 등을 완성차 업체에 납품하는 차량용 공조부품 전문회사였다. 당시 이 회사는 알짜 회사이기는 했지만 부품을 생산하는 하청회사였기 때문에 자동차 산업의 경기에 많은 영향을 받았고, 또 최종 생산품을 생산하는 회사가 아니라서 브랜드를 알리거나 주가를 관리하는 데에도 어려움이 많았다.

결국 경영진에서는 고민 끝에 업종 변경을 시도했고 에어컨을 신사업으로 시작했다. 공조회사의 핵심기술을 그대로 응용할 수 있었기 때문이다. 위니아라는 브랜드로 출발한 에어컨 사업은 알다시피 나름대로 성공을 거두었다. 그러나 문제가 없는 것은 아니었다. 에어컨이 여름 상품이기 때문에 일년 중 반은 공장을 가동하기 힘들다는 고민이었다. 이를 극복하기 위해 만도는 겨울용 아이템 개발에 들어가서 온풍기·가습기·보일러·식기세척기·자판기 등 여러 아이템을 개발하고 판매했지만 번번이 실패를 거듭했다. 한국 문화에 맞지 않거나 기존 업체들이 버티고 있었기 때문이다.

이 회사의 사내 아이디어 개발 부서인 유레카 팀은 겨울철 생산을 활성화하고 기존의 자사 핵심역량인 공조기술을 활용할 수 있는 제품 개발에 매달렸고, 이때 생각해낸 것이 바로 김치냉장고였다. 땅에 묻지 않고도 김치 맛을 유지하는 한국형 냉장고의 필요성, 아파트 생활의 확대와 김치 보관의 어려움, 까다로워진 입맛 등 소비자 욕구의 틈새를 가장 정확하고 완

---

* '김치냉장고 딤채의 마케팅 분석', '이화여대' 2001년 2학기 홍부길 교수의 마케팅관리 수업 02반 6조의 자료를 토대로 재구성. http://home.ewha.ac.kr/~bghong/01homepage/dimchai/public_html

벽하게 파고들 수 있는 제품이라고 판단한 것이다. 하지만 LG전자가 이미 김치독냉장고라는 상품을 출시했었지만 큰 성공을 거두지 못했다는 점, 과연 김치만 보관하기 위해 누가 거금 수십만 원을 들여 냉장고를 사겠느냐는 반론, 지금까지 차량부품사업만 해온 제조업체가 소비자를 대상으로 한 상품을 팔기에는 무리라는 회의적인 의견들이 지배적이었다.

그런데 이러한 난관을 뚫고 우리나라에서 상품 개발에 착수할 수 있는 가장 확실한 방법은 뭘까? 농담 반 진담 반이지만, 한국인의 '한다면 한다.'는 정신과 사장의 소신에 의한 '밀어붙이기'를 통해 성공한 사례가 꽤나 많은 편이다. 당시 딤채라는 상품도 정몽원 사장이 "일단 한번 만들어보자."라고 밀어붙여 개발에 착수하게 되었다고 한다.

만도가 본격적으로 김치냉장고 개발에 뛰어든 1993년 당시, 아산공장의 개발팀은 숙식을 같이하며 수백 차례 시행착오를 거듭했다. 하루 세끼 주식을 거의 라면으로 바꾸다시피 했고 당시 담근 김치만 자그마치 만 포기가 넘었다. 직원들은 먼저 김치를 제대로 알아야겠다는 생각에 회사 구내식당 아줌마들로부터 김치 담그는 법부터 배웠고, 김치 전공 조리학 교수와 전국의 김치전문가를 찾아다니며 비법도 전수 받았다.

그로부터 2년 후인 1995년, 드디어 딤채를 개발하는 데 성공했다. 그러나 문제가 끝난 것은 아니었다. 부품회사였던 탓에 마케팅에 대한 개념이

김치냉장고 '딤채'는 한국형 가전제품의 1호로 지금도 많은 사랑을 받고 있다. 또한 국내 입소문마케팅의 가장 대표적인 성공사례로 지금도 자주 언론에 소개되고 있다.

별로 없었던 것이다. 처음에는 마케팅 부서조차 없었고, 대대적인 광고와 제품발표회를 전개하더라도 돈만 날릴 뿐이라는 우려도 많았던 탓에 마케팅 비용에도 인색했다. 그래서 일방적으로 설득시키는 광고보다 친근한 이웃들을 통해 소문이 퍼지는 입소문마케팅을 생각해낸 것이다.

이를 위해서는 먼저 타깃고객층을 설정하는 게 급선무였는데, 45세 선후의 중상류층에 속한 주부를 집중공략 대상으로 선정했다. 가족은 2세대 4인 이상, 아파트나 빌라 같은 주거 여건을 갖춘 구매성향이 강한 여성들이 주 타깃이었다. 지역적으로는 구매력이 높은 강남 지역의 대형아파트단지, 신분상으론 여성국회의원, 여성교수 등의 여론선도층과 또한 유명 여고 및 여대 졸업생들도 목표타깃층에 포함시켰다. 뿐만 아니라 아파트 부녀회장까지도 입소문을 위한 주요 공략대상으로 선정했다.

고객들에게 제대로 제품이미지를 각인시키기 위해 홍보우편물(DM) 발송시기는 시제품이 나오기 1~2개월 전으로 잡고, 이런 데이터를 근거로 1995년 8~9월에 2만 4천여 통의 홍보물을 보냈다. 시제품이 나온 그해 10월부터는 타깃고객층이 많이 드나드는 강남지역의 대형백화점과 할인점, 주부문화센터, 수영장, 헬스클럽 등에서 제품을 직접 보여주고 설명하는 판촉이벤트 행사를 전개했다. 그 결과 연말까지 4,000대가 팔려나갔다.

소비자들 간에 입소문이 어느 정도 확산되기 시작했다고 판단한 만도는 시제품이 나온 지 일년이 지날 즈음인 1996년 중순에 약 500여 명의 대규모 고객평가단을 모집, 딤채를 무료로 사용하게 하는 체험마케팅을 전개하기 시작했다. 그리고 4개월간 사용한 후 절반값에 사든지 아니면 반환토록 했다. 그로부터 4개월이 지난 시점에서 결과를 확인하는 500여 명의 주부 체험단 평가표에 놀라운 일이 벌어졌다. 단 한 명도 예외 없이 모두 딤채를 사기로 결정했던 것이다.

판매 첫해(1995년)에 상류층을 중심으로 4,000대가 팔렸던 딤채는 그후 입소문을 등에 업고 1996년에는 약 2만 대가 팔려 90억 원의 매출을 올렸다. 그리고 1997에는 다시 400% 이상 성장하여 8만 5천 대를 팔아 400억 원의 매출을 달성했다.

1998년은 만도에게는 중요한 의미를 지닌 해였다. IMF로 소비가 위축된데다, 설상가상으로 회사는 부도가 나버렸다. 그럼에도 불구하고 김치냉장고는 이제 시장규모가 25만 대(약 1천억 원대 시장)로 커져 가전제품에서 한 축을 차지할 정도가 되었고, 삼성 등 대기업들도 경쟁적으로 김치냉장고를 선보이기 시작하면서 격심한 경쟁구도로 변하기 시작한 해이다.

만도는 이 난국을 타개하기 위해 언론홍보(Publicity)를 활용하기로 했다. 그러기 위해서는 본격적인 김장철이 다가오기 전에 매스컴을 타야만 하는데, 딤채는 출시 때부터 조금씩 기사로 소개된 만큼 다시 매스컴을 탈 수 있는 가능성은 거의 없었다. 이때 반전의 계기가 되었던 것은 그해 10월 중순경 각 언론사에 배포된 다음과 같은 내용의 보도자료였다.

"김장철이 사라질 위기에 처했다.

저장기술이 발달, 맛이 변하지 않게 오랫동안 보관할 수 있게 됐기 때문이다. 딤채의 판매가 꾸준히 늘고 있는 것이 이를 반영한다. 강남 주부들 사이에는 '딤채계'까지 생길 정도다."

김장철을 두 달이나 앞둔 10월 중순부터 신문에 때아닌 '김장' 관련 기사가 쏟아졌고, 주부들 사이에는 "강남 주부들 사이에는 '딤채계'가 유행한다면서……", "요즘 강남에는 딤채 없는 집이 없다던데……." 하는 근거미상(?)의 입소문이 확산되기 시작했다. 이 덕택에 소비자들은 한달을 기다려야 딤채를 살 수 있을 정도였으며, 결국 1998년에는 그 전해까지 팔린 물량을 모두 합한 것보다 두 배나 많이 팔려나간 것으로 집계됐다.

2003년은 국내 시장에서 일반 냉장고보다 김치냉장고가 더 많이 팔려 나가는 기록을 세운 해였다. 이중 딤채는 지금까지도 계속 대기업을 제치고 김치냉장고 시장에서 부동의 1위를 고수하고 있고 가장 비싼 가격으로 팔리고 있다. 김치냉장고는 한국 주부들이 가장 선호하는 가전제품 중의 하나이고 한국형 가전제품이라는 말을 가능하게 한 제품으로서의 의미도 있다. 또한 앞서 말했다시피 딤채의 사례는 우발적 입소문이 아니라 입소문마케팅을 전개한 국내의 가장 대표적인 사례로 세간에 알려지게 되었다.

입소문마케팅 다윈니즘

강한 자가 이기는 것이 아니라 이기는 자가 강한 것이다!

입소문마케팅은 기업이 고객의 입소문 창출을 위해 기획 — 실행 — 관리하는 일련의 노력이 포함된 관계 창조적 활동이다. 여기서 우리가 좀 더 관심을 가져야 할 것은 이러한 관계(Relationship)로부터 창출되는 '비용과 사람에 대한 효율성' 문제이다. 돈이 무한정으로 넘쳐나거나 독점적인 시장이라면 굳이 입소문마케팅을 해야 할 것인지에 대해 고민할 필요가 없다. 그러나 현실의 시장은 당연히 그렇지 않다. 기업간 경쟁은 갈수록 격심해지고 있으며, 광고는 너무나 범람한 나머지 그 비용대비 효과는 점차 저하되고 있다. 따라서 소비자 — 소비자 간의 관계에 기반하여 그들의 입을 통해 자연스럽게 자사 브랜드가 긍정적 화젯거리가 될 수 있다면, 그만한 효과를 가질 만한 마케팅 방법은 더 이상 없을 것이다. 그런데 여기서 중요한 점은 목표고객이 되는 소비자 전체를 의미하는 것이 아니라 화젯거리를 창출·확산할 만한 능력을 가진 '핵심고객'을 집중적으로 공략해

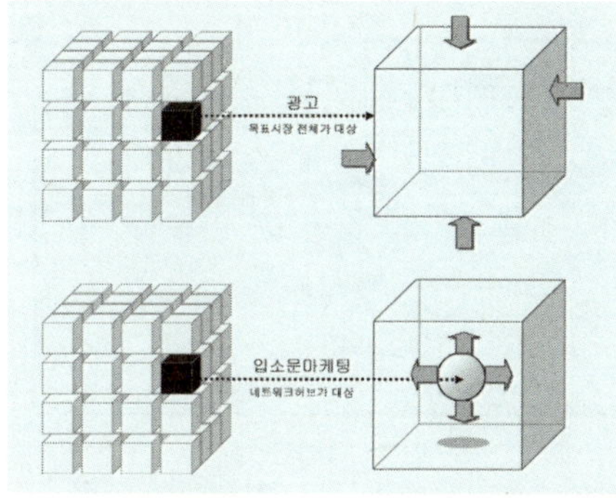

광고는 일반적으로 시장을 세분화한 다음 그 목표시장의 모든 타깃고객을 대상으로 메시지를 널리 알리는 것이 목적이다. 그렇기 때문에 매스마케팅은 비용이 많이 든다. 이에 비해 입소문마케팅은 세분화된 목표시장 내에서도 특히 소수의 입소문 영향력을 지닌 핵심고객들을 발견하고 집중적으로 공략하는 식으로 접근 *한다. 따라서 광고와 비교해볼 때 당연히 비용대비 효율성이 높아지게 된다.

야 한다는 것이다.

약육강식의 원리가 지배하는 기업의 세계에서, 기업은 다양한 변이에 의한 생존경쟁을 통해 환경에 유연하게 적응해야만 살아남는다(적자생존 : Survival of the fittest). 이것은 인간 사회에서의 평등에 대한 문제를 야기할 수도 있지만, 어쨌든 자본주의 사회를 살아가는 우리에게 있어 결과적·현실적으로는 20:80의 법칙이 엄연히 존재한다는 것을 부정할 수 없다. 필자가 이 책에서 앞으로 침을 튀겨가면서 얘기하는 입소문마케팅의 가장 핵심적인 해결책은 "한 놈만 찍어라!"이다. 자사 브랜드의 적자생존을 위해 전도사 역할을 해줄 만한 열정적 고객 20%만 효율적으로 관리할 수 있다면, 이것이야말로 생존경쟁에서 이길 수 있는 가장 확실한 방법 중 하나이다. 또한 이것은 광고에 비해 입소문마케팅이 선천적으로 지니고 있는 탁월한 획득형질이라고 감히 말하고 싶다.

예를 들어 100명의 고객에게 100만 원의 비용을 쓸 계획을 가지고 있다고 치자. 광고의 경우에는 두당 만 원씩을 할애하는 방식으로 전개될 것이지만, 입소문의 경우는 핵심고객 20명에게 80만 원을 투여하고 나머지 80명에게 20만 원을 투여한다. 실제 조사에 의하면 후자의 방식이 매출효과

---

* 물론 어떤 바이러스마케팅은 소수라기보다는 인터넷을 통해 다수에게 메시지를 뿌린다. 그러나 이때도 광고에 비해 비용대비 효율성을 제고할 수 있으며, 소수의 충성고객들이 지대한 영향을 끼치는 것은 변함없다.

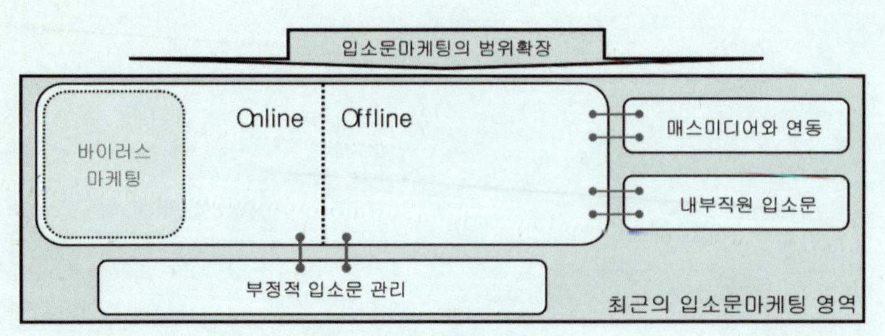

입소문마케팅의 개념 확장. 지금까지 입〔口〕이 중심이었던 입소문마케팅은 이제 온라인의 등장으로 입에 준하는 이메일·메신저·휴대폰 등 다양한 수단들을 포함해야 한다. 매스미디어와 입소문은 별개로 존재하는 것이 아니라, 서로 연동되어 통합마케팅커뮤니케이션 효과를 창출해야 한다. 입소문마케팅은 긍정적인 측면뿐만 아니라 부정적 입소문을 관리하는 것도 중요하다. 또한 입소문마케팅은 주로 소비자 간에 행해지면서 효과가 증폭되지만 사실 그 근원에는 내부직원들에 의한 입소문이 발단이 되는 경우도 많다. 입소문마케팅은 이제 환경의 변화에 적응하기 위해 '경로, 대상, 범위'의 확장된 인식이 필요하다.

가 더 좋았다고 한다. 그들(핵심고객 20%)의 입으로, 그들의 관계를 통해 입소문마케팅이 성공적으로 전개될 수 있다면 '비용 및 사람의 효율성'이 광고에 비해 훨씬 우수하다는 점은 두말 할 필요도 없다. 이제 시장점유율(Market Share) 이상으로 고객점유율(Customer Share)이 중요한 시대가 되어가고 있으며, 종국에는 강한 자가 이기는 것이 아니라 이기는 자가 강한 것이다. 현재 광고는 여전히 강한 자이며 또한 이기는 자이다. 하지만 광고 또한 작금의 상황에 안주하려 든다면 결국은 도태의 위기를 맞게 될는지도 모를 일이다.

자, 이제 이 책에서 접근하고자 하는 입소문마케팅에 대한 핵심내용들을 간략히 정리해보도록 하자.

1. 마케팅 〉입소문마케팅 〉우발적 입소문

지금까지 전통적인 개념의 입소문은 '전달'에만 초점을 두어왔기 때문에 목적·목표가 불분명했다. 기업에 있어 입소문의 목적은 무엇인가?

우발적 입소문이 '입 〉소문 〉마케팅'이라면, 입소문마케팅은 '입(수단) 〈 소문(방법) 〈 마케팅(목적)'이다. "측정할 수 없다면 경영할 수 없다."는 피터 드러커(Peter Drucker)의 명언처럼, 단순한 전달을 통한 우발적 입소문은 심증은 가나 물증은 없다는 한계에 봉착한다. 그러나 지금까지 소개했던 입소문 '마케팅'의 여러 사례들이 대변해주듯, 입소문마케팅은 광고 등에 비해 비용을 절감하면서도 고객과의 관계를 구축·개선하는 데 성공적으로 기여해왔다. 또한 인터넷이 활용될 수 있는 여지가 확대됨에 따라 지금까지 결점으로 지적돼왔던 효과측정에 관한 환경도 점차 개선되고 있다.

2. 경로의 확장: 온라인의 추가

진화(Evolution)의 과정은 단절을 수반하지 않지만, 패러다임 전환(Paradigm Shift)은 이전의 상식과 관행을 뒤엎어버리는 대단절의 과정을 겪게 된다. 비즈니스·마케팅의 세계에서는 1990년대 중반에 이러한 대변혁의 물결이 밀려왔다. 그것은 다름 아닌 디지털·인터넷의 출현이다. 이러한 환경변화에 따라 입소문마케팅도 이제 새로운 진화를 모색하고 있으며 그 범위를 확장해가고 있음이 눈에 띈다. 간단히 말하자면 이제 입소문은 입으로만 하는 것이 아니라 온라인이라는 경로가 생겨남에 따라 이메일·메신저·블로그·휴대폰 등의 다양한 수단을 수용하지 않을 수 없는 환경이 도래한 것이다. 지금까지 전통적인 개념의 입소문은 말 그대로 오프라인상에서 어떤 정보가 전달되는 메커니즘을 이야기해왔다. 그러나 입이 아니고 휴대폰이나 이메일이면 또 어떠랴?

3. 범위의 확장: 매스미디어의 연동, 부정적 입소문의 관리

마케터들 사이에 IMC(통합된 마케팅커뮤니케이션)에 대한 중요성이 확산됨에 따라 지금까지 따로 놀던 광고 · 홍보 · 방문판매 등이 효율적으로 연동될 수 있는 방안을 모색할 필요성이 증대되었으며, 이들 각 방법과 떼려야 뗄 수 없는 입소문마케팅도 당연히 IMC의 영역에 포함시켜야 한다. TV(매스미디어)는 입소문의 직접적인 수단이 아니라고? 천만에! 전화처럼 TV를 통해 입소문을 주고받는 것은 아니지만 사람들은 TV를 앞에 두고 이야기를 한다. 월드컵 축구를 혼자 무슨 재미로 보는가? 입소문과 매스미디어는 연합군이 되어야 한다.

또한 기업 주도 시장에서 소비자 주도 시장으로 변해감에 따라 그들 간에 의한 부정적 입소문 유발 · 확산 가능성도 점차 높아지고 있다. 그런데 지금까지는 부정적 입소문의 위험성이 매우 높다는 것을 알고 있으면서도 방치되어 왔다. 기업 혹은 브랜드에 대한 위기는 언제 닥쳐올지 모른다. 하루 이틀 장사할 것도 아닌데 매번 당하고만 있을 수는 없지 않은가? 기존 PR 영역에서의 위기관리는 매스미디어 중심이었다. 급한 불 끄기에는 매스미디어를 활용하는 것이 가장 좋겠지만 이것만이 전부는 아니다. 이제 부정적 입소문도 입소문마케팅에서 다루어져야 할 가장 중요한 과제 중의 하나이다.

4. 대상의 확장: 내부직원 · 안티고객 · 비고객 등을 포함

상품의 품질만이 입소문마케팅의 요소가 아니다. 파는 것은 제품이지만 그에 대한 입소문은 사람들이 낸다. 그런데 경영자 · 내부 종업원 · 영업사원 등 내부직원은 사람 아닌가? 입소문마케팅의 전개는 소비자 간에 행해

지지만 그 근원지는 CEO · 직원 · 이해관계자 등으로부터 발생할 수도 있다는 점을 명심해야 한다. 그들이 스스로 자부심과 애착을 가지지 못하는 상품이라면 광고를 아무리 해봤자 공허한 마스터베이션에 불과하다. "저거 사실은 우리 회사에서 포기한 왕따 제품이에요." 그러면 게임은 끝난 것이다. 자나 깨나 입조심, 닫힌 입도 다시 보자!

그리고 자사의 고객 · 잠재고객뿐만 아니라 비고객(Non-customer) 혹은 안티고객(Anti-customer)들도 기업의 입소문마케팅에 중요한 영향을 끼친다. 가발 같은 남성전용 상품에 아내의 입김이 작용하거나, 안티고객이 충성고객화됨에 따라 브랜드 전도사로 탈바꿈하는 경우를 생각해보라. 우리가 관심을 가져야 할 가장 중요한 타깃은 브랜드 전도사가 될 만한 충성고객이지만, 그들에게 전적으로 매달리기보다 입소문마케팅 노력의 80%를 할애하는 것이 좋다. 나머지 20%의 노력은 그외의 집단들을 충성고객화하기 위해 사용되어야 한다.

소문난 맛집에 숨겨진 마인드바이러스의 정체

바이러스가 복제되기 좋은 최적의 환경을 파악하여 인위적으로 조작할 수 있기 위해서는 어떤 변수를 고려해야 할까? 이것을 다시 입소문마케팅의 관점으로 바꿔서 생각한다면, 사람의 입(언어)을 통해 브랜드가 복제 · 전파 · 확산되기 위한 주요 요소들은 어떤 것이 있을까? 이러한 사람 — 사람 간의 입소문 커뮤니케이션 구조를 파악하기 위하여, 1971년에 윌버 슈람(Wilbur Schramm)과 도널드 로버츠(Donald Roberts)가 제시한 '대인(對人)커뮤니케이션 모델'을 차용해보기로 하겠다. 입소문도 기본적으로 대인커뮤니케이션을 기반으로 하고 있기 때문이다. 우선 이 모델에 대해 간단히 한

번 살펴보자.*

먼저, 여기에는 송신자(Sender) · 수신자(Receiver) · 메시지(Message)가 있다. 무슨 이야기인지 더 이상 설명하지 않아도 알 수 있을 것이다. 그리고 피드백(Feedback)도 존재하는데 바로 수신자가 그 메시지를 수용했는지의 여부를 송신자에게 알려준다. 어떤 이야기를 들었으면 상대방의 반응(상호작용)이 있어야 할 것 아닌가? 이것도 더 이상 설명할 것이 없다.

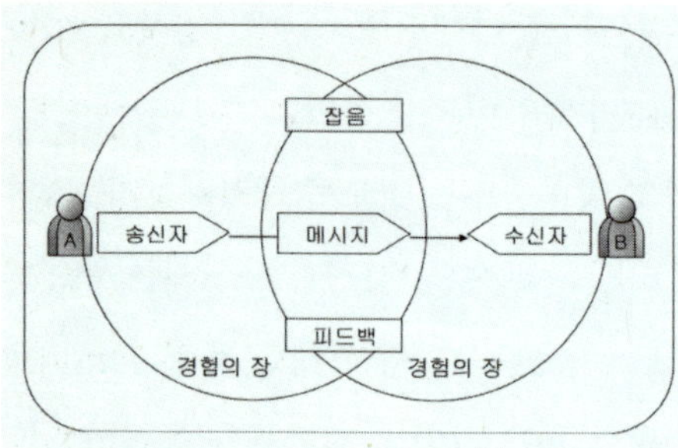

대인커뮤니케이션 모델.**
윌버 슈람과 도널드 로버츠(1971). 입소문의 가장 기본적인 구조는 1:1의 커뮤니케이션이 어떤 구조를 가지고 있는지를 이해하는 것에서 출발한다. 여기서는 '입'을 통해 커뮤니케이션이 행해지는 것을 전제로 했기 때문에 별도로 '매체'를 다루고 있지는 않다.

그림의 윗부분에 있는 잡음(Noise)은 외부의 방해로 인해 수신자가 메시지를 받아들이는 데 방해를 받을 수 있다는 것을 의미한다. 잡음은 송신자와 수신자 간의 채널상에서 발생할 수도 있고, 그렇지 않으면 메시지가 전달될 때 주의를 분산시키는 요소가 될 수도 있다. 또한 메시지가 와전되어 수신자에 의해 처리되지 않을 수도 있음을 뜻한다. 시끄러우면 이야기가 안 들리거나 잘못 들을 수 있다는 것을 좀 어렵게 설명해본 것이다.

그리고 두 개의 커다란 원 내의 교집합은 송신자와 수신자가 공유하는 경험의 장(場)을 나타낸다. 이는 매우 중요한데, 커뮤니케이션이 발생하려면 메시지 송신자는 수신자의 경험의 장을 이해해야 한다. 간단히

---

* 『통합적 마케팅 커뮤니케이션』 50~51p를 참조. D.E. 슐츠 · S.I. 탄넨바움 · R.F. 로터본 지음, 문영숙 · 이해갑 · 김광수 옮김, 범우사, 2000.

** Wilbur Schramm and Donald Roberts, eds., 『The Process and Effects of Mass Communication』 (Urbarna, Ill : University of Illinois Press, 1971)에서 변형.

비유해서 한국 말과 문화를 전혀 모르는 미국 사람에게 '고스톱'을 아무리 설명해봤자 고개를 갸웃거리면서 가다 서다를 반복할 뿐이라는 이야기다.

자, 어렵게 생각하지 말고 이러한 각 요소들을 음식점의 요리(料理)에 비유해보면 보다 쉽게 이해가 될 것이다. 이때 요리사는 입소문을 유발하려는 기업의 입소문마케터가 될 것이며, 손님은 이 입소문을 송수신하는 커뮤니케이터(고객들)가 될 것이다. 그림에서 보이는 고객 중 이 레스토랑 음식이 맛있다고 이야기하는 여성은 충성고객, 주방장이 꽤 유명하다는 것을 들은 적이 있는 남성은 일반고객에 해당한다. 요리사가 정성껏 만든 요리는 메시지*가 될 것이며, 이것을 담는 그릇은 매체(혹은 접점)가 될 것이다. 또 요리에 해충이 침입하는 것을 방지하기 위한 덮개는 잡음(부정적 입소문) 방지에 해당한다. 참고로 아래의 그림은 입소문마케팅에 대해 기업을 개입하여 설명하고 있지만, 앞서 얘기한 대인커뮤니케이션 모델은 실제로는 이 여성(충성고객) — 남성(일반고객) 간에 적용된다는 점을 유의하라.

위에서 보듯이 대인 간의 커뮤니케이션을 위한 구성 요소로서는 커뮤니

입소문마케팅 커뮤니케이션의 '요리'를 통한 비유.

케이터(송신자 및 수신자), 메시지, 매체, 잡음, 경험의 장 등을 고려하여야 한다. 다시 말하자면 음식이 맛있다는 입소문을 내기 위해서는 손님, 음식, 그릇, 덮개, 식도락동호회 등의 변수들을 감안해야 한다는 것이다. 이제 이러한 각 요소들에 대해서 입소문커뮤니케이션과 관련하여 간략한 설명을 덧붙여보자.

a. 손님들 : 커뮤니케이터(송신자와 수신자)[**]

입소문에서의 송신자(Communicator)들의 영향력은 각기 다를 수 있다. 특히 유명연예인, 전문가, 얼리어답터, 충성고객 등의 입소문 영향력은 일반인들보다 크다. 입소문마케팅에 있어 특히 중요한 집단은 바로 이들이다. 이러한 네트워크의 허브·커넥터들은 기업의 입소문 메시지를 전파하는 데 매우 중요한 역할을 담당하는 '일당백'의 존재들이다. 따라서 입소문마케팅의 비용대비 효율성을 제고하기 위해서는 이들을 잘 파악하고 함께 협력해가는 것이 매우 중요하다. "한 놈만 찍어라!"고 하는 말을 반드시 새겨두라! 이 책의 제6장에서는 커뮤니케이터를 7가지 유형으로 나누어 살펴보고, 제7장에서는 특히 브랜드커뮤니티를 중심으로 충성고객(한 놈!)을 발견하는 방법에 대해 설명할 것이다.

b. 음식 : 메시지(Message)

전파되는 메시지가 입소문을 유발할 만한 특성을 가지고 있느냐에 따라

---

[*] 엄밀하게 비유를 하자면 요리는 '상품'에 해당하며, 이에 곁들인 반찬 등이 '메시지'에 해당한다. 그러나 여기서는 이해를 단순화하기 위해 요리(음식)를 메시지로 비유하도록 하자.

[**] 커뮤니케이션이라고 하는 것은 일방적인 송신자 — 수신자 관계가 아니고 쌍방향을 전제로 하는 것이기 때문에 이를 묶어 '커뮤니케이터(Communicator)'라고 칭하는 것이 보다 나은 표현인 것 같다.

그 영향력과 확장속도는 천차만별이 될 것이다. 예를 들어 우스운 것은 평범한 것보다 쉽게 전파되며, 무료 등의 혜택이 있을 때는 그렇지 않을 때보다 훨씬 빨리 전파된다. 입소문을 유발하는 주요 메시지 요인으로는 무료·한정·추천·차별·감각·감동·재미·상황 등 8가지가 있는데, 이에 대해서는 제9장과 제10장에서 보다 자세히 설명할 것이다.

c. 음식 덮개 : 잡음(Noise)

잡음은 주위의 소음 때문에 원활한 커뮤니케이션을 방해한다. 이 책에서는 이를 '부정적 입소문 혹은 부정적 바이러스(Negative Virus)'라고 해석하겠다. 즉, 자사 상품에 대한 부정적이거나 음해성 입소문들이 유포되는 것을 어떻게 방지·억제할 것인가에 대한 영역을 의미한다. 이 책의 제3장에서 부정적 입소문의 유발요인들에 대해 설명한 바 있으며, 제8장에서 다시 이에 대한 단계별 대처방안에 대해 살펴볼 것이다.

d. 식도락동호회 : 경험의 장

공통된 문화·언어·관심·경험·가치관 등을 가지고 있으면 그렇지 않은 것보다 입소문의 전파·확산이 용이하다. 공통의 관심사를 가지고 있는 커뮤니티 구성원들에 적합한 상품이라면 그렇지 않은 집단보다 입소문이 더욱 빠르고 강력하게 전파될 것이다. 따라서 브랜드커뮤니티는 입소문에 많은 영향을 끼치며, 그 회원들과의 상호적 우호 관계를 구축하는 노력은 매우 중요한 입소문마케팅 활동으로 인식되어야 한다. 이에 대해서는 앞서 말했다시피 이 책의 제7장에서 브랜드커뮤니티(Brand Community)를 중심으로 설명할 것이다.

e. 그릇 : 매체(Media) 혹은 접점(Contact Point)

한편 슈람의 대인커뮤니케이션 모델에서는 입소문을 특별한 매개체 없이 순수한 대화를 전제로 커뮤니케이션이 행해지는 것으로 설명하고 있으나, 이제 입소문은 단순히 공기를 가로지르는 mouth-to-mouth만을 의미하는 것은 아니다. 유선전화, 휴대폰, 인터넷을 활용한 채팅 · 메신저 · 이메일 등의 word-of-mouse도 확장된 입소문 매개체라 할 수 있다. 또한 TV 등의 매스미디어도 입소문을 유발하는 촉매 역할을 한다. 향후 디지털 TV가 보편화되면 입소문거리들이 복제되기가 훨씬 용이해지고, 또한 쌍방향 · 상호작용성이 개선됨에 따라 사람들의 참여가 확대될 수 있게 되어 입소문의 확산에 기여하게 될 것이다. 따라서 '입소문 커뮤니케이션 모델'에 있어서는 위와 같이 대인커뮤니케이션 모델에다 매체 혹은 접점을 추가할 필요가 있다. 이에 대해서는 이미 제1장과 제2장에서 설명한 바 있으며, 제11장에서 소셜네트워크 애플리케이션을 중심으로 좀 더 추가적인 설명을 할 것이다.

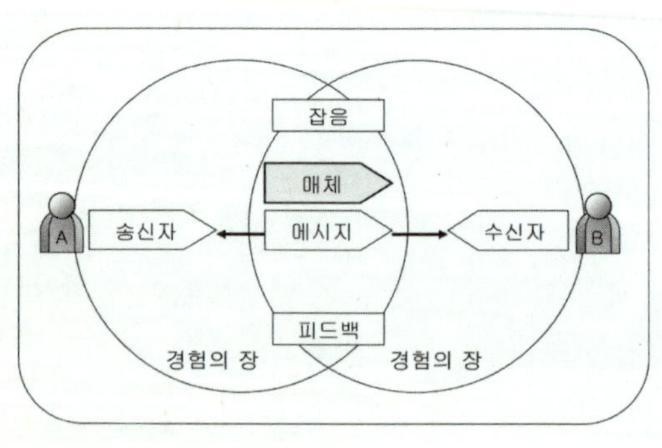

'입소문 커뮤니케이션 모델'의 확장. (매체의 추가 및 상호작용적 커뮤니케이션)

구글이 펼치는 고차원 입소문마케팅의 정체

결국은 '브랜드문화' 다!

2002년 9월, 중국정부는 11월의 당 대회를 앞두고서 '구글'의 접속을 원천봉쇄했던 적이 있다. 중국에서의 사이버 검열은 더러 있어 왔지만 특정 사이트의 접속을 아예 차단하는 경우는 극히 이례적인 일이다. 이로 인해 중국 네티즌들의 항의가 잇따랐지만, 중국정부의 입장에서는 외국으로부터 전해져 오는 기사나 소식들이 부정적 영향을 끼칠 것을 우려했기 때문이다. 도대체 구글이 얼마나 대단한 곳이길래?

검색엔진의 후발주자였던 구글이 이제 세계 최고의 업체로 성장했다는 증거들은 많다. 세계적인 브랜드컨설팅회사인 '인터브랜드(Interbrand)' 사가 Brandchannel.com을 통해 85개국 약 4천 명의 전문가들을 대상으로 실시한 '세계에서 가장 영향력 있는 브랜드'에 관한 설문조사 결과에서, 구글은 코카콜라, 애플 등 세계 유수의 브랜드를 제치고 2002년과 2003년 연속 1위로 선정되었다. 또한 《월스트리트저널(Wall Street Journal)》은 한 인터넷 연구업체의 통계를 인용해 2003년 5월 한달 동안의 인터넷 검색 40억 건 가운데 구글이 32%로 1위를 차지했으며, 야후(25%)와 AOL타임워너(19%) 등이 그뒤를 이었다고 밝혔다. 구글이 얼마나 파워풀한지를 보여주는 증거들이다.

필자 또한 구글 마니아 중 한 사람이다. "이 사람이 왜 이렇게 당당하게 이야기를 해? 구글로부터 무슨 사주라도 받은 거야?"라는 의심을 가져도 상관없다. 실상 그렇지도 않지만, 어쨌든 필자는 지금까지 수년간 보여주었던 구글의 철학과 원칙과 서비스를 사랑한다. 여기서는 구글이 알게 모르게 창출해왔던 다양한 입소문거리들을 소개하고자 한다. 우리는 이 구글의 사례로부터 제품의 우수성, 고객중심의 원칙고수, 고객의 자발적인 참여의식 고취, 끊임없는 도전과 실험정신 등이 고객들의 입소문에 미치는 긍정적인 영향력을 이해할 수 있게 될 것이다.

유의 깊게 살펴볼 점은, 구글은 입소문마케팅을 적극적으로 수행한다기보다 그들의 기업철학·조직문화로부터 자연스럽게 입소문을 유발하는 전략을 사용하고 있다는 것이다. 그러나 구글의 여러 사례들을 놓고 역으로 입소문 요인을 유추해볼 때 이것은 분명 우발적 입소문은 아니다. 그들의 생각, 행동, 문화가 바로 한층 고차원적인 입소문마케팅 전략 그 자체이다. 구글은 정말 무서운, 그러나 참으로 친근한 회사다.

힘 좋은 슈퍼울트리캡짱 검색엔진
: 제품의 우수성·간결함을 기반으로 입소문을 촉발하다

현존하는 검색엔진 중에서 단연 최고라는 찬사를 듣고 있는 구글은 현재 약 43억 개의 방대한 웹페이지 정보를 보유하고 있으며, 하루에 2억 번 이상의 검색 결과를 제공한다. 만 대 이상의 컴퓨터가 동원되고 있기 때문에 검색속도도 장난이 아니다. 양으로 따져도 세계 최고 수준이지만, 많은 네티즌들의 찬사를 받는 이유는 바로 서비스의 질이다. NPD리서치의 조사에 따르면, 97%의 이용자들이 구글에서 원하는 결과를 얻었다고 답해 검색엔진 중 이용자 만족도에서 단연 1위를 차지했을 정도다. 또한 영국의 'BBC'는 구글을 '검색엔진 이상의 검색엔진'이라고 평가했다.

구글 검색의 핵심적인 요소는 '페이지순위(PageRank™)'라는 독자적으로 개발한 시스템이다. 구글의 페이지순위는 500가지 변수와 20억 개의 용어에 대해 세밀한 공식을 적용하여 객관적인 웹 페이지 순위를 계산한다. 예를 들어, A라는 페이지에서 B라는 페이지로 연결하는 링크가 있으면, 구글은 그 링크를 일종의 투표로 간주한다. 많이 투표된 페이지는 구글에게 중요하게 보이며, 투표하는 페이지도 구글이 평가를 하게 된다. 중요한 사이트들은 높은 페이지 순위 점수를 받고, 구글은 검색을 할 때마다 그 점수를 기억해둔다. 검색어가 페이지에 몇 번 나타나는가에 따라 순위를 매기는 방식(Keyword Frequency)을 뛰어넘어, 그 페이지에 대한 (그리고 그 페이지에 링크하는 다른 페이지에 대한) 여러 가지 전체적인 검사를 해서 검색에 관련성이 가장 높은 결과만 보여주기 때문에 정확도가 높은 것이다.

구글이 많은 네티즌들의 지지를 받고 있는 또 다른 이유 중의 하나는, 검색결과를 돈을 낸 순서가 아니라 구글의 법칙에 따라 결과가 일목요연하게 나열된다는 점이다. 홈페이지를 처음 방문하면 "뭐야? 왜 이렇게 단순해?" 하는 의문을 가질 정도로 간결하고, 으레 있기 마련인 배너 광고도 찾아볼 수 없다. 심지어 '구글툴바(toolbar.google.co.kr)'를 다운로드하여 설치하면 다른 웹사이트를 열 때 새로운 창(광고)이 뜨는 것을 방지하는 팝업 차단 기능까지 제공해준다.

구글은 지금까지 자사의 광고조차 제대로 한 적이 없음에도 불구하고 수많은 마니아들을 확보해왔다. 어떻게? 네티즌들의 입소문으로!

네티즌들이 검색엔진을 이용하는 목적은 정보를 찾고자 하는 데 있다. 그런데 여기서 방해가 되는 무언가가 불쑥 튀어나온다면 적지 않은 불쾌감을 느끼게 된다. 오프라인 미디어에서의 화려함은 "브랜드는 강력한 시각적 이미지를 제공해야 한다."고 가르쳐왔다. 온라인도 속도가 개선됨에 따라 이러한 인식들이 점차 확산되고 있다. (무엇보다도 문제는 클라이언트 측 사장님의 무지로 인해 화려함 일변도의 홈페이지를 만들 수밖에 없는 압박감이다.) 그러나 구글 이전에 인터넷 최고의 브랜드라고 인정받아 왔던 야후를 한번 생각해보라. 그리고 '인터브랜드' 사가 2년 연속 세계 최고의 브랜드로 뽑은 구글을 생각해보라. 인터넷에서의 강력한 브랜드란 화려함에 있는 것이 아니라, 고객들이 원하는 목적을 이룰 수 있도록 충실하게 도와주는 것에 있

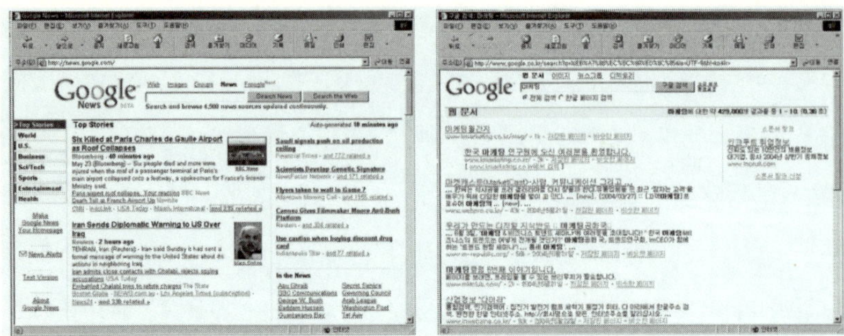

구글 뉴스(news.google.com)는 전 세계 4,500여 개 언론사의 뉴스를 실시간으로 제공하고 있는데, 하나의 기사를 읽으면 그와 관련한 세계 각국의 보도가 그룹핑되어 다양한 시각과 논조를 살펴볼 수 있다(左). 구글은 검색결과 주위에 관련성 있는 스폰서의 텍스트 광고를 띄우지만, 절대로 검색결과에 광고를 삽입하지 않는다는 원칙을 가지고 있다(右).*

다. 구글은 '단순한 것이 가장 강력한 것'임을 이해하고 실천하는 회사다.

이제 '구글(Google)'이란 고유명사는 영어권 국가에서 형용사, 동사로 쓰일 만큼 구글은 검색의 최강자로 통한다. 'I googled it.'은 인터넷으로 검색해봤다는 뜻이고, 'to google'은 특정인을 만나기 전 검색엔진에서 그와 관련된 정보를 찾아봤다는 뜻이다. 'Google dance'는 덩실덩실 춤을 출 정도로 기쁘다는 관용어구로 사용되는데, 구글의 검색순위가 상승한 기업주들이 기뻐 날뛰는 모습에서 유래했다고 한다.**

구글은 광고정책에 있어 원칙적으로 텍스트 형태의 스폰서 링크만 제공하고 있음은 위에서 언급한 바 있다. 검색결과에 대해서는 구글의 페이지 순위에 따라 랭크될 뿐이지, 일체의 돈이 개입되지는 않는다. 그리고 수많은 네티즌들이 구글을 통해 정보를 찾고 있고, 만약 특정 키워드를 쳤을 때

---

* "검색 최강자 '구글' 발톱을 세우다" 기사에서 사진 인용, 《주간동아》 2004년 2월 5일자(420호), 송홍근 기자 carrot@donga.com, http://www.donga.com/docs/magazine/weekly/2004/01/29/200401290500012/200401290500012_1.html

* * "검색 최강자 '구글' 발톱을 세우다" 기사에서 발췌, 《주간동아》 2004년 2월 5일자(420호), 송홍근 기자 carrot@donga.com, http://www.donga.com/docs/magazine/weekly/2004/01/29/200401290500012/200401290500012_1.html

자사의 웹사이트 상위에 랭크됨으로써 방문자를 늘릴 수 있는 '기회의 땅'을 발견한 기쁨에 취한 나머지 '구글 댄스'를 추는 것이 아닐까? 마케터들은 자본의 대소를 막론하고 기업들[*]은 구글의 공정성에 기반하여 자사의 마케팅 활동을 전개할 수 있기 때문에, 이러한 노력에 의한 성공사례들 또한 입소문으로 전해지기도 하는 것이다.

〔참고〕 이메일매거진의 아카이브를 검색엔진최적화에 활용하는 방법[**]

검색엔진최적화(SEO)란, 간단히 말하자면 '구글'로 대표되는 로봇형 검색엔진을 이용하여 희망하는 키워드를 검색할 때 가능한 한 상위에 표시되도록 웹사이트를 최적화하는 것이다. 이것은 특정 키워드를 입력하는 사람들로부터 세분화된 타깃팅을 할 수 있다는 장점에 착안하여 기업들의 관심을 모으고 있다.

로봇형 검색엔진은 Robot 혹은 Crawler라고 불리는 프로그램에 의해 전 세계의 웹사이트 데이터를 수시로 수집하고 있다. 수집된 데이터는 독자의 알고리즘에 따라 점수를 매기고, 랭킹이 결정되고, 검색결과는 그 랭킹에 준하여 표시된다. 이용자들에게 가치가 있는 웹사이트들을 순위에 따라 표시해야 하기 때문에 알고리즘은 수시로 튜닝되고 있다. 이러한 검색엔진의 구조를 연구하고, 검색엔진으로부터 '이 키워드에 대해 가치 있는 사이트'라고 인식되도록 기업의 웹사이트 구조와 내용을 개선하는 다양한 노력을 행하는 것이 SEO이다.

예를 들어 '이메일마케팅'이라고 하는 키워드에 관심을 가진 사람으로부터의 방문을 증가시키고 싶다면, SEO를 실시할 때에 '이메일마케팅'이라고 하는 키워드로 검색할 때 검색결과의 상위에 표시되는 것을 목표로 한 프로모션을 기획 · 입안하고, 경쟁사의 랭킹 등을 분석한 다음 웹사이트의 개선을 실시해간다. 비유를 하자면, 손님의 방문을 촉진시키기 위해 가게를 리모델링하는 것과 유사하다.

---

[*] 미국의 기업들은 검색엔진최적화(SEO: Search Engine Optimization) 전문컨설턴트를 고용하여 구글 검색결과에서 상위에 랭크되기 위한 노력을 기울이고 있는데, 《포춘》 500대 기업 중 75%가 이미 이를 도입한 것으로 알려져 있다.

[**] 카렌(www.current.co.jp)의 이메일매거진 '실천! 이메일마케팅' 2002년 11월 5일자 기사를 편역. http://www.current.co.jp/emm/archives/2002_11_05.html

이메일마케팅과의 연동을 위한 열쇠는 아카이브(Archives)

그런데 검색엔진으로부터의 방문 증가를 목적으로 하는 SEO와, 한번 퍼미션을 얻은 고객·잠재고객을 대상으로 발송하는 이메일매거진은 어떠한 관계가 있을까? 우선, SEO에 의해 웹의 신규방문자가 증가하면 회원가입이 증대되어 이메일매거진이 활성화된다는 기대효과가 떠오를 것이다. 즉 이것은 모객효과(Acquisition)를 위한 툴로 활용하는 방법이다.

또 하나 주목하고 싶은 것은 '지금까지 발송되었던 이메일매거진 콘텐츠들(Archives)을 SEO로 활용한다.'고 하는 수법이다. 이것은 대략 상상이 가지 않는 이도 있을 것이다.

실험적으로 구글의 검색창에 〔site:www.m-republic.org 입소문마케팅〕이라고 입력하여 검색해보라. 약 20건 정도의 검색결과가 나온다. 이것은 구글의 로봇이 인식한, 마케팅공화국 사이트 내에 '입소문마케팅'이라고 하는 단어를 포함한 파일 수이다. 이 파일 수를 '사이트 볼륨'이라고 하는데, 이것은 구글의 랭킹에 큰 영향을 미치게 된다. 이 때문에 SEO 컨설턴트는 '사이트 볼륨'을 키우기 위해 사이트 내의 용어집과 FAQ 등의 콘텐츠를 제공할 것을 제안하기도 한다.

이때까지 발송되었던 이메일매거진 정보들을 웹사이트상에 올려두면, 구글은 이러한 정보들의 축적(Archives)에 높은 점수를 매기게 된다. 따라서 특정 검색키워드에 있어 높은 순위를 차지하게 되는 요인의 하나로 크게 기여하게 된다.

원래 웹사이트에 지난 이메일매거진 정보를 제공하는 것은 회원등록을 검토하는 사람들의 판단을 재촉하기 위한 수단이었다. 그런데 이것이 뜻밖에도 SEO에 기여하고 있는 것이다. 이매일매거진 콘텐츠를 가능한 한 로봇이 발견하기 쉬운 장소에 아카이브로 두는 것은 SEO의 하나의 수법으로서 유효한 방법이 될 수 있다. (단, 이미 종료한 프로모션이 현재도 진행 중인 것처럼 오해하는 것도 곤란하므로 '이것은 어디까지나 아카이브'라는 것을 알릴 필요가 있다. 또 SEO를 위해 특정 키워드를 포함하는 이메일매거진을 자주 발행한다는 생각은 본말이 전도된, 일종의 웹스팸과 같은 행위다.)

2004년에 들어서면서 미국 나스닥(NASDAQ) 시장의 최대 관심사는 구글의 기업공개(IPO)에 맞춰졌었다.[*] 구글은 당시 미국 증권거래위원회(SEC)에 27억 달러 규모의 기업공개 신청을 냈는데, 언론에서는 상장 첫날의 주식 시가 총액이 약 200~250억 달러로 역사상 최대규모가 될 것으로 전망하고 있다. 1달러짜리 주식이 무려 천 달러가 되는 셈이다.

이 정도의 돈잔치라면 미국이 시끌벅적할 수밖에 없을 것이다. 《뉴욕타임스》의 기사에 의하면, 이미 1999년 구글의 투자자금 모집에 참여했던 타이거 우즈, 샤킬 오닐, 아놀드 슈왈츠제네거, 헨리 키신저 등의 유명인사들은 떼돈을 벌게 될 것이라는 전망이다. 또한 선마이크로시스템스의 창업자인 앤디 벡톨셰임은 1998년 20대 청년이었던 구글 창업자 세르게이 브린(Sergey Brin)과 래리 페이지(Larry Page)의 프레젠테이션을 본 뒤 20만 달러를 투자했는데 이것이 앞으로 최소 3억 달러가 될 것으로 전망하고 있다. 두 사람의 사업을 적극 지원해준 스탠포드 대학은 구글의 기술특허권을 확보하여 이미 매년 로열티를 받고 있는데, 이제는 구글 지분으로도 막대한 차익을 올리게 된다.[**]

물론 구글의 IPO로 가장 큰 이익을 볼 사람은 두 명의 창업자 세르게이 브린과 래리 페이지. 1995년 스탠포드대에서 만나 사업을 함께 시작한 이들은 30~50%의 지분을 가지고 있어 최소 60~100억 달러 수준의 억만장

---

[*] 구글은 2001년부터 독자적인 한국어 서비스를 개시했으며, 2003년 1월에는 다음과 제휴를 통해 웹검색 서비스를 제공하고 있다. 구글 한국어 사이트는 2005년 5월 현재 별다른 마케팅 노력 없이도 랭키닷컴(rankey.com)의 종합검색엔진 분야에서 5위를 차지하고 있으며, 영어 사이트도 11위에 올라 있다.

[**] 《동아일보》 2004년 4월 26일자 기사 "구글 기업공개되면 우즈-키신저 돈벼락 맞을 듯"에서 발췌, 홍권희 특파원 konihong@donga.com, http://www.donga.com/fbin/output?search=1&n=200404260216

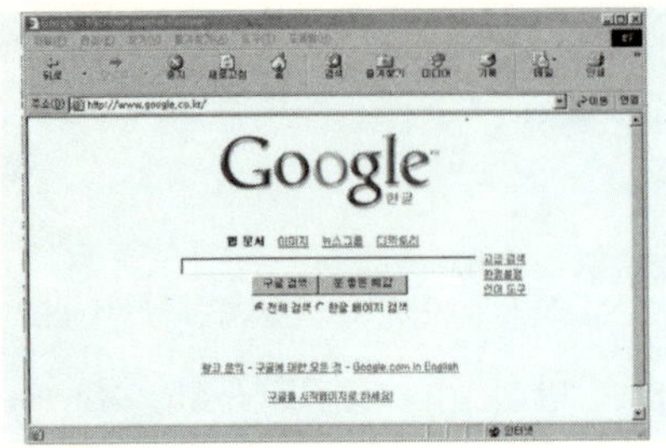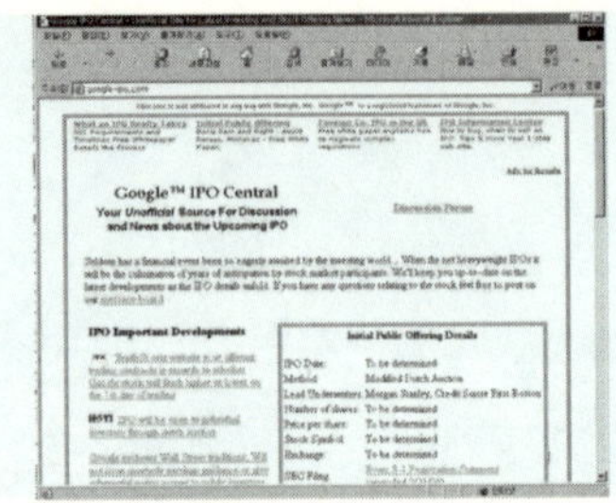

현존하는 가장 강력한 검색엔진 구글의 홈페이지. 외형은 단순하지만 다양한 기능으로 무장하고 있다(左). 2004년 5월의 구글 IPO(기업공개)를 앞두고 이와 관련된 기사와 입소문 등을 모아놓은 웹사이트(google-ipo.com)까지 등장하였다(右).

자가 될 것이다. 또한 1,300명에 달하는 구글의 직원들 중 상당수도 백만 장자 반열에 오르게 된다.

그런데 재미있는 것은, 구글이 기업공개에 나서면서 투자은행을 통해 기관투자가나 영향력 있는 투자가에게 주식을 우선 배정하는 월가의 기존 관행을 벗어난 '온라인 경매' 방식을 채택하여 관심을 끌고 있다. 이것은 투자자들에게 인터넷·전화·팩스를 통해 매입수량과 가격을 신청받아 입찰을 실시[*]하는 것이다.

또한 구글 공동창업자 두 사람은 기업공개를 추진하면서 주주와 고객의 신뢰를 유지하기 위한 원칙들을 제시하는 것에도 소홀하지 않았다. 그들 은 '구글 주주들을 위한 오너 매뉴얼'이라는 제목의 편지를 보내어 "구글 은 상장되더라도 '악(惡)해지지는 말자(Don't be evil).'는 원칙을 지켜나갈 것"이라고 강조했는데, 이는 주 수입원인 광고를 의식해 광고주 정보를 먼 저 띄우는 등 검색결과를 왜곡하지 않겠다는 것이다. 이윤추구보다 고객 의 신뢰를 우선시하겠다는 원칙을 고수하겠다는 의지인 셈이다.^{**} 또한 그

---

[*] 입찰 방식의 주식 배정은 최근 5년 사이에 9건밖에 없었으며, 그중 규모가 큰 것은 1999년 앤도버닷넷 기업공개 때의 8,280만 달러였다.

^{**} "구글, 온라인 경매로 기업공개", 《동아일보》 2004년 5월 3일자 기사에서 인용, 공종식 기자 kong@donga.com, http://www.donga.com/fbin/output?search=1&n=200405030219

1998년 '구글'을 개발한 스탠포드 대학의 세르게이 브린(오른쪽)과 래리 페이지.*

들은 이 편지에서 분기별 실적 전망치를 내놓지 않겠다는 선언을 덧붙였다. "분기별 실적에 연연해 단기적인 이익을 추구하기보다는, 때로는 실패에 따른 리스크를 감수하고 장기적인 프로젝트를 추진하는 것이 성공의 열쇠라고 보기 때문"이라고 설득한 것이다.

실패에 따른 리스크를 감수한다고? 구글의 이러한 도전과 실험정신을 잘 보여주는 공간이 바로 '구글랩(Google Labs)'이다. 예를 들어 전화를 이용한 음성 검색(Voice Search), 단어의 뜻을 찾아주는 검색(Google Glossary), 관련 단어의 목록들을 미리 구성하게 해주는 검색(Google Sets), 휴대폰을 통한 상품검색(Froogle Wireless) 등등의 다양한 실험이 구글의 연구실에서 계속되고 있다.

제품의 개발에 사용자들을 참여시켜 아이디어를 첨가하거나 버그를 개선하거나 서비스를 업그레이드하는 것은 다양한 긍정적 효과를 유발할 수 있다. 그들은 구글과 함께 일한다는 자부심을 가질 수 있으며, 이러한 의견이 반영되었을 때 그들(내부직원)은 적극적으로 회사와 제품의 입소문을 내주는 전도사가 된다.

이러한 실험들이 실패로 끝나거나 인기를 끌지 못할 경우 소요되는 인력과 비용을 낭비할 수도 있다. 그러나 적어도 폐쇄적으로 개발이 이루어지고 시장에서 실패를 겪는 것보다 리스크가 훨씬 적은 방식임은 틀림없다. 한편, 성공을 한 경우라면 구글은 많은 이들로부터 지지를 받는 독창

* 《주간동아》 2004년 2월 5일자(420호) "검색 최강자 '구글' 발톱을 세우다" 기사에서 사진 인용, 송홍근 기자 carrot@donga.com http://www.donga.com/docs/magazine/weekly/2004/01/29/200401 290500012/200401290500012_1.html

적인 아이템에 의해 주가를 끌어올리고 고객의 신뢰를 제고하게 된다. 구글의 힘은 바로 그들을 지지하는 열성고객으로부터 나오는 것이다!

네티즌들의 지식놀이터
: 구글에는 엔터테인먼트 감각을 동반한 실험정신이 춤춘다

혹시 '구글 폭격(Google bombing)'이라는 말을 들어봤는가? 간단히 이야기하자면 구글의 검색창에 특정 단어를 입력하면 특정 홈페이지가 나타나도록 하는 것이다. 예를 들어 한글로 '악의 축'이라고 입력하면 조지 부시 대통령을 조롱하는 합성사진을 모은 패러디 사이트 '조지 부시 갤러리(http://www.mirsin.com/khakhak/socia-bushgallery.htm)'가 검색순위 1위로 등장한다.

구글 폭격은 앞 절에서 이야기한 것처럼 구글이 특정 단어의 포함 여부뿐만 아니라 특정 단어를 포함한 웹사이트의 링크 빈도까지 측정하여 검색순위를 매기는 특성을 이용한 것이다. 예를 들어 많은 네티즌들이 자신의 홈페이지나 블로그에 'weapons of mass destruction(대량살상무기)'이란 단어에 풍자사이트(http://www.coxar.pwp.blueyonder.co.uk/)를 연결한 링크를 만들어두면 구글은 이 페이지를 해당 단어의 검색순위 상위권에 올려놓게 되는 것이다. 2003년 12월 한달여 동안, 구글 사용자들이 검색창에 'miserable failure(참담한 실패)'라는 단어를 입력하면 백악관 웹사이트 내의 부시 대통령 약력 홈페이지가 부동의 검색순위 1위로 떴다. 이는 부시 대통령이, 수많은 네티즌들이 대동단결(?)하여 구글 검색순위를 바꿔놓는 구글 폭격의 표적이 되었기 때문이다.

구글 폭격의 사례에서도 알 수 있듯이, 구글의 검색기술은 네티즌들의 힘을 모아 사회적 이슈를 창출하는 힘을 가질 수 있게 한다. 네티즌들은 블

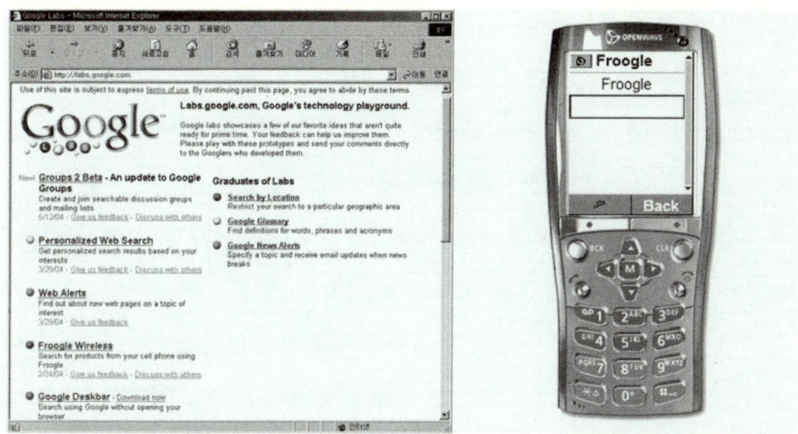

구글은 공식·비공식적인 경로를 통해 끊임없이 새로운 실험들을 행하고 있다. '구글랩(labs.google.com)' 은 자사의 테스트버전들을 공개하여 사용자들의 의견을 구해 기능을 업그레이드하고 있는데, 이는 혁신자 (Innovators)들의 입소문을 자극하는 역할을 해준다(左). 예를 들어 'Froogle Wireless' 베타서비스는 휴 대폰을 통해 디지털카메라 등 상품을 검색할 수 있는데, 이를 위한 사용자포럼을 별도로 개설하여 의견을 청 취하고 있다.

로그를 활용한 자발적인 입소문으로 자신의 견해를 적극적으로 반영시키 는데, 이것은 일종의 게임감각이 배어 있는 놀이 행위다. 네티즌들에 의해 자발적으로 생겨난!

구글 마니아들로부터 생겨난 또 다른 놀이로 '구글웨킹(Google Whacking)' 이라는 것이 있다. 예를 들어 단어 하나를 정한 뒤 참여자들이 정해진 단 어와 함께 임의로 선택한 단어를 구글 검색창에 적어넣는다. 두 개의 단어 를 검색엔진에 입력해서 검색결과가 가장 적게 나온 이가 판돈을 가져가 는 것이다. 좀 더 난이도가 높은 구글웨킹은 단어 두 개를 입력하여 검색 결과를 단 하나만 뽑아내는 것이다. 어찌 보면 단순무식하기 그지없는 놀 이이기는 하지만, 정보의 바닷속에서 기발한 단어의 조합을 찾아가면서 생 각지도 못한 정보와 만날 수 있음은 색다른 체험이다. 마니아들이 구글의 매력에 빠져 이러한 게임을 즐긴다는 자체가 구글이 강력한 브랜드 파워 를 지니고 있음을 의미하는 것이 아닐까?

구글 또한 이러한 엔터테인먼트 감각을 동반한 실험정신을 실천하는 데 헌신적이다. 구글랩은 '테크놀로지 놀이터(Technology Playground)'라는 캐치프레이즈를 내걸고 엔지니어와 사용자 사이에 새로운 아이디어가 공유될 수 있도록 노력해왔음은 앞서 이야기한 바 있다. 구글은 여기에 그치지 않고 네티즌들로부터 얼마나 재미있는 아이디어가 등장할지 실험해보고자 '구글 프로그래밍 콘테스트'를 열기도 했다. 또한 세계 최대급 규모로 운영되고 있는 자사의 분산 컴퓨팅 시스템의 공동체 의식을 구글 사용자들에게 전파하고자, 단백질 연구를 위한 스탠포드대의 프로젝트 Folding@Home에 구글 사용자들의 CPU 타임을 할애해줄 것을 제안하였다. 브라우저에 탑재되는 구글툴바 사용자들의 잉여 CPU를 잠시 빌려 인류평화를 위한 연구에 공헌하자며 손을 내밀면, 공짜 놀이터를 제공해준 구글에 대한 자발적 답례 방식으로 많은 네티즌들이 기꺼이 참여해주었다.

2004년에 구글이 1GB의 무료 웹메일(Gmail)을 제공할 것이라는 발표를 하여 세상을 놀라게 한 적이 있다. 그런데 재미있는 것은 이러한 발표를 한 날짜가 4월 1일, 즉 만우절이었다는 것이다. 사람들은 만우절 조크(an April Fool's joke)라고 웃어넘겼지만, 거짓말 같은 내용이 만우절날 발표되었다는 것 자체가 사람들의 입소문을 유발했다. 그런데 그것이 사실이었다는 점에 더더욱 화젯거리가 되지 않을 수 없었다. 덧붙여 당시의 발표에는, 구글은 Gmail을 통해 주고받는 내용과 관련된 광고(Contextual Ads)를 실을 것이라는 내용도 포함되어 있었다. 현재 많은 사람들은 "과연 얼마나 정확하게 그것이 가능하겠는가?"에 대해 회의감을 품고 있지만, 구글의 이런 실험이 성공을 한다면 인터넷 광고사에 또 하나의 획을 긋게 될 시도로 기록될 것이다. 아마 "구글이 만들면 다릅니다."라는 유행어가 등장하게 될는지도…….

한때 야후·MSN·AOL 등의 인터넷 포털 업체들에 검색엔진을 제공하는 하청업체에 지나지 않았던 구글은 이제 인터넷업계의 판도를 좌지우지할 정도로 급성장했다. 더구나 앞으로 기업공개를 통해 막대한 자금이 유입된다면, 구글은 이제 마음만 먹으면 못 할 것이 하나도 없는 슈퍼 공룡으로 탈바꿈하게 될지도 모른다.

이에 따라 기존에 인터넷 세상을 군림해온 맹주들이 바싹 긴장하기 시작했다. 야후는 잉크토미(Inktomi)를 2억 3,500만 달러에 인수한 지 불과 몇 개월 뒤 오버추어(Overture)를 16억 3,000만 달러에 인수했고, 구글 인수에 실패한 마이크로소프트는 전 세계 PC의 94%에 탑재된 윈도우에 자체적인 검색엔진을 장착하는 방안을 추진하기 시작했다. 포털사이트뿐만 아니라 아마존(Amazon)·이베이(Ebay) 등의 인터넷 쇼핑 사이트들도 경계의 눈빛을 감추지 않고 있다. 아마존이 주력 상품인 서적의 텍스트를 검색할 수 있는 서비스를 제공하기로 한 이유도 표면상으로는 서적 정보의 공신력을 높이기 위함이라고 하지만 사실은 구글을 겨냥한 대응책이었다는 해석도 있다. 구글이 아직까지는 온라인 광고시장에 주력하고 있지만 마음만 먹으면 얼마든지 온라인 쇼핑 분야로 사업영역을 확대해나갈 기반을 갖추기 시작했기 때문이다.(실제로 구글은 2003년에 Froogle이라는 온라인 쇼핑 검색사이트를 열었다.)

그렇다면 구글은 과연 누구를 최대의 경쟁상대로 생각하고 있는 것일까? 구글의 이에 대한 답변은 "구글은 구글 자신과 경쟁한다."였다. 자신감, 소신, 열정, 엔터테인먼트, 실험정신…… 구글의 오늘이 있기까지, 그리고 희망찬 내일을 기약할 수 있게 하는 강력한 브랜드문화(Brand Culture)이다. 누구도 구글의 미래를 섣불리 예측할 수는 없다. 그러나 앨런 케이(Alan Kay)*의 말처럼, "미래를 예측하는 가장 좋은 방법은 그것을 창조하는 것"이다. 지금과 같은 마인드·브랜드문화를 가진 구글이라면 역사상 가장 위대한 브랜드 중의 하나로 인구에 회자될 수도 있지 않을까?

* 최초의 객체지향 프로그래밍 언어인 '스몰토크(Smalltalk)'의 개발자. 스몰토크는 순수한 객체 지향 언어이기 때
  문에 아주 널리 쓰이지는 않고 있지만, 현재 프로그래밍 업계의 대세가 된 C++나 자바의 객체지향 특성을 처음
  제공한 모델로서의 가치를 인정받고 있다. 이에 대한 공로를 인정받아 그는 컴퓨터 과학계의 노벨상으로 불리는
  튜링상을 수상했다.

6장
입소문 파티에 초대된 7명의 손님들

이 세상에 있는 모든 사람들은 단지 여섯 명의 타인들에 의해 분리되어 있단다. 이 세상의 어떤 사람들과도 말이야. 미국의 대통령이나 베니스에서 곤돌라를 젓는 뱃사공……. 유명한 사람하고만 그렇다는 것이 아니라 세상 모든 사람하고 그렇다는 것이지……. 이건 정말 심오한 사상이야……. 모든 사람은 다른 세상으로 들어가는 문인 셈이야.

— 존 구아레(John Guare), 연극 〈여섯 단계의 분리〉의 대사 중에서

입소문을 여는 판도라의 상자

'6단계의 분리' 와 '작은 세상 네트워크'

만약 내가 '꼬리에 꼬리를 무는' 연결을 통해 지구 반대편에 있는 우루과이에 사는 모랄레스라는 사람과 연결되려면 몇 단계를 거치면 될까? 내가 아는 사람의, 내가 아는 사람의 아는 사람의, 내가 아는 사람의 아는 사람의 아는 사람의……. 그러나 이 꼬리에 꼬리를 무는 연결은 평균 6단계만 밟으면 생면부지의 모랄레스라는 사람과 연락이 닿을 수 있다. 필자가 그냥 하는 이야기가 아니라 사회학에서 이미 어느 정도 증명된 사실이다.

서양에서는 이미 오래전부터 '여섯 단계만 거치면 지구 위에 사는 사람들은 모두 아는 사이(Six Degrees of Separation)' 라는 통설이 있어 왔다. 하버드 대학의 심리학 교수 스탠리 밀그램(Stanley Milgram)은 사회학에서 떠돌던 이 통설에 호기심을 느꼈다. 그는 "나와 A라는 인물이 공통으로 아는 사람이 없다 하더라도 여전히 내가 아는 누군가가 또 누군가를 알고, 다시 또 누군가를 아는데, 그 사람이 A를 알 수는 있다는 것이었다. 그렇다면 과연 그 연결고리에는 '누군가' 가 몇 명이나 필요할 것인가?"라는 것을 규명해보려고 했다.

1967년 그는 미국 중서부에 위치한 네브래스카주의 오마하에 사는 사람들 160명을 대상으로 실험을 행하였다. 이 편지를 최종적으로 받을 사람은 보스턴에 거주하는 한 증권 브로커였고, 편지의 내용은 다음과 같았다.

"이 편지는 보스턴에 사는 증권 브로커에게 전달되어야 할 편지입니다. 이 증권 브로커의 이름을 참조해서, 귀하께서 알고 계신 분들 중 가장 이 사람에 근접하다고 생각되는 사람 중 한 분을 골라서 전달해주시기 바랍니다."

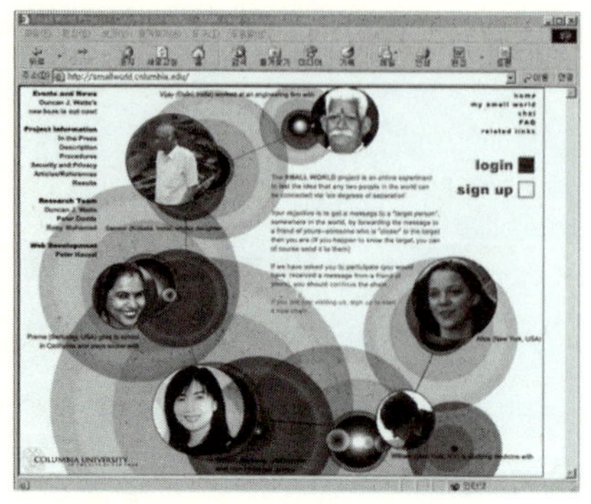

"작은 세상 프로젝트(The Small World Project)".
던컨 와츠가 지구상에 있는 두 사람 간에 과연 6단계
의 경로를 거쳐 연결이 되는지를 온라인으로 실험하는
프로젝트(http://smallworld.columbia.edu/).

그 결과, 160통의 편지 중 최종적으로 증권 브로커에게 전달되는데 성
공한 편지는 42통이었다. 밀그램은 전달된 편지가 몇 사람을 거쳐서 도착
했는지를 조사해보니 평균 5.5명이었다! 반올림 하자면 6명! 통설은 이제
과학[*]이 된 것이다. 정말 세상 좁지 않은가?

1994년경, 미국 대학가에서는 '케빈 베이컨[**]의 6단계 게임' 이라는 것
이 유행을 했다.[***] 이것은 그와 함께 영화에 출연한 관계를 1단계라고 했
을 때, 다른 할리우드 배우들이 케빈 베이컨과 몇 단계 만에 연결될 수 있는
가를 찾는 게임이다. 예를 들어 로버트 레드포드는 〈아웃 오브 아프리카〉에
서 메릴 스트립과 함께 주연을 맡았고, 메릴 스트립은 케빈 베이컨과 〈리버
와일드〉에 함께 출연했으므로, 로버트 레드포드는 2단계 만에 연결되는 식
이다. 이 게임의 핵심은 케빈 베이컨에 도달하는 가장 빠른 경로를 찾는 것
이었다.

당시 미국의 대학생들이 캠퍼스에 모여 앉아 이 게임에 열을 올리는 모

---

[*] 한편, 최근 '좁은 세상' 효과에 대한 반박들이 발표되고 있다고 한다. 대표적인 반박 중 하나인 클라인펠드(앨러
스카 패어뱅스 대학 심리학 교수)의 주장에 대해서는 http://www.emh.co.kr/xhtml/small_world_
effect.html의 내용을 참조하라.

[**] Kevin Bacon. 영화 〈Foodloose〉로 데뷔한 이후 〈일급살인〉, 〈JFK〉, 〈와일드씽〉, 〈할로우맨〉 등 20년 동안
약 50편의 영화에 출연했던 미국의 영화배우.

[***] 케빈 베이컨 게임의 이야기에서부터 작은 세상 이론에 관한 내용은 주로 『정재승의 과학콘서트』(정재승 지
음, 동아시아, 2001)의 16~26p의 내용을 요약한 것이다.

'엘비스의 계시(Oracle of Elvis) 게임'.
아래에서 설명하고 있는 케빈 베이컨 게임과 유사한 '엘비스의 계시'라는 게임을 버지니아주립대에서 실험하고 있다. 엘비스 프레슬리와 아무 관련이 없을 것 같은 유명인들이 어떻게 엘비스와 연결되어 있는지를 즉시 보여준다. (http://www.cs.virginia.edu/oracle/elvis.html).

습을 어디서든 쉽게 찾아볼 수 있었고, 버지니아 대학 컴퓨터학과 학생들은 배우 이름을 집어넣으면 케빈 베이컨과 몇 단계 만에 연결되는가를 알려주는 인터넷사이트까지 개설했을 정도로 이 게임은 선풍적인 인기를 모았다. 또, 영화가 끝난 뒤에도 엔딩 크레디트를 외우느라 마지막까지 일어나지 않는 사람들도 많았다고 한다. 그런데 재미있는 것은 이 게임에서도 대부분의 할리우드 배우들이 여섯 단계 이내에서 케빈 베이컨과 연결되었다는 사실이다.

한편, 1996년 미국 코넬대 응용물리학과 박사과정을 밟고 있던 던컨 와츠(Duncan Watts)와 그의 지도교수였던 스티브 스트로가츠(Steve Strogatz)는 왜 할리우드 배우들이 케빈 베이컨으로부터 여섯 단계 이상 벗어날 수 없는가를 증명해보기로 했다. 사람을 점으로 표시하고 그들간의 관계를 선으로 표시해보면, 사람들의 관계에 대한 지형도는 규칙적으로 배열된 점들과 그 사이에 복잡하게 얽혀 있는 선들의 네트워크로 표현할 수 있을 것이므로, 그들은 이러한 네트워크 개념을 도입하여 컴퓨터 시뮬레이션 실험에 착수했다.

그들의 실험 결과는 1998년 6월 《네이처(Nature)》지에 실렸는데, 한 사람이 주변 사람들하고만 연결된 잘 짜여진 네트워크에서 엉뚱한 곳으로 가지를 뻗은 인간관계를 하나씩 늘려갈 때 '다른 사람에게 도달하는 데 걸리는 단계'가 얼마나 감소하는가를 계산해보니 놀랍게도 100개 중 하나의 가닥만 다른 지역으로 연결해도 평균 단계 수는 10분의 1씩 줄어들고 있었다. 잘 짜여진 네트워크 연결에서 몇 가닥만이라도 엉뚱하게 가지를 뻗으면 이 거대한 사회가 몇 단계 만에 누구에게든 도달할 수 있는 작은 세상으로 바뀌게 되는 것이다. 그들은 몇 가닥의 무작위 연결만으로 모든 사람들에게 연결될 수 있는 이러한 네트워크를 '작은 세상 네트워크(Small World Network)'라고 이름 지었다.

과학자들은 이러한 작은 세상이 공학적 설계에 획기적인 변화를 가져올 것으로 예측하고 있다. 예를 들면 도로 설계를 전면 대폭 수정하지 않더라도 몇 가닥의 고가도로와 다리만으로도 도시의 교통 흐름을 원활하게 바꾸어놓을 수도 있을 것이며, 전화선이나 휴대폰 통신망에서 몇 가닥의 무작위 연결만으로도 원하는 두 지점까지 더욱 빠르게 연결할 수 있으며, 인터넷에서 정보의 흐름을 효율적으로 제어할 수도 있게 될 것이라고 한다.

그러나 이러한 작은 세상이 전적으로 즐거운 것만은 아니라고 하는데, 예를 들어 중세 시대의 흑사병이 어떻게 유럽 인구의 3분의 1을 희생시킬 수 있었는지를 설명하거나, 아프리카 작은 부족에서 발생한 에이즈(AIDS)가 어떻게 20년 만에 전 세계 3,800만 명의 보균자들로 확산되었는지를 설명해주기도 한다.

마찬가지로 입소문도 직선적이라기보다는 네트워크의 성격을 가지고 있기 때문에, 이들을 연결할 수 있는 주요 노드(Node)를 발견하고 공략한다는 것은 입소문마케팅을 위한 중요한 과제라고 할 수 있다. 매스컴에 자주 등장하는 영향력 있는 인사들이 중요한 노드 역할을 하기도 하며, 커뮤니티나 특정 집단의 리더들이 영향력을 발휘할 수도 있으며, 심지어 특정 집단에서는 평범하게 보이는 사람들이 다른 집단과 연결되는 메신저 역할을 하기도 한다. 입소문마케팅에 이러한 작은 세상 네트워크를 적용시킨다면 노력 대비 효율성을 개선할 수 있을 것이다. 가령 인터넷에서의 부정적 입소문에 대한 대응도 주요 노드를 집중적으로 관리함으로써 정보의 흐름을 어느 정도 효과적으로 제어할 수 있지 않을까?

복잡계가 바라보는 세상 읽기

세상은 과연 공평한가?

미국 노트르담 대학에서 물리학 교수로 재직하면서 복잡계(Complex System)를 연구하는 알버트 라즐로 바라바시는 다양한 자연·사회 현상들이 '멱함수의 법칙(Power law)'을 따르고 있다는 사실을 발견했다. 멱함수적 분포란 우리가 흔히 보는 종형 분포와는 달리, 평균치 근처에 정점(Peak)이 존재하지 않고 계속 감소하는 모양을 갖는다. 따라서 멱함수 분포를 따르는 네트워크에서는 연결선이 적은 점들이 대부분이지만, 동시에 연결선이 많은 점들도 소수이긴 하지만 함께 존재하고 있다는 것에 유의해야 한다. 멱함수 분포는 이처럼 엄청나게 많은 연결선을 갖는 노드, 즉 허브(Hub)가 존재할 수 있음을 설명해준다.

그는 자신의 저서 『링크(Link)』를 통해 이러한 분포를 따르고 있는 다양한 예들을 제시했는데 할리우드 배우들의 연결, 월드와이드웹, 도시간 항공노선, 컴퓨터바이러스의 전염, 에이즈와 같은 전염병의 창궐, 세포 내 화학반응 네트워크 등이 그 예이다. 이러한 멱함수 분포의 특성을 보여주는 또 다른 예로써 '파레토의 법칙(20:80의 법칙)'*을 들 수 있다. 세상의 부의 소유는 종형 분포를 이루면서 공평하게 소유된 것이 아니라 소수의 부유층들에게 편중되어 있다는 이 '법칙'은 어떻게 보면 우리에게 평등이란 과연 무엇인가에 대한 고민을 안겨주기도 한다.

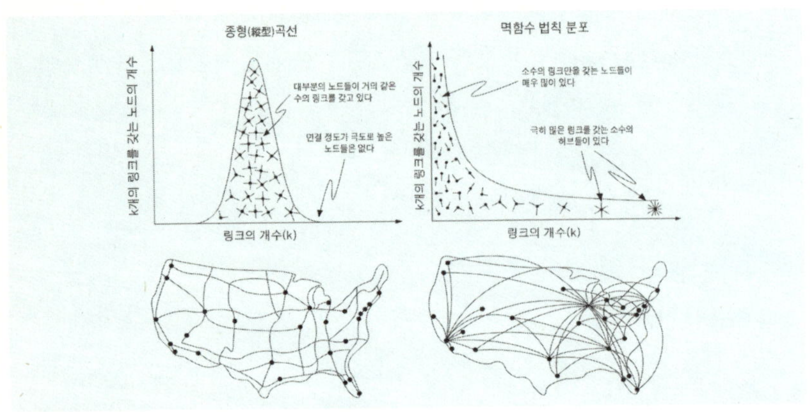

무작위 네트워크와 척도 없는 네트워크. **

무작위 네트워크의 연결선 수 분포는 종형 곡선을 따르는데, 이는 대부분의 노드들이 같은 수의 링크를 가지며 아주 많은 링크를 갖는 노드는 존재하지 않는다는 것을 말해준다. 이는 고속도로 네트워크와 유사하다. 반면, 노드의 연결선 수가 멱함수 법칙적 분포를 따르는 척도 없는 네트워크에서는 대부분의 노드들이 단지 소수의 링크만을 가지고 그들이 연결선 수가 매우 많은 소수의 허브들에 의해 연결되어 있는 모양을 보여준다. 이는 항공노선 네트워크와 매우 유사하다.

자, 여기서는 월드와이드웹(www)에 대한 바라바시 교수의 연구결과에 대해 잠깐 설명하자. 그는 인터넷의 웹문서 간의 하이퍼 링크로 만들어지는 네트워크에서 '허브'라고 부를 만한 극소수의 문서들이 대부분의 링크를 독점하고, 나머지 대부분의 문서들은 소수의 그런 허브와 링크를 유지할 뿐이라는 것을 발견했다. 이것은 당연히 포털사이트의 존재 및 성장의 이유를 설명하는 데도 적용될 수 있을 것이다. 바라바시는 이러한 멱함수 분포를 따르는 네트워크를 '척도 없는 네트워크(Scale-free Network)'라고 명명하였는데, 이러한 척도 없는 네트워크의 특성은 네트워크의 끊임없는 '성장' 과정에서 특정한 '선호'가 작용하기 때문에 발생한다고 분석했다.

---

* 기업 이윤의 80%는 종업원 중 20%로부터 나오며, 고객서비스 문제의 80%는 고객들 중 20%로부터 나오며, 의사결정의 80%는 회의시간 중 20%로부터 나오며, 부의 80%는 경제인구 중 20%에 의해 소유되며, 범죄의 80%는 범죄자 중 20%에 의해 저질러지는 것 등을 예로 들 수 있다.

** 『링크: 21세기를 지배하는 네트워크 과학』(A.L. 바라바시 지음, 강병남 · 김기훈 옮김, 동아시아, 2002) 116p에서 인용.

202

즉 새로운 노드는 네트워크에서 가장 오래된 노드를 선호하게 됨으로써 허브가 출현하게 된다는 것이다. 이것은 마케팅에서 '시장선점의 법칙'을 설명해주는 근거가 될 수 있지 않을까? 그렇다면 후발주자가 선도자를 누르고 1위로 등극하는 현상은 어떻게 설명할 수 있을 것인가?

바라바시는 링크의 형성에 관여하는 '적합성'이라는 요소를 통해 이러한 현상을 설명하고 있다. 예를 들어 '구글(Google)'의 경우 검색엔진 분야에서 뒤늦게 출발했음에도 불구하고 현재는 가장 강력한 허브 역할을 하고 있는 이유는 무엇일까? 그는 뒤늦게 등장한 노드라고 하더라도 월등히 탁월한 적합성을 지니고 있다면 강력한 허브로 성장할 수가 있고, 경우에 따라서는 그런 노드가 모든 링크를 독점(Winner takes all)하는 경우도 생길 수가 있는데 '마이크로소프트(Microsoft)'의 OS시장 독점을 그 예로 제시하고 있다. 이러한 적합성을 마케팅에다 적용하자면 '전문화·차별화'를 통해 소비자들의 머릿속에 자리잡은 브랜드 포지셔닝의 차별화 시도와 흡사하다고 보여진다.

아무튼 여기서 중요한 사실은 네트워크에서 허브와 커넥터(Connector)의 존재를 인정하고 있다는 점일 것이다. 허브와 커넥터는 나머지 노드들 사이의 평균 간격을 줄여주며 일반적인 노드들의 파괴에 대해서 저항력을 보여준다. 인간 사회에서 그들은 유행을 만들어내고 서로 다른 사람을 연결해주는 역할을 한다. 따라서 '티핑포인트'에서 이야기했던 '소수의 힘'은 바로 이들에 의해 창출된다고도 할 수 있으며, 이것을 기업에 빗대어 보자면 고객의 분포에 있어서도 유사하게 적용될 것이다. 또한 만약 자사 브랜드커뮤니티 내의 몇 명의 소수 핵심인물이 이탈하여 안티커뮤니티의 핵심인물로 활동하게 된다면 이 브랜드는 심각한 위기상황에 빠지게 되는 취약성을 나타낼 수도 있다. 그런데 여기서 소수는 과연 누구를 지칭하는 것일까? 우리는 이에 흔히 쓰이고 있는 신제품 수용주기와 얼리어답터의 개

넘이 과연 적절한지에 대해 제고해볼 필요가 있다.

신제품 수용주기와 얼리어답터, 과연 입소문마케팅에 적용할 수 있을까?

일반적으로 '신제품 수용에 대한 소비자 유형'은 아래와 같이 혁신소비자(Innovator), 조기수용자(Early adopter), 중기다수자(Middle majority), 후기수용자(Late adopter), 추종자(Laggard)의 다섯 가지로 분류하고 있는데, 이때 '혁신소비자 → 추종자'까지 그 순서대로 영향력이 확산된다고 한다.

비록 위의 분류가 신제품 수용과 관련된 것이기는 하지만, 입소문의 확산과정도 확실히 이와 유사한 프로세스를 가지고 있다. 직접적으로 표현하고 있지는 않았지만 각 계층 간에는 입소문 영향력이 순차적으로 발휘된다는 것을 암묵적으로 인정하고 있으며, 시중에 나와 있는 입소문마케팅 관련 서적들도 대개 이러한 5단계의 분류를 통하여 각 레벨에 있는 사람들을 어떻게 자극할 것인가를 설명하고 있다. 한편, 여기서는 입소문마

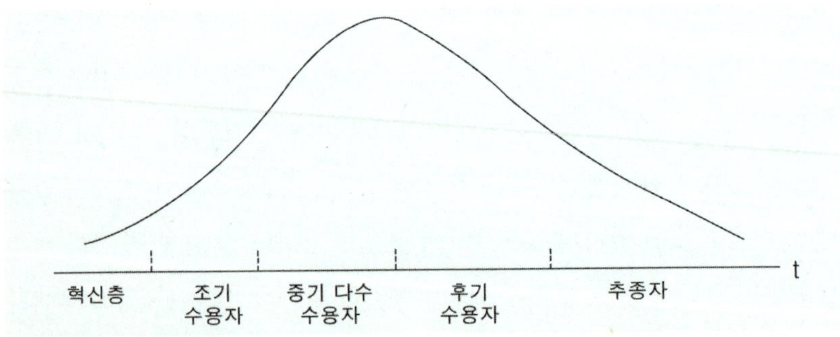

'신제품 수용주기(鐘型分布)'.
입소문마케팅에서는 대개 이것을 기준으로 삼아 혁신층이나 조기수용자를 공략할 것을 강조한다. 신제품 수용주기는 말 그대로 신제품의 입소문에서 잘 적용될 수도 있다. 그러나 내부직원·안티세력·비고객 등이 유발하는 입소문에 대해서는 고려되지 않고 있다. 또한 신제품 수용주기는 시간에 따라 일방적 커뮤니케이션 흐름을 지니는 데 비해, 입소문마케팅은 후기수용자라도 충성고객으로 진화할 수 있다는 점을 설명하기 어렵다.

케팅을 신제품 수용주기와 접목시킬 때 그대로 적용하기보다는 약간의 수정·개선이 필요하다는 견해를 피력하고자 한다. 그 이유는 다음과 같은 몇 가지 문제점들에 기인한다.

1. 입소문은 직접고객 외에도 비고객, 내부직원, 안티세력 등의 영향을 받는다

신제품 수용주기는 고객 혹은 잠재고객을 위주로 설명되고 있지만, 입소문은 그뿐만 아니라 '비고객'들에게도 유포되어 영향력을 끼치는 경우도 있다는 것을 이해하여야 한다. 또한, '안티고객'이 안티사이트를 만들어 조직적으로 부정적 입소문을 유포하거나, '자사의 사장·직원'이 사석에서 무심코 내뱉는 한 마디가 미치는 파장력은 상상 이상의 파괴력을 발휘했던 경우를 주변에서도 익히 보아왔다. 그럼에도 불구하고 신제품 수용주기는 이러한 요소들을 적절히 반영하지 못하고 있는 것이 아닐까?

〔참고〕 하이모의 비고객에 의한 입소문 유발 사례

자사 상품에 있어서 현재도 그리고 앞으로도 고객이 될 가능성이 없어 보이는 비고객(Non-Customer)의 입소문도 영향력을 발휘하는 경우가 있다. 모발업체인 '하이모(Himo)'의 정재우 부장은 지사 견학차 중국을 방문했던 적이 있다. 당시 식당에서 식사를 하고 있던 터에 마침 옆에 중국여행을 왔던 몇 쌍의 중년부부들과 함께 합석하게 되었는데, 이야기를 나누다 보니 자신이 모발업체의 직원이라는 것을 밝히게 되었다. 그 중년부부들 중에 머리숱이 거의 없는 분이 한 명 있었는데, 자신은 가발을 할 생각이 지금도 그리고 향후에도 전혀 없다고 단언을 했다. 그런데 동석했던 그분 와이프 외의 다른 여성들이 "한번 해봐요, 잘 어울리실 것 같은데……." 하면서 독려를 하기 시작했다. 그래도 이분은 완강하게 자신의 입장을 고수했고 명함을 서로 교환한 뒤 헤어졌다.

그후 2개월 정도 지나 정재우 부장에게 전화가 한 통 걸려왔다. 바로 그 중년신사였는데, 와이프의 등쌀에 못 이겨 결국 자신도 가발을 하게 되었다는 전화였다. 그리고 그 중년신사는 주변의 자신의 친구들에게도 적극 추천을 해준 덕택에 더 많은 고객을 확보할 수 있었다. 이 경우 그 중년신사가 구매를 했지만, 실제로 이 중년신사를 움직인 사람은 비고객인 자신의 와이프였다. 그녀는 중국에서 돌아온 이후 주변에서 친구·친지들이 가발에 대해 이야기하는 것에 관심을 가지기 시작했고, 이들의 입소문에 영향을 받아 자신의 남편에게 가발을 해볼 것을 강력히 권했던 것이다.

2. 입소문은 후기수용자라도 충성고객으로 진화할 수 있다

신제품 수용주기는 시간에 따라 이노베이터에서 추종자에 이르기까지 시간순에 따라 일방향적(1-way) 흐름을 가지고 전파·확산됨을 전제로 한다. 당연하다고 보여지는 이 흐름이, 입소문마케팅에서도 그대로 적용될지는 조금 의문이다. 신제품 수용주기에 있어 후기수용자는 분명히 얼리어답터가 될 수는 없다. 그러나 중기·후기 수용자라 해서 그 사람이 충성고객이 아니라든가 입소문에 있어 일방적으로 수동적 입장에만 머무른다고 단정할 수도 없을 것이다.

만약 신제품 중기수용자인 홍길동 씨가 컴퓨터 업체에 A/S를 요청했는데 종업원으로부터 진한 고객감동을 받았다고 한다면, 홍길동 씨는 어느 누구보다도 더 그 회사의 충성고객이 되어 능동적으로 입소문을 전파해주는 역할을 자임할 것이다. 이것을 신제품 수용주기의 흐름상에서는 제대로 설명할 수가 없다. 입소문커뮤니케이션은 상호작용적(Interactive)이며 이를 통해 관계(Relationship)는 진화·도태된다. 즉 반드시 얼리어답터=충성고객이라고 볼 수는 없으며, 중기·후기 수용자라고 해서 충성고객으로 진화할 수 없는 것도 아니며, 충성고객이라고 해서 영원히 충성고객으로 남아 있는 것은 아니다.

신제품 수용주기에서는 그 제품을 수용하는 시간축에 따라 종형(鍾型) 분포를 이루고 있다. 즉 성숙기를 지나면서 '고객의 수'는 줄어든다는 것을 가정하고 있다. 이때 신제품 수용주기를 입소문마케팅에다 접목하는 것은 등고점 이후는 일단 제쳐두고 그 앞단에만 주안점을 둔다. 성장·성숙기를 더 빨리 맞이하고자 얼리어답터를 집중적으로 공략하자는 것이다. 분명 모든 브랜드는 성장을 하고 쇠퇴하는 운명을 맞게 되고, 죽어가는 놈을 소생시키려는 것보다 전도유망한 신제품을 키우려는 노력에 중점을 두는 것은 어쩌면 당연한 일일 것이다. 그러다 보니 등고점의 뒷단은 그리 신경 쓸 필요가 없다.

자, 그렇다면 신제품 수용주기의 등고점(t') 앞단만 보면서 생각하는 것이 입소문마케팅의 접목에 있어 우리의 혼란을 줄일 수 있다. 따라서 일단 등고점 뒷단은 제쳐두도록 하자. 입소문마케팅은 '네트워크 효과에 따른 기하급수적 확산'을 기도하는 것이 1차적 목적이며, 사실 이렇게 따지고 보면 신제품 수용주기의 등고점까지 급속하게 오르는 것(티핑)을 최우선적

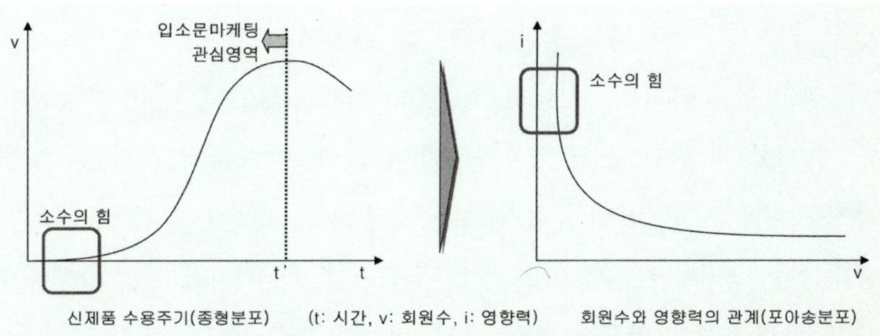

신제품 수용주기(종형분포)   (t: 시간, v: 회원수, i: 영향력)   회원수와 영향력의 관계(포아송분포)

신제품 수용주기는 전체로 봐서는 시간(time)의 흐름에 따라 종형분포를 이루지만, 입소문마케팅에서는 이중 등고점(t') 이전을 주로 다룬다. 이때 얼리어답터 등 소수의 힘에 의해 성장이 가속화된다는 것은 티핑포인트의 흐름과 유사하다(左). 한편, 이를 고객수(Volume)와 그들 각각의 영향력(Influence)의 관계를 따지면 우측의 그림처럼 멱함수 분포를 따른다.

인 목표로 하고 있다는 점에서, 그래야 이들을 일치시킬 수 있으며 제1장에서 언급했던 티핑포인트와 그래프가 유사해진다.

이제, '고객의 수'에 대해 다시 살펴볼 때가 되었다. 멱함수 분포에서는 앞 페이지의 우측 그림에서 보다시피 초기에는 '소수의 힘'에 의해 영향력이 파급을 미치면서 시간이 갈수록 고객의 수는 증가하고 있다. 입소문마케팅에서는 이러한 모양이 더 설득력이 있는 것이 아닐까? 독과점이 아닌 경쟁시장에서는 일반적으로 자사의 시장점유율(Market Share)이 경쟁사들을 모두 합친 것보다 적고, 또한 독과점 시장이라 하더라도 기존고객보다는 잠재고객·비고객들의 숫자가 더 많으며, 또한 인터넷의 등장은 고객의 규정범위를 한 나라가 아닌 전세계로 확대해야 할 필요성도 증대하고 있기 때문이다. 종형분포 전체를 보게 되면 이를 제대로 설명하지 못하게 되며, 신제품 수용주기는 경쟁상황이나 성숙기시장이나 잠재고객을 제대로 고려하지 않고 있기 때문에 오해의 소지가 크다.

4. 그래도 신제품 수용주기와 얼리어답터는 유효하다!

필자는 이 책에서 이노베이터·얼리어답터들이 입소문마케팅에 있어 제 역할을 하지 못한다고 주장하려는 것이 아니다. 그들은 분명 입소문에 중요한 역할을 하지만, "이러한 대상들의 실체가 모호하다."는 것에 문제를 제기하고자 한다. 분명 세상에 얼리어답터는 존재하지만 그들이 누구인지를 제대로 파악하기란 쉽지 않다. 독자들께서 "우리 브랜드의 얼리어답터는 누구이며, 어디에 있고, 어떻게 접근할 것인가?"를 한번 자문해보시라. 분명 심증은 가는데 물증이 잡히지 않을 가능성이 높다.

하지만 이제 데이터베이스 기술이 발달하여 마케팅 효과가 개인별로 측정될 수 있는 디지털 시대에, 마케터는 입소문에 중대한 영향을 끼치는 개

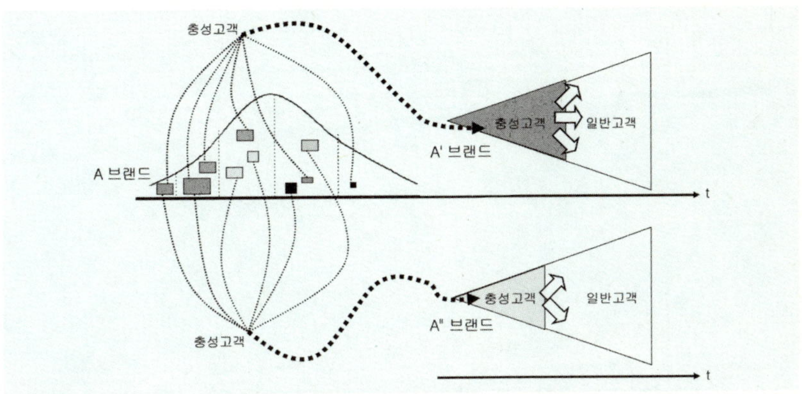

'얼리어답터→충성고객' 을 통한 입소문마케팅 활동의 확장 흐름. 1. 신제품 A가 나온 경우에는 충성고객을 발견하기란 쉽지 않으므로, 이때는 신제품 수용주기의 얼리어답터를 유추하여 입소문 활동을 전개한다. 2. 그리고 이 과정에서 입소문에 적극적인 충성고객들을 발견할 수 있게 된다. 3. 따라서 이후 브랜드의 확장에 따라 유사타깃을 가지는 A', A" 등을 출시하는 경우에는 이들 충성고객을 중심으로 한 입소문 활동을 전개하게 된다.

인·집단을 파악함에 있어 보다 계량화된 방법으로 접근할 수 있어야 한다. 즉, 고객 DB를 바탕으로 매출액이나 커뮤니티 참여도 등을 측정하여 충성고객(Loyal Customer)에 보다 초점을 맞춘다면 좀 더 효과적이지 않을까? 그들은 현재의 매출에 대한 기여도가 높을 뿐만 아니라, 브랜드에 대한 관심과 애정이 높아서 주위에 입소문을 자발적·적극적으로 내주는 사람들이다.

자, 그럼에도 불구하고 어떤 사람들은 충성고객은 구매가 행해진 이후에 파악되는 것인데, '신제품' 의 경우는 과연 충성고객을 기준으로 한 입소문마케팅이 가능한지에 대한 의문을 제기할 수도 있다. 분명 맞는 말이지만, 이것은 '비용대비 효율성, 효과측정 가능성' 의 문제로 접근하여야 한다. 앞에서 이야기했던 얼리어답터가 가진 모호함에 비해, 충성고객의 경우는 입소문에 대한 실제 기여도가 어느 정도 파악이 되기 때문에 얼마의 노력·비용이 투자될지에 대한 산출이 가능하다. 따라서 만약 만도에서 딤채와 유사한 타깃을 가진 신규 브랜드를 출시하는 경우라면 완전히 새로운 출발을 시도하는 것이 아니라, 관련 데이터베이스·브랜드커뮤니

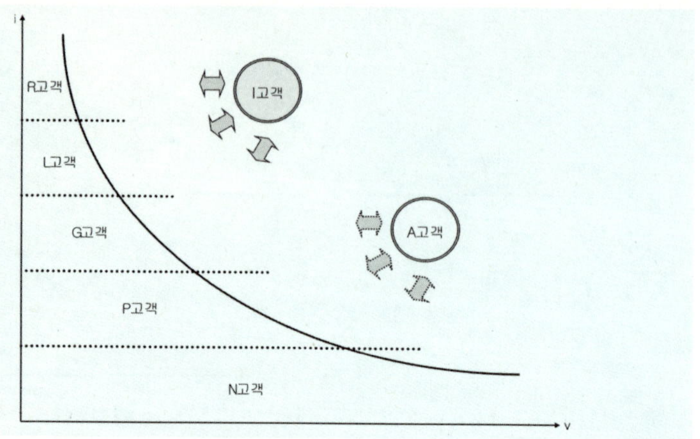

입소문마케팅에서의 7가지 커뮤니케이터 유형 구분.
이들은 멱함수 분포에 따라 황제고객(R) · 충성고객(L) · 일반고객(G) · 잠재고객(P) · 비고객(N)으로 나눌 수 있으며, 그외에 내부고객(I) 및 안티고객(A)도 입소문에 영향을 미치는 커뮤니케이터들이다. R고객은 숫자(Volume)는 가장 적지만 그 영향력(Influence)은 가장 막강하다. L고객은 기업이 입소문마케팅 확산을 위해 가장 집중해야 할 고객군이며, 입소문마케팅에서 "한 놈만 찍어라!"고 할 때 그 대상은 바로 이들에게 집중되어야 한다.

티를 구축하고 이들에게 커뮤니케이션을 집중한다면, 그들은 이미 어느 정도 검증된 입소문 부대이기 때문에 노력과 비용을 절감할 수 있게 될 것이다. 필자 이야기의 요지는, "중장기적으로 볼 때, 얼리어답터에만 너무 집착하지 말고 데이터베이스를 잘 활용하여 기존 충성고객의 착실한 관리를 통해 접근하는 것이 비용대비 효율성을 개선한다."는 것이다.

따라서 이러한 생각을 토대로 입소문 커뮤니케이터들을 이해하기 위해 다음과 같이 7개의 영역으로 구분하여 접근하고자 한다. 그중 이 책에서 좀 더 초점을 맞추어 접근하고자 하는 것은 '내부직원(I)', '황제고객(R)', '충성고객(L)'이다. 이밖에 '일반고객(G)', '잠재고객(P)', '비고객(N)'의 경우도 입소문에 영향력을 주지 않는 것은 아니나, 매출증대 · 브랜딩제고를 목적으로 하는 입소문마케팅 커뮤니케이션의 비용 대비 효과 측면에서는 관심이 좀 떨어지는 것이 사실이다. 이들이 중요하지 않다는 의미는 아니지만, 같은 값이면 좀 더 중요한 계층에 가중치를 두고자 한다.

210

고객유형의 분류	입소문을 위한 고객의 규정
I고객 (내부직원) - Internal	최고경영자, 종업원, 이해관계자 등. 회사 내에서 흘러나오는 정보들은 많은 사람들에게 영향을 끼치게 되므로 내부직원의 입소문 관리는 매우 중요함.
R고객 (황제고객) - Royal	허브(Hub). 유명인, 전문가, 연예인 등. 자신이 직접 매출을 많이 올려준다기보다는 남에게 지대한 영향력을 끼쳐 매출증대에 기여함. 극소수로 구성되며, 명예와 권위를 중시하는 경향이 강함.
L고객 (충성고객) - Loyal	커넥터(Connector). 매출에 기여하는 금액이 크거나 브랜드에 대한 애정이 많은 개인·커뮤니티. 특정 제품의 사용 경험이 풍부하고 자신의 전문지식을 이야기하는 것을 좋아함.
G고객 (일반고객) - General	위의 L고객에 비해 충성도는 떨어지지만 제품을 평상시에 사용하고 있는 고객. 입소문에 있어서는 메시지 요인(보상, 유머 등)에 따라 자발적 성향을 발휘함.
P고객 (잠재고객) - Potential	현재의 고객은 아니지만, 향후 구매를 하거나 타사 상품으로부터 전환 가능성이 있는 사람들. 입소문 메시지·매체에 따라 영향을 받아 전환 가능성이 다름.
N고객 (비고객) - Non-customer	현재 고객도 아니며 향후 가능성도 그리 높지 않음. 타사 상품을 사용하거나 혹은 아예 사용하지 않는 사람. 입소문은 우호적 인상·인지 등에 의해 좌우됨.
A고객 (안티고객) - Anti-customer	자사에 나쁜 경험이나 반감을 가지고 있는 개인·커뮤니티. 이 중 일부는 인간적인 교감이나 솔직하고 성의 있는 대응을 통해 L고객으로 전향할 수도 있음.

이 장에서는 내부직원(I)과 황제고객(R)에 초점을 맞추어 설명하며, 또한 일반고객(G)을 충성고객(L)화하는 방법에 대해서도 다룰 것이다. 그리고 입소문마케팅의 가장 중요한 타깃인 '충성고객(L)'의 발견방법에 관해서는 다음 장에서 보다 상세히 설명을 하고, '안티고객(A)'의 대응과 관련해서는 제8장에서 별도로 이야기하겠다.

I고객(Internal Customer)

CEO, 종업원, 외부 이해관계자

'안에서 새는 바가지 밖에서는 안 샐까.' 라는 말도 있고, '아니 땐 굴뚝에 연기 나랴.' 라는 말도 있고, '낮 말은 새가 듣고 밤 말은 쥐가 듣는다.' 라는 말도 있다. 이것을 기업에 적용해보면 자사 직원이나 이해관계자로들부터 발생되는 입소문에 대해 촉각을 세울 필요가 있다는 말이다. 그렇다면 도대체 어디서 이런 입소문들이 새나가고 있는 것일까?

필자는 가끔 전화나 메신저를 통해 "요즘 회사 어때요? 괜찮으시죠?"라며 의례적으로 근황을 묻는 경우가 있는데, 이때 대답을 하는 분들이 일부러 거짓말을 해가면서까지 숨기는 경우는 별로 없다. 왜? 친분이 있으니까. 따라서 공식 석상이라면 함구할 것도 사적으로 이야기를 하다 보면 단답형으로 "예, 아니요."라고만 응답하지는 않는다. "조금 어려운 편이에요. 수억 들인 이벤트가 실적이 안 좋아서 요즘 초비상이에요.", "개판이죠. 딴데 말하시면 절대 안 돼요. 요즘 우리 사장이 XX건 때문에 아무래도 구속될 것 같아서 회사가 무지 어수선해요.", "좋~죠. 아직 공개할 건 아니지만 모 기업에서 한 10억 정도 투자받을 거 같아요. 일본 업체랑 계약 건이 성사돼서 요즘 회사 분위기 완전 짱이에요." 등등……

커피숍이나 술자리나 엘리베이터 안에서도 이런 이야기들은 심심찮게 들린다. 사람들은 대화에 열중하다 보면 옆자리에 누가 있는지는 크게 신경을 쓰지 않는 편인데, 역으로 다른 사람들이 대화에 열중하고 있노라면 아는 기업들 이야기가 툭 튀어나오기도 하고 귀가 쫑긋해지기도 하지 않는가? 어느 날 강의가 있어 엘리베이터를 타려고 앞에 섰는데 여직원들 셋이서 얘기를 나누고 있었다. "글쎄, 우리 ○○○ 이사 어제도 룸살롱 갔나봐. 그 돈 다 어디서 나오는 거야? 회사 돈 갖고선……. 암튼 정말 콩가루

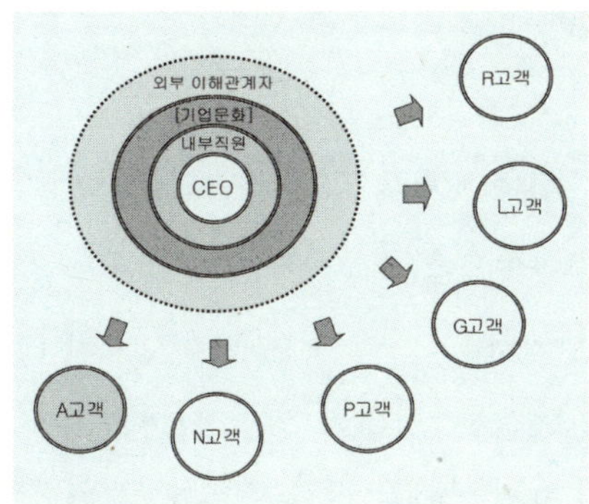

내부직원(CEO, 관리직, 영업사원 등)의 언행은 입소문에 큰 영향을 끼치며, 외부에 비쳐지는 기업문화도 입소문에 직간접적인 영향을 준다. 또한 거래처 · 주주 · 언론사 등의 외부 이해관계자들도 기업 내부 상황을 비교적 소상히 알고 있기 때문에 그들에 의해 전파되는 입소문도 무시할 수 없다.

회사야." 듣다 보니 필자가 만나러 가는 사람의 욕을 하는 것이었다. (그 이사님한테는 그냥 웃으면서 "술 웬만큼 드세요." 하고서 말았지만…….)

그렇다고 열린 입인데 꿰맬 수도 없는 일 아닌가? 따라서 유포되는 입소문을 관리하기 위한 교육, 상벌, 통제 등에 대해서 신경을 쓰지 않을 수 없다. 사내방송 · 사내게시판 · 인트라넷 · 훈령 · 사내외보 · 영업사원 매뉴얼 등등이 그 대상이 될 수 있는데, 이것은 기업 보안사항(社秘)과는 또 다른 측면에서 운영되어야 한다. 보안은 기업의 기밀사항에 대한 누출을 막기 위해 말 그대로 숨기려는 것이므로, 원론적으로 이야기하자면 중요직책에 있는 소수에 의해 정보가 통제되는 것을 목적으로 한다. 이에 비해 입소문은 알게 모르게 다양한 직급의 내부직원들로부터 발생되며 기업의 기밀사항뿐만 아니라 시시콜콜한 것까지 자연스럽게(?) 유출이 될 수 있다. 무조건 막는다고 해결될 범위의 것이 아니다. "피할 수 없다면 즐겨라."는 말이 있다. 내부직원에 의한 입소문 또한 막을 수 없다면 차라리 긍정적인 입소문을 양산할 수 있는 시스템을 구축하여야 한다. 훌륭한 기업문화를 가진 조직은 직원들에게 떠들어 달라고 하지 않아도 스스로 긍정적인 입소문을 내고 다닌다. 이때 직원들은 충신(忠臣)이 된다!

최고경영자(CEO: Chief Executive Officer)

전세계에 약 1,900여 개의 매장을 두고 8,400만 명의 고객을 보유한 화장품 업체인 영국의 '더바디샵(TheBodyShop)'은 CEO인 아니타 로딕(Annita Rodick)의 환경보호 경영철학으로 유명하다. 그녀는 1942년 영국의 한 해변도시에서 태어나 제2차 세계대전 중에 어머니를 보면서 재활용·리필과 같은 환경보호에 관심을 가졌고, 1960년대에는 평화를 부르짖으며 전세계를 누비며 반전운동을 벌이던 히피족이기도 했다.

그녀가 1976년에 영국의 브라이튼에서 조그만 가게 하나로 바디샵을 시작했을 때, 그녀는 이렇다 할 사업경험이 없는 주부였다. 대신 그녀는 자신의 환경보호 철학을 비즈니스에 담아가기 시작했다. 화려한 포장으로 자원을 낭비하는 대신 기존 약병을 재활용하거나 저렴한 플라스틱병에 화장품을 담았으며, 고객이 다 쓰고 가져온 용기를 재활용하기도 했다. 제품은 순식물성 원료만을 사용하고, 수익금의 일부는 환경운동단체에 기부했다. 이런 노력으로 인해 현재 더바디샵은 세계에서 가장 윤리적인 기업이라는 칭송을 듣고 있다.

'더바디샵'의 CEO인 아니타 로딕의 사진 및 홈페이지(http://www.thebodyshop.com). 더바디샵은 CEO의 환경보호 철학에 동조하는 많은 충성고객들을 확보하고 있다.

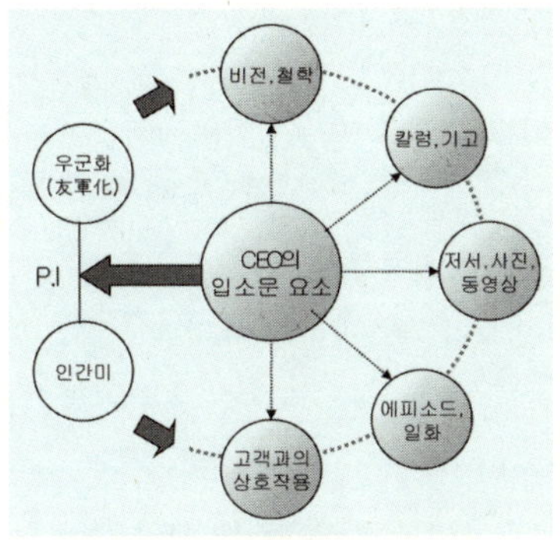

CEO의 입소문 요소들. 최고경영자(CEO)의 이미지를 체계적으로 관리하는 'P.I(President Identity)'의 중요성이 갈수록 증가하고 있다. 예를 들어 자신의 블로그·홈페이지를 개설하여 경영철학, 이력, 기고, 연설, 인터뷰 등을 게재하는 것들도 중요한 입소문 활동 중의 하나로 볼 수 있다.

그녀 개인의 이런 '철학'은 곧 기업문화 자체라고 할 수 있으며, 그녀는 지금도 성공한 기업의 CEO로서 환경에 대한 중요성을 역설하는 데 힘을 쏟고 있다. 더바디샵의 충성스런 고객들은 상품을 산다기보다는 이러한 CEO의 철학에 기꺼이 비용을 지불하고 있으며, 더바디샵의 우군(友軍) 역할을 자임하며 자발적으로 입소문을 내주고 있다.

최고경영자(CEO)는 일종의 공인이다. 최고경영자의 언론인터뷰, 자서전이나 홈페이지, 세미나의 기조연설, 사회봉사 활동, 사내 행사 등의 각종 활동들은 모두 사내외의 입소문에 영향을 끼친다. 또한 직원들은 그 사실을 모르고 있다가 오히려 언론에 의해 최고경영자의 언질·행동·일화 등이 회사 내에서 대화의 소재거리로 등장하는 경우도 심심찮게 있다. 그 결과는? 최고경영자의 활동이나 말 한마디는 꼬리에 꼬리를 물어 기업 이미지, 주가, 매출과 직결될 소지가 매우 크다. 따라서 이러한 것들은 입소문마케팅의 영역에서 관리될 필요가 있다.

또한 CEO의 철학은 곧 기업의 사명(Mission)이나 문화(Culture)와 직결된다. 성공한 기업들은 대부분 이러한 고객지향적 사고와 행동강령을 전 직원이 함께 공유한다. 그리고 고객들도 이러한 철학을 이해하고 브랜드에 애정을 표해주는 우군이 된다. 훌륭한 경영철학은 자기 혼자 떠드는 모놀로그(Monologue)가 아니라, 공유되고 이야기되어 널리 퍼뜨려야 하는 다이

알로그(Dialogue) 방식이어야 할 것이다.

〔참고기사〕 'Fun 경영' 으로 재미 본다

신나고 재미있는 기업이 되자는 '펀(Fun) 경영' 이 각광을 받고 있다. 관료적이고 딱딱한 조직보다 재미있는 조직의 생산성이 훨씬 높기 때문이다. 고객 마케팅에서도 재미가 없으면 장사가 안 된다.

구자홍 LG전자 부회장은 "일을 엔터테인먼트(Entertainment)처럼 할 수 있는 조직이 아니면 인재들이 외면한다."고 말한다. 구 부회장은 인트라넷(사내 전산망)에 재미있는 내용을 많이 올리라고 주문하는가 하면, 직접 댄스 게임인 'DDR'을 한다. 젊은 직원들이 창의력과 상상력을 마음껏 쏟아낼 분위기를 만들어주는 것. LG전자는 사내 곳곳에 '재미' 를 심어놓았다. 창원공장에서는 직원들의 영어 교육도 '골든벨 퀴즈대회' 형식으로 진행해 전원 참여를 유도했다. 구미공장에서는 임직원에게 무작위로 이메일을 보내 ▲팀 전원이 영화 보기 ▲아무개 과장 세 번 웃기기 등의 임무를 주고, 그 결과를 보고서로 내도록 했다.

'펀 경영' 의 또 다른 주창자인 담철곤 동양제과 대표이사는 "직원들이 회사에 오고 싶어 미치겠다고 하도록 만들자."고 임원들에게 강조한다. 동양제과는 일주일 중 가장 일하기 싫은 수요일을 '맵시데이' 로 지정, 직원들이 요란한 복장으로 한껏 멋을 내고 출근하도록 하고 있다.

딱딱하기만 하던 기업체 회의에도 '재미' 라는 요소가 들어가고 있다. (주)태평양 회의실에는 몰디브, 타히티, 피지 등 유명 휴양지 이름이 붙어 있다. 직원들은 회의를 앞두고 사내 메신저를 통해 '회의장소: 타히티' 라는 식의 안내문을 띄우고, 외부 업체와 미팅을 할 때도 '내일 몰디브에서 봅시다.' 라고 말한다. 홍보팀 김효정 대리는 "회의실 이름을 바꾸니 분위기가 밝아지고 아이디어도 쏟아진다."고 말했다.

이러한 '펀 경영' 은 회사 내부에 머무르지 않는다. 대한상의는 '올해 유통기업의 성공경영 8대 제언' 에서 첫 번째 요소로 '재미와 게임' 을 꼽았다. 소비자들에게 재미를 주고, 일종의 게임처럼 호기심 넘치는 환경을 제공하라는 것. 인터넷서점 '알라딘' 은 지난 4월 1일 만우절 날, 가짜책 5권을 사이트에 숨겨놓고 이를 찾는 고객에게 '불량식품 세트', '똥 모양 쿠션' 등 기발한 경품을 제공했다. 재미 삼아 사이트에 들어온 고객이 진짜 책을 구입하도록 유도한 것이다. (후략)

《조선일보》 2002년 6월 5일자, 박내선 기자 nsun@chosun.com

자세히 기억나지는 않지만, 몇 년 전 한 국내 광고대행사의 사보에서 보았던 글을 하나 소개하겠다. 한 미국인이 일본 도쿄의 백화점에 들러서 쇼핑을 하다가 깜빡 잊고 지갑을 놔두고 왔다. 그 백화점의 직원은 나중에 이 사실을 알고 도쿄의 호텔들마다 전화를 걸어 그 외국인의 소재를 수소문해보았지만 알 길이 없었다. 그 외국인도 나중에 지갑을 분실했다는 사실을 알아차렸지만 백화점에서 잃어버렸다는 생각은 못 하고 도난을 당했거니 하고 포기를 했다. 그리고 며칠 뒤 자국으로 돌아갔다.

그러던 어느 날, 자신의 사무실에 작은 소포가 하나 와 있어서 무심코 뜯어보니 자신이 일본에서 잃어버렸던 지갑이 고스란히 보내져 온 것이었다. 소포와 함께 동봉된 편지에는 그 일본인 직원이 지갑을 돌려주기 위해서 백방으로 노력을 했지만 도저히 연락할 길이 없어서 할 수 없이 미국의 사무실로 보내니 양해를 부탁드린다는 내용이 쓰여 있었다. 그 미국인은 당연히 감동을 했고, 기고를 통해 그 백화점과 직원의 친절함에 대해서 입이 마를 정도로 칭찬을 했던 것은 물론이다. 이 이야기는 다시 일본 내에서도 화제가 되었고 그 백화점의 이미지가 올라간 것은 당연하다. 또다시 국경을 넘어 국내의 한 사보에 소개되어 필자도 읽고 감동을 받아 이렇게 소개를 하고 있는 것이다. 회사의 직원이야말로 입소문을 성장시키는 자양분이다!

국내에서 종업원으로 인해 입소문이 나고 회사의 인지도까지 향상된 가장 좋은 온라인 사례 중의 하나는 아마도 '세스코(Cesco)'일 것이다. 인터넷 게시판의 성실하고 기발한 답변들로 인해 20~30대 네티즌들에게 약 90%의 인지도를 확보하고 있고, 다음 카페 내(http://cafe.daum.net/cescoclub)에 약 6천 명의 팬클럽을 가지고 있으며, 대학생들이 마케팅 사례연구 과제발표

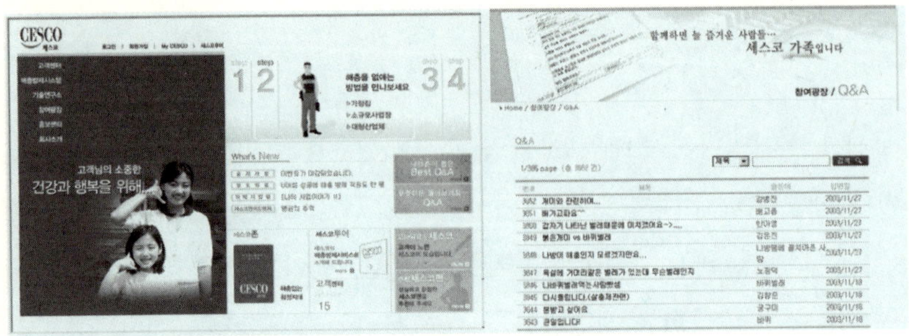

해충방제회사 '세스코'의 홈페이지(www.cesco.co.kr)와 이중 가장 인기를 끌었던 Q&A게시판.

를 할 때 가장 많이 언급되는 업체 중의 하나로 손꼽혔다.

세스코의 Q&A 게시판이 인기를 끌자 질문뿐만 아니라 재미를 추구하고자 하는 사람들의 장난기 어린 글들도 심심찮게 올라오는데, 이것마저도 세스코에서는 성실하게 답변을 해주는 태도로 인해 입소문은 갈수록 확산되어 갔다. 예를 들면 이런 식이다.

고객의 글:

나는 바퀴벌레를 먹는다. 아주아주 맛있다. 그 씹히는 맛이 달콤한 바퀴벌레! 나는 그 맛을 영원히 잊을 수 없다. 또 나는 모기의 피를 빨아먹고 산다. 쥐와 키스도 해봤다. 나의 주식은 바퀴벌레, 파리, 모기, 쥐, 개미다. 으~ 맛있는 나의 반찬들! 오늘밤에도 먹어야지!!

세스코의 답변:

저희 홈페이지를 방문해주셔서 감사합니다. 바퀴, 모기 등의 해충은 고단백질로 영양가는 있습니다. 그러나 그들이 가지고 있는 병원균은 수십 종으로 사전 처리를 잘 하고 드셔야 합니다. 행운이 있으시길 바랍니다.

한두 번의 유머 정도는 우연히 만들어질 수도 있고 반짝 효과를 볼 수는 있다. 그러나 이것이 진정으로 기업에 대한 신뢰와 충성도 제고로까지 이어지기 위해서는 '진심 어린 꾸준한 서비스'가 변함없이 보여질 때이고,

218

이것은 고객감동으로 이어지면서 기업이 일부러 입소문을 내려고 하지 않아도 자연스럽게 입소문이 나는 것이다.

한편, 종신고용이 와해되고 이직률이 높아가고 있는 추세를 감안하자면 퇴직한 사원들에 대한 입소문 관리 노력 또한 더더욱 중요하다. 퇴직사원들은 잠재적인 사업파트너이며, 그 회사·상품의 장단점에 대해 잘 아는 입소문의 진원지이기 때문이다. 따라서 이들을 관리하기 위한 프로그램들을 운영하여 이들로부터 유발될 수 있는 부정적 입소문을 억제하고 긍정적인 이해를 도모하는 노력들이 요구된다.

예를 들어 '제일모직'은 전직 임직원들을 대상으로 연 1회 '홈커밍 데이'를 열어 경영 현황을 설명하고 전·현직 임직원 간의 만남의 장을 마련하고 있다. 제일모직은 200여 명의 회원을 갖고 있는 퇴직자 모임인 침산회(砧山會)의 정기총회와 송년모임 등 행사 후원은 물론 회원 경조사도 적극 지원한다. '볼보건설기계코리아'의 경우 80여 명의 퇴직 사원들을 현장 영업 모니터 요원으로 활용 중이다. 이들은 친정 회사 제품에 대한 고객의 은밀한 불만사항 등을 회사에 알려주며, 회사 측은 이들에게 최저(最低) 가격으로 제품을 공급하고 있다. 'LG-EDS시스템'은 회사 홈페이지에 퇴직자 전용 사이트를 만들어놓고 550여 명의 퇴직자들을 상대로 구직·구인, 사업제휴 서비스를 제공하고 있다. 패션유통업체인 '이랜드'의 김영수 사장과 회사 임직원들은 추석 명절을 앞두고 200여 명의 퇴직 사원 집을 일일이 찾아가 한과나 과일 등의 선물을 전하면서 근황을 묻는 자리를 만들기도 했다.[*]

---

[*] 《조선일보》 2002년 10월 1일자 기사 "한번 식구는 영원한 식구 – '퇴직사원, 고객·경력사원으로 모시기' 늘어"에서 인용. 송의달 기자 edsong@chosun.com

　기업의 종업원은 아니지만 직간접적으로 인연을 맺고 있는 외부의 관계자들도 입소문에서는 중요한 역할을 하고 있다. 거래처 직원, 주주, 담당 기자, 관련 공공단체 등 소위 PR(Public Relations)의 대상이 되는 사람들은 좋든 싫든 기업과 연관이 될 수밖에 없기 때문에 그들의 이야기를 경청하고 전략적으로 관리할 필요가 있다. 이에 대해서는 PR영역에서 많이 다뤄지고 있고, 입소문이라고 해서 특별히 다른 방법론이 있는 것은 아니다. 여기서는 영화 네티즌 펀드가 입소문과 관련된 경우를 언급하는 선에서 간단히 넘어가도록 하자.

　〈친구〉, 〈엽기적인 그녀〉, 〈공동경비구역 JSA〉, 〈두사부일체〉, 〈신라의 달밤〉, 〈반칙왕〉 등은 소위 대박을 친 한국 영화로 평가를 받고 있는 작품들이다. 이 영화들의 공통점이라면 탄탄한 시나리오, 연기력을 갖춘 배우 등을 들 수 있을 것이다. 그런데 또 하나의 공통점은 바로 영화 제작 및 홍보 자금을 '네티즌 펀드'를 통해서 확보했다는 점이다. 영화사나 투자사는 이러한 펀드를 통하여 자금을 확보할 수 있다는 점과 네티즌들을 입소문마케팅의 전위부대로 동원할 수 있다는 장점이 있다. 팔은 안으로 굽는다고, 자신이 투자한 펀드가 고수익을 올리기 위해서는 가급적이면 긍정적인 입소문을 내려는 의도가 작동하는 것은 당연하다.

　이처럼 이해(利害)관계가 걸려 있는 경우는 관심도 높아지기 때문에 입소문이 작동할 소지가 크다는 것이다. 증권가에서 정보가 흐르거나 루머가 양산되는 것도 그 때문이다. 혹은 가끔씩 사이비성 기자들이 기사화를 해주는 대가로 주식을 받아 문제가 되는 것도 마찬가지다. 그러나 반드시 부정적인 측면만을 생각할 필요는 없다. 이해관계는 '기업문화의 공유'로 승화될 수 있다. 믿음과 신뢰가 없는 회사의 주식을 누가 사겠는가? 아래에 소개하는 월마트의 사례는 CEO와 내부직원과 이해관계자가 함께 어우러지는 축제요 독특한 기업문화의 전형을 보여준다.

〔참고기사〕'월마트 주총'은 축제 – 2만여 명이 모이는 '체육관 주주총회'

세계 최대 유통업체인 미국 월마트의 주총에 따라붙는 수식어다. 월마트의 주총은 매년 6월 본사 근처 아칸소주의 소도시 파예트빌에서 열린다. 행사 진행도 유별나다. 임원들은 주총이 열리는 대학 체육관 무대 위에 올라 참석자들과 '월마트 구호'를 외치거나 춤을 추며 주주들과 하나가 된다. 브리트니 스피어스, 신디 크로퍼드 등 유명 연예인이나 스포츠 스타가 깜짝 등장해 흥을 돋우기도 한다. 이어 일주일간 본사와 매장 견학, 카누 경주, 다양한 콘서트 등 다채로운 행사가 이어진다.

월마트의 주총은 주주와 임직원들이 한해 실적을 놓고 벌이는 흥겨운 잔치다. 또 주주와 임직원이 회사의 경영 철학과 문화를 공유하는 자리다. 월마트 주총이 주목을 받는 진짜 이유다.

"대부분의 주주총회는 짧은 낭독이 끝나고 몇몇 주주들의 몸짓으로 의제를 통과시키는 형식적인 절차를 거친다. 또 많은 사람들이 참석하지 않기를 바라며 소도시를 택하기도 한다. 그러나 우리는 정반대 전략을 택했다."(월마트 창업자 샘 월튼)

월마트의 주주 중시 전통은 창업자 월튼에서부터 시작됐다. 1970년 당시 200만 달러의 빚에 쪼들리던 그는 기업 공개를 통해 주식 시장에서 자본을 조달하면서 부채를 갚고 세계적인 유통기업으로 성장하는 발판을 마련했다. 자연히 주주를 배려하는 주총 문화도 싹텄다. (후략)

《동아일보》 2004년 3월 2일자. 박용 기자 parky@donga.com

R고객(Royal Customer)

스타, 유명인, 전문가

CRM에서는 일반적으로 RFM분석 등을 활용하여 고객에 따른 차별화된 커뮤니케이션을 수행할 수 있다. 여기서 RFM분석이란 "고객이 자사의 상품을 얼마나 최근에 구입했는가(Recency), 고객이 얼마나 자주 구입했나(Frequency), 고객이 구입했던 총금액은 어느 정도인가(Monetary)."를 수치화하여 이를 토대로 고객을 평점화하고 순위를 정하여 자사에 이익을 주는 충성고객을 뽑아내는 방법이다. 많이 먹어주고 마셔주고 사용해주는 충성고객은 분명히 존재한다. 그리고 이러한 충성고객들은 입소문에 있어 분명 중요한 역할을 담당한다.

그런데 충성고객보다 더 강력한 입소문 진원지가 있다! 입소문 '한 방'을 확실하게 날려주는 공간은 다름 아닌 매스미디어이다. 언론홍보를 통해 매스미디어가 긍정적으로 거들어주기만 한다면 엄청난 효과를 기대할 수 있다. 즉 스타·유명인·전문가 등은 소비자들에게 입소문 한 방을 날려주는 화룡점정(畵龍點睛)의 역할을 하게 된다.

따라서 구매액에 의한 분류체계에 따른 충성고객 위에, 이른바 황제고객(Royal Customer)의 존재를 인정해야 한다. 즉 황제고객(이하 'R고객')은 그 자신의 구매액이 비록 많지는 않을지라도 그의 일거수일투족이 화젯거리가 되어 매출·브랜딩에 지대한 영향을 끼치는 고객을 말한다. 매스미디어나 대규모의 사람을 동원할 수 있는 능력을 가진 연예인, 유명인, 전문가 등이 이 부류에 속한다. 똑같은 말을 하더라도, 범인(凡人)이 하는 것보다 사회나 업계의 영향력을 가진 이들의 입을 빌릴 수 있다면 공신력을 등에 업고 일파만파(一波萬波)로 퍼져가는 것을 우리는 충분히 경험하여 왔다. 이러한 R고객을 통해 입소문거리를 창출할 수 있는 몇 가지 유형·사례들을 살펴보도록 하자.

1. 스타마케팅 : BC카드와 김정은

이미지시대에 살고 있는 현대인들은 자신이 스타가 되고 싶다거나 스타를 동경·모방하려는 심리를 대부분 가지고 있다. 간단히 말해서, 중고등학교 때 연예인 안 좋아해본 사람이 몇 명이나 되겠는가? 그리고 자신이 잘 모르는 스타와 관련된 이야기들이 대화의 소재로 등장했을 때 느끼게 되는 소외감은 또 어떤가? 만약 친구 간의 대화에서 〈파리의 연인〉이 화제가 되었을 때, 만약 그 드라마를 보지 못했다면 대화에 끼어들지도 못하고 왕따가 되어버릴 수도 있다. 사람들은 대화에서 소외되지 않기 위해서라도 악착같이 드라마를 시청해야 하고, 또한 다른 사람들이 모르는 스타의 뒷이야기까지 찾아 헤매게 된다.

영악한 기업들이 이런 기회를 놓칠 리가 없다. 이때, 스타와 기업은 브랜드를 통해 양자의 목적을 공히 달성하려 상부상조하게 된다. 즉 스타는 드라마를 통해 트렌드세터 역할을 하여 대중적인 유행을 창출한다. 드라마가 인기를 끌게 되면 이것으로 스타 자신의 개런티 상승과 광고수입을 올릴 수 있음은 당연하다. 기업은 드라마에 등장한 스타를 광고모델로 기용함으로써 손쉽게 타깃들에게 브랜드를 인지시키고 유행에 편승한다. 또한 소비자는 스타에 대한 소식을 자주 화젯거리로 언급하며 그들을 모방하기 위한 방편으로 특정 브랜드를 구매하게 되고 기업이 주최하는 행사에 적극적으로 참여한다. 그래서 스타마케팅은 입소문마케팅을 염두에 두지 않을 수 없는 필연적인 구조를 가지고 있다.

2002년 당시의 카드업계를 예로 들어보자. 당시 국내의 신용카드사들은 마일리지 등의 부가적 혜택보다는 히딩크(삼성카드), 이영애(LG카드), 김

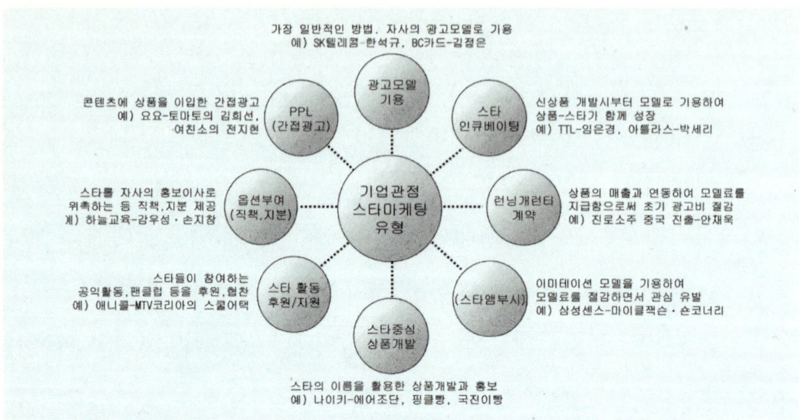

기업관점 스타마케팅의 유형들. 스타마케팅은 이제 우리가 흔히 알고 있는 광고나 PPL 정도에 머무르는 것은 아니다. 기업의 입장에서 보면 스타=돈이라는 등식이 성립되고 있다는 것을 잘 알기 때문에, 그외에도 어떤 식으로든 스타를 활용할 수 있는 방법에 골몰하고 있다. 그리고 스타마케팅은 입소문마케팅과 많은 부분을 공유하고 있다는 것에 유의하라.

정은(BC카드), 박찬호(국민카드) 등의 '스타'가 등장하는 광고로부터 브랜드 차별화를 시도하고 있었다. 그런데 이러한 스타마케팅으로 당시 가장 재미를 봤던 곳은* 'BC카드'가 아니었을까? 당시의 상황에서 김정은은 카드사 광고모델 중에 가장 중량감이 떨어졌지만, 그녀가 귀엽고 간절하게 외치던 "여러분, 여러분~ 모두 부자되세요. 꼭이요~"라는 광고카피는 2001년 12월 29일부터 2002년 1월 2일까지 단 5일간 방영되었음에도 불구하고 그해 최고의 유행어로 등극했다. "부자되세요."라는 말은 직장인들은 물론 중장년층, 대학생, 심지어 어린이들에게까지 회자되던 덕담이었던 것은 잘 기억하실 것이다. 또한 많은 인터넷사이트에서 패러디가 되기도 했고, 대출회사 등의 배너광고에서도 공공연히 이 카피를 모방하기도 했다.

---

* '삼성카드'가 히딩크를 모델로 세운 것도 월드컵 붐을 타고 엄청난 광고효과를 거두었다. 제일기획의 자료에 의하면, 2002년 6월 1~4일까지의 방송 및 인쇄 매체에 보도된 내용만으로도 이를 광고비로 환산하면 약 50억 원의 광고효과가 있었던 것으로 분석했다.

스타 · 유명인은 공인이다. 따라서 그들의 인기나 명성에 지워지는 사회적 책임을 염두에 두지 않을 수 없다. 많은 공적 활동들에 있어 스타 · 유명인 등의 참여는 자신의 상업적 이미지를 완화시켜주는 역할을 하기 때문에, 그리고 기업의 입장에서는 큰 비용을 부담하지 않고서도 마케팅 활동에 그들을 참여시킬 수 있는 기회가 된다. 유명 백화점에서 개최하는 스타 소장품 경매나 자선행사들은 집객효과, 이미지 제고는 물론 행사 당일의 매출에도 기여를 하게 된다.

'LG이숍(현 GS이숍)'은 자사의 인터넷쇼핑몰을 통해 〈태극기 휘날리며〉, 〈신부수업〉* 등의 영화에서 유명 연예인이 사용했던 의상 및 소품 등을 자선경매에 붙여 이 수익금을 불우이웃돕기 등에 전달한 적이 있다. 이것은 상식적으로 생각해도 LG이숍 ― 영화사 ― 고객들이 모두 손해볼 것이 없는 게임이다. LG이숍은 인기 있는 영화의 소품을 독자적인 이벤트로 실시함으로써 집객효과를 기대할 수 있고, 영화사 · 스타의 경우는 창고에 처박아두어야 할 소품들을 리사이클하면서 영화홍보 및 공익적 이미지를 제고할 수 있으며, 고객은 스타가 사용했던 희귀소품을 저렴하게 구입할 수 있을 뿐만 아니라 불우이웃도 도울 수 있다는 구매 의미를 부여할 수 있기 때문이다. 그런데 만약 입소문 효과를 좀 더 증폭시키기 위해서는 경매 참여자가 '자신이 그 소품을 꼭 사야만 하는 이유' 등을 친구 · 지인들로부터 추천받게 하는 형식을 띠었어도 괜찮지 않았을까?

---

* 〈신부수업〉은 2004년 7월 영화를 개봉 · 상영하고 있는 도중에 이 자선경매 행사를 개최하여 약 700만 원 정도의 성금을 모았는데, 약 만 명 이상의 응모자가 참여하는 등 뜨거운 반응을 얻었다.

3. PPL : 페이 웰던의 『불가리 커넥션』

영국의 인기작가인 페이 웰던(Fay Weldon)은 신작을 저술하면서 돈을 받고 그 대가로 중요한 장면에 '불가리(Bulgari)'라는 이탈리아의 명품 보석 업체를 일부러 등장시켰다. 예를 들면 소설 속의 주인공이 재혼한 부인의 환심을 사기 위해 런던 슬로안 가에 있는 상점에 가서 보석을 선물하는데, 그 상점이 바로 불가리인 식이다.

페이 웰던은 처음에 이러한 제의를 받고 "내 명성에 영원히 먹칠을 하게 될 것"이라며 망설이다가, 나중에는 "아무려면 어때. 어차피 부커상을 받을 것도 아닌데……." 하고 생각을 고쳐먹었다고 한다.(부커상은 영국 최고 권위의 문학상이다.) 이런 식으로 소설 속에서 브랜드명을 열 번 이상 삽입하기로 불가리 측과 계약을 했었는데, "이런 광고는 원래 독자들이 눈치 채지 못하도록 교묘하게 해야 하는데, 어차피 그렇지 못할 바에는 솔직한 편이 낫다."며 아예 소설의 핵심부에 브랜드명을 집어넣고 제목조차도 아예 '불가리 커넥션'이라고 이름 지어버렸다.

이러한 사실을 밝힌 것이 책의 판매와 불가리의 홍보에 얼마나 긍정적인 영향을 끼쳤는지 정확히 파악하기란 쉽지 않을 것 같다. 그러나 일종의 인식선점 효과에 의해 출판업계에서 "그런 일이 있었다더라." 하는 식의 화젯거리가 될 수 있음을 예상하는 것은 그리 어려운 일이 아닐 것이다. 그리고 어떤 독자들은 꼼꼼히 읽어가면서 책 내용 중에 몇 페이지에 불가리가 등장하는지를 발굴(?)하고 이것을 인터넷에 올리는 노력을 마다하지 않는지도 모르겠다.

유명작가 페이 웰던이 저술한 『불가리 커넥션(The Bulgari Connection)』의 책 표지.

226

R고객을 활용한다 함은 반드시 이들에게 비용을 지불하는 경우만을 의미하는 것은 아니다. 연예계에 종사했던 한 후배의 이야기에 의하면 매니저들끼리 연예인들의 휴대폰 번호를 가르쳐줄 때 이동통신사를 식별하는 앞의 세 자리 숫자는 부르지도 않는데, 왜냐하면 거의 다 011 고객이기 때문이라고 한다. 잘만 찾아보면 당신의 고객 데이터베이스 중에도 분명 이런 R고객이 될 만한 사람이 숨어 있을지 모를 일이다.

어디서 들었는지 정확히 기억이 나지 않지만, 아마존이 행하는 독특한 판매방식을 듣고 감탄을 했던 적이 있다. 한때 아마존에서 서적을 검색하다 보면 "Guru bought this book!"이라고 하는 패턴의 코멘트가 더러 등장했다고 한다. 여기서 구루(Guru)라는 단어는 현자(賢者)를 뜻하는데, 가령 책 표지 하단에 "Bill Gates bought this book!(빌 게이츠가 이 책을 샀습니다.)"이라고 표기되어 나온다면 그 책의 품격이 갑자기 달라지게 된다. 그러면 고객들은 어떤 생각이 들까? 아마존이 워낙 유명한 사이트니까 빌 게이츠 같은 유명인사도 아마존의 고객일 가능성이 크고, "아니, 빌 게이츠 같은 유명한 사람이 이 책을 샀단 말이지? 그럼 나도 사야겠는데……" 하면서 영향력을 끼칠 수 있다는 말이다. 따라서 구매가능성이 현격히 높아짐은 물론, 이 책을 구매한 독자들은 커피숍이나 도서관에서 "이 책 읽어 봤어? 상당히 유익한 것 같아. 빌 게이츠가 이 책을 샀대~" 하면서 자발적인 입소문은 연쇄적으로 확산될 수 있다.

아마 이러한 방식을 전개함에 있어서 특별히 비용을 지불하는 것은 없을 테고, 자사의 고객 중에 이러한 R고객의 존재를 파악하고 그 구매기록 데이터베이스와 화면을 연결시키는 것은 그리 어렵지 않을 것이다. 만약 이런 방식의 판촉이 저작권에 걸릴 소지가 우려된다면? 그때는 매스미디어와 제휴를 하여 유명인의 전문성을 제고해줄 수 있는 방법을 모색해보라. 예를 들어 경제신문과 함께 'CEO가 추천하는 이 한 권의 책'이라는 코너를 운영하는 이벤트에 후원을 하는 식으로 말이다.

G고객(General Customer)
일반고객을 충성고객화하기

L고객의 경우는 특정 브랜드에 대한 충성도를 가지고 있고 매출기여도 또한 상당하기 때문에 이들을 관리하는 것은 입소문마케팅에서 매우 중요하다고 앞에서 이야기한 바 있다. 그러나 상대적으로 일반고객(이하 'G고객')을 같은 비중을 두어 관리한다는 것은 약간 무리가 있다. 이들이 중요하지 않기 때문이 아니라 투여되는 시간·노력·비용에 대한 효율성을 고려해야 하기 때문이다. 따라서 G고객에 대한 입소문마케팅 노력은 그들을 L고객화시킬 수 있도록 하는 데 관심을 가져야 한다. 이번 절에서는 주로 'G고객의 L고객화'를 중심으로 그 방안과 사례들을 살펴보게 될 것이다.

1. 프로슈머(Prosumer) 시대, 입소문마케팅의 민주화를 꿈꾸다

여기서 잠시 오피니언리더(Opinion Leader, 의견선도자)의 개념과 역할이 좀 더 폭넓어지고 있다는 점에 주목해보자. 지금까지는 사회에서 타인의 사고방식이나 행동에 영향을 주는 사람들을 의견선도자라고 불러왔으며 숫자적으로는 소수였다. 그러나 인터넷의 급속한 확산으로 인해 디지털 경제로 패러다임이 전환함에 따라 기업으로부터 일방적으로 영향을 받는 위

치에 있었던 소비자가 '참여형 소비자(Prosumer)'[*]로 그 위상이 변화하게

됨으로써 누구나 의견선도자의 기능을 행사할 수 있게 되는 조짐이 나타

나고 있다.

예를 들어 인터파크에서 판매하는 젓가락질이 서툰 어린이를 위한 '지

능개발 에디슨젓가락'이라는 상품이 12,900원으로 비교적 비싼 편임에도

불구하고 6억 원 이상의 매출을 올린 적이 있다. 특별한 브랜드파워가 있

는 것도 아니었지만 "링이 달린 젓가락에 손가락을 끼면 아이 혼자서 콩을

집을 수 있다."는 등의 이용후기가 약 300여 건 이상 올라오면서 비슷한

또래의 아이를 둔 주부들의 입소문을 자극했기 때문이다.

이러한 상품평, 이용후기, 제안 등을 올리는 사람들의 대다수는 R고객

· L고객은 아니다. 그럼에도 불구하고 많은 소비자(G고객)들은 자신과 유

사한 환경에 있는 사람들의 이야기 · 코멘트를 통해 유사체험을 하게 되

고, 이들 간의 상호작용은 입소문에 결정적인 영향을 미치게 된다. L고객

은 만들어지는 것이 아니라 만들어가는 것이다. 이를 위해서는 수적으로

는 훨씬 많은 'G고객들을 L고객화'할 수 있는 여러 가지 방법들을 고안하

고 실천할 필요가 있다.

여성포털사이트 '팟찌닷컴' 내에 있는 '팟찌리포트'는 생활이나 상품

과 관련된 정보를 일반 네티즌들이 직접 취재를 하는 코너다. 이중 '봉쥬

르, 프랑스!', '삼바! 브라질', '싱싱 싱가폴', '멜버른 통신', '캐나다 하

늘 아래서' 등 재외 한국인들의 해외통신이 특히 인기가 있는데, 여기에는

현지 어학연수 정보나 값싸게 식료품을 사는 법이나 꼭 먹어봐야 할 특이

---

[*] 프로슈머(Prosumer): Producer + Consumer. 즉 제품의 생산에 직간접적으로 개입하여 영향을 끼치는 소비
자를 말한다. 저명한 미래학자인 앨빈 토플러(Alvin Toffler)는 자신의 저서 『제3의 물결』에서 제1의 물결(농업
사회)에서는 인간은 자신이 생산한 것을 소비하고 어떤 의미에서 '생산=소비자'였는데, 제2의 물결 즉 교환을
위해 생산하는 시대(산업사회)가 되면서부터 '생산=소비자'라고 하는 존재는 축소되다가, 다시 제3의 물결이
도래함에 따라 '생산=소비자'가 복권한다고 예언하였다.

'팟찌닷컴'의 '팟찌리포트' 화면(www.patzzi.com/report). 팟찌리포트는 회원들이 적극적으로 참여할 수 있는 공간을 제공하여 콘텐츠를 확충하고 L고객을 양산할 수 있는 구조를 갖추고 있다.

한 과일들 등의 정보가 매주 신속하게 업데이트되고 있다. 또한 현직 방송 작가의 방송계 비하인드 스토리인 '방송작가 일지', 대여섯 마리의 고양이를 키우는 네티즌의 '육묘일기', 빵이 좋아 제빵사 자격증까지 딴 네티즌의 '따끈따끈 베이커리 일기', 쇼핑 마니아 아줌마의 '아줌마의 알럽쇼핑', 아마추어 손금 관상가의 '재미로 보는 손금' 등 생활밀착형 콘텐츠들이 인기를 끌고 있다. 이러한 콘텐츠들의 조회수는 대개 1천~5천 회에 달하고 독자의 리플 수도 꽤 많은 편이며, 리포터들이 콘텐츠를 보고 질문을 하는 사람들에게 신속하게 답글을 남기기 때문에 만족도도 높다. 또한 이들에 의해 언급된 상품들은 의도된 광고라기보다는 주변 사람들이 생활 속에서 일어난 경험을 담담하게 이야기를 하듯 전달되기 때문에 입소문에 끼치는 영향력도 크다고 할 수 있다.

그렇다면 팟찌닷컴은 이러한 리포터들을 어떻게 섭외하는 걸까?[*] 해답은 의외로 쉽다고 한다. 팟찌닷컴 내의 '나도 리포터' 게시판에 자신이 취재한 정보를 올리면, 그 정보의 수준을 네티즌들과 기획자가 평가하고, 취

---

[*] 《사보중앙》 2003년 8월 25일자, '콘텐츠탐방: 팟찌닷컴 – 팟찌리포트'에서 인용. 김승연(팟찌닷컴 여성팀 대리). http://sabo.joongang.co.kr/article.asp?arid=2993

재력이 뛰어나고 필력도 인정할 만한 수준이라고 판단되면 팟찌 리포트에
자신의 기사를 쓸 수 있는 페이지를 할당받게 된다. 이런 과정을 통해 팟
찌닷컴은 일반 회원들을 L고객화하게 되고, 그들은 유명사이트에 자신의
글을 기고할 수 있는 기회를 부여받음으로써 더욱더 열심히 활동을 하게
되는 것이다.

2. 입소문 관련 조직의 활용
: G고객은 L고객으로, L고객은 더욱 강력한 L고객으로

일본의 '틴즈네트워크'라는 회사[*]는 2,000명이 넘는 여고생을 회원으
로 확보하고 있는 마케팅 회사이다. 이 회사에게는 이들이 직원들보다 더
중요하다. 바로 이들이 이 회사가 대행을 하고 있는 입소문마케팅의 주인
공들이기 때문이다. 이 회사에 홍보를 의뢰한 업체에서 새로운 제품이 나
오면 이 여고생 회원들은 그 제품들을 무료로 제공받아 직접 써보기도 하
고 친구들에게 나누어주기도 한다. 새 제품을 누구보다도 먼저 써보는데
다 남들에게 의견선도자 역할을 하게 된 이들은 그야말로 어깨가 으쓱해
지며 신나서 자랑을 하고 다닌다. 2,000명이 떠들어대며 나눠주고 다니는
효과는 곧 30만 명 이상에게 알려지는 효과를 나타내게 되고, 이는 곧 어
떤 유행의 하나로 자리잡는 듯 방송이나 지역 매스컴의 주목을 받게 될 가
능성이 커지는 것이다.

최근에는 이처럼 기업이 '입소문 관련 조직'을 통해 입소문 유발을 꾀
하는 경우도 늘어나고 있다. 입소문이 우발적이 아니라 마케팅 노력에 의
해 영향력을 발휘할 수 있다는 인식이 생겼기 때문이다. 기업이 입소문 관

---

[*] '주형진의 재밌는 마케팅 이야기 2 - 구전마케팅'에서 인용. http://myhome.naver.com/zoo2000
/marketing/marketing2.html

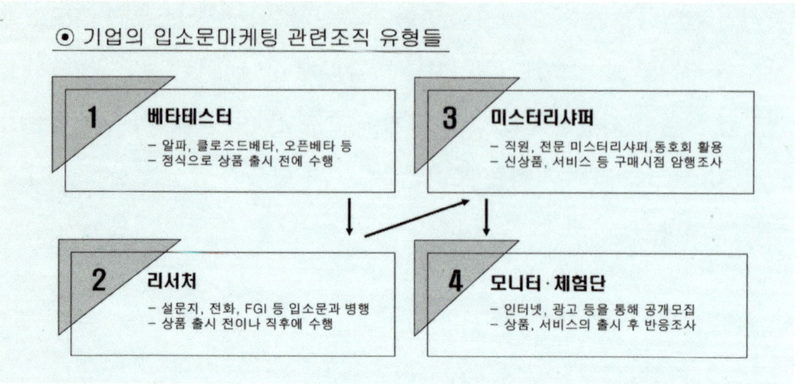

련 조직을 자사가 직접 운영하든 혹은 외부 전문대행사에 의뢰하든 간에 크게는 위와 같이 '베타테스터', '리서처', '미스터리 샤퍼', '모니터 · 체험단' 등으로 구분[*]할 수 있다.

이들을 누구(L고객인가, G고객인가)로 선발할 것인지에 대한 것은 입소문 마케팅에 있어 중요한 의사결정 사항이다. 입소문 관련 조직의 운영은 기존 자사 브랜드의 L고객을 대상으로 선발하는 것도 유용하다. 특히 브랜드를 업그레이드하거나 신규브랜드를 런칭할 때에는 이들의 입소문이 중요하다. 이때는 매출액 · 활동성 등을 기준으로 L고객들을 추출한 다음 그들에게만 이메일을 보내거나 웹사이트의 공지창이 나오게 만들어서 선발하게 된다.

한편, 경우에 따라서는 공지 · 공모를 통해 G고객까지 포함하여 선발하는 것도 한번 고려해볼 만하다. 물론 응모자들 중에는 공짜나 특혜에 관심이 있는 G고객들도 많다. 그러나 G고객이 영원한 G고객은 아니다. 경쟁사의 제품을 사용하다 호기심에 응모한 것이 당첨되어 나중에는 열렬한 자

---

[*] '이들을 상품의 출시 시기를 기준으로 시계열적으로 연계하여 활용할 수도 있을 것이다. 즉 위의 조직 중 하나만을 고집할 필요는 없으며 출시 전, 출시 시점, 출시 후 등 일련의 시간 흐름에 맞추어 활용 · 운영함으로써 입소문 효과를 지속시킬 수 있다는 말이다.

사의 L고객이 되는 경우도 있으며, 기업은 새로운 L고객을 확보함으로써 입소문 우군들의 증원을 기대할 수 있게 된다.

여기서는 기업이 입소문 관련 조직을 활용할 때 'L고객을 더욱 강력한 L고객으로 양성하려는 경우'와 'G고객을 L고객화시키려는 경우'를 병행하여 살펴보도록 하자.

a. 베타테스터 (Beta-Tester)

게임이나 소프트웨어를 런칭하기 전에는 알파 · 클로즈드베타 · 오픈베타 등의 세 가지 테스트를 거치는 것이 정례화되어 있다. 이러한 내 · 외부 테스트는 제품의 결함을 발견하거나 보완하기 위한 과정으로 통상적으로 알고 있지만, 입소문마케팅을 위한 목적과 병행될 수도 있다.

〈제품출시 전 테스트 유형과 입소문마케팅의 관련성〉

유 형	설 명
알파 테스트	사내 직원들에 의한 내부 테스트. 대개는 입소문과 관련성이 적지만 어떤 경우는 '코드네임 X' 등으로 언론 인터뷰나 사전 정보를 의도적으로 흘리는 경우도 있음. (이때는 특허를 출원하거나 시제품이 거의 완성되었을 경우에 행함.)
클로즈드 베타 테스트	사외에서 전문성을 겸비한 소수를 선정하여 수행하는 조기수용자 관점에서의 테스트. 본 목적은 버그나 개선점을 발견하는 데 있으나, 테스터들의 반응에 따라서 제품에 자신이 있을 경우 일부러 비밀유지 조항을 느슨하게 하여 이 시점부터 구전 활동을 실시하는 경우도 있음. 대개는 상품명이나 제작사 등은 공개하지 않아서 호기심을 증대시킴.
오픈 베타 테스트	정식 제품이 출시되기 전의 공개 서비스로서, 제품에 대한 평가의 목적과 맛보기를 통한 입소문 확산의 목적으로도 활용. 이 경우는 사실상 제품이 공개된 것이나 다름없기 때문에 대개 제품 발표회, 무료 체험서비스, 경품 이벤트 등의 이벤트를 병행하여 공개적인 확산을 꾀함.

게임처럼 마니아 성향을 가진 상품군의 '클로즈드 베타 테스트'의 경우

네오위즈와 엔틱스소프트가 공동개발한 학원 액션 어드벤처 게임 '요구르팅(www.yogurting.com)'의 2차 베타테스터 모집 화면.

는 그들의 전문성이 출시 후에도 막강한 입김을 발휘할 수 있기 때문에 의견을 최대한 반영함은 물론 선정이나 관리에 있어서도 극도의 보안을 요한다. 만약 누군가가 이러한 멤버인 것이 공개되었다는 것이 알려지면 즉각 퇴출을 시키기도 한다. 그러나 이러한 얼리어답터 성향의 테스터들은 남보다 먼저 제품에 대해 접근해볼 수 있다는 것에 매력과 자부심을 느끼기도 하며, 계약기간이 끝나거나 발설에 대한 자유로움이 주어졌을 때는 누구보다도 영향력을 줄 수 있는 사람이기 때문에, 이중 긍정적인 반응을 보이는 테스터의 경우는 적극적인 활동 지원을 통하여 입소문이 확산되도록 고려할 수도 있다.

한편, 주로 G고객을 대상으로 행해지는 '오픈 베타 테스트'의 경우는 미처 발견하지 못한 결함을 보완하기 위한 목적도 있지만 목적의 반은 사실 입소문 유발에 있다고 해도 과언이 아니다. 그래서 프로모션 예산 중의 상당액을 정식 서비스보다도 오히려 베타 서비스 개시에 더 비중을 두어 투여하는 경우도 있다. 추후 유료로 전환할 사람들의 상당수는 이 기간 중에 맛을 들인 사람들일 것이며, 이 시기에 입소문을 통해 많은 잠재고객을 확보해둠으로써 정식 서비스 시기에 투여될 마케팅커뮤니케이션 비용을 상대적으로 절감할 수도 있기 때문이다. 예를 들어 학원 액션 어드벤처 게임인 '요구르팅'은 자사의 서비스를 테스트하고 조언해줄 베타

234

테스터를 공개모집하였는데, 1차 모집시 999명을 선발하는데 무려 9만 2천 명의 지원자가 몰렸다. 이에 고무되어 2차 모집에는 9천5백 명의 베타테스터를 모집하였는데, 이처럼 많은 베타테스터를 선발한다는 것은 그 목적 자체가 버그·개선점을 발견하는 것보다는 홍보와 입소문에 있다는 것을 보여준다.

b. 리서처 (Researcher)

'리서처'라고 하면 조사원으로 번역을 할 수 있는데, 이 책에서는 뒤에 얘기할 모니터·체험단과는 약간 다른 접근을 하고 있다. 이 책에서 말하는 '리서처'란 제품 출시 전이나 직후 등에 기업 관점에서의 시장·상품·소비자 조사를 행하는 요원들인데, '모니터'는 이에 비해 주로 제품 출시 후에 소비자의 관점에서 다양한 의견이나 아이디어를 제시하는 집단이라 구분할 수 있겠다. 또 다른 차이라면 리서처가 모니터보다는 조사에 관해 좀 더 전문적인 지식과 기술을 가지고 있다.

'조사원'이라는 입장은 상품에 대해서 조사 대상자에게 비교적 많은 언질을 할 수 있는 위치에 있다. 이들이 상품 관련 조사활동을 하면서 "그러세요? 이 상품을 한번 접해보신 적이 있나요? 방금 말씀하신 부분을 집중적으로 개선해서 만들었는데……", "확실히 그렇죠? 그것 때문에 A사에서 개발비를 엄청나게 들여서 개발한 게 이 제품이래요. 한번 써보시고 다음 주 정도에 의견을 주시면 어떨까요? 마음에 드시면 그날 제가 몇 개 더 드릴게요." 하면서 조사의 객관성을 최대한 잃지 않는 척하면서 입소문을 전개할 수 있는 방법들을 강구해둘 필요가 있다.

이를 위해서는 사전에 테스트를 통하여 조사원의 어떤 메시지가 자연스럽게 들리는지, 어떤 메시지가 장삿속이 배어 있다고 느껴지는지에 대해서 내부에서 메뉴얼 작업을 해두는 것도 필요하다. 그리고 메뉴얼을 활용할 경우, 외부 인력을 활용한 조사원에게는 입소문을 직접적으로 내달라고 강요하기보다는 특정 조사항목 중에 질문을 할 시나리오로 이해하도록하여 거부감을 줄일 수 있게 해야 할 것이다.

c. 미스터리 샤퍼 (Mystery Shopper)

'미스터리 샤퍼' 란 손님으로 가장하고 대리점이나 직영 매장 등을 방문해 업무 효율성이나 친절도 등에 대해 평점을 매기는 역할을 하는 사람을 말한다. 고객서비스가 중시되는 외식·유통·패션·호텔 등의 업계에서 자주 쓰이고 있는 방법이다. 이 경우 기업들은 자사 직원을 활용하기도 하지만, 최근에는 자사의 고객이나 관련 커뮤니티 등에 의뢰하여 고객 관점의 여러 의견을 반영하기도 한다. 예를 들어 'TGI프라이데이스' 는 고객이 직접 일종의 암행어사가 되어서 서비스와 음식 등을 체크한 다음 본사로 제언을 하는 미스터리 샤퍼 제도를 운영하고 있다. 이들이 작성한 100여 가지가 넘는 서비스 체크 리스트는 직원 포상이나 재교육 등에 적극적으로 반영하게 된다.

자사의 상품만을 취급하는 전문 매장이라면 미스터리 샤퍼들의 역할은 말 그대로 적힌 항목에 대해서 경험을 한 후 평가를 하는 일에 그치지만, 편의점이나 백화점 등 경쟁사의 제품과 함께 진열대에 올라와 있는 경우는 구매 현장에서의 약간의 입소문 노력도 도움이 될 수 있다. 예를 들어 제조업체의 경우 자사 상품이 진열대의 구석에 배치되어 있지는 않은지, 판매점원이 어떤 이야기를 하는지에 대해 감시를 하면서 이에 대한 보상 판촉 프로그램을 실시하는 경우도 있다. 이때 구매 후 평가가 추후 서비스 개선에 반영되는 것만 중요한 게 아니라 "XXX 없어요? 요즘 잘 팔린다던

'미스터리 쇼핑 대행'을 통하여 기업의 업무수행능력 측정 및 관리·개선 서비스를 제공하는 갭버스터 사 홈페이지의 한국어 화면. (http://www.gap-buster.com/ko-kr/index.htm)

데.", "이거 말고 딴 데 가니까 새로 나온 게 하나 있던데?" 하면서 시장의 반응이 좋은 것 같다는 식의 이야기를 의도적으로 행하는 것이다. 판매점주의 입장에서는 두세 번 듣다 보면 "진짜 그런가?"라는 생각에 진열을 바꿔볼 수도 있고, 그러다 보면 진짜로 잘 팔리게 되어버리는 사례들도 나타난다. 실제로 판매점주나 점원은 고객들에게 "이거 요즘 잘 나가는 것 같아요."라고 자발적으로 입소문을 행해주기도 한다.

한편, 미스터리 샤퍼 역할을 하는 사람들은 여러 경쟁사의 서비스 등에 대한 경험을 종합하여 판단하기 때문에 실제로 그 제품의 무엇이 좋은지에 대해서 정보가 보다 정확하고 풍부하여 주변 사람들에게 영향을 끼칠 수 있다. 예를 들어 외식업체에서는 최근 식도락 관련 커뮤니티의 주요 회원을 미스터리 샤퍼로 고용하는 경우가 증가하고 있는데, 이때 신상품에 대한 평가뿐만 아니라 그 맛에 대해 입소문을 통해 전파하는 중요한 전령으로서의 역할도 하기 때문이다. 미스터리 샤퍼를 선정하는 기준을 어떻게 잡느냐에 따라 그것이 입소문과 연계될 가능성이 달라질 수 있다는 점에 유의해야 할 것이다.

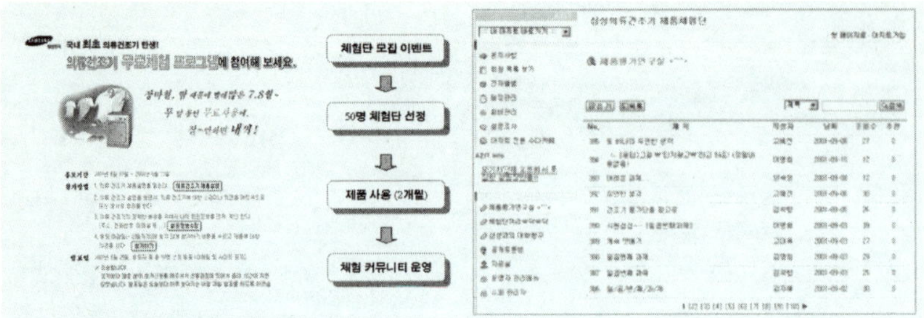

d. 체험단, 모니터

체험단이나 모니터 활동들은 자사의 상품을 사용할 가능성이 높은 잠재고객이나 기존 고객들을 대상으로 '직접적인 판매'의 목적을 겸해 운영된다는 점에서 앞의 베타테스터 · 리서처 · 미스터리 샤퍼 등과 구분된다. (이러한 모니터 · 체험단 운영의 가장 대표적인 성공사례는 역시 딤채일 것이다.)

모니터 하면 주부모니터라 할 만큼 이 분야에서는 주부들의 활약이 두드러지고 있는데, 이 제도를 운영하는 기업의 목적은 당연히 입소문과도 관련이 있다. 가족의 소비에 있어 많은 영향력을 발휘하는 주부는 직접 경험을 통한 모니터링 결과나 정보를 주변의 사람들과 공유하는 경우가 많다. 또한 모니터 요원에 의해서 주위의 사람들이 자사의 상품에 대해서 어떤 이야기를 하고 있는지에 대한 현장의 소리를 생생하게 들음으로써 입소문의 관리에도 유용하다.[*]

예를 들어 '삼성전자'는 국내 최초로 의류건조기를 출시하면서 50여만 명의 회원을 확보하고 있는 아줌마닷컴에 의뢰하여, 약 50명의 고객체험단을 2개월간 운영하면서 그중 활동 우수자 10명에게는 무료로 의류건조

---

[*] 단어는 다르지만 개인적으로 체험단이라는 말은 모니터보다 어감상으로 이러한 입소문 목적이 더 엿보이는 용어라고 보여진다. 모니터가 쓴소리라도 듣겠다는 표현이라면, 체험단은 단소리를 해주었으면 좋겠다는 느낌이 들기 때문이다.

⟨주부 체험단의 2개월간 수행 과제⟩	
1주차	설치 공간 및 설치과정 평가
2주차	안전하고 효율적인 사용을 위한 나만의 비법과 전기세 줄이는아이디어
3주차	디자인 · 색상 등 외관평가
4주차	사용상 안전성 및 세부성능 사용 후 평가
1차 정기 채팅 회의	
5주차	시간별, 섬유별 사용 후 평가
6주차	주변 사람들에게 의류건조기에 대한 반응 조사 (최소 인원 지정)
2차 정기 채팅 회의	

기를 제공하고 나머지 40명에게는 구매의사가 있는 경우에 한하여 공장도 가격(55만 원)의 50%에 구입할 수 있는 기회를 제공하였다. 삼성전자가 자사의 사이트를 이용하지 않고 외부업체에 의뢰한 이유는 방문자에 의한 부가적 홍보효과를 기대할 수 있었기 때문이다.

체험단은 2개월간 인터넷상에서 사용소감, 경험, 노하우 등에 대해 주 1회 사용성 평가와 월 1회 채팅을 실시하였으며, 또한 1인당 다섯 명 이상 이웃 주변인을 집에 초대하여 제품을 사용하게 해보고 그들의 의견을 수렴하여 보고서를 작성하도록 하였다. 그 결과 광고 아이디어, 제품 개선 아이디어 등을 온라인 실시간 인터뷰를 통해 듣는 등 제품의 런칭전략 수립을 위한 다양한 자료를 수집하기도 했으며, 2개월간의 체험이 끝난 후 체험단 중 30%가 실제로 제품을 구입하였다고 한다.

3. 영웅 만들기(Hero Making)
: L고객은 태어나는 것이 아니라 만들어지는 것이다!

요즘은 각 기업마다 오프라인 사보를 발행하거나 온라인 이메일뉴스레터를 발송하는 것은 흔한 일이다. 그런데 대부분은 기업·상품 관련 정보나 전문가의 칼럼 등으로 구성되어 있고 고객의 소리들은 뒷전에 밀려 있는 경향이 있다. 또한 고객의 소리라고는 해도 읽는 이로 하여금 별다른 관심을 가지지 않을 정도로 비중이 낮게 편성되어 있다. 그리고 일방향적이다. 말만 고객이 주인이지, 실상은 기업이 작위적으로 운영하는 형태를 벗어나지 못하고 있는 것이다. 그러다 보니 고객들은 참여의 재미를 느끼지 못하고 들러리만 선다는 생각에 적극적인 활동을 하려는 의욕이 별로 없다.

G고객을 L고객화시키기 위하여 참여동기를 부여할 수 있는 여러 방법 중의 하나로 영웅 만들기(Hero Making)라는 것이 매우 유용하게 쓰일 수 있다. 고객 커뮤니티의 중요성이 증대해가고 있는 시점에서, 열정이 있는 고객을 홈페이지의 첫 화면이나 이메일 뉴스레터에서 비중 있게 다루게 되면 그들은 이러한 사실을 자랑스럽게 생각하고 주변의 사람들에게 자랑을 한다. 그리고 그다음에 등장하는 사람들에 대해서도 관심을 가지게 되고, 어떤 경우는 이 사람들끼리 또 다른 커뮤니티를 형성하면서 그 경험을 기념(?)하기도 한다. 만약 개인의 상품성이 탁월하다면 이를 계기로 언론에 소개되어 갑자기 스타(R고객화)로 뜨기도 한다.

'싸이월드'는 이러한 영웅 만들기를 가장 잘 활용하고 있는 사례라 할 수 있다. 싸이월드는 회원의 신청에 의해 클럽이나 개인을 자사의 메인 화면, 첫 화면에 소개하고 있는데, 이에 참여한 클럽은 회원수를 증대시킬 수 있고 개인은 자신의 미니홈피 방문자를 증가시키는 데 크게 기여하게 된다. 또한 싸이월드의 입장에서는 참여한 회원들의 충성도를 높일 수 있을 뿐만 아니라 다른 회원들의 관심 제고 및 비회원들의 가입을 촉진하는 브랜드전도사로 양성할 수 있게 된다.

여기서 싸이월드의 영웅 만들기가 입소문마케팅을 선순환시킬 수 있는

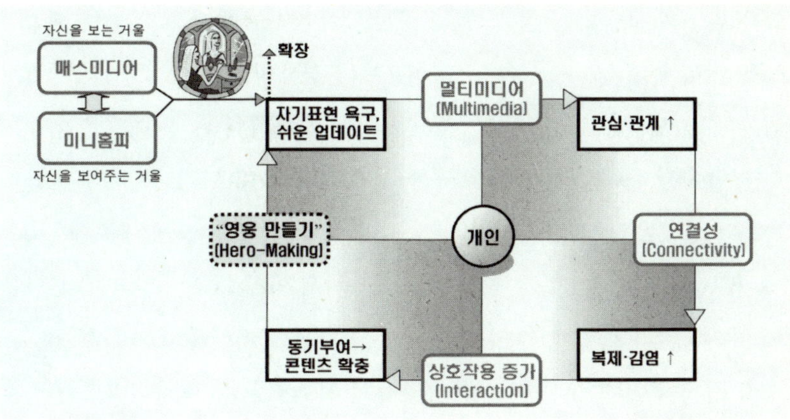

지에 대해 한번 살펴보도록 하자. 매스마케팅과 입소문마케팅은 상호보완적 관계라는 것을 이야기한 바 있는데, 네티즌에 있어 매스미디어는 자신을 보는 거울이다. 즉 드라마나 시사토론 프로그램 등에 직접 참여를 하기 힘들지만 자신이 어떤 방향으로 삶을 꾸려갈지에 대해 막대한 영향력을 미치는 바로미터다. 그런데 미니홈피의 경우는 이러한 자신의 지향점을 보여주는 거울이다. 예를 들어 싸이월드의 미니룸은 자신이 꾸미고 싶은 방, 자신이 거닐고 싶은 거리, 자신이 살고 싶은 이상향 등을 표현하는 수단이다. 미니홈피의 성장에는 바로 네티즌들의 이러한 자기표현 욕구가 증대하였다는 점과 이를 쉽게 표현할 수 있는 수단을 가지게 되었다는 점을 이해해야 한다.

그런데 블로그가 미국에서 출발했던 것에 비해 미니홈피는 한국이 원조라고 할 수 있다. 이전까지 블로그는 주로 글 위주였고 사진·동영상·음악 등의 활용도는 그리 높지 않은 편이었다. 왜냐하면 해외의 경우는 한국처럼 초고속 통신망이 발달하지 않았던 탓이다. 이에 비해 미니홈피는 우리의 IT인프라를 살려 멀티미디어를 충분히 활용할 수 있도록 발전해왔다. 월드컵의 영향으로 디지털카메라 수요가 급증했고, 이를 활용해 자신

혹은 친구의 모습을 담을 수 있는 공간으로 미니홈피는 그 역할을 해주었음은 이미 언급한 바 있는데, 그러다 보니 상대방을 시각적·청각적으로 접할 수 있게 됨으로써 관심·관계가 더욱 높아지게 된다. 배경음악도 이런 맥락에서 해석할 수 있다. 자신이 좋아하는 음악을 미니홈피에서 틀어놓는다는 것은 그 사람의 개인적 심리나 성향을 알 수 있게 해준다.

이러한 관심·관계는 연결성(Connectivity)에 의해 더욱 증진되는데, 남들이 미니홈피나 클럽에 쓴 글·사진 등을 자신의 미니홈피에다 손쉽게 스크랩 하거나 이에 대한 덧글을 자극하게 됨으로써 마치 바이러스처럼 복제·감염이 꼬리에 꼬리를 물면서 관계맺기가 확장된다. 이러한 상호작용의 증가는 스스로 더 열심히 미니홈피를 가꾸도록 동기부여를 해주며, 콘텐츠가 충실해짐에 따라 더 많은 방문자를 유도하게 된다.

콘텐츠가 풍부해져 많은 방문수를 기록하면 자기를 알리고 싶은 욕구는 더욱 증가할 것이며, 싸이월드의 경우 홈페이지 첫 화면에서 정성 들여 꾸민 자신의 미니홈피들을 소개할 공간을 지원해줌으로써 그가 영웅이 될 수 있는 기회를 제공해준다. 만약 투멤(투데이즈멤버스)에 뽑히기라도 하면 하루에도 족히 수천~수만 명의 방문자가 자신의 미니홈피를 방문하게 되며, 이로 인해 몸짱·얼짱으로 알려져 방송출연까지 하는 경우도 적지 않다. 이 사람들은 앞으로 더욱더 열심히 자신의 미니홈피를 가꾸게 되고, 자신도 모르게 싸이월드를 홍보해주는 브랜드전도사 역할을 하게 될 것이다. 또한 다른 G고객들은 이들을 벤치마킹하면서 자신도 영웅이 되고자 하는 동기를 부여받게 되며, 이러한 과정을 통해 G고객은 L고객화 된다.

싸이월드의 입장에서 보자면 이러한 영웅 만들기에 큰 비용을 소요하는 것은 아니다. 그러나 G고객 →L고객화가 선순환함에 따라 우군들의 자발적 입소문에 의해 다른 신규고객들을 불러모을 수 있다. 그리고 이러한 선순환의 확장이 거듭될수록 네트워크의 가치가 기하급수적으로 증폭되고, 그에 따라 매출향상(수확체증 효과)에 기여한다.

충성고객은 태어나는 것이 아니라 노력에 의해 만들어지는 것이다!

제7장
한 놈만 찍어라!

"나는 끝까지 한 놈만 패!"

— 〈주유소 습격사건〉에서 유오성의 대사

"난 끝까지 한 놈만 패!"
〈주유소 습격사건〉이 던져준 '소수의 힘'에 대한 통찰력

김상진 감독의 영화는 일단 재미있다. 〈주유소 습격사건〉, 〈신라의 달밤〉, 〈광복절 특사〉, 〈귀신이 산다〉에 이르기까지 그의 영화는 일단 부담이 없다. 세상에는 이런 영화도 있고 저런 영화도 있다. 영화를 꼭 진지하고 예술적인 관점에서만 의미를 부여할 필요는 없지 않은가? 피곤하고 고달픈 삶에 있어 웃음을 주는 영화는 일종의 강장제(?) 역할을 하기도 한다. 그래서 '김상진 표' 영화는 비록 유명 국제영화제에서 수상하지는 못할지라도 "김상진이 연출하고 차승원이 등장하는 영화라면 무조건 본다."고 하는 마니아들도 많다. 필자 또한 그러한 부류이다.

그의 영화 중 필자에게 가장 인상 깊은 장면은 바로 〈주유소 습격사건〉에서 힙합 스타일에 벙거지 모자를 쓴 무대포(유오성 분)가 깡패 졸개들을 기합 주면서 "난 끝까지 한 놈만 패!"라고 했던 대사다. 아무리 많은 적이 달려들어도 하나만 물고 늘어지면 나머지는 겁을 먹고 쉽게 달려들지 못한다는 사실을 무대포는 몸으로 느껴왔으며, 관객들은 이 대사에 강한 인상을 받았다. 입소문마케팅에 있어 이만한 명대사가 또 어디 있으랴! 특정한 소수를 집중적으로 공략함으로써 나머지에게 영향력을 주게 하는 것이야말로 입소문마케팅의 가장 중요한 비법이기 때문이다!

예를 하나 들어보자. '교보문고'는 2004년 6월 말 인터넷상에서 '작가와 떠나는 특별한 체험여행'이라는 이벤트를 실시한 적이 있다. 단지 책만 싸게 사는 것이 아니라, 기회가 된다면 작가와 함께 여행을 하면서 오붓이 토론할 수 있다는 것은 많은 독자들의 바람 중 하나일 것이다. 예를 들어 박경리 님과 함께 대작 『토지』의 무대인 경남 하동을 함께 방문할 수 있다면 얼마나 영광이겠는가? 오프라인에 핵심역량이 있는 교보문고의 입장

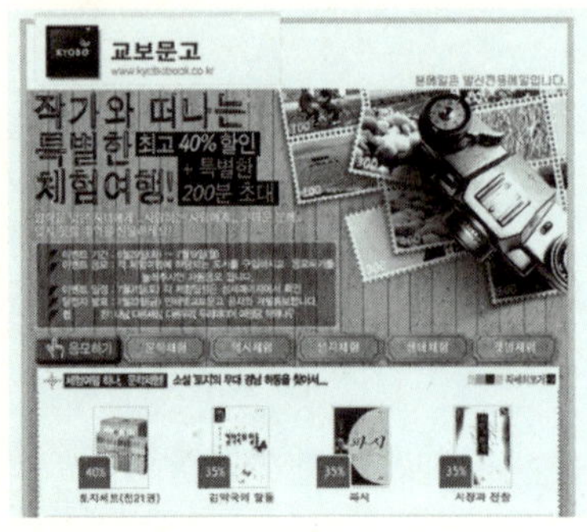

'인터넷교보문고(www.kyobobook.co.kr)'가 실시했던 '작가와 떠나는 특별한 체험여행' 이벤트의 공지화면.

에서는 이러한 프로모션이 기존 온라인서점들에 비해 차별화할 수 있는 상당히 참신한 시도였다고 생각한다.

그런데 위의 이벤트 안내 화면을 보면서 필자는 약간의 아쉬움도 남는다. 첫째, 『토지』와 같은 스테디셀러라면 이와 관련된 커뮤니티(예를 들어 『토지』 관련 커뮤니티 혹은 박경리 님의 팬클럽 등)를 개설함으로써 보다 활성화시킬 수도 있지 않았을까? 둘째, 이러한 이벤트에 여행을 한다는 것은 아무래도 혼자는 적적할 수도 있기 때문에 한 명 더 동반할 수 있게 하거나 혹은 2~4명 정도를 연결시켜줘서 사전에 서로 친분을 쌓게 할 수도 있을 것이다. 마지막으로, 필자가 가장 강조하고 싶은 것은 초대인원 '특별한 200분'이 고객들에게는 별로 특별하게 느껴지지 않을 것이라는 점이다. 차라리 한 10명 정도면 충분하지 않을까? 왜냐하면 200명이라면 버스가 다섯 대가 움직인다는 이야기인데, 한 명의 작가가 1인당 5분씩만 이야기한다고 해도 17시간이나 소요된다는 계산이 나온다. 고객의 입장에서는 단순히 작가와 여행을 하는 것이 중요한 게 아니라, 작가와 충분히 토론하고 배우면서 '특별한 경험'을 얻고자 하는 것이 정말 소중한 기회다. 물론 기업 입장에서는 보다 많은 사람들에게 혜택을 부여하려는 것이 어떻게 보면 당연하다. 하지만 고객 입장에서는 그 반대일 것이다. 숫자가 많은 것이 중요한 것이 아니라, 소수에게 정말 특별한 추억(대화, 촬영, 식사 등)을 만들어

주고 이를 통해 그들이 자발적·적극적으로 입소문을 유발함으로써 브랜드전도사를 양성하는 것이 오히려 더 효과적이지 않았을까?

다시 한 번 강조하지만 '한 놈만 찍어라!'

브랜드커뮤니티의 기대효과

'한 놈'의 입소문마케팅은 계속된다, 쭈욱~~!

그렇다면 입소문마케팅에 있어 '한 놈'은 도대체 누구인가? 이들은 정말로 다양하다. 예를 들어 필자는 마케팅 분야에 있어 그 한 놈에 속할 가능성이 있지만, 만약 인라인 분야라면 한 놈은커녕 전혀 관심의 대상도 될 수 없는 미미한 존재일 수도 있다. 대한민국 인구를 대상으로 이 '한 놈'을 발견하려 시도한다면 그 노력은 가상하나 전혀 효율성이 없다. 따라서 시간·노력·비용을 가장 적게 들이면서도 이들을 발견할 수 있는 채널을 확보해두는 것이 중요하다.

이 책에서는 무엇보다 그 한 놈을 브랜드커뮤니티(Brand Community)에 집중시켜 설명하고자 한다. 기업 — 운영진 — 일반회원의 상호이익을 추구함으로써 가장 효율적으로 CTL 형태의 입소문마케팅을 추진할 수 있는 곳이 바로 브랜드커뮤니티라 보기 때문이다. 예를 들어 'CJ홈쇼핑'의 소비자 모니터링 모임인 '깐고모', '현대자동차'의 쏘렌토 사용자들의 모임인 '쏘렌토 클럽', '아이리버' 사용자들을 위한 '아이리버마니아' 등은 기업과 브랜드커뮤니티가 협력하여 성공적인 입소문마케팅을 창출한 경우라 볼 수 있다.

자본주의 사회에 있어 상업성 자체를 부인할 수는 없다. 문제는 지나친 상업성을 추구함으로써 일방적으로 한편에만 치우쳐 이익이 생기는 경우에 발생하게 된다. 기업 브랜드와 소비자 커뮤니티가 함께 만나게 되는 브랜드커뮤니티에서는 그 성격상 어느 한쪽에 편중된 이익이 발생할 수 있는 소지가 적다. 커뮤니티 운영진의 입장에서 보자면 브랜드커뮤니티는 기존 커뮤니티가 가진 열악한 재정적 상황을 극복하면서 일반회원들의 적극적 참여 및 지속적 성장을 추구할 수 있는 희망의 돌파구가 될 수 있다. 기업 입장에서 보자면 브랜드커뮤니티는 긍정적 입소문을 창출하고, 부정적 입소문을 억제하고, 그리고 제품의 개선 · 개발에도 기여해주는 아주 특별한 존재로 부각되고 있다.

왜 그런가? 가장 중요한 힌트는 바로 '목적 및 효과' 측면에서 기업 ― 운영진 ― 일반회원 등 3자간의 이해가 서로 부합했기 때문이다. 브랜드커뮤니티를 제외한 일반 커뮤니티가 가질 수 있는 문제점 중의 하나는 '공익성에 집착하기 때문에 수익성의 부재를 초래하고 이것은 결국 책임감의 저하로 연결될 수 있다.'는 점이다. 이것을 브랜드커뮤니티 운영진의 관점으로 수정하면 '상업성을 어느 정도 수용하기 때문에 커뮤니티의 수익성 향상이 기대되고 이것은 운영진의 책임감과 일반회원의 참여성을 개선시킨다.'라고 할 수 있지 않을까? 브랜드커뮤니티 운영진 및 일반회원들의 관점에서는 남보다 일찍 혹은 값싸게 그 브랜드를 경험할 수 있는 특별한 기회를 가짐으로써 프라이드를 높여줄 수 있다. 또한 기업의 입장에서는 매스미디어를 통해 자사 브랜드의 이미지를 구축하기 위해서는 엄청난 비용이 필요한 데 비해, 브랜드커뮤니티가 협력해준다면 그 비용이나 파급효과는 매스미디어의 그것에 비해 훨씬 효과적이다.

자본주의의 성숙은 필연적으로 소비문화를 자극하며, 이에 따라 기업들은 이제 브랜드를 통해 문화를 형성(Brand Culture)해가는 경지에 이르고 있다. 즉 브랜드는 단순히 제품 · 가격 · 기능이 아니라 소비자와 다른 소비자들의 유대관계를 맺어주고 문화를 공유할 수 있게 해주는 매개체 역할

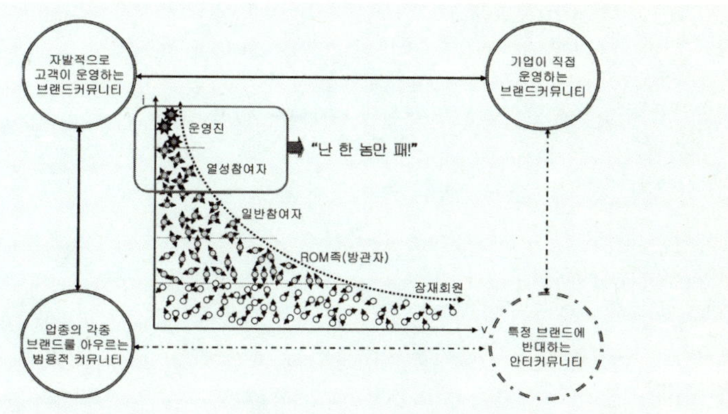

브랜드 관련 커뮤니티는 1. 기업에서 자사의 홈페이지를 통해 직접 운영하는 브랜드커뮤니티, 2. 커뮤니티사이트 내 혹은 독자 도메인을 통해 고객이 자발적으로 운영하는 브랜드커뮤니티, 3. 특정 브랜드가 아니라 그 업종을 아우르는 범용적 커뮤니티, 4. 안티(Anti) 사용자들을 중심으로 구성된 안티커뮤니티 등으로 구분할 수 있다. 그런데 이러한 구분과는 상관없이 대부분의 브랜드커뮤니티는 '멱함수의 법칙(Power Law)'에 따라 영향력과 회원숫자가 위의 그림과 같이 포아송 분포로 구성된다. 즉 운영진과 열성참여자들은 숫자적으로는 소수에 불과하지만 이들의 영향력은 나머지 회원들보다 훨씬 크다. 위의 그림에서 X축의 v는 회원숫자(volume), Y축의 i는 영향력(influence).

을 한다. 예를 들어 많은 소비자들은 환경문제에 대해 NGO에 가입하기보다는 '더바디샵(TheBodyShop)'을 구매하면서 CEO인 아니타 로딕의 철학에 동감을 표시하고, 애플의 MP3플레이어인 'i-Pod'를 구입하면서 자신의 완전히 새로운 라이프스타일을 꿈꾸며, 'M-TV'를 시청하면서 자신의 젊음과 자유를 어떤 방식으로 표출할 수 있을지에 대한 힌트를 얻는다. 이러한 브랜드문화 구축을 위해 브랜드커뮤니티는 주도적이고 강력한 역할을 해줄 수 있는 잠재력을 갖고 있다. 왜냐하면 브랜드커뮤니티는 이러한 브랜드문화를 세상 사람들에게 전파·확산시키는 전도사 역할을 자임하고 있기 때문이다.

그렇다면 기업은 브랜드커뮤니티를 통해 무엇을 기대할 수 있는가? 기업은 브랜드커뮤니티가 자사 브랜드를 위한 '마케팅커뮤니케이션 활동의 활성화', '충성도 제고에 기여', '제품의 개선 및 개발', '입소문마케팅의 교두보'를 해줄 수 있기를 바란다. 그리고 궁극적으로 브랜드커뮤니티는

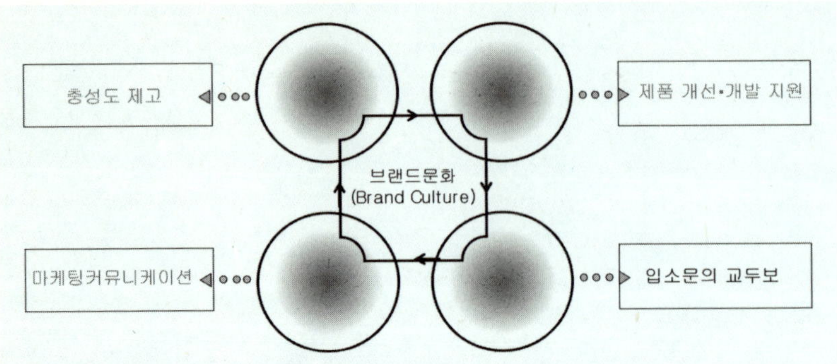

브랜드커뮤니티의 기대효과. 브랜드커뮤니티는 고객들의 참여 공간을 제공하여 충성도를 제고시키며, 기존 상품에 대한 다양한 의견을 개진하거나 신상품의 개발을 위한 아이디어를 얻을 수 있으며, 기업의 마케팅커뮤니케이션 활동에 대한 적극적인 참여를 통해 효과를 제고한다. 또한 부정적인 입소문을 억제하고 긍정적인 입소문을 창출하는 등 입소문마케팅의 교두보 역할을 해준다.

자사 브랜드의 철학(Philosophy)을 공유하는 충성고객들이 모여 이들의 적극적인 활동이 강력한 브랜드문화를 구축하는 데 기여할 것을 기대한다. 강력한 브랜드문화의 구축에 대해서는 제12장에서 좀 더 자세히 설명하기로 하고, 여기서는 위의 네 가지 기대효과에 대해 입소문마케팅과 결부시켜 기존 사례 및 그 사례의 문제점들에 대해 간략히 살펴보도록 하자.

1. 마케팅커뮤니케이션 활동의 강화

최근 기업의 마케터들을 만나다 보면 "이제 매스미디어 광고만으로는 한계가 있습니다."라는 말들을 자주 듣게 된다. 당연한 이야기다. 인터넷의 성장이 그 이유이기도 하며, 또한 매스미디어 매체도 너무나 많아져서 예전에 공중파 방송이나 주요 일간지가 독식했던 시절만큼의 광고효과를 거두기가 힘들기 때문일 것이다. 그렇다고 매스미디어를 완전히 버릴 수 있는 환경은 결코 아니다. 따라서 기업은 이에 대한 대안으로 통합마케팅커뮤니케이션(IMC)을 고민하고 있으며, 한편으로는 이처럼 다양한 매체 믹스를 전개할 때 비용에 대한 부담을 느끼지 않을 수 없다.

이러한 맥락의 일환으로 몇 년 전부터 크로스 마케팅(Cross Marketing), 즉 온라인과 오프라인을 어떻게 효율적으로 결합시킬 것인가에 대한 고민이 진행되고 있다. 어떤 이들은 "요즘 그렇게 안 하는 데가 얼마나 있다구!" 라고 반문할는지도 모르지만 실상은 그렇지 않다. 기업조직 내에서 아직도 서로 간의 반목은 여전히 잔존해 있다. 굴뚝기반 업체의 조직 내에서 오프라인마케터는 온라인마케팅의 성장으로 인해 자리걱정을 하며 실질적인 매출효과가 있었냐는 반문을 제기한다. 온라인마케터는 시대가 어느 땐데 자꾸 오프라인에 집착하려는지에 대해 불만을 터뜨린다. 필자가 실무자들과 술자리를 하다 보면 아직도 자주 등장하는 논쟁거리다.

그나마 현재 이러한 크로스 마케팅의 필요성을 입소문마케팅과 가장 잘 결합시키고 있는 사례 중의 하나는 'KTF'의 '모바일 퓨처리스트(MF)'라는 조직이다. MF는 KTF의 주요 타깃인 대학생 대상의 마케팅을 활성화하기 위해 전국 각 대학마다 약 11명 정도씩을 선발하여 이들에게 최신 단말기 지급, 약 5만 원의 통신요금 지원, 각 학교별 선의의 경쟁체제를 통한 인턴십, 해외연수 기회부여 등의 혜택을 주고 있다. 그만큼 혜택이 있으니

'모바일 퓨처리스트(MF)'의 홈페이지(http://www.mobilefuturist.com). KTF는 전국 각 대학에서 선발되는 '모바일 퓨처리스트'와 학교별 응원단인 '서포터즈'는 KTF의 신규광고와 베타테스터 활동 등에 참여하는 대가로 많은 혜택을 제공해주고 있다. 오른쪽은 이미 MF 활동을 거친 대학생들의 지속적 활동을 지원하는 'Managers Club(MC)'의 모집화면. MF는 2005년에 3기를 선발할 때 지원자가 모바일퓨처리스트를 알아가는 문제를 해결해나가면서 지원서류 작성 자격을 부여받는 형식을 취하였는데, 뿐만 아니라 친구들의 추천이나 기존 MF들의 지원을 받는 것이 유리한 형식을 취하고 있어 대학생들 간의 입소문을 유발하려 시도하였다.

MF의 프라이드도 높아지고, 그들은 알게 모르게 스스로 KTF의 브랜드 전도사 역할을 자임하게 된다.

실제로 필자는 KTF가 대학로에 운영하던 '나 아카데미'라는 곳에서 대학생들을 대상으로 한 마케팅 강의를 진행하면서 이들 MF의 영향력을 실감하게 되었다. 뒤풀이에서 나오는 수강생들의 한결같은 이야기는 "KTF가 대학생들에게는 혜택 정말 짱이에요!"라는 한마디로 귀결된다. 뒤풀이 자리에는 MF도 일부 포함되어 있었는데, MF는 그들이 받는 혜택에 대해 자랑스럽게 이야기하고 명함을 건네며 MF의 경험을 공유할 수 있도록 친구들로 하여금 사이트로 접속케 한다. 이에 나머지 사람들은 부러운 표정으로 "이야~ 좋겠다."라는 말들을 연신 반복한다. 그들의 이런 대화를 들을 때마다 KTF의 고객이 아닌 필자는 상대적으로 더 스트레스를 받기도 하지만…….

MF의 멤버들은 일단 실무교육 기회를 제공하는 데 매력을 느끼게 된다. 다양한 마케팅 교육을 받을 수 있는 MSA(Mobile Special Academy)라는 프로그램이 운영되는데 1-2-3단계로 나뉘어 각 단계의 교육 우수자가 다음 단계 교육을 청취할 수 있게 해 자연스럽게 적극적인 참여를 이끌어내고 우수자에게는 개인포인트 지급과 함께 다양한 혜택이 제공된다. MSA는 개인의 커리어를 쌓을 수 있는 데 더할 나위 없이 좋은 프로그램이라는 것이 대부분 MF들의 공통된 의견이다. 이것이 개인 간의 경쟁체제라면 학교(팀)의 경쟁체제도 만만치 않다.

MF는 학교간의 선의의 경쟁체제를 통해 운영되는데, 이는 가깝게는 소속된 지역(수도권1, 수도권2, 충청, 경북, 경남 등의 지역으로 분할)에서 멀게는 전국 60여 개 팀 전체를 상대로 운영된다. 일년 임기 내에 총 3회의 미션대항전은 미션을 부여받아 오프라인과 병행하여 이를 수행하게 되는데 이 과정이 꽤나 재미있다. 예를 들어 "30만 원으로 최대의 수익을 올려보라."는 미션을 부여받게 되면 학내 축제기간 동안 노예팅을 실시하여 사람들을 끌어 모으기도 한다. 혹은 "저비용으로 MF를 최대한 홍보할 수 있도록 하라."는 미션을 받으면 종이컵에 MF의 로고 스티커를 붙여 녹차를 무료로 나눠주기도 한다. 학교간의 경쟁체제로 미션이 진행되고 모든 미션이 1등부터 꼴찌 학교까지의 순위가 선정되며 순위별 포인트가 차등되어 제공된다. 뿐만 아니라 우수한 학교에게는 상당한 혜택이 주어지기 때문에 무한경쟁이 유도되고, MF들은 자기 학교의 자존심을 걸고 적극적으로 참여하게 되는 것이다. KTF가 직접 나서서 홍보를 하는 것보다 MF를 통해 그들의 지인 및 친구에게 간접적 마케팅을 하는 것이기 때문에 거부감도 적다.

하지만 이러한 활동도 과유불급인 듯싶다. 2004년도 마지막 미션에서 주어진 어떤 과제는 MF들 사이에서도 약간 불만거리가 되었던 적이 있다. MF가 자신의 이름으로 추천을 받아 가장 많은 서포터즈를 가입시킨 학교(팀)가 순위를 선정하게 되었는데, 이때 파이널리스트에 올라갈 수 있는 마지막 찬스가 걸려 있었기 때문에 더 치열한 경쟁이 벌어졌고 결국에는 MF들이 이를 위해 주변의 많은 사람들에게 애걸(?)을 하여 숫자 늘리기에 주력하게 만든 것이 문제였다. 이를 권유받은 사람들은 마지못해 가입을 해주기는 하지만 뭔가 찜찜한 느낌이 들고, MF의 입장에서도 괜히 주위 사람에게 부담스러운 강요를 하는 듯한 느낌이 들었기 때문이다. 지나치게 노골적이고 직접적인 입소문마케팅을 펼치게 되면 오히려 역효과가 날 우려도 있다는 점을 명심해야 한다.

2. 충성도 제고에 기여

국내 기업들에게 인터넷은 광고, 홍보, 판촉 등 기업의 마케팅커뮤니케이션 활동에 일익을 담당하는 중요한 채널로 인식되고 있으며, 신상품을 출시하기 전에 이와 관련된 도메인을 확보하고 홈페이지를 개설하는 것은 상식처럼 되어 있다. 최근에는 이와 더불어 독립적인 도메인을 통해 브랜드커뮤니티를 개설하는 경우도 늘어나고 있는 추세다. 예를 들어 삼성전자의 '애니콜랜드(www.anycall.com)', 두산의 '카페와인(www.wine.co.kr)', 그리고 국순당의 '백세주막(www.100sejumak.co.kr)' 등은 우리에게 비교적 잘 알려진 브랜드커뮤니티들이다.

그러나 국내의 기업운영 브랜드커뮤니티들의 상당수는 아직도 회원획득(Acquisition)을 통한 회원 숫자 불리기에 집착한 나머지 상대적으로 유지관리(Retention)에 대해서는 소홀하지 않은가 하는 문제점이 있다. 사실 많은 비용을 들여 광고와 이벤트를 실시하면 이에 비례하여 회원수는 불어나기 마련이다. 필자의 주장은 이러한 모객 노력이 필요 없다는 이야기가 아니다. 단, 모객 노력의 효과는 단기적으로 가시화되는 데 비해 이렇게 획득된 회원들을 유지관리하는 활동의 효과는 보다 중장기적으로 나타나게 된다는 것이다. 그러다 보니 국내의 성질 급한 마케터들은 지레 "해도 안 되는데 어떡해! 그렇다고 폐쇄시킬 수도 없고…….", "고생만 죽어라 하고 효과는 안 나타나고…… 에이, 차라리 다른 데 투자했다면 더 나았을걸." 하며 고개를 절레절레 흔든다.

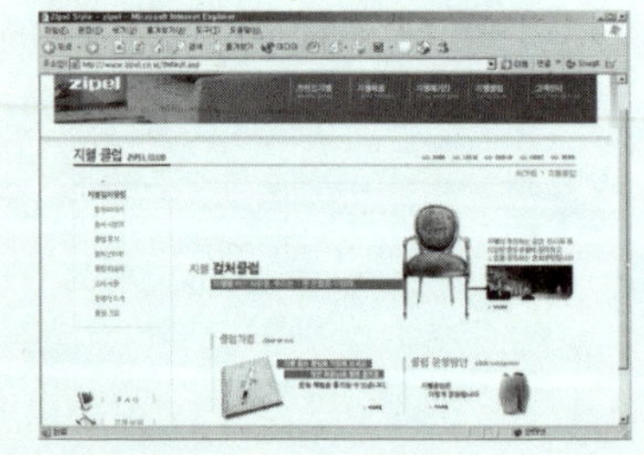

기업은 자사 브랜드를 위한 웹사이트 내에 브랜드커뮤니티를 개설하려는 추세가 증가하고 있는데, 아직 대부분은 구매를 강화하기보다는 주로 충성도 제고를 위한 목적으로 운영하고 있다. 이는 상업적 의도가 지나치게 비치게 되면 오히려 부정적 영향을 끼칠 것을 우려하기 때문이다. 왼쪽은 삼성전자가 운영하는 '지펠(http://www.zipel.co.kr)' 내의 브랜드커뮤니티인 '지펠클럽', 오른쪽은 두산이 운영하는 '와인엑스퍼트(http://www.wine.co.kr)' 내의 '카페와인'.

필자가 만난 사람들 중 특히 주류 회사의 마케터들이 이런 고민을 많이 토로한다. 기분 당길 때 마시는 소주 · 맥주를 전자상거래로 주문할 리도 없고, 그렇다고 경쟁사에서는 개설하고 있으니 두고보고만 있을 수도 없고, 그래서 할 수 없이 이벤트하고 돈 뿌려서 회원모집은 했는데 이제 윗사람들은 구체적인 매출효과를 내놓으라고 닦달이고…….

그러나 브랜드커뮤니티에서의 관계(Relationship)는 하룻밤의 불장난 같은 것이 아니다. 바람둥이 남자와의 하룻밤 동침은 일시적으로 즐거울 수 있겠지만, 그가 당신을 진정으로 사랑하거나 오랫동안 당신 곁에 함께해주리라 기대하기는 힘들다. 충성도(Loyalty)도 이와 마찬가지다. 당신의 브랜드에 애정이 없는 고객이라면 그는 언제라도 떠날 준비가 되어 있다. 충성도를 제고한다는 것은 당신의 브랜드를 철석같이 믿고 이탈하지 않으며 또한 다른 사람들에게도 자발적으로 입소문을 내줄 수 있는 기반을 구축하는 것이다. 광고는 광고대로 인터넷은 인터넷대로 역할이 따로 있다. 위의 주류회사의 경우에 빗대자면 매출과 별 관련이 없는 인사부서에다 대고 "니네, 매출이 왜 이리 개판이야? 제대로 잘 해봐!"라고 윽박지르는 것과 다를 바 없다.

브랜드커뮤니티는 주로 기존고객들로 구성되어 있다. 그들이 반복구매를 자주 할 수 있는 상품이든 아니든 간에, 브랜드커뮤니티는 기존고객들의 구매행위에 정당성을 부여해주는 역할을 한다. 또한 기존고객들은 입소문을 통해 신규고객들에게도 영향을 미쳐 오프라인의 구매 증대에 기여할 수 있다. 기업의 마케터나 윗사람들도 당장의 이익보다는 좀 더 넓고 긴 안목에서 브랜드커뮤니티의 중요성을 인식해야 한다.

3. 제품 · 서비스의 개선 및 개발에 기여

브랜드커뮤니티는 자사의 기존 상품 · 서비스의 개선에 기여하고 신제품 개발에도 유용한 역할을 한다. 굳이 비싼 돈을 들여 소비자 리서치를 하지 않더라도 게시판 등을 통해 그들의 사용후기나 요구사항들을 접할 수 있기 때문이다. 만약 사용후기의 반응이 뜨겁다면 그 상품을 홈페이지상에서 가장 눈에 띄는 곳에 배치하거나 공동구매 등을 실시하여 매출도 증대하고 더 많은 사용후기들을 양산하여 입소문 효과를 기대할 수 있게 된다. 아이디어의 제안 제도만 하더라도, 홍보 차원에서 많은 돈을 들여 대외적 · 공식적인 이벤트를 할 수도 있겠지만, 만약 브랜드커뮤니티를 대상으로 한다면 상대적으로 저렴한 비용으로 양질의 의견들을 얻을 수 있다.

예를 들어 동양매직의 브랜드커뮤니티인 '매직패밀리'는 2003년 약 2천 명에 달하는 주부, 여대생, 회사원, 자영업자 등의 여성들을 대상으로 온라인이나 오프라인에서 조사 및 제안, 신제품 기능테스트, 시장조사, 네이밍, 품평회 등 다양한 모니터링 활동을 수행하도록 하였다. 동양매직은 매직패밀리로 선정된 모든 회원에게 축하 케이크를 선물로 증정했으며, 활동에 따라 5천 원~4만 원 정도의 현금이나 포인트 등을 활동비로 지급했다. 예를 들어 중학생 아들과 초등학생 딸을 둔 주부 윤애자 씨[*]는 2002년 제1기 멤버로 참여하면서 게시판을 통해 친구도 사귀고, 상품 관련 정보도 얻고, 또 몇 번의 시장조사로 가전제품에 관한 전문지식을 갖추게 되어 이웃들이 가전제품을 구입하면 상담을 도맡을 정도가 되었다고 한다.

---

[*] 동양그룹의 웹진인 '동양뉴스' 2003년 4월호 "최고의 서포터스, 매직패밀리로 거듭나다"에서 인용. http://www.tongyang.co.kr/webzine/2003_04/sub11_2.htm

〔참고기사〕 사장보다 무서운 '깐고모'

"요즘 속옷 광고 때 야한 장면이 자주 보여요. 청소년들에게 좋지 않은 영향을 줄 수 있으니 줄이도록 하세요."

CJ홈쇼핑 깐고모(깐깐한 고객들의 모임) 회원들의 정기모임이 열린 지난 3일 서울 방배동에 자리한 CJ홈쇼핑 2층 회의실. 30~50대 회원들의 관계 직원들에 대한 질타가 계속 이어진다. "진행자의 멘트를 잘 알아들을 수 없어요.", "자막 때문에 가격 표시가 잘 안 보입니다."

홈쇼핑 관계자들은 땀을 뻘뻘 흘리며 회원들의 지적을 메모한다. '깐고모'는 주부 모니터 10명으로 구성돼 있다. 이들은 매달 한 차례씩 정기모임을 갖고 소비자의 입장에서 '깐깐하고 거친' 요구를 서슴지 않는다. 관계 직원들이 종종 곤혹스런 입장에 처하기 마련. 한 직원은 "사장님보다 '깐고모'가 더 무섭게 느껴질 때가 있다."고 말했다. 회원들이 제기한 의견은 곧 다음 방송 때 반영된다.

기업체들은 고객들의 의견을 수렴해 품질개선 및 제품개발, 애프터서비스에 반영하는 '고객 경영활동 참여 프로그램'을 대폭 강화하고 있다. 불경기일수록 고객의 눈높이에 맞춰 서비스를 업그레이드시키기 위한 것.

이런 흐름은 경쟁이 비교적 치열한 외식업체에서 두드러진다. 외식업체 스카이락은 올 들어 고객들이 제안한 메뉴 콘테스트를 통해 최근 6종의 고객메뉴를 선보였다. 지난달 열린 메뉴 콘테스트에서는 무려 3만 건 이상의 메뉴가 제안돼 홈페이지가 다운되는 소동을 빚을 정도로 폭발적인 관심을 끌었다.

이때 선정된 굴소스참스테이크 등 신메뉴는 오는 11월 스카이락의 새로운 메뉴로 등장한다. 패밀리레스토랑 빕스도 고객들로부터 제안 받은 메뉴를 심사해 신메뉴를 출시하는 것은 물론, 심지어 매장 부지를 선정할 때도 고객들의 의견을 듣는다. 고객이 제안한 부지를 소개 받아 계약이 성사되면 일정 금액의 사례금까지 제공하고 있다.

《일간스포츠》 2003년 9월 8일자 기사, 배병만 기자

4. 입소문마케팅의 교두보 역할

브랜드커뮤니티는 긍정적 입소문을 확산시키고 부정적 입소문을 억제

함으로써 입소문마케팅의 '창과 방패' 역할을 동시에 한다. 먼저 방패의 역할부터 언급해보자. 강력한 충성도를 가진 L고객들은 자그마한 상품 결함이나 서비스의 소홀함에 대해서도 적극적으로 자신의 의견을 제시하여 기업이 신속하게 대응할 수 있도록 도와준다. 또한 상품·서비스에 불만을 가진 누군가가 욕설을 하며 거칠게 문제제기를 할 때에도 L고객들은 이를 자발적으로 중재하거나 대항하는 우군 역할을 자임하며, 다른 커뮤니티에서 유발되는 부정적 입소문을 감시하고 신속히 알려줌으로써 이를 억제하는 데 기여하기도 한다.

브랜드커뮤니티가 긍정적 입소문을 창출하여 창의 역할을 하리라는 것은 두말 할 필요도 없다. 긍정적 입소문이 확산되면 소비자들은 자신의 구매행위에 대한 인지부조화를 없앰으로써 "그래, 역시 내가 선택을 잘 한 거야."라는 정당성을 부여받게 된다. 따라서 경쟁 브랜드로 이탈할 가능성을 억제하며, 경쟁사의 상품 기능이 더 우수하거나 가격이 더 싸더라도 자신의 구매행위에 대한 합리화를 시도한다. 소비자들이 이러한 입소문을 접하게 되는 가장 좋은 방법은 포털사이트, 쇼핑몰, 브랜드커뮤니티 등에서의 사용후기 등이다.

평판시스템(Reputation System) 기반의 비즈니스를 하고 있는 '엔토크'라는 사이트에 대해 잠시 살펴보자. 엔토크는 이미 구입한 경험자의 사용후기와 활용노하우를 통해 소비자들이 이를 참조하여 제휴쇼핑몰에서 구매

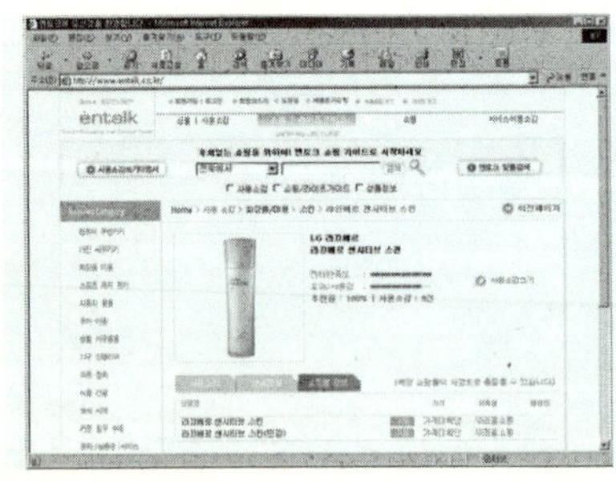

소비자들의 평판을 쇼핑몰과 연계하여 판매하는 '엔토크(http://www.entalk.co.kr)'.

할 수 있다. 이러한 제휴쇼핑몰에서도 상품 리뷰들이 많이 올라와 있지만 엔토크에서 구입을 하게 되면 1~5%의 추가할인 혜택을 받을 수 있다는 것을 장점으로 내세우고 있다. 이곳의 사용소감은 '간략 사용소감', '마니아 사용소감', '전문가 사용소감'으로 구분되어지는데 후자로 갈수록 글을 올릴 수 있는 자격을 까다롭게 규정하고 있다. 예를 들어 마니아 사용소감은 엔토크 운영자가 생각하기에 일정 수준 이상의 정보가치를 지녔다고 생각될 때 승격되는 식이다.

그러나 비즈니스모델 자체는 나쁘지 않지만 현재 엔토크는 생각만큼 활성화되어 있는 것 같지는 않다. 유사한 모델인 미국의 '이피니언즈닷컴(www.epinions.com)' 처럼 국내에서는 이런 평판시스템 기반의 서비스가 활성화되지 않은 이유는 뭘까? 여러 가지 이유가 있겠지만 필자의 생각으로는 기존 인터넷쇼핑몰 업체들의 극심한 경쟁상황에서 엔토크는 상대적으로 브랜드가 약하다는 점, 반드시 이곳에서 구매해야 할 특별한 메리트(USP: Unique Selling Proposition)가 안 보인다는 점, 상품보다는 사람 중심으로 영웅 만들기를 시도할 필요가 있음에도 불구하고 상품후기는 단지 면식 없는 누군가가 포인트를 획득하기 위해 쓰고 있다는 식의 인상을 받을 수도 있다는 점, 브랜드커뮤니티적인 인상이 들지 않고 판매목적만을 위한 용도로 커뮤니티를 운영하는 느낌을 주고 있다는 점, 따라서 회원들의 상품평에 대한 신뢰성을 저하시킨다는 점 등이 그 요인인 것으로 보인다.

〔참고기사〕 직원과 브랜드커뮤니티가 합심하여 입소문을 유발한 아이리버(iRiver)의 성공사례

MP3 플레이어 국내 시장점유율 1위는 단연 아이리버(Iriver)다. 인터넷(I)과 강(River)이란 합성어인 아이리버는 '인터넷의 강' 이란 뜻이다. 아이리버는 MP3 플레이어 생산업체인 레인콤의 판매법인이면서 브랜드이기도 하다.

인터넷의 흐름을 잘 읽어 고객들로부터 가장 사랑받는 기업을 만든다는 의도로 양덕준 레인콤 사장이 만들어낸 브랜드. 레인콤의 2003년 매출액은 2,390억 원이었다. 2002년 매출액이 800억 원에 불과했다는 점을 감안하면 그야말로 폭발적으로 늘었다. 이처럼 매출이 급증한 데는 2002년 초에 출시한 아이리버 덕분이었다.

소비자 '입맛'을 훔쳤던 비결은 디자인이었다. 기존에 나왔던 MP3 플레이어는 천편일률로 넓적한 직사각형이었다. 반면 아이리버는 삼각형이었다. 한마디로 충격이었다. "MP3 플레이어가 이런 모양으로 나올 수도 있구나."란 반응이었다고 한다.

파격적인 디자인은 미국 실리콘밸리에 자리한 이노디자인 작품이었다. 양덕준 사장은 MP3 플레이어가 10~20대를 겨냥한 상품이란 점에 착안해 디자인에서 승부가 갈린다고 판단하고 이노디자인에 도움을 청했다. 양 사장은 "현재로썬 디자인 개발 비용을 줄 수 없다. 품질이 뛰어나기 때문에 만들기만 하면 분명 성공한다. 고객의 마음을 사로잡을 수 있는 디자인을 만들어달라."고 주문했다. 대신 제품에 '인텔 인사이드'처럼 "이노디자인이 디자인했다."는 글자를 넣어주겠다고 약속했다. 이노디자인은 양덕준 사장의 제안을 받아들였고, 결국 서로 '윈 — 윈'의 길을 걸을 수 있었다.

아이리버가 짧은 기간에 시장점유율 1위 자리를 차지할 수 있었던 숨겨진 비결은 다른 곳에 있다. 바로 인터넷을 이용한 '구전마케팅'에 있었다. 아이리버를 출시하자 양덕준 사장은 전 직원에게 한 가지 지시를 내렸다. "10~20대가 자주 찾는 포털과 온라인커뮤니티에서 아이리버 제품을 자랑하라."는 주문이었다. 양덕준 사장 스스로가 모범을 보였다. "아이리버 제품을 구입했는데, 품질이 좋고 디자인도 예뻐 너무 맘에 든다."는 식으로 포털 게시판에 올리거나, 온라인커뮤니티에서 아이리버 알리기에 나섰다.

2002년 6월엔 '아이리버 마니아 클럽'을 따로 만들었다. 과거엔 제품별로 프리챌이나 다음과 같은 포털에 따로 카페를 운영했었다. 마니아 클럽을 활성화시키기 위해 양덕준 사장이 들고 나온 전술은 '구전효과 전위부대' 운영이었다. 500명의 마니아들을 선발해 이들에게 일정한 혜택을 주면서 아이리버 알리기에 나서도록 요청했다. '자유게시판'은 이들에 의해 운영됐다. 이들은 제품을 써본 이후 소감이나 개선점 등을 올려놓는다. '채팅' 코너를 통해 신규 고객들과 실시간으로 정보를 교환한다. 마니아 클럽 채팅방에서 일주일에 한 차례씩 '정팅'을 갖기도 한다. 이 경우엔 회사 직원도 참여한다.

미국, 일본, 홍콩, 유럽 등에서도 활동하는 '전위부대' 요원은 300명에 달한다. 이들은 주로 현지인으로 현지 언어로 아이리버 알리기에 열심이다.

전체 직원 300명 가운데 고객 관리에 매달리는 인원은 100명에 달한다. 어느 정도 고객들의 입맛을 읽어내기 위해 노력하고 있는지를 단적으로 보여준다. 마니아 클럽에서 제기한 목소리가 제품 개발이나 서비스 개선으로 이어질 수 있도록 회사는 매주 한 차례씩 회의를 갖는다. 이때 반드시 개발자들이 참석한다. 그 자리에서 언제 개선할 수 있는지가 결정되고, 다음날 온라인 사이트에 올린다. 임윤정 홍보실 대리는 "고객의 요구사항을 수시로 응답해주기 때문에 마니아 클럽은 살아 움직인다."고 전한다. 아이리버가 자랑하는 '펌웨어 업그레이드' 기능은 일년에 4차례씩 성능이나 서비스를 향상시키는 장치다. 사용자가 프로그램을 내려받으면 기존 제품을 신제품으로 변화시킬 수 있는 기능이다.

아이리버는 인터넷마케팅이 단순히 CRM(고객관계관리) 차원을 뛰어넘어 고객 마음을 읽어내 제품개발과 판매로 이어질 수 있음을 보여준 사례다.

《매일경제》 2004년 6월 10일자 "〔비즈니스〕성공사례 - 아이리버"에서 인용, 이제경 기자

'한 놈' 은 어디에 있을까?

영향력 있는 소수 · 집단을 발견하기 위한 8가지 방법들

입소문마케팅에 있어 브랜드커뮤니티를 활용하는 중요한 포인트는 기업과 소비자가 서로 감성적으로 교감함으로써 네트워크 가치 · 확산을 제고하려는 데 있다. 이를 위해서는 자사 브랜드에 가장 영향을 끼칠 만한 사람 · 집단을 선택하고 이들에게 보다 집중함으로써 비용대비 효과를 높일 수 있어야 한다. 따라서 자사 브랜드에 대해 호의적인 정보를 적극적으로 전달해줄 만한 사람 · 집단, 즉 '한 놈' 을 발견하는 활동이야말로 입소문마케팅의 꽃이라 할 수 있다.

그런데 지금까지 입소문마케팅에 대한 많은 논의들은 허브나 얼리어답터 등이 중요하다는 사실을 확인하는 수준에만 머물러 있었던 것은 아닐까? 솔직히 말하자면 그들이 매우 중요하다는 사실은 이제 상식에 속한다. 정작 입소문마케터가 궁금해하고 있는 점은 "그들이 누구이며, 그들을 어디서 어떻게 발견할 수 있는가?"에 대한 것이다!

앞 장에서 이야기했던 R고객은 지대한 영향력을 끼쳐서 인지도 제고와 매출향상에 기여를 하는 데 비해, 브랜드커뮤니티(이하 'L고객'으로 통칭)는 실제로 그 브랜드에 대해 충분한 관심·경험·지식을 가지고 있으므로 주변 사람들의 구매행동에 직접적·결정적으로 영향을 끼칠 가능성이 크다는 점에 주목해야 한다. 또한 갈수록 이들 L고객의 영향력에 주목하지 않을 수 없는 또 다른 이유는 인터넷의 등장으로 그들이 점차 세력화하고 있기 때문이다. 인터넷상에서 막강한 영향력을 발휘하는 한 커뮤니티의 경우, 자신들의 행사에 평소 후원·협찬을 적극적으로 해주지 않는 기업을 찍어두었다가 추후 그 업체가 신제품을 발매하면서 도움을 요청했을 때 모종의 보복조치(?)를 가하여 기업을 난감하게 했던 경우까지 있었다.

또한 커뮤니티 내부뿐만 아니라 관련된 커뮤니티들 간에도 작은 세상(Small World) 효과에 의해 정보의 전파속도는 놀랄 만큼 빨라지고 있다. 이것은 기업의 브랜드가 각 커뮤니티 간의 입소문 전파에 '한 놈'에 의한 영향력이 증폭될 가능성이 높아지고 있음을 의미한다.

가령, 국내의 한 유명 가수가 일본 노래를 표절했다는 시비에 휘말렸던 경우를 한번 생각해보자. 요즘 이러한 정보의 발원지는 직업적 전문가에 의해서가 아니라 커뮤니티에 의한 경우가 증가하고 있다. 만약 누군가 표절을 시도한다면, 직업적 전문가들을 속일 만한 조금이라도 덜 알려진 외국곡을 '참조(?)'하려 할 것이다. 그런데 인터넷의 등장으로 인한 세계화에 따라 표절 사실이 발각될 가능성은 한결 높아지게 되었다. 만약 한 마

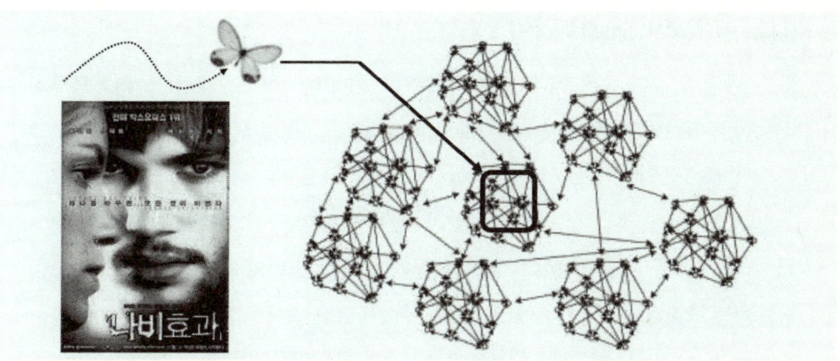

'나비효과'라는 말은 보통 복잡계 과학에서 초기성 민감도(초기 단계에서의 아주 작은 차이가 나중에는 점점 증폭되어 거대한 차이를 불러일으킬 수 있다는 것)의 중요성을 강조하기 위해서 사용되는데, 북경에서 나비가 날갯짓을 하면 뉴욕에서는 태풍이 불 수도 있다는 이야기로 잘 알려져 있다. 그러나 비중 있는 나비쯤 되어야지, 웬만한 나비가 난다고 그런 효과가 있겠는가? 브랜드커뮤니티에서 이러한 나비효과는 L고객을 통해 손쉽게 또 다른 브랜드커뮤니티로 전달됨으로써 기하급수적으로 입소문이 확산될 수 있음에 주목해야 한다.

니아가 관련 커뮤니티에 회원으로 가입되어 있다면 단순히 표절했다, 안 했다를 언급하는 정도가 아니라 두 곡의 표절이 의심되는 부분을 직접 인코딩(Encoding)까지 하여 가사나 리듬을 비교해가면서 준전문가의 시각에서 의견을 올려 회원들에게 검증받는다. 같은 커뮤니티 내의 여러 회원들이 이에 대해 찬반 의견을 올리면서 게시판은 점차 달궈지고, 이러한 사실은 또 다른 누군가에 의해 관련 커뮤니티로 퍼옮겨지고, 결국은 언론 매체의 보도로까지 빠르게 이어지게 된다. 당황한 가수나 작곡가는 해명 혹은 변명을 하지만, 명백한 증거를 대면서 이야기하는데야 아무리 장황한 설득 노력도 사람들에게는 쉽게 수긍이 되지 않을 것이다. 그야말로 '공유와 감시'가 공존하는 시스템이라고나 할까. (역으로 이야기하자면, 이러한 구조는 중장기적으로 국내 음반업계의 창의성을 제고하는 데에는 당연히 더 도움이 되는 구조일 수 있다!)

〔참고〕 작은 세상(Small World) 효과*

작은 세상 효과는 코넬 대학의 던컨 와츠(Duncan Watts), 스티븐 스트로가츠(Steven Strogatz)라는 두 명의 학자가 《네이처(Nature)》지에 기고한 논문을 통해서 최초로 세상에 알려지게 되었다.

그 논문의 결론만 얘기하면 다음과 같다. 모든 네트워크는 그 연결 방식에 따라 크게 세 가지로 나눠질 수 있다. 일정한 규칙에 따라 인접한 곳과 일정한 숫자로만 링크되는 'regular network'가 있고 무작위로 서로 연결되어 있는 'random network'가 있다. 이 둘의 중간쯤에 있는, 즉 구성원의 일부만이 전혀 엉뚱한 곳으로 연결되어 있는 네트워크를 'small-world network'라고 한다.

만약 어떤 집단에 감기 걸린 사람이 한 명 나타났을 때, 모든 사람이 주변 몇 사람만 일정한 숫자로 연결되어 있는 경우보다 각 구성원이 무작위로 여기저기 연결되어 있는 경우 감기 전파 속도가 빠르다. 그런데 이상하게도 엉뚱한 곳으로 연결된 구성원이 딱 몇 사람만 있는 경우에도 감기가 급속하게 퍼지는 것이 관찰되었다. 이것이 작은 세상 효과이다.

1학년 1반에 감기 걸린 아이가 한 명 나타났다고 치자. 그 반 학생들이 regular network를 이루고 있다면, 즉 다른 반 아이들과 전혀 어울리지 않는다면 당연히 감기는 학교 전체로 퍼지지 않는다. 만약 그 반 학생들이 random network, 즉 1반 아이들 모두가 2반, 3반…… 9반까지 마구 어울린다면 삽시간에 감기가 전 학교로 퍼지게 된다. 그 반에 2반부터 9반까지 두루 놀러 다니는 친구가 딱 한두 명 정도만 있다고 해보자. 그리고 각 반에 그런 친구가 한두 명만 있다고 생각해보자. 이 경우에도 감기는 전 학교로 금세 퍼진다. 이처럼 네트워크 자체가 굉장히 방대함에도 불구하고, 엉뚱한 곳으로 링크되어 있는 소수의 멤버 때문에 네트워크 전체가 서로서로 매우 밀접한 관계에 놓인 것처럼 되는 것을 작은 세상 효과라고 한다.

이해를 돕기 위해 논문에 있는 그래프를 소개해보자.

다음 그림에서 p는 어떤 네트워크가 무작위로 링크될 확률을 나타낸다. 따라서 p=0인 경우는 regular network, p=1인 경우는 random network이다. 그리

---

* 이명헌 경영스쿨 "스몰-월드 효과(Small World Effect) - 소수의 불규칙적인 연결이 큰 변화를 일으킨다"에서 내용 일부를 인용. http://www.emh.co.kr/xhtml/small_world_effect.html

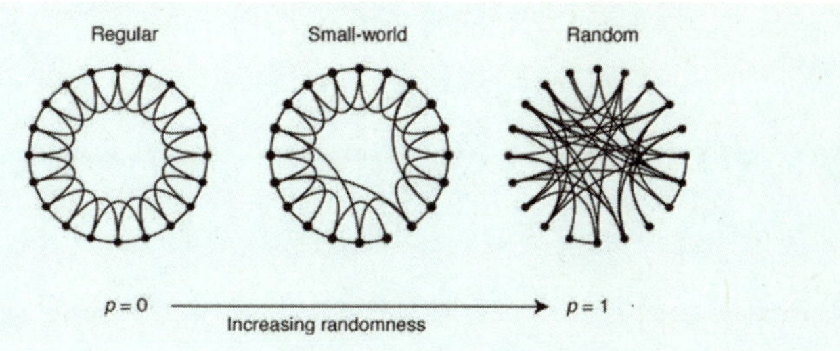

고 'clustering'과 'path length'라는 개념이 있다. 클러스터링은 '얼마나 덩어리 지워지느냐.'는 것을 뜻한다. a가 b를 알고, b가 c를 아는데 a도 c를 안다면 클러스터링 정도가 크다. 패스 길이는 한 꼭짓점에서 다른 꼭짓점까지 가는 데 몇 단계를 거쳐서 가야 하느냐를 말한다.

regular network처럼 링크가 일정 숫자에 일정 패턴으로만 이루어지는 경우는 한 덩어리로 묶을 수 있는 부분이 많아진다. 클러스터링 정도가 커진다. 하지만 한 꼭짓점에서 다른 꼭짓점으로 가는 것은 항상 일정한 간격을 거쳐가야 하기 때문에 패스 길이는 길어진다. random network의 경우에는 클러스터링 정도가 작다. 무작위로 얽혀 있기 때문에 일정하게 그룹 짓기가 힘들다. 그러나 패스 길이는 매우 줄어든다. 한 꼭짓점에서 다른 꼭짓점으로 건너갈 경우의 수가 많아지기 때문이다.

작은 세상 효과는 클러스터링이 큰, 각기 덩어리 지워지는 정도가 큰 네트워크에서도 몇 개의 특이한 링크가 존재하는 경우 임의의 두 지점 간의 패스 길이가 훨씬 단축되는 것을 의미한다.

이와 같은 작은 세상 효과는 여러 현상을 아주 매력적으로 설명해주고 있다. 우리 신체의 신경망이 망가져서 뇌가 동작을 멈추는 것이 꼭 모든 뇌세포가 다 문제가 생겨서 그런 것이 아니고 한두 개의 이상한 연결을 가진 셀이 파괴를 순식간에 넓은 범위로 퍼뜨릴 수 있다는 것 등이 작은 세상 효과로 설명될 수 있다.

한편, 기업 입장에서도 이전까지는 고객들이 자사 상품·서비스에 관해 어떤 이야기를 하고 있는지를 파악할 수 있는 채널이 한정되었던 것에 비해, 이제 L고객들을 발견·관리할 수 있는 다양한 경로와 접점을 파악하는 능력이 한층 향상되고 있다. 오프라인을 중심으로 활동하는 커뮤니티들조차도 이제 대부분 인터넷에 거점을 설치해두고 있기 때문이다. 예를 들어 서울·경기 지역의 대학생들을 대상으로 자사 광고의 모니터링을 할 수 있는 동아리를 찾고 싶다면, 검색엔진에서 몇 분 정도 헤매다 보면 웬만한 대상들은 다 걸리게 된다. 지식검색에 물어보면 대학생들 사이에 인식되고 있는 소문들까지도 간파할 수 있다. 또 각 동아리의 홈페이지에 들어가서 글들을 읽어보면 활동내용, 수준, 회원들의 충성도를 파악하는 것도 그리 어렵지 않다. 인터넷이 없었을 때와 비교해보면 그 효율성은 천지차이라고 할 수 있을 것이다.

그러면 기업이 L고객을 효과적으로 발견하기 위해서는 어떤 잣대가 필요할까? 사실 L고객을 발견하는 기준을 구체화하기란 쉽지 않은 일이다. 인터넷상에 수없이 널려 있는 다양한 커뮤니티들 중에서 그들이 어디에 있는지, 그들에게 어떤 방법으로 접근해야 하는지의 고민은 입소문마케터들을 정말 막연하게 만든다. 물론 '딤채'가 서울 강남의 주부들을 찍거나 'SM5'가 개인택시 기사들을 찍은 것처럼 마케터가 직관적으로 이들을 파악할 수도 있을 것이다. 이것이 가장 돈 덜 들고 간편한 방법이기는 하다. 그러나 이러한 방법은 말 그대로 너무나 직관적이어서, 측정가능성을 중시하는 최근의 마케팅 시각에서 생각하자면 신뢰성이 떨어지고 막연한 추측에 의존하고 있다는 호된 비판을 받을 우려가 있다. 따라서 이들을 보다 체계적으로 발견할 수 있는 방법들이 고안되어야 하며, 이것은 향후 입소문마케팅이 풀어가야 할 가장 중요한 숙제이기도 하다.

사실, 필자도 모 기업의 입소문마케팅 관련 프로젝트를 수행하면서 가장 힘들었던 과제가 이것이었다. L고객이 누구인지 얼추 감이 잡히긴 하지만 이에만 의존하다가는 그야말로 괜한 고생만 하기 십상이다. 도대체 그들이 어디에 모여 있는 것일까? 그들이 모여 있는 곳을 파악할 수 있는 방법들은 어떤 것이 있을까? 이번 장에서는 필자가 나름대로 생각해본 8

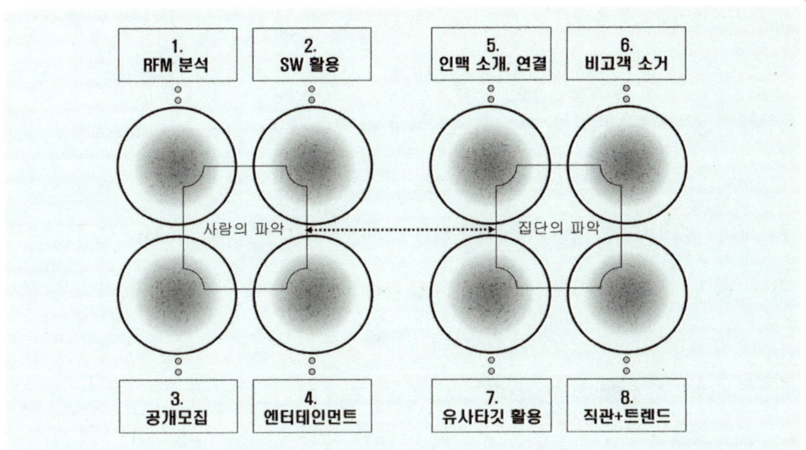

L고객을 발견하기 위한 8가지 방법들. 여기서 L고객은 특정 집단일 수도 있으며, 혹은 특정 집단 내의 영향력 있는 사람일 수도 있다. 직관에 의해 이들을 파악하는 방법도 흔히 사용되기는 하나, 입소문마케팅 전개의 설득력을 높이기 위해서는 보다 구체적인 방법들의 모색이 필요하다.

가지 정도의 L고객 발견법, 즉 '한 놈만 찍는 방법'에 대해 살펴볼 것이다.

1. RFM 분석에 의한 L고객(사람) 발견

고객 중에 우리 상품을 '비교적 최근(Recently)에 구매하거나, 자주 (Frequently) 구매하거나, 혹은 많은 금액(Monetary)을 구매'한다면 분명 어떤 이유가 있을 것이다. 그 이유를 따지자면 한이 없을 테지만, 여기서 보다 중요한 것은 이러한 충성고객이야말로 매출과 연계된 입소문마케팅을 도와줄 만한 L고객이라는 점이다.

예를 하나 들어보자. 가나다 전자업체에서 자사의 가정용 전자오븐 중 최고급 브랜드를 구매한 A 주부에게 활용법을 가르칠 명목으로 디너파티를 겸한 가정방문 프로그램을 실시하기로 한다. 가나다는 자사의 고객 DB를 통해 자사 타 상품을 구매한 주부들 중에서 같은 지역에 거주하는 동 수준의 주부 B와 그보다 약간 하위 수준의 주부 C~E가 함께 동참할 수 있도록 A 주부에게 허락을 받는다. 이때 다섯 명 정도로 한정하는 것은 식탁의 좌석수를 배려함과 동시에 입소문마케팅이 3~4명에게 가장 효과적으로 전달될 수 있다는 경험치를 염두에 둔 것이다.

사람들은 끼리끼리 모이는 습성이 있어서, 비슷한 연령대에서 높은 소득수준·널찍한 아파트 평수를 가진 A 주부라면 약간의 과시욕도 있을 것이다. 또한 B 주부는 이를 통해 경쟁심(?)을 느끼게 되고, C~E 주부는 부러움과 스트레스를 자극받게 된다. 이때 기업이 이 주부들을 통해 얻고자 하는 것은 '희소성과 프라이드'를 통한 입소문 유발이다. 이들은 모두 자신이 특별히 선택된 사람이라는 사실 때문에 입소문에 긍정적인 태도를 보일 수 있으며, 이들이 소조직 형태로 대화에 참여할 때 브랜드에 이해도를 높일 수 있는 충분한 시간을 확보할 수 있게 된다.

CRM(고객관계관리) 자체는 기술적으로 고객의 등급을 분류하여 각각에 걸맞은 개별적 마케팅커뮤니케이션 활동을 행하는 데 무게를 두지만, CRM을 특히 입소문마케팅에 활용하기 위해서는 고객 DB 내에서도 소수의 충성고객들을 대상으로 집중적이고 밀착된 마케팅커뮤니케이션을 행하는 것에 보다 관심을 가져야 한다. 충성고객들은 자사의 매출 증대에 기여하기도 하지만 다른 사람에게 적극적·자발적으로 구매를 권장함으로써 미래의 수익원인 '소개이익'까지 가져다줄 수 있는 존재다.

CRM에는 평생가치(LTV: Life-Time Value)라는 말이 있다. 이는 한 소비자가 한 기업의 고객으로 존재하는 기간 동안 기업에게 제공할 것으로 기대되는 재무적인 공헌도의 합계라 할 수 있다. 즉, 고객이 특정 회사의 제품이나 서비스를 첫 구매한 시점부터 마지막 구매라 판단되는 시점까지의 기대되는 매출액이라고 할 수 있다. 아주 간단한 예를 들어, 이동통신회사에 신규가입한 20세의 고객이 60세까지 월 평균 5만 원을 지출한다고 가정하면 기업 입장에서 이 고객의 LTV는 40년×12개월×50,000원 = 24,000,000

원이 된다. 그러면 왜 LTV가 중요한가? 기업은 다양한 마케팅커뮤니케이션 활동을 통해 신규고객을 획득하게 된다. 기업의 이러한 노력은 상당한 투자비용을 요하게 되지만 이를 회수하는 데 있어서는 상당한 시간을 요하게 된다. 만약 고객이 중도에 이탈할 경우에는 고객획득 비용조차 회수하지 못하는 경우도 발생한다. CRM은 결국 이러한 고객획득 비용을 넘어 고객과의 장기적인 관계를 유지하여 중장기적인 관계를 창출하고 안정적 수익기반을 가지려는 활동이다.

그런데 필자 생각으로는 CRM의 이러한 LTV 계산법에서 좀 보완되어야 할 것이 있어 보인다. 이제 관계(Relationship)에 대한 의미를 좀 더 재확장해볼 필요가 있다. CRM은 지금까지 기업 ― 고객 간의 관계에 의한 기대가치는 산출해왔지만, 소개이익(입소문)에 의한 고객 ― 고객 간 관계에 따른 파생가치는 고려되어 있지 않았기 때문이다. 물론 입소문에 의한 이러한 효과측정은 쉽지도 않을뿐더러 막연하기까지 하다. 하지만 역으로 이야기하자면 LTV가 기대가치에 대한 막연함을 극복하고자 제시하고 있는 노력(수치)이라면, 향후에는 LTV 내에 이러한 파생가치 또한 산술화될 필요가 대두되지 않을까 싶다.

CRM은 분명 유용하지만, 그렇다고 해서 'DB 만능주의'에 빠져서는 안 된다. 이제 기술적으로 이러한 L고객을 발견하는 것은 그리 어렵지는 않게 되었다. 그러나 어느 정도 매출을 올려줬으니 어떤 응분의 보상을 해주어야겠다고 하는 식의 기계적인 대응은 입소문마케팅과는 별로 관계가 없다. CRM은 이것을 기술적으로 고객을 관리하는 효율성을 높이는 데 목적을 두기보다는 '인간적인 신뢰관계'를 구축하는 데 초점을 맞추지 않는 한 단순한 도구 그 자체에 불과하다. 많이 팔아주면 그에 상당하는 보상이 이루어지는 것? 그 정도는 요즘 웬만한 업체라면 다 하고 있는 상식 아닌가? 솔직하게 말하자면, 그런 의무 방어전보다 더 매장을 자주 찾게 하고 입소문을 내는 방법 중 하나는 아주 예쁜 여종업원이 친절한 미소로 자신을 맞아주는 개인적인 경험이 아닐까? DB가 매출을 올리는 것이 아니라, 신뢰·경험이 기본이고 이것을 DB가 받쳐줄 때 그 효과가 제고되는 것이다. '관계'의 기본은 수치가 아니라 가치다. 본말이 전도되는 일은 없어야 할 것이다.

2. 소프트웨어 활용에 의한 L고객(사람) 발견

앞에서 설명한 RFM(구매) 기반은 기존 구매고객에게는 유용할 수 있지만 신규고객·잠재고객 대상의 L고객 발견에는 적용하기 힘들다. 이에 대한 대안으로는 시간과 지역에 구애받지 않고 공통 목적을 지닌 사람들이 활동하는 온라인상의 브랜드커뮤니티를 통한 발견방법을 고려할 필요가 있다. 그리고 이중 L고객으로서 특히 관리할 필요가 있는 사람은 '시삽·운영진'과 '열성적 참여자'이다. 이들은 커뮤니티의 운영 및 의사결정에 직접적인 영향을 미치게 되며 기업의 제품·서비스와 관련해서 많은 지식과 경험을 가지고 있는 사람들이다. 마케터가 그 커뮤니티를 지목한 목적은 커뮤니티 전체 회원에게 영향을 끼치기 위해서이지만, 커뮤니티의 대부분은 이러한 열성적인 상위 몇 퍼센트에 의해 좌지우지되기 때문에 집중적인 공략대상은 사실상 이들이라고 할 수 있다.

이들을 발견하기 위해서는 웹로그분석 소프트웨어를 활용하는 것이 유용하다. 웹로그(Web Log)란 아주 간단히 이야기하자면 자사의 웹서버에 누가, 언제, 어디서 방문을 하였고 어떤 페이지를 방문하였는지 등에 대한 상세한 기록이다. 이를 통해 마케터는 가장 많은 방문시간대, 가장 많이 본 페이지 등등을 손쉽게 파악할 수 있다. 따라서 이를 통해 특정 사람이 얼마나 자주 방문을 하는지, 얼마나 많은 글을 게재하는지 등을 파악하는 것

▶11월 클럽방문 랭크   전체보기〉
1위: 김승종(125) 2위: 이소라(112) 3위: 이동헌(99) 4위: 여준우(87) 5위: 백진영(86)
6위: 송원석(82) 7위: 이정원(78) 8위: 김만희(72) 9위: 송미정(69) 10위: 김현주(55)
▶11월 게시물 랭크   전체보기〉
1위: 이소라(40) 2위: 김만희(35) 3위: 여준우(26) 4위: 장연(23) 5위: 김성범(22)
6위: 조원영(22) 7위: 백진영(22) 8위: 송미정(19) 9위: 이정원(19) 10위: 김현주(18)

'싸이월드' 클럽 내의 '회원보기'에서 확인할 수 있는 각 개인의 방문 및 게시물 랭크 예. 위에서 김승종 씨는 항상 관심을 갖고 자주 방문하는 회원이지만 글은 별로 게시하지 않고 있다는 것을 파악할 수 있다. 따라서 이러한 데이터를 토대로 운영진 외의 잠재적인 L고객에 접근할 수 있는 기회를 포착할 수 있게 된다.

도 어렵지 않다.

간단한 예를 하나 들어보자. 만약 당신이 '싸이월드'에 접속하였다가 로그아웃을 하면 "정재윤 님은 XXX번 싸이월드를 방문하셨습니다."라는 식의 화면을 볼 수 있다. 싸이월드는 이러한 간단한 데이터를 통해서도 그 사람이 L고객이 될 소지가 있는지에 대해 개략적인 판단이 가능하다. 또한 싸이월드의 클럽에는 위의 그림과 같이 특정 커뮤니티 내에서 누가 가장 많이 방문을 하고 있는지, 누가 가장 자주 글을 올리고 있는지에 대해 파악이 가능하다. 이들 중에는 커뮤니티 내에서 중요한 역할을 담당하는 운영진들이 방문 랭크 및 게시물 랭크에서 상위를 차지하겠지만, 그들 외에도 게시물을 자주 올리지는 않지만 방문빈도는 매우 잦은 L고객 소지가 다분한 ROM(Read Only Man) 족들을 발견할 수 있을 것이다.

또한 '랭키닷컴(www.rankey.com)'의 경우처럼 순위평가를 하는 사이트도 이러한 웹로그 분석과 관련이 있다. 이러한 순위평가 사이트들은 웹사이트의 방문자수 및 페이지뷰 등을 측정하여 각 사이트들의 랭킹을 알려준다. 랭키닷컴에서 순위를 측정하는 사이트들 중 커뮤니티 분야만 약 천여 개가 있는데, 마케터들은 간단한 순위만 보더라도 어떤 커뮤니티가 활발한 활동을 펼치고 있으며 어느 곳을 지원할 것인지에 대해 개략적으로 파악할 수 있다. (물론 포털사이트 내에 포진해 있는 커뮤니티들의 경우는 별도로 조사해보아야 하겠지만…….)

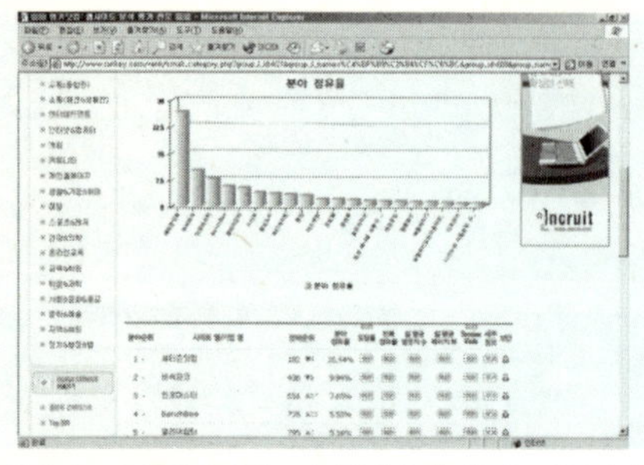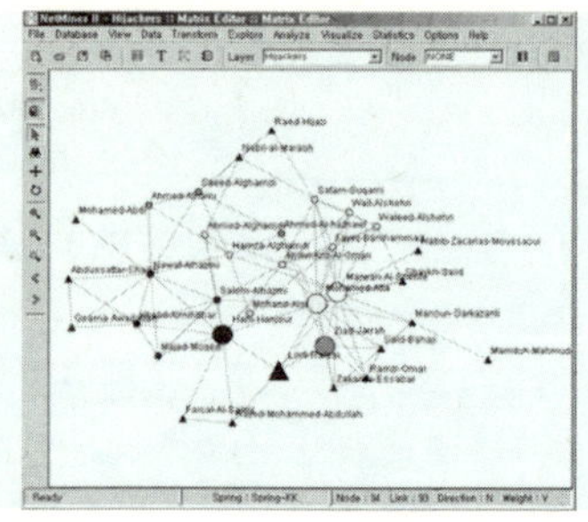

웹사이트 순위평가 사이트인 '랭키닷컴'의 전문 커뮤니티 랭킹순위 예(左). 오른쪽은 소셜네트워크 분석 전문 업체인 '사이람'의 솔루션 넷마이너(NetMinder)를 활용하여 인맥 관계를 시각화해서 보여주고 있는 예.

한편, L고객 발견을 위해 이보다 좀 더 전문적인 소프트웨어 활용 방법으로 생각되는 것은 소셜네트워크 애플리케이션(SNA: Social Network Application)을 이용하여 인맥관계를 파악하는 것이다. 소셜네트워크 관련 전문업체인 '사이람(www.cyram.co.kr)'의 솔루션 중 넷마이너(NetMiner)는 어떤 분야의 링크 데이터(예를 들면, 사람들의 인맥 및 의사소통관계, 조직 내 지식교환 및 직무간 연관관계, 기업간 거래관계, 국가간 무역관계, 웹 페이지간의 링크관계, 문헌 인용관계 등)를 통해 그 안에서의 핵심적인 인물·기업·국가·사이트·문헌 등을 빠르고 손쉽게 파악·분석할 수 있다. 만약 당신이 바이러스마케팅 캠페인을 실시한 후 그 효과를 실시간적으로 파악하고, 그중 누가 가장 영향력이 있는 인물인가 혹은 인터넷상에서 어떠한 상호작용 체계가 이루어지고 있는지를 시각적으로 보다 손쉽게 파악할 수 있게 된다.

예를 들어 당신이 북사랑이라는 한 가상서점의 인터넷마케터이며, 이 사이트에서 현재 각 회원들에게 북블로그를 제공하고 있다고 치자. 또한 이들 북사랑 회원들은 커뮤니티 활동을 통해 유대관계를 맺고 있으며, 개인적으로도 서로 블로그의 이웃맺기 기능을 통하여 연결되어 있다고 치자. 소셜네트워크 애플리케이션을 이용하면 그들이 커뮤니티 — 블로그 상에서 행하는 이웃관계, 코멘트, 쪽지 전송, 구매내역 등의 데이터를 총체적으로 분석하여 도대체 '한 놈'이 누구인지를 손쉽게 파악할 수 있다. 이

274

를 통해 허브 — 커넥터 역할을 하는 이에게 집중적으로 마케팅커뮤니케
이션을 행함으로써 20:80의 효과를 달성할 수 있게 되는 것이다.

3. 공개모집에 의한 L고객(사람) 발견

앞에서 이야기했던 두 가지의 방법들은 기존의 고객·회원 중에서 L고
객을 발견하는 것이었다. 이들의 장점은 기존의 데이터를 통해 객관적이
고 신빙성 있는 사람을 확보할 루트가 명확하다는 것이지만, 이런 사람들
중에서도 침묵을 하거나 소극적인 사람도 분명히 있다. 필자도 커뮤니티
활동을 하다 보면 그런 일을 더러 겪게 되는데, 온라인상에서는 엄청난 열
정과 활동을 보이는데 오프라인은 거의 나오지 않거나 행여 나오더라도 침
묵으로 일관하는 사람들을 가끔 보게 된다.

이러한 문제점을 회피하면서 L고객을 발견하는 방법으로는 공개모집을
통한 방법이 있다. 군대도 징병보다는 모병에 의해 선발된 인력이 아무래
도 질적 수준이 높은 것처럼, 모니터·체험단 등 공개모집을 통해 브랜드
전도사를 자원한 사람들이 보다 능동적·적극적일 가능성이 크다. 마케터
의 입장에서는 자사 브랜드에 대해 진심으로 이해하려 노력하는 사람들을
활용함으로써 막연한 상업적 거부감을 완화시키는 데 기여할 수 있다는 장
점이 있다.

'덕성여대'는 2002년부터 '나의 브랜드 발전소'라는 컨셉으로 신문·
지하철 등의 광고에 초점을 맞추어 홍보활동을 해왔다. 그러다가 인터넷
의 중요성이 증대하고 특히 그중에서도 싸이월드 미니홈피가 급속도로 인
기를 끄는 추세에 맞춰 2004년 7월에는 '브랜드스파이(Brandspy)'라는 명
칭의 미니홈피를 개설·운영하고 있다.

대학 홍보의 주타깃이 청소년, 교사, 학부모 등이며 그중 가장 중요한

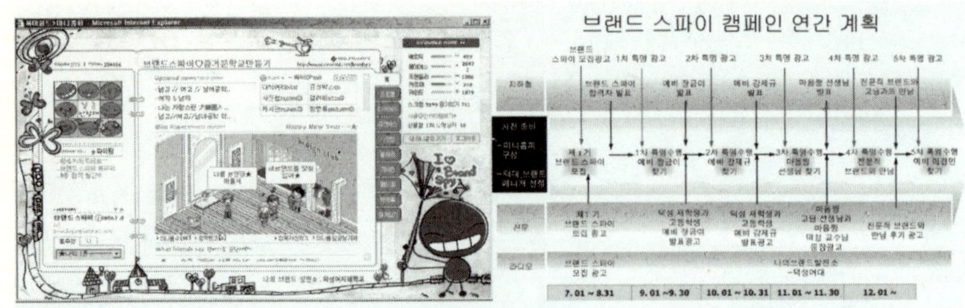

'덕성여대 브랜드스파이'의 미니홈피 화면(左, http://www.cyworld.com/brandspy). 오른쪽은 브랜드스파이가 L고객을 활성화하기 위한 2004년 연간 캠페인 계획에 대한 흐름도.

대상은 역시 청소년들이다. 그들에게 학교가 공부에 찌들고 있는 곳이라는 어두운 이미지를 벗어나, 학교생활이 재미있고 이야깃거리로 넘치는 공간이라는 점을 어필하기 위해 덕성여대는 '즐거운 학교 만들기 캠페인'이라는 컨셉하에 브랜드스파이라는 좀 도발적인 명칭의 입소문 우군을 양성하는 데 주력했다. 간단히 말하자면 브랜드스파이는 세상 움직임에 남보다 예민하다고 자부하는 적극적 성향의 고등학생들을 선발하여, 자기 학교의 브랜드거리나 브랜드가 될 만한 본인 · 친구 · 선생님 등을 유쾌하게 '스파이질' 할 수 있는 임무를 수행하는 존재다. 예를 들어 "예비 광고쟁이를 찾아라."라는 지령이 미니홈피에 공고되면 브랜드스파이들은 그에 가장 적합한 친구를 찾아 추천하고, 그중 내용이 충실하고 덧글이 가장 많이 달린 글의 주인공이 브랜드스파이 특명을 가장 잘 수행한 것으로 판단하여 그들을 덕성여대의 광고모델로 활용한다. 지금까지 "우리 학교 심청이를 찾아라.", "마음짱 선생님을 찾아라." 등의 이벤트 진행을 통하여 선발된 고등학생, 선생님 등이 실제로 지하철 광고의 모델로 등장했다.

이들은 자신의 30문 30답을 쓰고 운영자와의 일촌맺기를 통해 응모 · 선발되는데, 덕성여대는 그들에게 도토리를 제공해주기도 하고 오프라인에서의 만남도 가진다. 이메일을 통한 임명장 및 사이버 명함뿐만 아니라 실제 명함을 지급하여 오프라인 활동을 자극하기도 한다. 또한 '매니저'

276

제도를 두어서 이들 브랜드스파이에게 진로 선택과 각종 활동에 관해 도움말을 주고 있는데, 덕성여대 재학생들 약 십여 명이 고등학생들의 글에 활발하게 리플을 달아주고 있다.

이러한 방식의 운영은 각 고등학생들이 자신 혹은 친구를 추천함으로써 영웅 만들기를 시도하는 것이며, 이를 통해 광고모델로 언론매체에까지 노출될 수 있는 기회를 부여함으로써 보다 적극적인 활동을 할 수 있도록 자극한다. 이들은 광고 및 입소문을 통해 정보를 입수하고 자발적으로 브랜드스파이가 되기를 원한 사람들이므로 열정·참여도는 어느 정도 사전보장을 할 수 있다. 그리고 실제 이들에게 주어지는 혜택은 엄청난 경품잔치일 필요가 없다. 도토리 몇 개와 광고에 노출되어 스타가 될 수 있는 기회가 이들에게는 매력적인 당근인 것이다. (심지어 어떤 고등학생들은 자신이 구입한 도토리를 브랜드스파이 운영자에게 거꾸로 선물하기까지 한다!)

4. 엔터테인먼트 응용에 의한 L고객(사람) 발견

앞에서 이야기했던 'RFM 분석' 혹은 '소프트웨어 활용'에 의한 L고객 발견은 데이터의 신빙성을 모태로 한다는 점에서는 더할 나위 없이 좋겠지만, 문제는 이러한 데이터들이 대부분 정량적이라는 데 있다. 즉, 고객·회원의 정성적(태도, 관심, 의견 등)인 데이터들에 대한 활용이 부족하다. 분명 L고객인 것 같기는 한데 도대체 이 사람들의 라이프스타일은 어떠한지에 대한 심층적 정보를 얻기는 힘들다는 것이다. 이는 자사의 L고객을 지속적으로 증대시키기 위해 차후 어떤 성향을 지닌 사람들을 집중 공략할 것인지에 대해서 막연하다는 단점을 극복해야 함을 시사한다. 따라서 L고객의 정성적 데이터들을 유추할 수 있는 방안이 모색되어야 한다.

'협업적 필터링(Collaborative Filtering)' 기술을 활용한 방법은 이에 대한 가능성을 제시해준다. 예를 들어 당신이 '아마존닷컴'에서 서적을 구매하게 되면 그후 날아오는 이메일은 단순히 신간서적 정보가 아니라 이전에 구매했던 책과 장르가 유사한 서적들을 중심으로 정보가 제공된다. 이는 기존에 '이 책을 구매한 사람은 이런 책을 주로 사더라.'라고 하는 패턴을 데이터베이스에서 추출하여 그 연관성을 가진 상품을 제안함으로써 교차판매(Cross Selling)에 의한 구매가능성을 높여줄 수 있다. 이를 L고객 발견에 응용한다면 '기존의 L고객들은 이러한 정성적 특성을 가진 사람이며, 이들은 다른 사람들과의 상호작용에 있어 어떠한 정성적 패턴을 가지더라.'라고 하는 것을 유추하여 재활용할 수 있을 것이다.

이러한 정성적 데이터베이스를 축적하는 것이 그리 간단한 일은 아니다. 많은 비용과 노력이 투여될 것임은 분명하다. 그리고 정성적 데이터를 수집하는 데 있어 고객·회원이 능동적으로 자신의 정보를 제공해줄지도 의문이다. 만약 회원가입시 이러한 정성적 데이터를 다량 요구한다면 회원은 짜증을 내게 되고 가입을 해주지 않을 수도 있다. 따라서 이러한 데이터를 확충하기 위해서는 엔터테인먼트적인 거리를 제공하여 자발적으로 참여할 수 있도록 하는 것이 중요하다. 예를 들어 MBTI 테스트의 제공, 혈액형에 따른 남녀간의 매칭이벤트 제공, 동물점에 의한 성격테스트와 같은 콘텐츠들은 많은 사람들에게 공통적 관심사가 아닐 수 없다. 이러한 것들의 신뢰성이 완벽하다고는 할 수 없지만, 상당수 사람들이 "맞어, 맞어!" 하면서 공감을 하고 있는 것도 사실이기는 하다.

필자는 1997년 2월에 국내 최초로 인터넷상에서 '사이버 모의 대통령 선거'를 실시했던 적이 있다. 당시 이벤트 비용을 넉넉히 가진 것이 아니었기 때문에, 고민을 하다가 모 대학의 심리학과 석사과정에 있던 분을 섭외하여 이벤트에 참가하는 이들에게는 자신의 심리적 성향에 대해서 파악할 수 있는 설문조사지를 작성하였다. 일단 필자의 회원사이트에 가입을 한 후, 사이버 대통령선거에 대한 설문참여를 하고 나면 자동으로 다음 페이지에서 자신의 심리적 성향을 알 수 있는 설문을 행하게 된다. 회원가입 시에 인구통계학적 데이터를 받고, 설문참여 후에 사회심리학적 데이터를 받아 이들을 결합시키면 각 후보 지지자들의 정성적인 패턴을 유추할 수 있게 되는 것이다. 당시는 인터넷상의 데이터베이스 활용에 대한 기술이 축적된 것이 아니어서 체계적인 분석을 행하지는 못했지만, 이를 조금만 응용한다면 위에서 이야기했던 L고객을 발견하기 위한 데이터로서 충분히 활용될 가능성을 감지할 수 있었다.

만약 대용량 데이터베이스를 구축하기 위한 비용·조직이 없다고 하더라도 중소기업에서도 이를 간단히 활용할 수 있는 방법에 대해서는 충분한 여지가 있다고 본다. 예를 들어 모 교육업체에서 회원가입 촉진 이벤트를 하면서 MBTI 테스트를 무료로 할 수 있는 기회를 제공한 적이 있다. (회원을 확장하기 위해서는 모객 비용이 들 것이고, 이러한 비용이 몇천 원 수준이라면 해볼 만한 일 아닌가?) 이 회사가 실제 그랬던 것은 아니지만, 만약 응용을 한다면 그 다음에는 현재의 L고객 중 몇십~몇백 명을 임의 추출한 후, 그들의 인구통계학적 특성과 MBTI 테스트의 특성을 파악한다. 그리고 간단한 프로그램을 작성하여 신규회원으로 가입한 사람들 중 이러한 공통적 특성을 가진 사람을 파악하여 그들에 대해 보다 집중적인 관리를 행하게 된다.

5. 인맥 소개·연결에 의한 L고객(집단) 발견

이제부터는 L고객 '집단'을 발견하는 방법에 대해서 알아보자. 가장 간단한 방법으로는 자신이 지닌 인맥의 소개·연결을 통한 것이다. 세상에는 우리가 파악하지 못한 별의별 모임들이 다 있다. '다음'이나 '싸이월드' 등의 커뮤니티가 얼마나 많은지를 생각해보면 금방 이해가 될 것이다.

만약 우리가 집중해야 할 타깃이 어떤 그룹이 되리라는 것만 파악되면 일
차적으로 이러한 조건에 해당하는 각 커뮤니티들을 찾을 수 있다. 한국의
경우 대부분 온라인에 이러한 거점을 걸치고 있기 때문에, 글의 업데이트
주기만 파악해도 그들이 실제 어느 정도 적극적인 활동을 펼치고 있는지
를 알기가 어렵지 않다.

문제는 단순히 그들을 발견하는 데 있는 것이 아니다. 그들과 쉽게 접
촉할 수 있는 인맥을 터놓는 것이 더욱 중요하다. 보통 기업이 이러한 커
뮤니티를 공략대상으로 삼고서 그 커뮤니티의 운영진과 직접 제휴를 시
도하면 비용에 대한 견해차가 발생하기 쉽다. 그 커뮤니티의 운영자 입장
에서는 기업은 돈을 가지고 있고, 따라서 당연히 자신의 회원들에게 뭔가
충분한 보상이 있어야 활동을 지원할 명분이 생긴다는 주장이 나오기 마
련이다.

이에 소요되는 비용을 최소화하면서 마케팅을 행하기 위해서는 자신의
인맥을 통해 그들과 접촉을 시도하는 것이 유용하다. 필자는 2005년 초
'KT&G'에서 대학생들을 대상으로 한 마케팅 강좌 운영에 참여한 바 있
는데, 향후 대학생들의 참여를 증폭시키기 위해서는 우군들을 사전확보
해두는 것이 좋겠다는 생각을 하였다. 일차적으로 서울·부산·대구·대

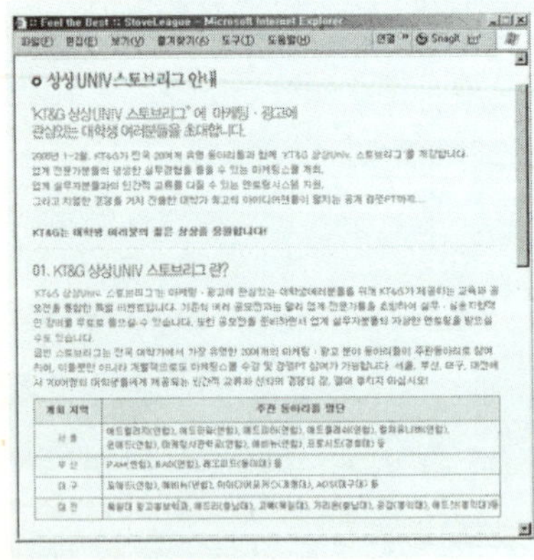

'KT&G 상상마당'에서 2005년에 운영하고 있는 마
케팅리그의 겨울 버전인 '상상Univ 스토브리그'. 기존
KT&G의 마케팅리그 공모전의 연장선상에서 겨울방
학 동안 '마케팅스쿨 + 멘토링 + 공모전'을 병행하면
서 차별화를 꾀하고 있다. 스토브리그의 강좌에는 전국
약 20여 개의 유명 광고·마케팅 동아리들이 주관동아
리로 참여하도록 함으로써 7백여 명이 오프라인 교육
을 수강하였다.

280

전 등에서 약 700여 명 정도의 관심 있는 대학생들을 확보하기로 했다. 만약 전국에 소재한 광고·마케팅 관련 유명 동아리들을 연결할 수만 있다면 광고비용을 최소화하면서 효과를 극대화할 수 있을 것이라는 생각이 들었다.

이때 전국의 유명 동아리들이 누구인지를 파악하는 것은 인터넷이 있었기에 별로 어렵지 않았다. 문제는 각 동아리들이 과연 우리의 바람대로 이 행사에 적극적으로 참여해주겠는가 하는 것이었다. 아직 초기라 행사의 성사 여부도 불투명했고 엄청난 물량공세를 펼치려는 것도 아니었기 때문에 돈으로만 승부할 수는 없는 일이었다. 따라서 필자는 우선 대학시절 몸담았던 '애드파워'라는 연합 광고동아리의 후배 등에게 부탁하여 전국 각 동아리들의 컨택포인트를 물색했다. 그리고 후배들에게 미팅 전에 간략하게 전화상으로 행사의 취지 및 필자의 전력(?)에 대해 주지시켜 두도록 했다. 이미 그들끼리는 서로 친분이 있었기 때문에 무작정 쳐들어가는 것보다는 협의 분위기가 우호적이었던 것은 당연하다. 그리고 각 동아리의 회장단들과 호프를 한 잔 하면서 친분을 쌓았고, 그들과는 현재까지 선후배 관계를 통해 친하게 지내는 대학생들도 있다. 술값이 약간(?) 나가기는 했지만, 중요한 것은 그들과 비즈니스 관계가 아닌 인간적인 관계를 형성해둠으로써 상호 원 — 원 할 수 있는 인맥을 자아내는 데 필요한 비용치곤 정말 적게 들었다는 것이다. 그리고 지속적인 관계맺기도 필요하다. 현재 필자는 그 대신 개인적으로라도 각 지방을 놀면서 일년에 한두 번 정도는 무료강의 등을 해주면서 그들에게 고마움을 표시하고 있다. 일보다는 사람으로 맺은 인연이 더 중요하다는 소신 때문이다.

당신이 만약 어느 초등학교의 담임선생님이고, 교장선생님의 강력한 지시에 의해 우리 반에서 교내 웅변대회에 참여할 어린이를 한 명 의무적으로 선발해야 한다고 치자. 이때 정말 말을 잘하고 똑똑한 어린이가 있다면 문제는 간단히 해결된다. 하지만 그런 어린이가 없다면? 모두 긴가민가하다는 생각이 든다면? 이때는 우선 부적합한 아이부터 소거해나가야 한다. 그러면서 웅변을 잘할 만한 아이들의 여러 속성들을 파악하게 되고 나름대로의 기준을 세울 수 있게 되는 것이다.

'던힐'의 예를 들어 설명해보자. 던힐이 실제로 이러한 비고객집단 소거법을 통해 L고객을 발견한 것은 아니지만, 한때 '파티'라는 새로운 시장을 집중 공략함으로써 시장점유율이 상승했었던 사례에 견주어보면 이 방법에 대한 이해가 좀 더 쉬워질 것이다.

아시다시피 국내 담배시장은 세계적으로 드물게 외국산 담배의 시장점유율이 적은 편이다. 따라서 국내의 후발주자인 던힐로서는 시장공략을 위해 정공법으로는 'KT&G'에 맞대응이 쉽지 않다. 그렇다면 니치(틈새) 시장을 집중적으로 공략하여야 하는데, 이 시장을 파악하기 위해 소거법을 적용시켜 보자.

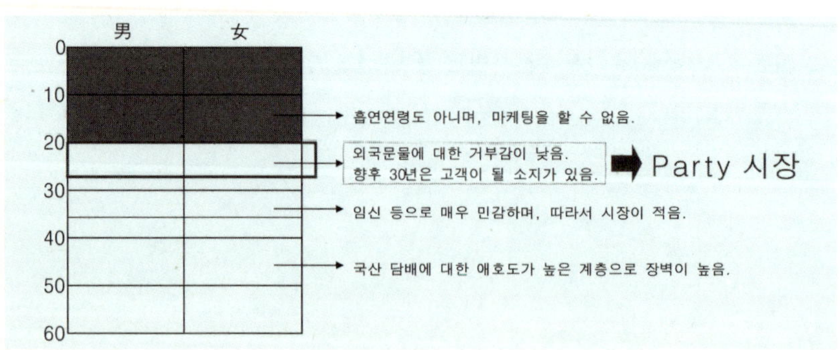

위의 그림에서 일단 0~20세까지는 마케팅 대상에서 제외시켜야 한다. 물론 청소년 중에서도 흡연자가 있기는 하지만, 그렇다고 해서 그들에게 마케팅을 할 수는 없는 일 아닌가? 다음으로 35세 이상의 시장 전체도 제외될 소지가 크다. 한국에는 애국자가 많아서 이들 중 상당수는 국산 담배에 대한 애호도·충성도가 높은 편이기 때문이다. 그리고 28~35세 정도의 여성 시장도 제외시켜야 한다. 임신·출산 등으로 상당히 민감한 계층이기 때문이다. 결국 남은 시장은 위의 그림과 같이 20~27세의 시장이며, 이들은 주로 대학생이다. 이 시장은 상대적으로 외국문화에 대한 수용성이 높으며, 만약 그들을 잡으면 향후 30년 정도는 고객으로 남을 수 있다는 잠재적 매력도 있다. 그런데 이들을 인구수로 따지면 수백만 명에 달하기 때문에 이들 모두를 L고객으로 지칭하기는 힘들다.

그래서 이 시장 내에서도 집중적으로 찍은 곳이 바로 파티 시장[*]이다. 파티(Party)는 외국문화이면서도 약간 고급스런 인식을 가지고 있다. 따라서 던힐이 이 시장을 선점할 수 있다면 브랜드 포지셔닝에도 적합하다고 판단할 수 있는 것이다. 던힐은 이처럼 기존 외국에서 집행했던 사례를 한국 시장에도 접목하여 나름대로 효과를 본 사례라 할 수 있겠다.

소거법을 활용하여 L고객을 발견할 때 중요한 점은 그 기준을 세우는 것이다. 과연 마켓의 볼륨이 충분한 시장인지, 그 시장에서 발견하려는 L고객들은 브랜드 전도사가 될 만한 잠재성·파장력이 충분한지, L고객이 절대 될 수 없는 사람들은 도대체 어떤 속성을 지니고 있는지 등에 대해 면밀히 검토하여야 한다. 만약 이러한 기준을 정립하지 않고 막연한 직관에만 의존한다면 처음부터 완전히 단춧구멍을 잘못 채우는 꼴이 나기 십상

[*] 파티시장의 경우는 사람이 아니라 어떻게 보면 지역 혹은 접점을 지칭하는 것이기 때문에 '고객'이라고 표현하기가 힘들 수도 있다. 하지만 이것을 타깃이 되는 L고객을 발견하기 위한 매체나 접점을 기준으로 접근하는 것도 큰 무리는 없을 것이다.

이기 때문이다.

7. 유사타깃 활용에 의한 L고객(집단) 발견

타깃마케팅 시대의 각 브랜드들은 미리 목표고객을 선정한 채 출시되어 마케팅 활동을 전개하는 것은 당연하다. 문제는 경쟁사도 마찬가지로 이러한 타깃을 대상으로 마케팅 활동을 행하고 있다는 점이다. 그렇다고 해서 치열한 격전장을 탈피하여 타깃시장을 바꾸려는 노력도 그리 쉽지 않은 것이 현실이다.

입소문마케팅에 있어 정작 중요한 점은 타깃 중 L고객이 될 만한 집단을 발견하는 방법이며, 이러한 L고객이 유사 타깃을 가진 다른 기업과는 차별화·전문화되어야 한다는 것이다. 이미 인식선점을 한 대상들에게 유사한 방식으로 접근하여 효과를 얻기란 힘들기 때문이다. 예를 들어 '교보생명'이 대학생들을 대상으로 2002년부터 실시하고 있는 '동북아 대장정'은 아무리 곰곰이 생각해봐도 '동아제약'의 '박카스 국토대장정'의 이미지를 벗어나기 힘들다. 물론 국내가 아니라 해외라는 차별화를 시도하고 있지만, 그럼에도 불구하고 어떤 대학생들은 이것을 동아제약에서 실시하는 것으로 착각하기도 한다.

그렇다면 동종 시장에서 경쟁사에 비해 차별화·전문화된 L고객 집단을 보다 쉽게 발견하는 방법은 어떤 것이 있을까? 가장 좋은 벤치마킹 대상은 동일한 타깃을 가진 국내의 타 업종 혹은 유관 업종이다. 그리고 이러한 업체들과의 전략적 제휴를 통해 시간·노력·비용을 절감할 수 있다.

'첫 단추부터 바로 꿰어야 한다.'라는 말이 있다. 기업 입장에서 이야기하자면 처음 고객이 뒤따라오는 고객의 성격을 규정하며 또한 이들에게 영

결혼정보클럽 '에스노블'의 홈페이지(www.snoble.co.kr). 자사 회원의 성별 · 연령별 · 직종별 · 거주지별 · 부모직업별 일반통계를 홈페이지에 제공하여 서비스의 질을 어필하고 있다.

향력을 미친다라고 표현할 수도 있을 것이다. 상류층 엘리트를 회원으로 하는 결혼정보클럽 '에스노블(S.Noble)'의 경우는 일류 대학 출신과 전문직 종사자들을 중심으로 엄격한 심사를 거쳐 회원을 유치하고 있다. 때문에 "저 잘난 맛에 사는 집단 아니냐."는 곱지 않은 시선도 있는 반면 "함께 손잡고 일해보자."는 마담뚜들의 요청도 많다고 하는데, 고위 공직자나 재벌가 자제들이 꽤 있다고 입소문이 난 덕택이라고 한다.

라이온스클럽의 예에서 볼 수 있듯이, 만약 특정 집단에 가입 · 소속되는 것이 다른 사람들과의 품격 차별화의 징표라고 생각되면 그에 소속된 사람들은 자발적으로 입소문을 행할 소지가 크다. 그리고 주변 사람들도 그 집단에 대해 관심 반 질투 반으로 이야기를 꺼낼 가능성이 충분하다. '안 들어가는 것'이 아니라 '못 들어가는 것'이라는, 혹은 '안 사는 것'이 아니라 '못 사는 것'이라는 희소성에 의한 고객차별화는 입소문마케팅에서 자주 쓰이는 방법이다. 따라서 L고객은 현재의 이익뿐만 아니라 잠재적인 이익을 기대할 수 있는 사람이다. 그리고 그 잠재적 이익 중에는 그들이 남들에게 입소문을 통해 기여를 하게 되는 '소개이익'도 포함되어 있다.

자, 이제 당신이 만약 혼수 시장을 타깃으로 하여 고급가구를 판매하는 ABC라는 수입업체의 마케터라고 치자. 당신은 분명 타깃시장이 누구인지는 분명히 알고 있다. 그런데 그들이 어디에 있는지는 아직 제대로 파악하지 못하고 있다면, 그들을 발견하고 활용하기 위해서는 당연히 시간·노력·비용의 희생을 감수해야 한다. 그러한 희생을 줄이기 위해서는 차라리 에스노블처럼 동일한 목표고객을 가진 업체와 전략적 제휴를 시도하는 것도 하나의 방법이다. 물론 당신이 그 회사와 남다른 인맥이 없다면 에스노블이 별 이익도 없이 당신의 회사와 제휴를 해줄 리는 만무하다. 그렇다면 에스노블에 이익이 될 만한 혹은 그 회원들에게 혜택이 될 만한 뭔가를 던져줘야 한다. 그럼에도 불구하고 이 비용은 새로운 L고객을 발견하고 활용하기 위한 가장 저렴한 투자일 수도 있다. 입소문의 가장 중요한 기대효과는 광고 등의 타 활동에 비해 비용을 최소화하면서 효과를 극대화하려는 것 아니겠는가!

8. 트렌드 분석에 의한 L고객(집단) 발견

자연재해 등에 관한 예지능력은 인간이 다른 동물들에 비해 그리 우월하다고 볼 수 없지만, 자신의 정보·경험을 통해 뭔가를 파악하는 인간의 직관력은 동물의 그것과는 비교가 안 될 만큼 뛰어나다. 사실 L고객을 발견하는 가장 쉬운 방법도 이러한 직관력이라 볼 수 있다. 앞서 얘기했듯이 '딤채'는 강남지역의 영향력 있는 주부들을 선정했었고, 명품 선호자를 대상으로 한다면 《노블레스》와 같은 잡지가 타깃이 될 것이고, 물 좋은 젊은 남녀를 대상으로 한다면 홍대 앞의 클럽들을 집중 공략해야 한다. 누가 일일이 가르쳐주지 않더라도 이들을 상식적으로 감지할 수 있으며, 이러한 직관은 선천적일 수도 있지만 자신 및 타인의 노력·경험에 의해 오랜 세월에 걸쳐 충분히 발전될 수도 있는 것이다.

하지만 직관은 체계적·과학적이지 못하다는 비판을 받을 수 있기 때문

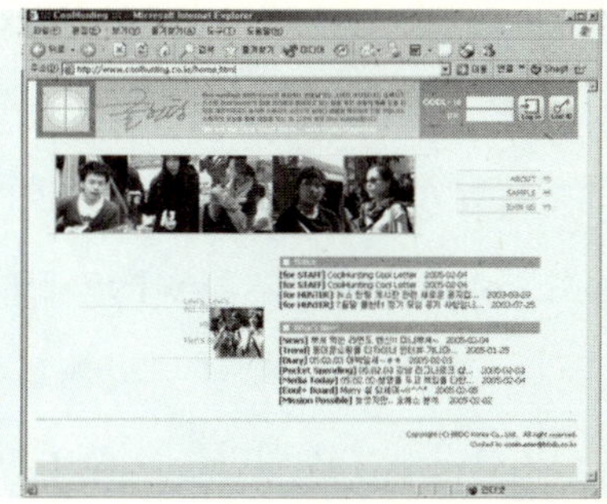

삼성경제연구소 내 전문 커뮤니티인 '트렌드연구회(http://www.seri.org/trend)'는 약 9천여 명이 회원으로 등록되어 있는 국내 최대의 트렌드 관련 커뮤니티이다(左). 한편, 광고대행사인 'BBDO KOREA(http://www.coolhunting.co.kr)'는 소비자가 스스로 거리에서 벌어지고 있는 일들 혹은 화젯거리(예를 들면 패션, 음식, 상품, 가게, 문화 등)에 대해 개인적이고 솔직한 소비자의 시각에서 글을 올리도록 하는 쿨헌팅 사이트를 폐쇄적으로 운영하고 있다(右).

에 이를 뒷받침할 수 있는 근거들을 필요로 한다. 윗분들은 자신이 잘리지 않기 위해서라도 이러한 근거를 아랫사람들에게 집요하게 요구할 수밖에 없는 것이 현실이기 때문이다. 이때 가장 유용한 소스가 되는 것 중 하나는 여러 매체들을 통해 접하게 되는 트렌드 관련 각종 뉴스·정보들이다.

마케터들이 이러한 트렌드를 분석하는 이유는 시장·소비자의 추세를 따라가기 위한 것이 아니라 앞서가기 위함이다. 상품이 넘쳐나는 환경에서 경쟁은 갈수록 치열해지고, 이는 또한 메가컨버전스(Mega-Convergence, 초융합) 경향에 따라 업종을 막론하고 경쟁의 대상들이 대거 등장하고 있는 추세다. 예를 들어 '나이키'의 경쟁자는 이제 아디다스·리복·퓨마 등이 아니라 닌텐도·블리자드 등의 게임업체일 수도 있다.* 청소년들이 바깥에서 뛰노는 시간이 줄어들고 게임에 몰두하게 되면 나이키는 이에 의해 영향을 받지 않을 수 없기 때문이다. 이러한 상황이라면 시장·소비자의 트렌드를 빨리 읽고 대응할 수 있는가의 능력이야말로 '정복할 것인가, 아니면 정복당할 것인가.'를 좌우하는 가장 중요한 과제라 아니할 수 없다.

---

* 2005년 3월 18일 KT&G 상상마당 루키강좌에서 '메타브랜딩' 박항기 대표가 발표한 "21세기 브랜딩, 어떻게 할 것인가" 내용 중에서 인용.

이러한 추세 탓인지 트렌드에 가장 민감한 업종인 광고계에서도 경쟁적으로 트렌드 리포트들을 발표하고 있다. '제일기획'은 지난 수년간 소비자 조사를 통해 얻어진 각종 데이터들을 분석하여 적극적으로 리포트를 내놓고 있는데, 'P세대'니 'WINE세대'니 하는 용어들을 우리에게 친숙하게 만든 것도 이러한 산출물에 의한 것이다. '휘닉스커뮤니케이션즈'는 2004년 '퍼뮤니케이션'이라는 신조어를 만들어 블로그·미니홈피의 유행에 대해 색다른 시각으로 제시하기도 했다. '화이트커뮤니케이션즈'는 '트렌드파파라치', 그리고 'BBDO KOREA'는 '쿨헌팅'이라는 웹사이트를 통해 소비자의 시선에서 시장의 여러 현상들을 회원들이 올릴 수 있도록 하는 프로그램을 운영 중이다. 이러한 트렌드 정보들로부터 얻어진 결과들은 광고주들에게 전해져 제품 개발 및 판매를 위한 자료로 활용되고 있으며, 최근에는 이를 활용한 언론홍보를 통해 앞서가는 회사라는 이미지를 심으려 노력하고 있다.

이뿐만 아니다. 최근 시중에는 미래의 트렌드를 소개하는 서적들이 국내·해외 저자를 막론하고 쏟아져 나오고 있다. 삼성경제연구소 내 커뮤니티인 '트렌드연구회' 등을 비롯한 여러 커뮤니티들도 다양한 관련 세미나를 개최하고 있으며, 당연히 신문·잡지 등에서도 그들의 정보력을 활용하여 각종 트렌드들을 쉴 새 없이 쏟아내고 있다. 『한국인 트렌드: 변화의 물결』을 저술한 '와우밸리' 김경훈 대표의 말처럼, 한 마디로 요즘은 '트렌드 읽기가 트렌드'인 세상이다.

입소문마케팅을 고민하고 있는 마케터들은 당연히 이러한 트렌드를 빨리 감지하기 위한 정보입수 노력도 중요하지만, 또한 트렌드 세터·리더라고 표현되는 집단이 과연 누구인지를 파악하는 일도 중요하다. 이제 트렌드는 어디에나 널려 있고, 사람들이 다양화되어 감에 따라 날이 갈수록 트렌드 또한 증대·증폭되어 간다. 하지만 그만큼 트렌드 주도집단으로서의 L고객을 정확히 파악하기란 어려워진다. 이것은 위기로 볼 수도 있지만, 조금만 노력하면 경쟁사에 비해 한발 앞서 나갈 수 있는 기회를 포착할 가능성도 높아짐을 의미한다. 직관보다는 이를 뒷받침하는 논리가 곁들여진 L고객 발견방법은 입소문마케터가 윗분들의 적극적 지원하에 소신껏 일할 수 있는 강력한 지지대가 되어줄 것이다.

〔참고기사〕광고회사 '트렌드 읽기' 변했다…… "설문통계보다 참여관찰"
"전통적인 패러다임으로는 네트워크 사회의 변화를 따라갈 수가 없다."(제일기획 박재항 국장)

광고회사만큼 트렌드의 변화에 민감한 조직은 없다. 소비자의 생각과 행동의 변화를 빨리 알아내고 대응하는 것이 조직의 생존을 결정하기 때문이다. 최근 광고회사들이 트렌드를 파악하는 방법을 바꾸고 있다. 캠코더나 디지털카메라를 들고 거리로 나가 변화를 관찰하거나 타깃 소비자와 함께 생활하면서 그들 속으로 들어가는 것. 각종 설문조사나 조사 자료를 가공해 통계적으로 트렌드를 확인하던 과거 방법론은 뒷전으로 밀리고 있다. 트렌드를 알아내는 방법이 통계학적 방법론에서 인류학, 심리학, 기호학 등에서 쓰이는 참여관찰법, 심층인터뷰, 상징해석 등으로 바뀌고 있다.

▽통계보다는 직관＝LG애드는 2002년 10대의 사고와 행동방식에 관한 '1318' 보고서를 발표했다. 이 보고서는 10대가 주 고객인 회사들로부터 호평을 받았다. 10대의 생각과 행동이 눈앞에 그려질 정도로 깊이 있는 분석이었다는 평가를 받은 것.

트렌드 헌팅의 변화

	과거	현재
방법론	통계학적 접근	인류학, 심리학, 기호학적 접근
조사 방법	설문조사 및 자료 분석	참여관찰, 심층인터뷰, 상징 해석
트렌드 지속성	느리게 확산되며 장기간 지속	빠르게 확산 소멸
장단점	정확도 높음. 조사에 시간이 많이 걸림. 급격한 변화 인식은 어려움	정확도가 떨어짐. 고비용. 빠른 변화를 파악하는데 유리

LG애드는 이 보고서를 만들기 위해 서울지역 중고교생 16명을 선발한 뒤 3개월 간 직원들에게 이들을 따라다니게 했다. 직원들은 학생들과 수차례 깊이 있는 면담을 한 것은 물론 PC방, 노래방, 영화관, 놀이공원, 야구장 등 학생들이 가는 곳에 동행했다. 10대들이 이메일과 메신저, 문자메시지로 대화하다 보니 친구 집이나 전화번호를 잘 모른다는 사실, 강남과 강북의 유행이 다르다는 사실 등 설문조사에서 드러나지 않았던 10대의 행동유형이 밝혀졌다. LG애드는 20대나 40대를 분석하는 데도 참여관찰법을 사용했다. 요즘 트렌드 헌팅팀은 시간만 나면 캠코더를 들고 도심 번화가, 나이트클럽, 옷가게 등으로 나간다. 각자가 찍은 비디오를 팀원끼리 비교하면서 유행의 변화를 추적한다.

제일기획은 트렌드 변화를 추적하기 위해 온라인 포털의 인기검색어를 주시한다. 새로운 인기검색어가 나오면 관련 사이트나 동아리에 직원들이 참여한다. 새로운 트렌드로 발전할 가능성이 있는 현상이라는 판단이 서면 참여관찰법이나 심층인터뷰를 진행한다.

20, 30대를 참여세대로 규정한 보고서도 붉은 악마 신드롬이나 촛불집회 분석에서 출발했다.

▽네트워크 사회의 도래=LG애드 오명렬 마케팅본부장은 '트렌드 헌팅' 방법의 변화에 대해 "2000년대 들어 한국사회가 서구처럼 극단적인 다양화의 길을 걷고 인터넷의 확산으로 변화 속도가 너무 빨라졌기 때문"이라고 말했다. 사회가 다양화하면서 나이, 성별, 학력, 소득 수준 등의 변수로는 한 사람의 사고방식이나 행동유형을 짐작할 수 없고 네트워크 사회로 접어들면서 트렌드의 확산 속도도 빨라졌다는 것.

제일기획 박재항 국장은 '하키스틱 이론'으로 설명한다. 과거 트렌드나 신제품은 도입→성장→성숙→쇠퇴 주기를 따른다. 반면 최근 트렌드나 신제품은 하키스틱 모양처럼 도입되자마자 기하급수적으로 확산된다. 쇠퇴도 순간적으로 이루어진다. 디지털카메라, 카메라폰, DVD 플레이어의 보급이 그 예이다. 오 본부장은 "날카로운 직관을 갖기 위해서는 소비자 속으로 들어가 그들과 함께 호흡하는 방법밖에 없다."고 강조했다.

《동아일보》 2004년 3월 24일자 기사, 이병기 기자 eye@donga.com

8장
부정적 바이러스 죽이기

나쁜 소식이 더 빨리 퍼진다.(Bad news travels fast.)

— 영국 속담

실패는 지혜를 이끄는 도구이며, 미래에 대한 정확한 예측은 과거의 실패로부터 나
온다.

— 로버트 맥매스(미국 실패사례박물관(NPW) 설립자)

부정적 입소문의 확산 메커니즘

'경험 → 불만 → 동조 → 확신 → 증폭'의 악순환

1999년, 일본에서는 한 잡지의 별책부록으로 출간되었던 『(절대로) 사서는 안 된다』라는 도발적인 제목의 208페이지짜리 책 한 권이 엄청난 화제를 불러일으켰던 적이 있다. 일본에서 유통되고 있는 화장품 · 잡화 · 세제 · 식품 등 89개의 상품들을 거론하면서 어디에 문제가 있는지를 조목조목 따진 이 책은 입소문과 이에 따른 언론보도 등에 의해 1999년도 한 해에만 200만 부가 넘게 팔렸다. 혹자들은 이 책을 두고 '소비자 민주주의의 위대한 승리'라는 찬사를 보내기도 했으며, 이 책이 하도 인기가 있는 바람에 『사서는 안 된다를 사서는 안 된다』 등의 반박서들과 아류서들도 약 30권 이상 등장하기도 했다. 우리나라의 소비자단체나 언론사에서도 문의가 쇄도했었다고 한다.

이것이 시사하는 바는 무엇일까? 기업은 지금까지 애써 좋은 소리만 듣기 위해 노력해왔지만, 그리고 TV나 신문 등의 유력매체를 통한 광고 · 홍보 활동에 치중해왔지만, 소비자들 사이의 입소문 파워가 증대됨에 따라 기업 마케팅 활동은 이제 새로운 국면을 맞고 있다.

지금까지 기업들이 강조해온 "소비자가 왕이다."라는 말이 소비자들에게는 립서비스에 불과한 것으로 인식되어 왔으며, 기업들의 홍보활동은 주로 정부나 언론에 집중되어 행해왔던 것이 현실이다. 그러나 이제 인터넷 등의 등장으로 소비자의 정보수집력은 어느 때보다 커지고 있으며, 그들에 의한 정보확산과 이에 따른 파급효과 또한 적극적인 커뮤니티 참여를 통해 이제 보다 조직화 · 세력화되고 있다. 인터넷은 기업에게 새로운 비즈니스 · 마케팅 채널을 부여하였지만, 역으로 이야기하자면 고객의 관리 · 대응에 있어 보다 전향적인 자세로 임해야 하는 짐을 떠안게 된 것이다.

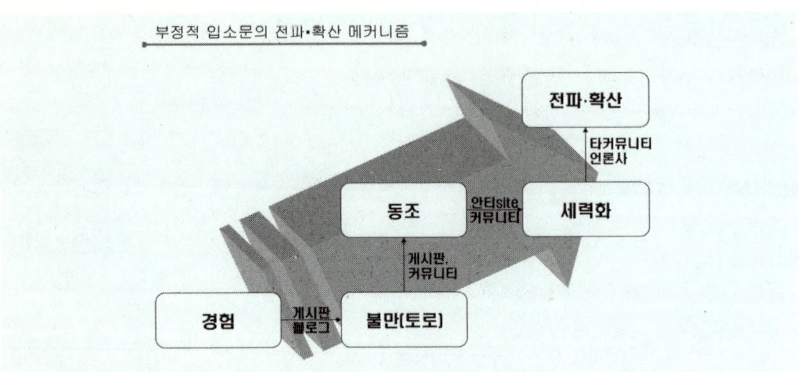

부정적 입소문의 전파·확산 메커니즘 : 인터넷은 소비자로 하여금 자신의 부정적 경험을 조직화·세력화하여 기업에 대항할 수 있는 힘을 부여한다. 기업은 게시판, 블로그, 커뮤니티, 언론사이트 등에 대해 상시적인 관리체계를 구축할 필요가 있다.

　기업에 있어 부정적 입소문은 발생하지 않는 것이 가장 좋은 상황이다. 그러나 이것은 정말로 이상적인 꿈에 불과할는지도 모른다. 예를 들어 당신이 전국적으로 100만 명쯤 되는 고객을 확보하고 있다 치자. 그리고 당신 상품의 우수한 품질과 친절한 서비스로 인해, 실제로는 불가능한 수치이긴 하지만 아무튼 99.9%의 고객들은 대만족을 하고 있으며 나머지는 불만을 가진 상태라고 가정하자. 비록 0.1%의 고객이라고는 하지만 그래도 그 숫자가 1,000명이나 된다. 이들 중에서 누군가 게시판 자동등록 프로그램을 이용하여 인터넷상에 존재하는 2만 5천 개의 게시판에다 당신을 조목조목 비방하는 글을 올린다면? 만약 하나의 게시판에 올려진 글을 10명만 조회를 한다고 쳐도 산술적으로는 25만 명에게 노출된다.

　물론 이러한 계산법을 곧이곧대로 믿기는 힘들 테지만, 안티고객 입장에서는 이제 극히 적은 노력과 저렴한 비용으로 이 거사(?)를 행할 수도 있게 되었다. 기업은 이에 따라 막대한 이미지 손상을 입을 수도 있으며, 자칫하면 이를 해명하기 위해 막대한 광고비용을 지불해야 할지도 모른다. 만약 그럭저럭 무마가 되었다 하더라도 게시판 관리자가 글쓴이의 반발을 우려하여 이 글을 지우지 못하는 상황이라면 그 글은 영구적으로 보전되어 위력을 떨치게 될 것이다. 또한 항변·변명 등 기업의 정당한 노력들조차 자칫하면 더 큰 의심과 의혹을 불러일으키게 되고, 언론에서 이를 기사화하는 바람에 문제가 확산될 우려도 있다.

입소문이 긍정적인 방향으로만 작동한다면 기업에 있어서는 그만큼 강한 것이 없다. 그러나 상품이나 기업에 대한 불만이 부정적인 입소문으로 유포되기 시작하면 정반대의 효과를 일으킨다. 미국 콜로라도 대학의 수잔 키베니(Susan Keaveney)는 정성적 조사방법을 통해 '서비스 전환 행위(Service Switching Behavior)의 원인과 결과'를 조사한 적이 있는데, 고객이 실망을 하고 돌아섰을 때 이는 다른 고객에게도 파급 효과를 미치게 되며 그에 따른 이윤 저하를 촉발할 수도 있다는 결론을 내렸다. 그중 특히 중요한 사실은 서비스에 불만을 느끼고 다른 브랜드로 전환한 고객의 75%가 그들과 가까운 사람들에게 원래 서비스에 대한 그들의 불만에 대하여 이야기했다고 대답한 점이다. 이 불만을 들은 사람들이 또 다른 사람들에게 불만을 전파할 것임은 충분히 예상되는 일이다.

이러한 '부정적 입소문'에 대한 예방 백신(Vaccine)은 유감스럽게도 제대로 개발되어 있지 않은 것이 현실이며, 앞으로도 당분간은 등장할 가능성이 거의 없어 보인다. 아니, 어쩌면 지금까지 이러한 부정적 입소문들은 통제불능의 변수로만 인식하여 무심하게 방치되고만 있었는지도 모르겠다. 그러나 이제 기업은 보다 전향적인 자세로 이를 관리(Management)할 수 있는 방안을 모색해야 한다.

감기치료에 비유해본 부정적 입소문의 몇 가지 대응방안들

지금까지 기업의 부정적 입소문에 대한 대응은 주로 마케팅부서 내의

CS(고객서비스, Customer Service) 파트나 PR부서 내의 CM(위기관리, Crisis Management) 파트에서 주로 담당해왔다. 그러나 CS파트는 부정적 입소문에 대해 전향적·포괄적으로 대처해왔다기보다는 급박하게 발생하는 소비자 불만에 단발적으로 후속 대응해왔던 편이다. 그리고 CM파트는 소비자 개개인보다는 언론을 중심으로 한 대응에 초점을 맞추고 있다.

대부분의 마케터들은 입소문마케팅을 고려할 때 '고객만족·고객감동'이라고 하는 긍정적 파급효과는 염두에 두지만 상대적으로 '고객불만'에 대한 전략적 대응에 대해서는 관심이 적다. 즉 소비자불만에 대한 '일시적' 대응은 그래도 마케터 자신의 일이라고 생각하지만, '전략적'으로 이를 관리하는 것은 대언론관계를 주로 담당하는 PR부서의 위기관리(CM) 파트 몫으로 떠넘기려 든다. 그러나 고객불만은 원천적으로 기업·상품·서비스에 대한 소비자의 경험으로부터 야기되는 문제이며, 이것을 무작정 언론대응에만 의지할 수는 없다. 만약 이러한 마인드를 가지고 있다면 마치 간단한 병을 방치하는 바람에 결국 중환자가 되어 수술실로 보내게 만드는 것과 유사하다. 이는 마케팅커뮤니케이션의 통합성을 저하시키고, 부정적 입소문에 대한 대응 속도를 느리게 만들며, 따라서 문제를 더 증폭·

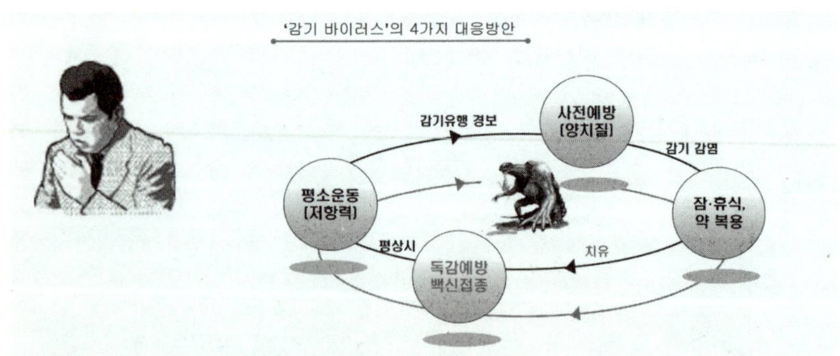

일단 평소에 운동을 열심히 하면서 저항력을 길러 감기에 걸리지 않는 것이 최선책이다. 그리고 감기가 유행하고 있을 시에는 손을 씻거나 양치질을 하는 등의 예방 조치를 상시에 하는 것이 좋다. 그래도 감기에 걸렸다면? 푹 쉬면서 약을 먹고 땀을 뺀다. 만약 새로운 독감이 유행할 것 같다는 이야기가 들리면 예방 백신을 맞아두는 것이 좋다. 부정적 입소문에 대한 대응방안도 이와 유사하다.

확산시키는 악순환을 자아내게 된다.

감기 바이러스가 침투하는 것도 처음에는 작게 시작된다. 사람들은 감기는 가만 놔둬도 일주일 정도만 지나면 자연치유된다고 대수롭지 않게 생각한다. 그러나 이러한 안이한 자세로부터 문제는 시작되고, 감기가 심하게 걸린 상태에서 방치해두면 중증의 호흡기감염증인 폐렴으로까지 발전하게 된다. 폐렴은 경우에 따라서는 사망의 직접적인 원인이 될 수 있다. 설사 다행히 회복이 되었다손 치더라도 보이지 않는 체력의 손상을 가져오게 된다.

이러한 '감기 바이러스에의 비유'는 마케터가 부정적 입소문에 대한 체계적인 대응체계를 수립하는 데 있어 유용한 힌트를 제공한다. 이것을 기업에 유사하게 적용해보면 다음과 같이 구분할 수 있으며 각 단계마다 대응방안이 조금씩 달라지게 된다.

단 계	대응방안 예시
평상시 관리 (운동 : 체력보강)	- 공익마케팅 등을 통한 신뢰성 확보 - 불량고객 활동에 대한 정보공유 및 구체적 제재조치 명시 - 실명제를 통한 기업— 소비자 간의 윈&윈 의식 제고 - 안티도메인의 사전 확보
사전 모니터링 (사전 예방조치) 기술적 대응	주로 정보마이닝(Information Mining) 솔루션을 활용하여 부정적 입소문이 어디서부터 발생하는지를 실시간으로 감시하고 이에 대해 조속히 대응
즉각적 대응 (잠, 휴식, 투약) 감성적 대응	- 우군 커뮤니티의 활용 - 책임자의 즉각적인 사과와 신속한 대응 - 수치보다는 가치에 기반한 보상 - 언론홍보(Publicity)를 통한 해명 - 글보다는 음성, 음성보다는 대면이 중요
전략체제 구축 (예방 백신)	- 위기관리 매뉴얼 작성(면역체계 구축) - 지식의 축적(요인 규명, 경로의 파악) - 직원내부 교육의 강화 - A/S에서 B/S로 인식전환

부정적 입소문의 대응방안에 대해 필자라고 무슨 뾰족한 대안이 있는 것은 아니다. 그리고 위에서 제시한 방법들도 검증되거나 정립된 것은 아니다. 또한 부정적 입소문은 막을래야 막을 수 있는 것도 아니다. 하지만 그렇다고 해서 문제만 제기되거나 이러한 상황을 마냥 방치하고 있다가는 기업·브랜드가 한 방에 녹다운이 될 수도 있다. 따라서 발생될 때까지 마냥 기다리고 있을 사안도 아니다. 이 장에서 우리는 부정적 입소문 발생에 대한 일련의 프로세스상에서 각 단계마다 행할 수 있는 대응방안에 대해 몇 가지 예시를 들어보도록 하자.

1. 감기에 걸리기 전
: '사전 체력관리'를 통한 부정적 바이러스의 침투 억제

평소 몸이 튼튼한 사람들은 잔병치레가 적고 감기 정도는 약을 복용하지 않아도 자연치유가 된다. 이 비유는 기업의 소비자들의 충성도 제고를 통해 부정적 입소문의 싹이 트는 것을 미연에 방지하려는 노력이 통할 수 있음을 암시해준다. 즉, 평소에 선한 행동으로 타인의 귀감이 되는 사람이 실수를 하게 되면 그야말로 "설마 실수겠지. 일부러 그랬을 리야 있겠어?"라고 생각하면서 조용히 넘어가게 된다. 마찬가지로 공익적 마케팅의 전개를 통해 평소에 신뢰를 축적하는 것은 기업의 건강성을 높여 부정적 입소문에 대응할 수 있는 저항력을 길러준다.

그러나 또 한편으로는 악의를 가지고 맹목적으로 덤벼드는 안티고객들도 분명히 존재한다. 이들은 까탈스러운 정도가 아니라, 보상을 받기 위해 일부러 사고를 조장하기도 한다. 속된 표현으로 '말로 해서는 도저히 안 되는' 부류가 분명히 있다. 이들에게는 '고객퇴출'이라는 조치를 할 수 있는 대안들을 세워둘 필요가 있을 것이다.[*] (물론 명백한 기업 자신의 잘못으로 인해 불평을 제기하는 안티고객이 더 많으며, 이에 대한 대응방안과 관련해서는 뒤에 언급할 것이다.)

a. 공익적 마케팅 활동의 지속적 전개를 통한 신뢰 축적

기업이 이익에만 집착하지 않고 사회에 기여하는 모습을 보임으로써 소비자와의 긍정적인 관계를 구축하려는 노력은 갈수록 중요해지고 있다. 혹자들은 이러한 활동들에 대해 사시눈을 뜨고 생색내기나 간접적인 언론플레이로 평가절하를 하기도 하지만, 솔직히 그런 사람들이야말로 진심으로 사회활동에 기여하는 경우는 드물다. 또한 설사 그런 목적이 있다손 치더라도 이러한 공익활동을 하지 않는 기업보다는 훨씬 낫지 않은가! "좋은 게 좋은 것이다."라는 말이 있다. 선의의 의도를 왜곡할 필요까지는 없는 듯싶다.

1984년, '유한킴벌리'는 90억 원이라는 막대한 비용을 들여 '우리 강산 푸르게 푸르게'라는 친환경적 캠페인을 전개하기로 했다. 출범 당시 회사 내부의 우려와 회의감도 있었지만, 결과적으로 보자면 이 캠페인은 대성공이었다. 소비자들은 이 기업의 선의의 취지에 공감하기 시작했고, 20여 년간 꾸준히 지속되고 있는 이 공익성 캠페인은 소비자들의 호감을 유발하여 왔으며, 그 결과 여러 조사에서도 국내에서 가장 신뢰받는 기업 중의 하나로 손꼽히고 있다. 유한킴벌리의 주요 상품이 대부분 목재로 시작된다는 점에서 친환경 단체들이 안티를 걸 수 있겠다고 생각할 수 있지만, 심지어 그들조차도 사회적 책임을 스스로 지려는 선의의 의도에 수긍하지 않

---

* 사실 이 절의 주제는 어떻게 보면 긍정적 입소문을 양산하는 노력이 더 중요하기 때문에, 부정적 입소문을 다루는 이 장에서 구체적으로 다룰 필요까지는 없다. 따라서 필요하다고 생각되는 몇 가지 사항에 대해서만 간단히 언급하는 수준에서 넘어가도록 하자.

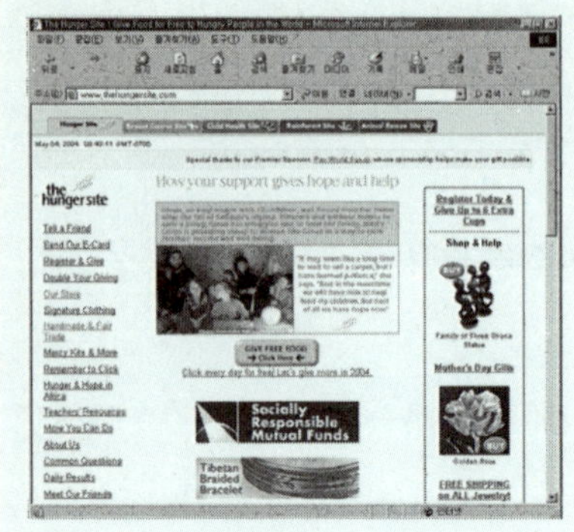

자선을 비즈니스로 하여 수익을 올리고 있는 'The HungerSite(www.thehungersite.com)'. 방문자가 게재된 기업 배너광고를 클릭하게 되면 광고비용이 자선단체에 기부되며, 이때 TheHungerSite는 기업들로부터 일정 퍼센티지의 광고수수료를 수입으로 취한다.

을 수 없다. 소비자들이 유한킴벌리의 든든한 버팀목이 되어주고 있기 때문이다.

이번에는 공익단체를 가장(?)하여 수익을 올리는 재미있는 비즈니스 모델을 하나 소개하자. 기아에 허덕이는 세계 어린이들의 구호를 목적으로 운영되고 있는 'TheHungerSite'는 방문자가 배너광고를 클릭하여 기부를 할 수 있는 자선전문사이트를 표방하고 있다. 예를 들어, 연말연시를 앞두고 뭔가 조금이라도 사회에 기여를 하고 싶은 네티즌들은 인터넷에서 손쉽게 자선을 할 수 있다는 TheHungerSite에 대한 소문을 듣게 된다. 그리고 이 웹사이트를 방문하여 첫 화면에 소개되는 불쌍한 어린이들의 사진 아래 놓인 "Give Free Food."라고 기입된 버튼을 클릭한다. 그러면 페이지가 이동하면서 "당신의 클릭 한 번이 굶주린 어린이들에게 1.1컵의 음식을 줄 수 있습니다."라는 메시지가 나오고 그 아래에는 기업들의 배너광고가 게재되어 있다. 그 다음은? 그 배너광고를 클릭하면 해당기업의 웹사이트가 뜨고 그것으로 기부는 완료된다. 월 수백만 명이 이 사이트를 방문하여 의미 있는 자선행위를 하고 있다.

그런데 이 TheHungerSite는 사실 비영리단체가 아니다! 이 사이트에서 기부금을 내는 주체는 방문자가 아니라 이 사이트에 배너광고를 게재한 기업들이며, 기업들은 이 사이트에 1천 클릭당 약 5달러를 지불하게 되며 TheHungerSite는 이에 대한 광고수수료 수입을 얻게 된다. 이 사이트의 인기에 주목한 GreatGood.com이라는 민간기업은 이곳을 인수하여 똑같은 방법으로 열대우림 보호, 어린이 에이즈, 어린이 생명보험, 유방암, 지진 등에 대해 기부사이트를 각각 운영하고 있다. 좋은 일을 하면서 수익도 챙긴다는 참신한 발상이다.

한편, TheHungerSite는 이러한 효과를 극대화하기 위하여 '친구에게 추천하기(Tell a Friend)', 'e-카드 보내기(Send Our E-Card)' 등을 통해 바이러스마케팅을 전개하고 있다. 인터넷상에서 숱하게 반복되는 클릭 행위 중 단 한 번으로 의미 있는 선행을 할 수 있다는 것, 그 이면에는 이 업체의 이익도 함께 숨어 있다. 그러나 이 사이트를 누가 욕하겠는가? 남이 안 하는 일을 대신 해주고 있음에 감사할 따름이다.

b. 불량고객 활동에 대한 정보공유 및 구체적 제재조치 명시

어느 날 필자는 세미나를 마치고 참석한 뒤풀이 자리에서 몇 사람과 이야기를 나눌 기회가 있었다. 그중에는 한 인터넷쇼핑몰의 직원이 있었는데, 이런저런 이야기가 오가다 반품이 화제가 되기 시작했다. 별의별 황당한 사례들이 거론되기 시작했는데 그중 압권은 한 아줌마의 반품 사례였다.

"고객 중에 명품족 아줌마가 한 명 있는데, 정말 미치겠어요. 백만 원도 넘는 비싼 옷을 주문했다가 반품 마감 기한쯤 되면 상습적으로 슬그머니 반품을 하는 거죠. 내부적으로는 블랙리스트에 올려두긴 했었죠. 그런데 이 아줌마가 어느 날 명품 속옷을 주문하더니 결국 또 반품이 돌아왔어요. 근데 팬티를 빨지도 않고 돌려준 거예요! 냄새가 나서 원……."

다른 곳들도 이와 유사한 경우들이 비일비재하다고 한다. 한 국내 TV홈쇼핑 업체의 경우 10번 정도 반품하는 사람은 양반 측에 속하고, 심지어 100번도 넘게 반품을 일삼는 불량 고객도 있다고 한다. 그런데 이들 중에는 반품을 안 해주면 인터넷 게시판마다 돌아다니면서 그 업체의 욕을 일삼고 다니는 부류도 있고, 조폭들까지 개입해서 반품이 안 되는 것인데도 될 때까지 협박을 하는 사례도 있다.

기업 입장에서는 정말 구제불능인 고객들이다. 따라서 이들의 블랙리스트를 작성하여 별도로 관리하거나 거래를 제한하는 등의 대응이 필요하다. 혹은 약관에 제재사항을 명시하고 이를 위반할 경우 법적 대응조치를 불사하겠다는 으름장을 놓는 것도 심각하게 한번 고민해봐야 한다. 이 경우 '고객퇴출'을 시키는 것이 가장 바람직하다. 단기적인 손실 몇 푼 때문이 아니라 그것이 그 고객을 위하는 길이기도 하다. (문제는 그 고객 중 일부는 자신이 정당하다고 믿고 있는 것이지만…… 이 경우 분명 문제가 발생할 소지가 있다. 이때는 뒤에서 소개하는 '우군 커뮤니티의 활용'을 고려해보아야 한다.)

c. 실명제를 통한 기업-소비자 간의 윈&윈 의식 제고

필자가 운영하는 커뮤니티에서 주최한 '여성과 입소문마케팅'이라는 주제의 세미나에 '이지함피부과'의 함익병 원장을 연사로 초빙했던 적이 있다. 국내 병원마케팅의 가장 잘 알려진 성공사례 중의 하나인 이지함피부과에 대한 여러 가지 이야깃거리 중에 특히 필자의 호기심을 끌었던 것은 인터넷 실명제에 대한 그분의 소신이었다.

이지함피부과의 홈페이지에는 일단 회원가입을 할 때 실명확인을 한 다음, 회원가입을 완료하고 나서 게시판에 글을 쓸 수 있다. 이때 글을 쓰게 되면 등록은 아이디로 되기 때문에 실명이 노출되는 것은 아니다. 그리고 나서 하루 5~6개 정도 올라오는 고객들로부터의 질문에 대해 함익병 원장이 직접 글을 읽고 꼼꼼히 답변을 달아준다. 요즘 웬만한 곳은 실명확인을 하고 있고, 유명병원 원장이 직접 성의 있는 답변을 해준다는 사실이 차별화되고 감동스럽기는 하지만 이 또한 있을 수 있는 일이다. 따지고 보면 이지함피부과만의 차별화된 인터넷 입소문 활동은 없다고 할 수도 있다.

그러나 필자의 귀를 솔깃하게 한 점은 그분이 실명제로 전환했던 자신의 소신이었다. 이전에는 가명으로도 글을 쓸 수 있었다. 그러다 보니 명확한 근거도 없는 비방성 글들이 올라오고 답변을 달아도 감정적으로만 치닫는 데 대해 실망감을 느끼지 않을 수 없었다. 이때부터 그는 "죄지은 것도 없는데 일부러 가명으로 글을 쓴다는 것은 자신 앞에 당당하지 못하다."고 생각했으며, 따라서 이지함피부과의 어떤 게시판에도 익명으로 글을 쓸 수 있는 곳은 아무 데도 없도록 했다는 것이다. 필자도 그분의 의견에 찬동한다!

한편, 실명제는 아직도 뜨거운 감자이며 앞으로도 그럴 것이다. 혹자들은 인터넷실명제가 자유를 침해하는 규제행위로서 통제사회로 가는 악법이라고 비판한다. 필자는 이 말에도 동감한다!

사견이지만, 인터넷 실명제는 그 사이트의 운영자가 자율적으로 판단해야 할 소관사항이 아닐까? 그리고 그것이 더 유익하다는 사회적 분위기가 팽배해지면 알아서들 실명제로 전환해갈 것인데, 국가가 나서서 굳이 이것을 감행해야 하는 필요성을 필자는 느끼지 못한다. 단, 자유가 방임이 되어서는 안 된다는 것은 주지의 사실이다. 책임지지도 못할 글들을 올리는 것에 대해서까지 관용을 베풀 이유는 없다. 소비자들이 불순한 악의가 없다면 소신껏 자신의 이름을 걸고 당당하게 나서야 한다.

이것을 기업 입장에서 보자면 고객의 오해를 풀거나 혹은 진심으로 도와주고 싶어도 그 사람이 누구인지를 알아야 할 것이 아닌가. 익명·가명

게시판을 운영하고 안 하고는 그 기업사이트의 운영자가 판단할 몫이다. 그러나 원래의 취지에 맞지 않게 오용되고 있다면 과감하게 실명제로 전환하기를 권장하고 싶다. 실명제는 기업의 부정적 입소문을 억제하는 데 기여할 뿐만 아니라, 소비자들이 스스로의 개인 브랜딩(Personal Branding)을 하는 데도 유리하다. 소비자들이 자신의 이름을 당당하게 내걸고 행하는 참신하고 논리적인 주장들은, 많은 네티즌들의 동감을 얻고 나아가 언론의 주목을 받게 되어 소비자 자신에게도 유리한 시대가 되고 있기 때문이다. 기업은 실명제에 대한 고객들의 양해를 구하고, 이것이 고객들에게 더 도움이 됨을 납득시킬 만한 가시적 사례를 제시할 수 있어야 한다.

d. 안티도메인의 사전 확보

소비자들이 자사의 게시판에 글을 써서 항의를 하는 것도 괴롭지만, 어떤 소비자들은 안티사이트 도메인을 확보하고 조직적으로 기업과 싸우려는 경우도 많이 있다. 실제 사례[*]를 하나 들어보자. 이 모 씨는 2002년 한 포털사이트에서 '안티웅진' 등의 카페를 개설해 '웅진'과 관련한 피해 및 불만 사례를 게시하다 웅진 측의 이의제기로 이 카페 서비스는 중단되었다. 그는 이 조치에 반발하여 따로 도메인(http://www.antiwj.org)을 등록하여 안티웅진 사이트를 운영했다. 결국 웅진 측의 고소로 민사재판까지 가게 되었고, 법원은 웅진이 이 모 씨 등을 상대로 낸 사이트 폐쇄 가처분 신청을 받아들여 "만약 사이트 폐쇄 결정을 받아들이지 않을 경우에는 웅진 측에 하루 50만 원씩을 지급해야 한다."고 판결을 내렸다. 재판부는 또 "안티사이트가 폐쇄되더라도 공공의 이익을 위한다는 순수한 의사를 가진 일

---

[*] 《머니투데이》 2004년 8월 19일자 기사 "법원, 허위 과장 '안티 사이트' 폐쇄 결정"에서 요약 발췌. 양영권 기자 indepen@moneytoday.co.kr

반인은 언제든지 다른 인터넷사이트 혹은 다른 매체를 이용해 소위 '안티
활동'을 할 수 있을 것"이라고 덧붙였다.

국내 대기업들의 상당수는 연상 가능한 안티도메인을 대거 확보하여
이러한 문제점을 사전 억제하려 노력한다. 하지만 중소기업 혹은 개인 사
이트의 경우는 이런 방식으로 대응하려면 엄청난 비용을 감수할 수밖에
없다. 또 대기업이든 중소기업이든 간에 이러한 도메인을 사둔다 하더라
도 수많은 조합에 의해 생성될 수 있는 안티도메인을 죄다 확보하기란 힘
들다. 그리고 솔직히 그 돈을 고객서비스 개선에 투자하는 것이 더 낫다.
하지만 약간의 여유자금이 있다면 몇 개의 기본적 안티도메인들은 사전
에 확보해두는 것이 좋다. 문제의 소지를 일부러 방치해둘 이유는 없기 때
문이다.

2. 감기가 유행하고 있을 때
: '사전 예방시스템 구축'을 통한 부정적 바이러스 침투 모니터링

"환절기에는 자주 손을 씻고 양치질을 해서 청결함을 유지해야 한다.",
"감기 기운이 있을 때는 과로하지 말고 따뜻한 음식을 중심으로 식사를 해
야 한다." 이것은 감기 바이러스가 어떠한 경로를 통해 인체에 침투하려
할 때 조기에 적절한 조치를 취한다면 금방 회복할 수 있다는 의사들의 조
언들이다. (감기 초기 증상에는 불과 20분 전후로 치료할 수 있는 놀라운 처방도 있다고
한다!)

미래의 불행을 기대하는 사람은 아무도 없으며, 이러한 불행이 얼마나
커질지에 대해서는 그 누구도 확신할 수 없다. 그러나 이 말이 불행을 예
방할 수 없다는 말은 아니다. 무심코 버린 한 개비의 성냥불이 대형 산불
로 커지는 법이며, 따라서 그 전조가 발견되기 전에 서둘러 진압하는 것이

중요하다. 마찬가지로 기업에 있어서도 부정적 입소문이 일파만파로 번지기 전에 조처하려는 노력이 필요하다. 호미로 막을 일을 가래로도 막지 못하는 상황을 방지하는 방법은, 호미로 막을 수 있을 때 호미로 제대로 막는 것밖에 없다!

어떠한 기업도 불시에 닥쳐오는 위기로부터 자유로울 수는 없다. 특히 소비자들의 인터넷 활동이 증가함에 따라 인터넷이 부정적 입소문의 발원지가 될 소지가 커지고 있다. 이때 언론 중심의 대응이 매우 중요하기는 하지만 만병통치약은 아니다. 인터넷에서 발생하는 부정적 입소문에 있어 가장 좋은 처방전은 인터넷 정보기술일 수도 있다. 다행인 것은, 정보기술의 발달로 이러한 전조를 사전 모니터링을 할 수 있는 방법들이 속속 등장하고 있다는 점이다. 우리는 이 절에서 외국의 비즈니스 모델들을 중심[*]으로 이와 관련된 기술적 가능성을 살펴볼 것이다.

a. 소프트웨어(Agent)를 활용하여 부정적 입소문을 조기 발견하는 원리

인터넷에는 날마다 엄청난 양의 정보가 생산·유통되고 있으며, 이중에는 오프라인 매장에서는 쉽게 들을 수 없는 소비자 의견들도 급증하고 있다. 그러한 내용들이 모두 당신의 기업에 긍정적이기만 하다면 얼마나 좋으랴마는, 그보다는 오히려 소비자들의 불만·불평·고발·루머 등 부정적 입소문이 유포되고 있을 소지도 크다. 따라서 기업은 이에 대해 신경을 곤두세우지 않을 수 없게 되었으며, 언론사에서 나오는 기사나 소비자들

---

[*] 여기서 유의할 점은 한국도 이러한 관련 기술을 개발할 능력이 없는 것이 아니라, 아직 '인터넷을 활용한 위기관리'에 관한 인식이 낮고 시장에 대한 관심이 부족했기 때문에 관련 비즈니스 모델이 거의 없다는 것이다. 또한 아직까지 국내의 오프라인 기반 PR회사들이 이러한 '온라인 위기관리'에 적절히 대응하고 있는 경우는 극히 희박한 것 같다. 그 이유는 관심을 가지고 있기는 하지만 기술적인 이해 부족, 경험과 노하우 축적 미비, 시장 가능성에 대한 불확실성 등에 기인하는 것으로 보인다.

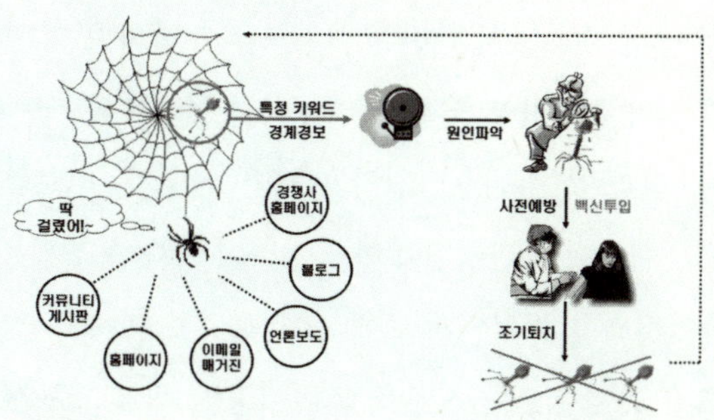

인터넷상에서 흐르고 있는 다양한 정보들에 대하여 에이전트(Agent)를 활용하여 특정 키워드를 중심으로 정보를 긁어모은 다음, 이중 자사 혹은 브랜드에 대한 내용들을 발견함으로써 부정적 입소문의 확산을 조기에 퇴치할 수 있도록 해야 한다.

이 블로그 · 커뮤니티 등에 올리는 글 등을 수시로 모니터링 할 수 있는 시스템의 등장을 기대하게 된다. 이에 따라 마케팅 · PR 관련 솔루션을 개발하고 있는 미국의 일부 업체들은 이미 1990년대 중반부터 에이전트(Agent)를 가동하여 부정적 입소문을 조기에 발견해줄 수 있는 '정보마이닝(Information Mining)' 서비스들을 속속 출시하고 있다.

이것의 기본원리는 의외로 간단하다. 예를 들어 '구글(Google)'과 같은 서치엔진이 작동되는 원리를 역으로 활용하는 방식이다. 유명 서치엔진은 수억~수십억 개의 문서를 데이터베이스에 저장해두고 있는데, 이것은 에이전트 혹은 로봇(Robot)이라고 불리는 소프트웨어를 가동하여 각 페이지마다의 링크를 쫓아가면서 수시로 문서를 수집하는 방식이다. 만약 당신이 구글에서 'computer'라는 단어를 입력하고 검색 버튼을 누르면 구글은 약 43억 개의 웹페이지로부터 1억 5천만 개 정도의 관련 문서를 발견해낸다. 당신이 지금부터 죽을 때까지 잠도 안 자고 하루 종일 클릭을 해도 모두 검색할 수 없는 방대한 숫자다.

따라서 정보의 바다에서 헤매지 않기 위해서는 AND, OR, NOT 등의 조합을 통한 불린(Boolean) 연산을 시도하여 검색의 정밀도를 높여가게 된

다. 그런데 만약 부정적 입소문이라면 특정 키워드를 조합(예를 들면 '브랜드
명 and 욕설')하여 검색을 하면 관련된 키워드를 포함하고 있는 문서들이 쭉
나열될 것이다. 이때 만약 어느 게시판에 자사 브랜드와 관련된 오해 혹은
음해의 글이 올라와 있는 것을 발견하게 되면, 담당자는 그 글을 게재한 당
사자 혹은 해당 웹사이트 관리자에게 통보하여 조속한 조치를 촉구함으로
써 부정적 바이러스가 증식되기 전에 조기 퇴치를 꾀하는 것이다.

한편, 반드시 유명 검색엔진만을 모니터링의 대상으로 생각해서는 안
된다. 아직까지 특정 검색엔진이 못 찾는 문서가 더 많을 것이기 때문이다.
언론사 사이트, 커뮤니티 게시판, 블로그·미니홈피, 이메일뉴스레터, 지
식검색 등은 앞으로 정보마이닝 솔루션들이 모니터링 대상으로 삼게 될 새
로운 영역으로 부상할 것이다. 예를 들어 블로그는 트랙백(Track-back, 먼뎃
글) 기능을 활용하여 부정적인 입소문을 걸러내거나 긍정적인 입소문에 피
드백할 수 있다. (구글의 경우는 블로그에 대한 정보들까지도 검색할 수 있어 정말 파워
풀하다!)

b. 부정적 입소문을 감시하는 모니터링 서비스들

자, 검색엔진 등을 통해 부정적 입소문을 발견하는 원리는 어느 정도 이
해하겠는데, 문제는 자칫하면 이러한 발견의 노력들이 인터넷판 막노동이
될 우려도 있다. 시시각각 갱신되고 있는 정보들을 기업의 담당자가 매일
체크하는 것은 한계가 있다. 비싼 임금을 감수하면서 인력을 채용해 하루
종일 부정적 입소문을 감시하는 데 시간을 허비하는 것은 기업 측으로서
도 비효율적이지 않을 수 없다. 그렇다고 자사의 핵심역량도 아닌 에이전
트를 굳이 개발하려 든다면 엄청난 노력과 비용을 감수해야 한다. 따라서
이를 대행하는 B2B(Business to Business, 기업간 거래)형 비즈니스가 등장하여

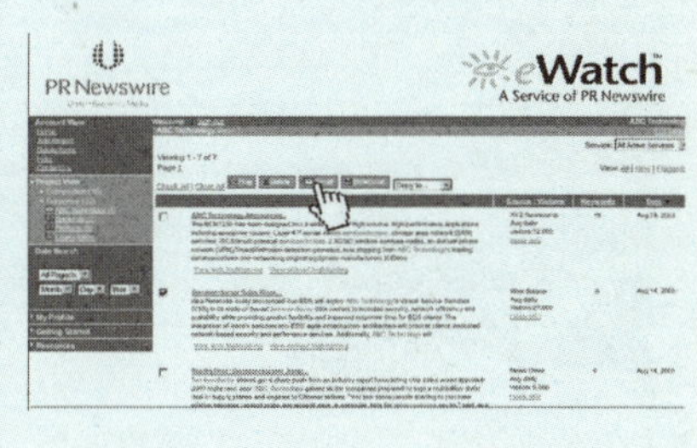

'eWatch'의 홈페이지(左)와 서비스 데모화면(右). http://www.ewatch.com

인터넷상의 위기관리 임무를 대신 해주게 된다.

1995년부터 이런 서비스를 개시하여 현재는 노스웨스트항공 · 하인즈 등 유명 기업을 포함해 약800개 이상의 클라이언트들을 확보하고 있는 미국의 'eWatch'는 동 분야에서 가장 전통 있는 사이트다.(그래 봤자 10년 남짓이지만 인터넷에서 이 정도라면 '역사'에 해당한다!) eWatch는 에이전트를 활용하여 천 개 이상의 인터넷 뉴스사이트, 600개 이상의 뉴스그룹, AOL · 컴퓨서브 · 마이크로소프트 등에 존재하고 있는 수많은 포럼(일종의 토론게시판) 등을 돌아다니며 클라이언트가 지정한 특정 키워드에 관련된 정보를 검색 · 수집하여 매일 이메일로 보고[*] 해준다.

한편, 앞에서 소개한 'eWatch'가 부정적 입소문이 날 수 있는 자사 관련 정보를 범용적으로 수집하는 서비스라면, 최근에 브랜드에 대한 중요성이 부각됨에 따라 '브랜드의 보호'를 주목적으로 체계적인 서비스를 제공하는 곳도 등장하고 있다. 경쟁사 혹은 제휴업체 등에 의해 브랜드명 · 로고마크 · 콘텐츠 등이 침해되거나 악용된다면 심각한 피해를 줄 수도 있기 때문이다. 따라서 인터넷상에서 자사 브랜드와 관련된 정보들을 감시하고 이것을 컨설팅 · 프로모션 서비스로 연동하려는 시도도 위기관리 측

---

* 참고로, 금액은 검색 대상의 유형과 리포트를 배분하는 사람 수에 따라 다른데, 연간 최저 3,900달러에서 최고 32,000달러 정도이다.

'BrandCop(左, http://www.brandcop.com)'이나 'Cyveillance(右, http://www.cyveillance.com)'등
은 특정 기업의 브랜드와 관련하여 남용, 오용, 악용 등에 대한 감시를 하여 브랜드 자산을 보호해주는 서비스
를 제공한다.

면에서 새로운 비즈니스 아이템으로 떠오르고 있다.

뉴질랜드에 기반을 둔 '브랜드캅(BrandCop)'은 인터넷상에서 발생되고 있는 자사의 브랜드명·캐치프레이즈·트레이드마크·로고 등의 무단침해, 변경, 오용에 대한 정보를 모니터링하여 이메일을 통해 리포트를 제공해주고 있다. 여기에는 홈페이지, 게시판, 뉴스그룹, 도메인 등록, 상표 등록 등의 각 항마다 브랜드명이 사용되고 있는 현황이 포함된다. 또한 클라이언트 기업의 동의를 얻어 브랜드의 침해자에게는 경고 메일을 발송한다.

브랜드캅의 모니터링 대상은 인터넷상의 문서정보가 주를 이루고 있지만, 브랜드의 침해와 오용은 사실 그 정도의 범위에 머무르지 않는다는 것에 착안하면 항후 서비스의 심화가 기대된다.* 예를 들어 어떤 인터넷쇼핑몰이 터무니없는 저가로 자사의 상품을 판매하고 있다면 어떻게 해야 할까? 분명히 특정 가격을 업자에게 강요하는 것은 시장의 논리에 반하는 것이지만, 브랜드의 유지를 위한 적절한 대책(생산량의 조절과 유통경로의 조정 등)

---

* 일본 'JNEWS'의 "기업브랜드 감시·보호하는 브랜드캅의 구조와 가능성"과 "경쟁사에 대한 동향을 감시하는 RivalWatch의 조사 비즈니스"에서 요약 발췌.
http://www.jnews.com/mem/back/2000/12/j20001208.html,
http://www.jnews.com/mem/back/2000/06/j20000613.html

<참고> BrandCop의 브랜드보호 관련 주요 서비스들

서비스 항목	서비스 내용
브랜드 도용 · 남용의 감시	회사명, 콘텐츠, 로고, 트레이드마크, 이미지 등에 대해 브랜드가 도용 · 남용 · 악용되는 것을 유명 검색엔진을 중심으로 모니터링
기업 보호	홈페이지, 게시판, 토론그룹, 채팅방 등에서 행해지고 있는 사이버공격, 법적 저항 움직임, 도메인명 침해, 패러디, 메타태그 남용 등에 대한 보고
디지털 자산 보호 및 교육센터	디지털상의 고유의 창작물, 로고, 광고, 이미지, 템플릿, 징글, 애니메이션 등에 대해 보호하고 이와 관련한 매뉴얼 · 가이드라인을 제공
온라인매체 모니터링	뉴스사이트나 포털 등 온라인매체에 대한 클리핑 서비스를 제공하고, 자사 브랜드와 관련된 도용 사례가 있을 경우 시간 단위로 이메일을 통해 경고메시지를 발송
경쟁사 정보파악	파트너십에 의해 지정한 경쟁사에 대한 지식, 통계, 변동사항에 대한 분석과 보고
조사와 분석	웹사이트 적정성 평가와 분석, 온라인리서치 수행과 보고, 시장조사 등 수행

은 필요할 것이다. 따라서 인터넷쇼핑몰에 대한 가격 모니터링이라고 하는 분야도 이 서비스에 추가될 수 있을 것이다. 지금까지 소비자 대상의 가격 비교사이트는 많았지만, 기업을 대상으로 자사 상품의 가격정보를 모니터링하는 서비스의 등장도 주목할 만하다.

참고로, '라이벌와치(www.rivalwatch.com)'는 경쟁사에 대한 동향을 전문적으로 감시하는 B2B 서비스다. 이 회사는 인터넷쇼핑몰, 오프라인상점, 제조업체, 경영컨설턴트 등을 대상으로 매일 갱신되고 있는 경쟁사의 상세한 상품정보와 가격동향을 지속적으로 모니터링할 수 있는 서비스를 제공하고 있다. 여기에는 클라이언트가 경쟁사로 지목한 인터넷쇼핑몰에서 판매되는 모든 상품 아이템의 데이터가 조사되어 업체명, 상품명, 판매가격, 상품 가격대별 분포상을 확인할 수 있다. 또한 경쟁사가 상품 카테고리마다 어떠한 제품을 판매하고 있는가에 대한 경향을 분석할 수도 있다. 예를 들면 디지털카메라를 판매하는 인터넷쇼핑몰에서 자사만, 경쟁사만, 혹은 양쪽 다 취급하고 있는지 등을 각각 확인할 수 있는데, 이것은 '자사가 5~10% 싼 상품 리스트', '자사가 5~10% 비싼 상품리스트'의 가격 순위를 그래프로도 상세한 확인이 가능하다.

c. 소비자 평판을 전문으로 하는 사이트에 대한 지속적 관심

반드시 에이전트를 이용하는 방법이 아니더라도, 부정적 입소문이 유발될 소지가 있는 특정 사이트를 지목하여 수시로 모니터링하는 노력도 필요하다. 특정 브랜드에 대한 소비자들의 칭찬·불만을 아이템으로 한 서비스가 등장하고 있기 때문이다. 예를 들어 '디지털조선일보'의 독자포럼 내에 있는 '소비자고발클럽'은 제품구입·사용·A/S와 정부의 경제정책 등에 대한 의견(주로 불만)을 올릴 수 있는데, 언론사의 힘을 입은 탓인지 하루에도 수십 개의 글이 올라오고 있으며 평균 400~500회의 조회수를 기록하고 있다. (심지어 어떤 글들은 약 5천 회 이상의 조회수를 기록하기까지 한다.)

소비자가 오프라인 혹은 온라인에서 상품을 구입하는 과정에서 부당한 대우를 받고 있다는 느낌은 누구나 한 번쯤은 경험했을 것이다. 참고로 한 조사에 의하면 고객이 이탈하는 이유로써 사망 원인이 1%, 이사·이전 원인이 3%, 친지의 권유로 타사 제품을 구입하는 경우가 5%, 상품이 마음에 들지 않아서가 14%, 종업원의 불만으로 인해 떠나는 경우가 68%, 기타 9% 등으로 나타났다. 대개 제품보다는 사람[*]에 의해 느껴지는 불평·불만 요인이 훨씬 크다는 의미다!

그러나 이들이 무작정 이탈을 하는 것은 아니다. 불만을 느꼈을 때 이들

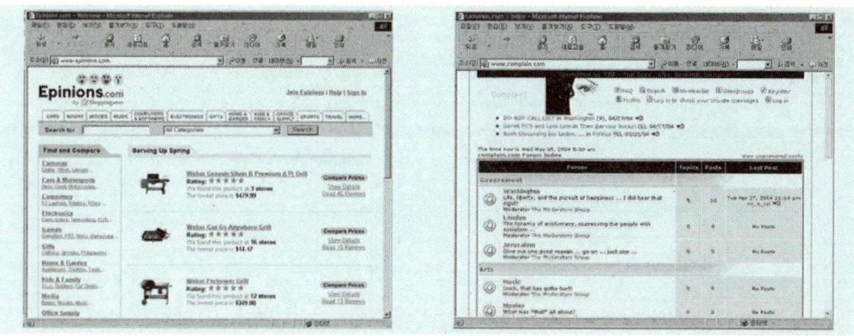

소비자의 상품 사용에 대한 평판을 비즈니스 모델로 운영하고 있는 'Epinions(左, http://www.epinions.com)'와 소비자들이 겪은 불만들을 유형별로 구분하여 게재할 수 있는 'Complain(右, http://www.complain.com)'.

은 일단 종업원과 접촉을 시도한다. 까탈스러운 소비자라면 매장을 다시 방문하거나 서비스센터로 전화를 걸어 항의를 하게 된다. 어떤 종업원들은 미적미적 책임을 회피하면서 다른 사람에게 떠넘기거나 절차상의 문제를 꼬치꼬치 들면서 저항(!)을 한다. 그러나 이것이 소비자를 더욱 열받게 만드는 지름길이다.

이제 분풀이 할 데를 찾아야 한다. 제일 먼저 생각나는 것은 역시 인터넷이다. 소비자 평가나 불만 토로를 할 수 있는 커뮤니티를 발견하고 토닥토닥 글을 쓰기 시작한다. 똑똑한 소비자들은 글을 어떻게 써야 다른 사람들이 동조를 해줄지 알고 있다. 제목은 감성적으로, 본문은 이성적으로! (만약 거꾸로 제목을 이성적으로 쓰고 본문을 감성적으로 쓴다면 조회수도 떨어질 뿐만 아니라 감정에 치우친다는 역공을 당할 수도 있기 때문이다.)

이 소비자가 쓴 글을 읽은 사람들 중에는 자신이 겪었던 경험들을 토대로 동조하기 시작한다. 이제 덧글들이 신나게 붙게 되고 다른 관련 게시판들로 복제되기 시작한다. 문제는 점차 확산되기 시작하고, 언론이 거들게

---

* '고객만족'의 요인 또한 제품보다는 사람 변수가 가장 크다. '현대백화점' 고객감동팀이 2002년 9월 15일부터 보름 동안 인터넷 게시판과 엽서를 통해 접수된 고객만족사례 100건을 분석한 결과, '소비자에 대한 친절한 응대태도(38건)'가 가장 많았으며, '철저한 애프터서비스(20건)', '확실한 교환 및 환불(12건)', '쇼핑시 동반한 아이에 대한 배려(11건)', '백화점만의 질 좋은 상품과 독특한 이벤트(10건)' 등의 순이었다.

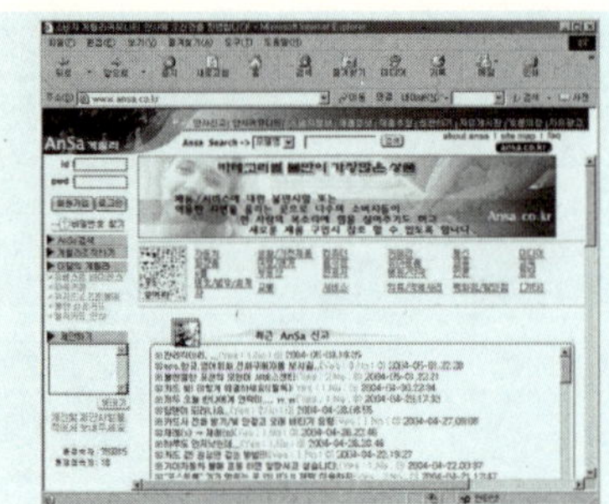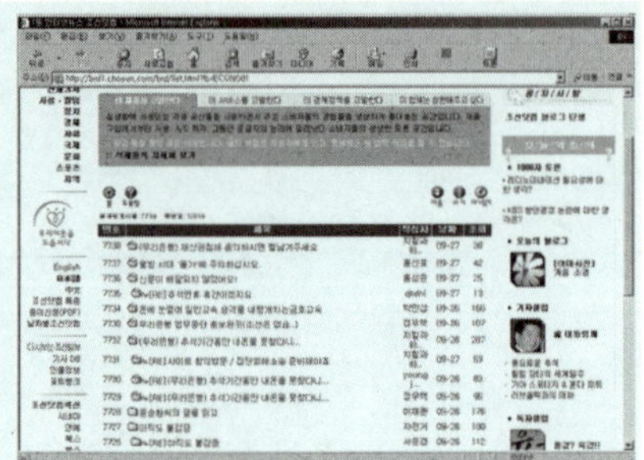

국내에도 유사한 사이트가 있다. 제품 서비스에 대한 불만사항이나 억울한 사연을 올릴 수 있는 '안사(右, http://www.ansa.co.kr)'. 한편 디지털조선일보 내의 '소비자고발클럽(http://brd1.chosun.com/ brd/list.html?tb=ECONO01)'은 언론사의 힘을 업고 있기 때문에 많은 조회수를 자랑하는 불만토로 커뮤니티다.

되면서 사태는 심각한 상황에 이른다. 이때 부랴부랴 그 회사의 대표가 공개사과를 하고 다시는 이런 일이 재발하지 않도록 하겠다고 다짐한다. 이 소비자는 개선장군이 된 것이다.

문제는 무엇이었나? 일차적으로는 그 소비자를 화나게 한 서비스의 부실이 요인이겠지만, 또 하나는 '어디서 이런 사태가 발생했는지'에 대해 전혀 모르고 있었다는 것이다. 이 경우라면 '모르는 것이 죄'가 된다. 광활한 인터넷의 대륙에서는 Know-Where가 선행하고 Know-How가 이를 뒷받쳐주어야 한다. 그리고 모든 것을 에이전트로 해결할 것이 아니라, '사고다발 지역'들은 사전 리스팅을 해둔 다음 마케터들이 직접 주기적으로 모니터링 하여야 한다. 신속하고 성의 있는 대응은 소비자로 하여금 자발적으로 그 글을 삭제하거나 후속조치에 대해 칭찬하게 함으로써 기업을 위기로부터 벗어나게 할 수 있다. 차 떠난 뒤에 손을 흔드는 일은 없어야 한다.

감기란 놈은 걸리고 싶지 않다는 의지만 있다고 해서 걸리지 않는 것이 아니다. 그러나 모든 사람들이 감기로 인해 고생을 하다 폐렴으로 치닫는 것 또한 아니다. 일단 감기에 걸렸어도 충분한 휴식과 수면을 취하면서 땀을 잔뜩 빼면 좀 낫다. 감기증상이 심해진다 싶으면 약을 복용하거나 병원에 가서 주사 한 방 맞고 나면 심리적으로나 육체적으로 안정이 된다.

부정적 입소문도 마찬가지다. 이를 막으려는 의지가 있고 억제하려는 노력도 했지만 완벽한 통제란 불가능에 가깝다. 일단 부정적 입소문이 발생한 것을 감지하면 최대한 신속하게 대응하여 피해를 최소화하는 것이 중요하다. 감기도 열·콧물·기침·가래 등의 정도에 따라 처방이 달라지는 것과 마찬가지로, 부정적 입소문의 대응방식도 증상에 따라 달라지게 된다. 단, 열·콧물·기침·가래 등 증상이 어떻든 간에 이들이 모두 감기증상이라는 것은 분명하다. 부정적 입소문에 대한 대응원칙도 기본은 똑같다.

"머리는 차갑게, 가슴은 뜨겁게!"
이성적으로 판단하고, 감성적으로 대처하라!

앞 절에서 소개했던 에이전트에 의한 사전 모니터링은 기술적 측면이 중시되었지만, 일단 부정적 입소문이 발생하게 되면 소비자와 인간적인 교감을 시도하는 것이 가장 좋은 방법이다. 논리나 수치로 조목조목 따져가

---

* 이 절에서 언론홍보를 통한 부정적 입소문 대응에 관해서는 설명을 생략하겠다. 워낙 분량도 방대할뿐더러 기존의 PR 관련 서적을 탐독하는 것이 보다 더 체계적이라 생각되기 때문이다.

며 반박을 해서 소비자를 설득하려 할 수도 있을 것이다. 그러나 이러한 방법이 표면적으로는 성공을 했다손 치더라도 그 소비자는 논리 싸움에서 졌다는 패배감과 수치심을 느끼고 당신을 적대시하게 된다. 세치 혀에 의존하려 하지 말고 진심으로 소비자와 대화를 한다면 그들은 '안티고객(A고객)에서 충성고객(L고객)으로' 바뀌어 당신을 칭찬하기 시작할 것이다.

a. 이이제이(以夷制夷) : '우군 커뮤니티'를 형성하여 자발적인 맞대응을 유도

몇 년 전, 필자는 휴대폰을 고치려고 A/S 센터에 간 적이 있다. 휴대폰을 맡겨놓고 신문을 보고 있는데 갑자기 남자의 고함소리와 함께 욕설이 난무하기 시작했다. 깜짝 놀라 고개를 들어보니 40대 중반의 약간 심술궂어 보이는 남자가 무지하게 화가 났던지 직원들을 대상으로 노발대발하고 있었다. A/S센터에 기분 좋게 오는 사람이 어디 있겠냐마는 좀 심하다 싶을 정도로 대한다는 느낌이 들었다.

이분이 하도 시끄럽게 떠들어대던 터라 옆에 있던 30대 후반의 남자가 "거 좀 조용히 하시지요. 손님 기분은 알겠지만 너무 심하신 거 아닙니까?" 하면서 점잖게 타일렀다. 그러자 40대 남자는 자신의 위신이 깎였다는 생각이 들었던지 목청을 더 높이면서 그 사람에게 또 싸움을 걸려 했다. "당신이 뭔데 간섭이야? 내가 여기 몇 번을 들른 줄 알아? 알지도 못하면서 왜 끼어들어?" 하면서 삿대질을 해댔다.

이때 나이가 지긋하신 또 다른 남자 분이 나서서 "여보시오, 젊은 양반. 당신만 서비스 받는 게 아니잖아요. 설사 이 사람들이 잘못했다고 하더라도 당신한테 해코지 하려고 일부러 그런 것도 아니고, 게다가 당신이 괜히 여기 있는 다른 사람들까지 기분 상하게 만들고 있잖소." 하며 역정을 냈다. 그제야 옆에 있던 아줌마들도 "맞아요, 아저씨! 아저씨 때문에 A/S가 더 늦어지잖아요. 좀 참으세요." 하면서 한몫 거들기 시작했다. 그 중년 남자는 아무 말도 못 하고 입을 꾹 다물고 있다가 A/S를 받고 나서는 황급히 자리를 떴다.

이때 만약 회사직원이 나서서 맞고함을 쳐가면서 같이 얼굴을 붉혔으면 어떻게 되었을까? "뭐야, 니네들. 이 따위로 장사해서 먹고살 수 있을 거 같아? 당장 소비자고발센터에 신고해버릴 거야!", "그래, 신고할 테면 신고해봐, 너 없어도 우리 먹고살어!" 하면서 소동이 벌어졌을지도 모른다. 이쯤 되면 아마 옆에서 지켜보던 사람들은 내심 "똑같은 놈들끼리 지랄하고 앉았네……" 하면서 짜증을 냈을 것이다.

사람이 실수하지 않으려고 노력은 해야겠지만, 실수는 있을 수도 있는 법이다. 또한 그 실수에 의해 본의 아니게 피해를 입게 되는 상대방도 존재할 것이다. 이러한 경우 기업이 욕을 먹지 않고 무난히 해결할 수 있는 방법 중의 하나는 이이제이(以夷制夷), 즉 직접 맞대응을 하지 않고 '우군 커뮤니티'의 힘을 빌리는 것이다.

국내 한 유아복쇼핑몰 업체에서 일어났던 사례를 하나 소개하겠다. 이 사이트에서 판매한 제품 및 A/S에 불만을 품은 한 소비자가 게시판에다 심하다 싶을 정도의 불평을 늘어놓기 시작했다. 그러자 A라는 고객이 이 글을 읽고 "기분은 충분히 알겠는데, 그래도 여러 사람들이 활동하는 공간인

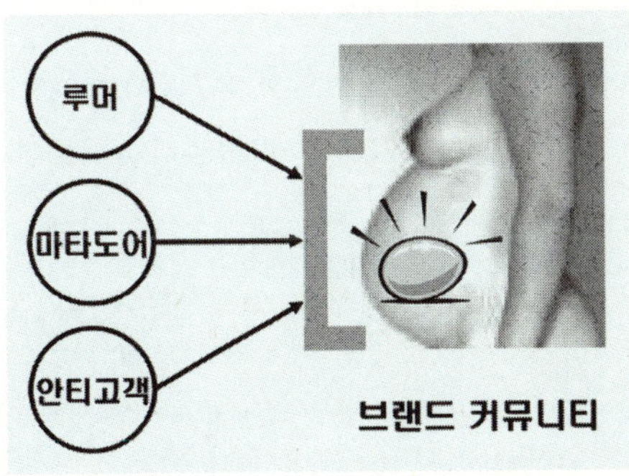

브랜드커뮤니티를 통해 우군을 양성해둠으로써 기업·제품의 부정적 입소문 억제를 위한 방어막을 구축할 수 있다.

데 너무 심한 것 아니에요? 그리고 따지고 보면 글 올리신 분도 조금은 잘 못한 것이 있네요. 어쩌고저쩌고……."라는 덧글을 달았다. 그러자 또 다른 고객 B가 거들기 시작했고, 연이어 고객 C와 고객 D도 맞장구를 쳐주었다. 결국 이 소비자는 조금 진정이 됐는지 "좀 심했습니다. 죄송합니다. 사이트 담당자와 다시 한 번 상의해보겠습니다."라고 댓글을 달았다. 커뮤니티의 우군들에 의해 문제가 원만히 해결된 것이다.

앞에서 여러 번 브랜드커뮤니티의 중요성에 대해서 강조했지만, '경험의 장'을 공유하는 커뮤니티에 자발적으로 가입한 회원들은 적어도 가입하지 않은 사람들보다 기업·제품에 대한 관심과 충성도가 높다고 생각할 수 있다. 이들이 가진 자발적인 애정은 기업이 속수무책의 위기상황으로 빠져들기 시작할 때 그 진가를 발휘한다. 우군화된 커뮤니티는 부정적 입소문을 막아주는 든든한 방패가 되어줄 것이다.

입소문은 입소문으로 제압하라,

그리고 "있을 때 잘 해라!"

b. (책임자의) 즉각적인 사과와 성의 있는 대응조치

1999년 9월, '도시바(東芝)'의 신형 VTR을 구입했던 한 소비자가 제품 결함으로 사용을 할 수 없게 되었다며 전화를 걸어 환불을 요청했다. 그런데 전화를 받은 직원은 그 고객이 상습적으로 환불을 일삼는 사람이라는 사실을 알고서,[*] 고객이 취급을 부주의하게 해놓고 A/S를 요구한다면서 욕설에 가까운 폭언을 퍼부었다고 한다. 이 고객은 무지 열이 받았던지 그

---

[*] 어떤 글에 의하면 그 소비자가 불량고객은 아니었다는 설도 있고, 환불이 아니라 A/S를 요청했었다는 설도 있다. 아무튼 여기서는 개인적 양심에 대한 논의보다는 기업의 신속한 대응 문제에 초점을 맞추기로 한다.

폭언 내용을 녹음한 후 음성 파일로 만들어서 자신의 인터넷 홈페이지에 올려버렸다.

도시바에서는 처음에 대수롭지 않은 일이라 생각하여 제대로 대응을 하지 않고 있었는데, 그사이에 이 음성 파일이 유포되면서 사태는 급속히 악화일로에 빠지기 시작했다. 전 세계의 네티즌들이 그 고객의 홈페이지에다 도시바를 비난하는 글을 게재하였는데, 하루 평균 10만 건 이상 접속을 하여 2개월 만에 총 800만 건을 기록할 정도로 확산되었다. 또한 이들은 비난의 글만 올린 것이 아니라 조직적으로 도시바 제품의 불매운동을 전개하려는 움직임까지 보였으며 주가도 급격히 하락하게 되었다. 그때서야 사태의 심각성을 인식한 도시바는 부사장이 공개 석상에서 직접 사죄를 통해 문제가 되었던 제품의 환불은 물론 재발 방지를 약속했다. 이런 걸 '사후약방문(死後藥方文)' 격이라고 하나?

"들어올 때 다르고 나갈 때 다르다."라는 말이 있다. 많은 기업들은 아직도 신규고객을 유치하는 데에만 혈안이 되어 있을 뿐, 기존 고객들은 상대적으로 찬밥 신세다. 《하버드 비즈니스 리뷰(Harvard Business Review)》에 발표된 한 논문에 의하면 고객이탈률을 5% 줄이면 기업의 순이익이 업종에 따라 25~85%까지 증가한다고 한다. 광고에서만 입바른 소리로 '한번 고객은 영원한 고객'이라고 외쳐대봤자 무슨 소용인가? 불만을 터뜨리고 부정적 입소문을 확산시키고 결국 당신을 떠나는 그 사람들은 바로 기존 고객이다. 따라서 최대한 신속하고 성의 있게 대응하는 것만이 부정적 입소문으로 인한 폐해를 줄이고 장기적 우군을 확보하는 지름길이다.

또 다른 예를 하나 들어보자. 존슨앤존슨(Johnson & Johnson)의 '타이레놀' 사례는 윤리경영이나 위기관리 분야에서 매우 잘 알려진 대응사례다. 1982년, 한 정신병자가 미국 시카고에서 해열진통제 타이레놀 캡슐에 청산가리를 투입하는 바람에 타이레놀 복용자 일곱 명이 사망하는 사건이 발생했다. 그런데 이 사건이 사회에 충격을 주는 것으로 끝났다면 지금까지 이야깃거리가 되지는 않았을 것이다. 이 사건이 발생하자 제약회사 존슨앤존슨은 즉각 1억 달러를 들여 "원인이 규명될 때까지는 타이레놀을 복용하지 마십시오."라는 광고를 내보냈다. 그 결과, 매스미디어와 입소문을 통해 일주일 만에 국민의 90%가 타이레놀 사건을 알게 되었고 30%대에 이르던 시장점유율은 급기야 6%대까지 떨어졌다. 존슨앤존슨은 또 사건 발생지역인 시카고는 물론 미 전역에 배포된 타이레놀을 일주일 만에 전량 회수하여 폐기 처분하고 정제로 바꾸었는데, 그 비용만도 무려 1억 5천만 달러가 들었다고 한다. 그러나 회사는 생존을 위협할 만큼 막대한 경제적 손실을 입은 대신 타이레놀은 소비자의 '신뢰'를 얻었다. 그 대가는 6개월이 지난 뒤에 나타났다. 타이레놀은 6개월 만에 시장점유율을 회복하고 3년 만에 회사 전체 수익의 20%를 차지할 만큼 호전되었다. 당시로서는 사후에 대한 보장도 전혀 없이 비용이 엄청나게 소요된 것은 사실이지만, 그래도 쫄딱 망하는 것보다는 낫지 않은가? 부정적 사건에 최대한 신속하게 대응하되, 단기적으로 무마하려 하기보다는 '중장기적인 해결책'을 생각해보는 것도 필요하다.

만약 우리나라 소비자들이라면 어떨까? 한국은 '우물에서 숭늉을 찾는다.'는 속담이 있는 나라다. 성질이 급하다는 것은 그만큼 불만을 표시하는 속도도 빠르다는 것이다. 그리고 이제 세계최고 수준의 초고속 인터넷이 깔려 있어 불만을 토로하기에도 더없이 좋은 환경을 갖추고 있다. 따라서 설사 기업이 옳았다손 치더라도 소비자 불만에 즉각적이고 신속한 대응이 없다면 부정적 입소문은 일파만파로 번져갈 소지가 크다. 현대의 한국사회에서 '느림의 미학'을 기대하기란 어렵고 또 어렵다.

'하나로통신'의 경우[*]는 소비자 불만에 늦게 대처하는 바람에 사건이 확대되기는 했지만 이후 적극적인 후속조치 의지를 보임으로써 위기를 넘긴 경우다. 1999년 6월, 《조선일보》의 '이메일클럽(www.emailclub.net)' 서비스 중의 하나인 'IT클럽'에 최 모 씨가 "하나로통신의 서비스가 무책임하기 짝이 없다. 서비스가 중단되는 일이 잦으며, 이럴 때 연락할 수 있는 장애처리센터라는 곳이 전화 연결도 잘 안 되고, 직원들은 장애내용에 대해 잘 알지도 못하며, 해지시 위약금 조건도 고객에게 불리하게 되어 있다."며 자신이 하나로통신을 이용하면서 겪었던 문제점을 조목조목 제기하는 글을 올렸다. 이 글이 당시 IT클럽 만 8천여 명의 회원들에게 전달되자, IT클럽 게시판에는 하나로통신의 서비스 부실을 지적하는 동조글들이 쏟아지기 시작했다.

다음날 IT클럽을 통해 하나로통신이 보내온 '해명'이 실리면서부터 오히려 사태는 더욱 확산되어갔다. 특히 "통신망에서의 장애는 수십 년 된 선발사업자도 완전히 제거하지 못하고 있으며…… (중략) 감정에 치우친 무조건적인 비판이나 헐뜯기보다는 따뜻한 충고와 격려를 부탁한다."고 밝히자 이를 다시 비판하는 글이 쏟아지기 시작했다. "차라리 통신회사도 외국에서 들여오는 것이 어떠냐는 생각까지 든다.", "하나로통신에 가입하려 했는데 그런 마음이 싹 가셨다.", "고객의 분명한 입장과 의견을 전달하기 위해 한마디씩 의견을 올리자." 등 약 100여 편의 관련 글이 게시판을 뒤덮었다.

그러나 하나로통신은 별다른 반응을 보이지 않았다. IT클럽 회원들은 다시 "게시판의 탁상공론으로 이 사태를 끝낼 수는 없지 않느냐."며 하나로통신의 서비스 개선을 촉구했다. IT클럽 측은 회원들이 제기한 의견을 하나로통신의 사장에게 전달했고, 사장은 사내 인트라넷을 통해 "정관도, 규정도, 저를 비롯한 하나로통신의 모든 자원도 고객을 위해 존재하는 것"

---

* "네티즌파워, 통신업체 움직였다", 《조선일보》 1999년 6월 22일자 기사를 토대로 재구성, 석종훈 기자 alameda@chosun.com

이라며 "고객이 고맙다 못해 미안한 마음이 들 때까지 최대한 노력하자."
고 강조하는 글을 올렸다. 그리고 이에 따른 후속 조치로 하나로통신은 장
애처리센터의 직원을 보강했으며, 대대적인 고객서비스 강화대책을 마련
했다. 최 씨의 문제제기 이후 일주일 만에 네티즌들의 힘이 통신사업체를
움직인 것이다.

c. 기왕 보상하려면 수치에 '가치' 까지 곁들여라

한 인터넷 사이트에서 읽은 글을 소개하겠다. 어느 소비자가 인터넷으
로 꽃배달 서비스 업체를 이용하였는데, 신청한 배달이 제시간에 이루어
지지 못해 불만을 제기하였다. 그랬더니 그 업체는 소비자에게 사과는커
녕 잘못 입력한 사항이 없었던지를 먼저 묻더라는 것이다. 그리고 그를 더
욱 화나게 했던 것은 문제 해결을 물질적 보상으로만 무마하려 했던 점이
다. 이때 그는 보상은 확실히 받아내겠지만 두 번 다시 이 업체를 이용하
지는 않을 것이다.

고객불만을 처리하기 위한 대응책으로서 1. 우선사과, 2. 신속해결, 3. 원
인규명, 4. 논쟁불허의 4원칙이라는 것이 있다. 그런데 여기에 '보상' 은 직
접적으로 들어가 있지는 않다. 그렇다고 물질적 보상을 하지 말라는 이야
기는 아닐 것이다. 소비자들은 자신이 겪었던 불편함에 대해 어떤 식으로
든 가시적인 보상을 받기를 원하기 때문이다. 기업으로서는 당연히 비용이
들어가며 이는 손실로 이어진다. 따라서 "고객불만(클레임)을 몇 퍼센트에
서 몇 퍼센트로 낮추자."는 전사적인 목표치를 제시하기도 한다. 분명 노력
한 만큼 성과를 거두기도 할 것이다. 그러나 '수치' 를 낮추는 것만이 능사
는 아니다. 이것은 '가치' 를 올리는 행동강령과 마인드의 공유가 병행되어
야 한다.

세계적인 호텔체인인 '리츠칼튼'의 사훈은 "우리는 신사 숙녀를 모시는 신사 숙녀이다."라고 한다. 당당하면서도 결코 오만하지 않다. 이 호텔에서는 고객의 불만 해소를 위해서라면 2,000달러까지 상사의 사전승인 없이도 종업원이 사용할 수 있다. 예를 들어 실수로 손님의 옷에 커피를 쏟았다면 직접 옷을 사주기도 하고, 객실 배정에 착오가 있었다면 정중한 사과의 의미로 포도주나 과일바구니를 손님에게 선물할 수도 있다. 획일적인 보상보다는 이러한 유연성에서 소비자가 느끼는 가치는 더욱 커질 것이다.

그렇다고 효과적인 보상책은 무조건 소비자가 구입한 상품·서비스보다 금액적으로 더 많아야 한다는 것이 아니다. 소비자를 진정으로 기쁘게 하는 보상책은 물질이 아니라 정성에 있다. 실제 사례를 하나 들어보자. 어느 날 신혼부부 한 쌍이 '삼성에버랜드'에 가서 화장실을 이용하다 금반지를 변기 깊숙이 빠뜨려버렸다. 당신이 만약 종업원이라면 어떻게 하면 좋을까? 가장 쉽게 예상할 수 있는 대안은 안타까운 표정을 지으면서 "정말 안됐습니다. 어떻게 도와드릴 방법이 없네요." 하면서 위로하는 것이다. 좀 더 나은 대안은 "예…… 그렇다면 저희가 변상을 해드릴 테니, 아쉽지만 새 반지를 사시면 어떨까요?"라며 물질적 보상을 하는 것이다. 그러나 그 금반지는 돈으로 환산할 수 있는 것이 아니라 그 신혼부부의 사랑의 징표라는 것을 왜 생각하지 않나? 그 종업원은 즉시 화장실의 변기를 깬 다음 자신의 손을 집어넣고 고생 끝에 반지를 찾아 그 신혼부부에게 돌려주었다고 한다.

d. 글보다는 음성, 음성보다는 직접대면이 사람냄새가 더 난다!

2003년 3월 말의 어느 수요일 이른 아침, 필자의 동아리 회장 아이로부터 전화연락이 왔다. (참고로 필자는 대학시절 '애드파워'라는 광고동아리를 1989년에 만들었다.) 갑작스레 전화가 와서 "형, 죄송한 말씀 하나 드려야겠습니다."라고 운을 띄우는데, 잠결에 취해 "뭔데……?" 하고 되물었다. 그랬더니 "신입생 선발 크리에이티브 테스트 답안지가 사라졌습니다."라고 했다.

필자는 일순간 멍해졌다. 보통 사건이 아니었다. 애드파워는 일년에 단 한 번 시험을 쳐서 신입생을 뽑는데, 경쟁률이 4:1쯤 되는 대학가에서 꽤 인기 있는 동아리다. 시험도 하나가 아니라 필기시험, 면접, 자기소개서, 크리에이티브 테스트 등 네 개를 봐야 하고 당일 시험 · 면접 시간도 여섯 시간 넘게 진행된다. 그해도 예외 없이 약 250명의 지원자가 한달~일주일 전부터 시험에 대비해서 공부를 해온 결과물인데, 이중 하나를 분실해 버렸다는 것은 동아리로 봐서는 이미지에 완전 먹칠을 하게 될 초대형 사고였다.

몇 시간 뒤 동아리 신입생 모집 게시판 홈페이지를 접속해보았더니 이미 사건은 터져 있었다. 정오 무렵이 약간 지나 회장이 이 사실을 솔직히 공개하기로 하고, 시험을 보았던 250명 모두에게 문자메시지(SMS)로 이 사실을 통보했던 것이다. 이때부터 신입생 모집 게시판이 난리가 났다. 항의성 글이 불과 몇 시간 만에 100개가 넘어가고 동아리 회장단에서 올린 공개사과 글은 반나절도 안 되어서 조회수가 400건을 가볍게 돌파했다. 심한 욕설이 등장하기 시작하고, 이에 따른 반박의 글도 꼬리를 물어 속된 말로 개판 일보 직전까지 가버렸다. 그리고 개중에는 "현실을 인정하고 다시 시험을 보자.", "현재 남은 것 가지고 다시 점수를 합산하자.", "회장단은 미안하다는 말만 하지 말고 대안을 정확하게 제시해달라.", "나는 크리에이티브 테스트만 잘 봤는데 떨어진다면 어떻게 보상을 할 거냐, 말도 안 되는 소리다." 등등의 글들이 쇄도했다.

저녁 10시가 되어서도 이러한 항의성 글들의 행렬은 멈추지 않았고, 필자는 근심스런 표정으로 홈페이지 게시판을 계속 주시하고 있었다. 그런데 11시가 넘어가면서 글들이 차츰 줄어들기 시작했고 잠잠해지는 기운이 느껴지기 시작했다. 처음에는 일단 발표를 하기는 할 테니 이를 보고 떨어진 사람들로부터 더 격한 항의성 글들이 쇄도할 것이라는 근심과 함께 잠시의 '정중동(靜中動)' 상황이 아닌가 생각했다.

잠시 후 12시 3분이 경과하자 서클 게시판에는 합격자 명단이 발표되었다. 원래 60명 선발 예정이었던 것이 82명을 뽑는 선에서 마무리되었다. 그러나 일단 축하보다는 떨어진 사람들의 항의성 글들로 인해 더더욱 시끄러워질 것 같다는 근심으로 다시 신입생 모집 게시판에 접속을 해보았다. 그런데 이후로는 항의성 글이나 욕은 거의 올라오지 않았고, 떨어진 사람들의 아쉬움과 안타까움을 표하는 글들이 주를 이루었다. 필자는 의아하기 짝이 없었다. 정상적으로 예상되는 결과와는 너무 판이하게 달랐기 때문이다.

그래서 다음날 회장에게 전화를 걸어서 어떻게 된 일인지 이유를 물어보았다. 그러자 "어제 저녁 10시쯤부터 회장단들이 신입 지원자에게 일일이 전화를 다 돌렸어요."라고 하는 것이었다. 필자는 내심 깜짝 놀랐다. '아, 이런 방법도 있었구나……. 정말 무식하고 간단하면서도 가장 확실한 방법을 내가 왜 몰랐나.' 하는 생각이 머리를 때렸다.

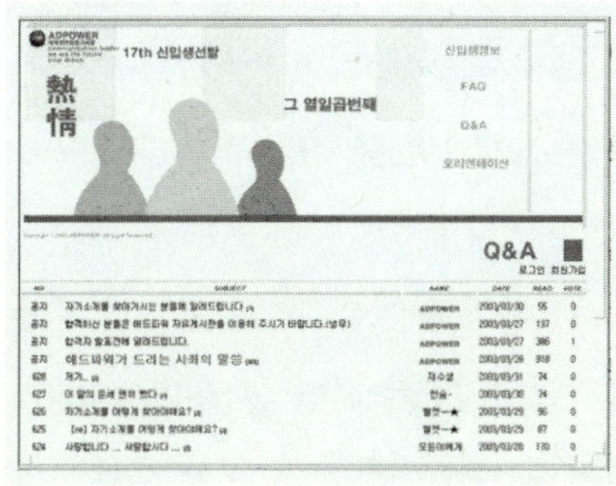

'애드파워' 17기 신입생 모집 당시의 게시판. 당시 '애드파워가 드리는 사과의 말씀'이라는 제목의 글은 조회수가 900건을 넘었고 덧글이 100여 개 이상 붙을 정도로 문제가 되었다. 그후 휴대폰을 통한 직접 통화를 통해 위기를 극복했다.

익명성으로 인해 입에 담지 못할 욕이 난무했던 게시판이 잠잠해진 것은, 일단 전화를 하는 데서 그 사람의 이름을 알기 때문에 화가 나도 욕을 할 수도 없고(물론 많은 사람들은 이해를 해주거나 꾹 참고 있었겠지만……) 양해를 할 수밖에 없는 상황이었을 것이다. 그리고 상황을 설명하고 양해를 구한 뒤에 합격자 발표를 하니까, 그 이후에 게시판에 치사하게 욕을 올릴 수도 없는 상황이 조성된 것이다.

기업도 마찬가지다. 인터넷상의 게시판 혹은 이메일에서의 고객불만은 익명성을 가지고 토로되는 경우가 많기 때문에 자칫하면 험악한 상황으로 치닫는 경우가 많다. 그리고 기업은 항변을 하기도 쉽지 않은 것이 사실이다. 그런데 어떻게 보면 아주 단순하게 보이지만 글보다는 음성을 통해 직접 사과를 하는 방법이 더 사람 냄새가 난다. 그리고 만약 그 회사의 사장이 직접 찾아가 대면을 통해 사과하는 성의를 보인다면 그 고객은 오히려 황송해할지도 모른다. '웃는 얼굴에 침 못 뱉는다.'는 속담이 있다. 설혹 고객이 처음에는 달가워하지 않더라도 사람의 얼굴을 직접 보면서 고개를 숙이는 것은 진심이라는 느낌을 주게 되며, 고객과의 상호작용이 증가하면 증가할수록 관계는 신뢰로 바뀌어간다. 이러한 대면적 대응은 '안티고객→충성고객화'를 통해 궁극적으로 그 소비자가 열성적 브랜드전도사 역할을 자임할 수 있는 계기가 될 수도 있다.

4. 감기에서 회복된 후
: '예방백신 투여'를 통해 부정적 바이러스 재발 억제

바이러스는 왜 '돌연변이(Mutation)'를 하는 것일까? 인간의 몸은 세균이나 바이러스 등의 침입을 받게 되면 스스로 항체를 형성하여 이들을 공격하고 소멸시키는 능력을 갖고 있다. 이때 바이러스는 우리 몸 자체의 방어뿐만 아니라 외부에서 들어오는 백신의 공격으로부터 벗어나 계속 우리 몸 안에서 생존하기 위해 돌연변이를 일으킨다. 예를 들어 페니실린이 개발된 1940년대에는 어떠한 염증도 수만~십여만 단위의 페니실린만 맞으면 아주 쉽게 치료됐다. 그러나 항생제의 공격을 이겨내기 위해 돌연변이를 하면서 저항력이 생겨, 오늘날에는 수백만 단위의 페니실린을 투여해도 효과를 보지 못하는 경우가 많다고 한다. 지금까지도 인간과 바이러스는 지루한 싸움을 계속 해오고 있으며, 바로 이것이 의학의 눈부신 발전에도 불구하고 인간이 질병으로부터 완전히 해방되지 못하고 있는 이유이다.

한편 호주국립대학의 아드리안 기브스(Adrian Gibbs) 박사를 비롯한 연구팀은, 1918년에 스페인에서 발생하여 전 세계적으로 2,500만 명의 목숨을 앗아갔던 '스페인 독감 바이러스'[*]의 유전정보를 분석하기 위해 특별한 소프트웨어를 개발했다. 이 프로그램은 마치 저작물에서 표절된 부분을 찾아내는 것과 같은 원리로 작동한다. 즉 바이러스의 유전자들 가운데 혹시 두 개의 다른 유전자를 짜깁기해 만들어진 것이 있는지를 검색한 것이다. 그들은 새로운 프로그램을 이용해 이 독감의 대유행 바로 이전에 헤마글루티닌(Haemagglutinin) 단백질 유전자에 재조합이 일어났고, 그 결과 생겨난 두 종류의 바이러스 가운데 하나가 치명적인 바이러스가 된 것으로 예측했다. 대개 헤마글루티닌 단백질 유전자에 변이가 일어나면 병원성이 더욱 강해지는 경향이 있는 것으로 알려져 있다. 그들은 이번 발견을 기초로 해 이미 알려진 모든 독감 바이러스 유전자를 분석해 위험성이 있는 바이러스를 사전에 파악하려는 연구를 진행하고 있다고 한다.

인간이 신이 아닌 이상 언젠가는 위험에 맞닥뜨릴 수밖에 없다. 마찬가

---

[*] "스페인 독감 바이러스의 정체", http://bric.postech.ac.kr/bbs/trend/0109/010910-10.html의 기사내용을 요약 발췌.

지로 인간이 만들어낸 기업도 완벽할 수 없으며, 부정적 입소문은 언제 어디서 갑자기 돌출되어 세상 사람들의 입에서 유포·확산되어갈지 알 수 없다. 그러나 천재(天災)가 아니라 인재(人災)에 의한 것이었다면 철저한 대비책을 통해 돌연변이에 의한 피해의 재발을 방지할 수는 있을 것이다.

사람에게 한 번의 실수·실패는 병가지상사(兵家之常事)이다. 쓰라린 아픔을 감내하면서 이를 이겨낸다면 더욱더 강건한 체력을 키울 수 있는 계기가 되며, 경쟁사가 채 체험하지 못한 귀중한 노하우를 획득한 것으로 자위할 수 있다. 사람인 이상 자신의 치부를 드러낸다는 것은 심리적으로 고통스럽다. 그러나 부끄러워서 입을 다물고만 있다면 문제는 꼬리에 꼬리를 물고 발생해간다. 따라서 이것은 단순한 대응을 뛰어넘어 투철한 학습에 의해 지혜로 승화될 수 있어야 한다. 위기에 대한 대응능력은 분명 '보이지 않는 자산(Invisible Asset)'이며, 우리가 알고 있는 많은 전설적인 브랜드들에게는 이러한 고난극복의 이야깃거리들이 인구에 회자되고 있다. 부정적 입소문에 있어서도 역시 '강한 자가 이기는 것이 아니라, 이기는 자가 강한 것'이다!

a. 지식의 축적과 공유: 부정적 바이러스 발생의 경로추적과 원인규명

아무리 우발적으로 발생되었다고 보이는 현상이라도 잘 따져보면 인과관계가 있기 마련이다. 부정적 입소문은 고객으로부터 나온다. 따라서 고객이 불만을 제기하는 상황을 이해(경로추적)하고, 각 단계별로 어떠한 것이 주요인이었는지를 파악(원인규명)하는 노력들[*]이 진행되어야 한다. 뺨을 맞더라도 이유를 알고 맞아야 다음 번에는 조심할 것 아닌가?

---

[*] 일반적인 부정적 입소문 유발상황에 대해서는 제3장에서 살펴본 바 있다. 여기서는 고객으로부터 유발되는 불만 사항에 대해 좀 더 초점을 맞추어 설명하기로 한다.

328

　이를 위해서는 불만을 토로하는 고객들과의 심층적인 면접을 행하는 것이 필요하다. 그들의 이야기를 통해 불만이 제기되는 심리적인 프로세스와 이에 대해 고객들이 제시하는 해결책을 경청함으로써 실질적인 정보를 얻게 된다. 또한 그들의 악화된 감정을 진정시키고 상황을 이해하려는 적극적인 자세와 노력을 보여줌으로써 충성고객으로 업그레이드할 수 있는 계기가 될 수 있도록 해야 한다. (또한 이것은 경쟁사의 제품에 대해 불만을 품은 고객들에 대한 면접을 병행함으로써 더욱 많은 정보를 축적하게 될 것이다.)

　이때 고객으로부터 제기된 불만상황을 다음에 나오는 표와 같이 신규고객, 일반고객, 충성고객, 재발고객, 불량고객 등으로 구분하여 정리해둔다면 대응책을 파악하기에 유용하다. 또한 심각성이 어느 정도인지를 파악한 다음 고객불만의 수준을 몇 단계로 구분하고, 그 레벨에 따라 다른 사람들에게 얼마나 자주 불만을 토로하고 있는지를 계량화해둘 필요가 있다. 부정적 입소문은 처음에는 사소해보이는 것으로부터 시작하여 점차 그 수준이 높아지기 때문에, 계량화는 사태의 심각성을 이해하고 조기경보 시스템을 가동할 때 근거가 될 수 있다. 예를 들어 어느 불량고객이 자사의 서비스에 강한 불만을 품고 언론사에 투고를 하였는데 이것이 기사화된 상황이라면 매우 높은 레벨의 위기상황으로 간주할 수 있으며, 이에 따라 몇 명이 그 기사를 읽었는지, 또 자사 게시판에 관련 글들이 얼마나 많이 올라오는지에 대한 데이터들을 축적해두어야 한다.

　경쟁사의 유사사례뿐만 아니라 동 업종의 해외사례, 타 업종의 국내사례 등을 평소에 벤치마킹 해두는 것도 유용하다. 신제품이 발매된 경우의 불만사례, 소비자단체 등의 강력한 불매운동이 일어난 경우, 각종 법정소송이 발생하여 결정된 판례들, 안티사이트들의 형성패턴과 이에 대한 기업의 대응사례, 불만토로 게시판에 올라온 내용과 원인을 축적 · 파악해두는 노력은 유사시에 신속하고 올바른 대응을 할 수 있는 밑거름이 된다. 대

'고객불만' 및 '고객불만 대응'에 관한 자사의 정의 예	'고객불만'이란 고객이 상품·서비스에 대해 불만족한 사항이 있어 자사에 대해 상품의 환불·교환·수리·가격할인·손해배상을 요구하는 등의 클레임을 제기하는 상황이다. 이때 '고객불만 대응'이란 이러한 상황에 대한 수집, 접수, 조사, 분석, 조치, 실행, 보고, 피드백 등의 업무를 효율적으로 운영하는 것이다.	
No.	고객 유형	불만상황의 구체화를 위한 항목들 예시
1	신규고객	ㄱ. 고객으로 가입하였으나 데이터베이스 등록의 지연·오류가 발생한 경우 ㄴ. 신규가입시 약속했던 사은품이 사진과 다르거나 지연 배송된 경우 ㄷ. 가입약관에 제시된 항목들에 대해 이의를 제기하는 경우
2	일반고객	ㄱ. 구입상품에 대해 사용후기 등에서 심각하지 않을 정도의 불만을 제기하거나 댓글로 동조하는 경우 ㄴ. 구매적립금의 사용에 대해 자신이 생각했던 것과 다르게 조건이 까다롭다며 이의를 제기하는 경우 ㄷ. 상담을 위해 게시판, 이메일, 콜센터 등으로 접촉을 시도했으나 회신이 안 되거나 지연되거나 불성실한 답변을 얻은 경우 ㄹ. 광고에서 제시한 내용이 홈페이지에는 업데이트가 늦어 문의해 오는 경우 ㅁ. 너무 잦은 이메일, 문자메시지, 텔레마케팅 등으로 짜증을 표시하는 경우
3	충성고객	ㄱ. 상품의 결함으로 인해 강력한 유감을 표시하며 조직화된 불매운동이 일어날 조짐을 보이는 경우 ㄴ. 경쟁사 상품·서비스와 비교를 통해 동일한 혜택을 요구하는 경우 ㄷ. 새로운 서비스를 공지하였으나 실시가 지연된 경우, 혹은 그 와중에 사고가 발생하여 고객불만이 확대된 경우 ㄹ. 브랜드커뮤니티 운영진의 지원요청에 대해 회신이 늦어지거나 지원불가 판정을 내려 불만을 제기하는 경우
4	재발고객	위의 각 사항들이 동일 원인에 의해 상품·서비스 불만이 재발하고 있는 제 경우. 예를 들면 운송지연, 회신부재, 구매기록 등재 지연으로 인한 적립금 누락 등
5	불량고객	ㄱ. 상습적으로 환불·교환·손해배상 등을 요구하고 있는 경우 ㄴ. 불명확한 근거를 가지고 여러 게시판들에 비방글·욕설 등을 게재하는 경우 ㄷ. 감정적인 어투로 경쟁사 직원·상품·서비스들을 비교해가면서 자사 고객들의 구매전환을 유도하는 경우

개 이러한 고객불만의 유형들을 분석해보면 범용적인 패턴을 발견할 수 있으며, 따라서 이들을 자사 나름의 매뉴얼을 개발하는 데 활용할 수 있도록 해야 한다.

b. 모의 시나리오의 작성 및 이에 대한 백신 투여를 통한 저항력 강화

세계 최강을 자랑한다는 미군은 육·해·공군이 지닌 모든 전투역량들을 네트워크로 연결·통합하여 전투력을 획기적으로 향상시키기 위해 디지털 정보기술을 활용한다. 여기에는 사이버 테러에 대비한 사이버 공간에서의 정보전에도 적극 대응하고 있는데, 이는 방어적 개념에서 한 단계 나아가 외국의 전산망을 파괴하기 위한 컴퓨터바이러스, 폭탄프로그램 등의 공격무기도 이미 개발한 것으로 알려졌다. 이와 함께 컴퓨터 해커들을 훈련시켜 직접적인 공격 없이도 적의 방공망을 무력화하고, 주요 도시의 전화망을 마비시키거나, 부대의 위치·병력배치·지형 등에 대한 허위 정보를 입력하여 적을 교란시키는 전술 등도 개발 중인 것으로 보인다.[*]

군대에서는 이처럼 유사 상황이 발생할 경우의 시나리오들을 상상할 수 있는 만큼 많이 비축해두기도 하는데, 여기에는 심지어 소설가나 예언가까지 동원되기도 한다. 그리고 실현가능성이 높은 시나리오들은 훈련을 통해 시뮬레이션 해가면서 완성도를 높인다. 이때 최신 장비들이 쉴 새 없이 돌아가면서 작전 상황을 관찰하고 임무를 하달한다. 실전 상황에 대비하여 인공위성 등과 연결된 조기경보 시스템을 상시 가동하고 있음은 물론이다.

난데없이 살벌한 전쟁 이야기를 불쑥 꺼낸 이유는 '통합적 위기관리의

---

[*] 《주간동아》 2001년 8월 2일자(제295호)의 기사 "미군은 지금 디지털 군대로 변신 중"에서 발췌. 박상서 (주)NSC 책임연구원·전 국가보안기술연구소 연구원.

필요성과 실전에 가까운 시뮬레이션'을 통해 유사시에 대비하여야 함을 강조하기 위해서이다. 앞 항에서 잠시 자사의 고객불만 대처 경험과 타사·타 업종의 사례를 충분히 비축·분석해둘 필요가 있음을 강조했지만, 이것은 결국 실제 상황에 대비한 시나리오를 가동하여 위기가 발생·확산될 가능성을 최대한 억제하기 위함이다. 기업은 중대한 위기가 닥쳐오게 되는 메커니즘을 이해하고, 이를 통해 외형적으로 전혀 다르고 상관도 없어 보이는 위기의 징조들을 조합하여 조기경보 시스템을 가동하게 된다면 최악의 상황을 피할 수 있을 것이다. 이에 따른 시나리오는 매뉴얼화되어야 하고 실제에 가까운 시뮬레이션을 통해 유사시에 효율적으로 대처할 수 있는 백신을 개발하여야 한다.

예를 들어 '삼성카드'는 2002년 중순부터 현업 팀장급 인력 일곱 명을 재판관으로 하는 'CS(고객만족)재판소' 제도를 운영하여 고객의 입장에서 신규 서비스를 사전 심의하였다. 이것은 현재 운영 중인 업무나 서비스, 향후 시행될 각종 상품과 서비스 중 고객과 이해관계가 상충될 수 있거나 분쟁 소지가 있는 사안들에 대해 기안 단계에서부터 배심원(CS재판소 위원)의 사전검증을 통해 시행되도록 하는 제도다. 특히 기안 단계에서 심의를 통과했더라도 실행 과정에서 문제가 발생될 경우에는 생산 현장처럼 원점부터 다시 검토하는 라인스톱 제도를 병행하여 운영하였다. 그 결과 CS재판소 시행 이전에는 월평균 천 건 이상 접수되었던 고객불만 건수가 이 제도를 시작한 지 2~3개월 만에 절반 수준으로 대폭 감소하는 추세를 보였다고 한다.[*]

부정적 바이러스에 대한 백신을 투여한다는 의미는 직원이나 대리점들이 기업의 고객불만 처리시스템에 신속하게 적응함으로써 고객불만에 대

---

[*] '삼성카드'의 2003년 1월 웹진 기사 "고객만족, 내 손안에 있소이다 – 7人의 判官 포청천"에서 내용 발췌.
http://old2002.creworld.co.kr/out_2003_01_02/card/impression.asp

한 저항력을 높여감을 말한다. 고객의 불만사항은 그 즉시 고객지원부서, 영업사원, 홈페이지의 Q&A란 등을 통해 접수되며 최대한 신속하게 내용을 확인하고 원인을 규명하여 고객에게 처리결과를 통보하게 되는 식이다. 만약 이것이 제대로 작동되지 않을 경우에는 강력한 제재 조치를 가함으로써 위험요소의 확산을 미연에 방지할 수 있도록 해야 한다.

예를 들어 'LG텔레콤'은 고객불만이 많은 부서나 대리점에 불이익을 주는 '고객불만 총량관리제'를 2003년 후반기에 도입하였다. 이 제도는 부당 영업행위, 불친절, 업무처리 지연 등으로 고객의 불만이 제기될 경우 담당부서에 벌점(1~30점)을 부여하고 일정 점수 이상 누적되면 불이익을 가하게 되는데, 그 대상자에게는 경고, 전산망 폐쇄, 벌칙금 부과 등의 제재 조치가 내려진다. 또한 문제가 많은 대리점엔 계약해지 등의 고강도 벌칙까지 마련했다. LG텔레콤은 이 제도를 시행한 결과 1~2개월 만에 고객불만 접수 건수가 45% 이상 줄어들었다고 밝혔다.

c. 실패는 긍정적 입소문의 어머니다!

부정적 입소문을 막을 수는 없으며, 이에 대한 대응도 마냥 성공적일 수만은 없다. 인간이기에 당연히 실패는 있기 마련이다. 하지만 이러한 실패가 문제인식 혹은 원인규명에 머물러서는 안 된다. 부정적 입소문 대응의 궁극적 목적은 이를 제거하자는 것이 아니라 긍정적 입소문을 창출하는 데 있기 때문이다.

예를 들어 '삼성에버랜드'는 1996년부터 매년 '실패 파티'를 열고 있다고 한다. 이는 고객의 불평을 처리하는 과정에서 직원의 실수·잘못이 파악될 때 밝은 분위기 속에서 공유하는 방법인데, 업종 특성상 직원이 은폐한 고객 한 명의 불만이 입소문을 타면 엄청난 악영향을 끼칠 수 있는 만큼 실패사례를 적극 공개토록 유도하여 재발을 막기 위해서이다.

이제 'A/S보다 B/S가 중요해지는 시대'라고들 한다. 매번 문제가 발생할 때마다 매뉴얼에 의거하여 이를 후속처리하기보다는, 이처럼 문제의 근본적 원인을 파악한 다음 전향적 자세로 대응하여야 한다. 부정적 입소문의 위력이 긍정적 입소문보다 8~11배는 더 크다고들 하지만, 만약 이들을 L고객으로 전향시켰을 때 긍정적 입소문의 위력은 그 갑절이 될 수도 있다.

'CJ CGV'는 자사 서비스에 타당한 불만을 토로했던 고객 100명을 초청해 미개봉작에 대한 리콜시사회를 행한 적이 있다.[*] 그 결과로 불만고객의 20%가 오히려 감사메일을 보냈다고 한다. 한편, 이 회사는 L고객 대상의 고객감동을 창출하기 위한 일환으로 'CEO와 함께'라는 프로그램을 진행하기도 했다. 'CEO와 함께'는 전국의 VIP고객을 초청해 CEO와의 대화를 통해 고객이 원하는 바를 파악하는 행사이다. 특히 지방고객들에게는 비행기나 기차 편까지 제공해주었다. 이같은 노력에 힘입어 2003년 9월에 열렸던 행사에는 부산, 대전 등 지방의 초청고객까지 모두 참석해 100%의 참석률을 기록했다. 만약 이 두 가지의 사례를 효과적으로 결합시킬 수 있다면, 기업은 '부정적 입소문 제거' → 'L고객으로 전향' → '브랜드 전도사 자임' → '긍정적 입소문 확산'이라는 프로세스를 통해 강력한 우군을 확보할 수 있게 될 것이다.

---

[*] 《주간조선》 2004년 1월 15일자 기사 "고객감동?…… 이젠 '고객졸도' 시대"에서 요약 발췌.